"十二五"普通高等教育汽车服务工程专业规划教材

道路交通安全工程

Daolu Jiaotong Anquan Gongcheng

刘浩学 主编

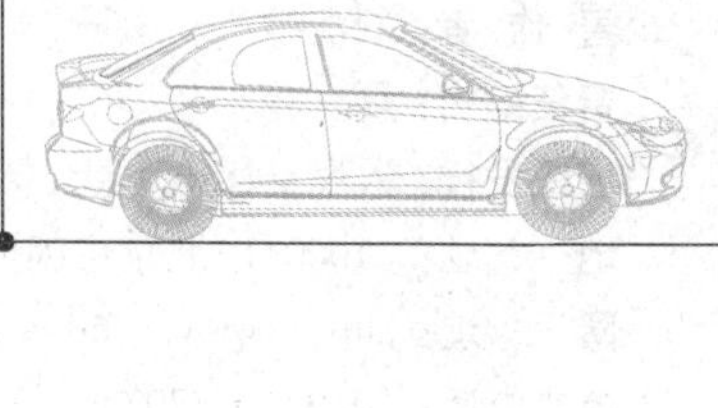

人民交通出版社
China Communications Press

内 容 提 要

本书系统介绍了道路交通安全工程基本理论与技术。主要内容包括道路交通安全理论基础,人的因素与车辆运行安全,车辆与运输安全,道路交通环境与运营安全,道路交通运输安全管理,道路交通事故分析与处理,道路交通与运输安全评价等。

本书是高等院校交通运输(含汽车运用工程)、汽车服务工程、交通安全工程专业教材。亦可供道路交通管理、交通运输及管理、交通工程等技术人员参考使用。

图书在版编目(CIP)数据

道路交通安全工程 / 刘浩学主编. --北京:人民交通出版社,2013.9

ISBN 978-7-114-10848-8

Ⅰ.①道… Ⅱ.①刘… Ⅲ.①公路运输—交通运输安全—安全工程—教材 Ⅳ.①U492.8

中国版本图书馆 CIP 数据核字(2013)第 198751 号

"十二五"普通高等教育汽车服务工程专业规划教材

书　　名: 道路交通安全工程
著 作 者: 刘浩学
责任编辑: 夏　韡
出版发行: 人民交通出版社
地　　址: (100011)北京市朝阳区安定门外外馆斜街 3 号
网　　址: http://www.ccpress.com.cn
销售电话: (010)59757973
总 经 销: 人民交通出版社发行部
经　　销: 各地新华书店
印　　刷: 北京鑫正大印刷有限公司
开　　本: 787×1092　1/16
印　　张: 15.75
字　　数: 400 千
版　　次: 2013 年 9 月　第 1 版
印　　次: 2016 年 11 月　第 2 次印刷
书　　号: ISBN 978-7-114-10848-8
定　　价: 35.00 元

前　言

Qianyan

本书根据教育部《普通高等教育“十二五”教材规划》编写，是高等学校交通运输(含汽车运用工程)、汽车服务工程、交通安全工程专业的“道路交通安全”或“交通安全工程”课程的教材，也可供有关专业教学和工程技术人员参考。

随着科学技术的发展和人类社会的进步，多年来国内外道路交通安全方面的研究成果颇多。本书结合人、车、道路、环境等方面研究者的相关成果，以及我国道路交通实际情况，系统阐述了道路交通安全工程的基本理论与技术。为了说明有关理论与技术的联系，书中列举了一些必要的数据、规范和标准，但因社会的进步，涉及道路交通安全工程领域相关理论与技术的发展很快，学习或参阅者应以最新的规定和标准为准。

为了系统阐述道路交通安全工程的基本内容和较新成果，全书涉及范围较广，且有个别内容可能超出本科阶段教学要求；加之各高等学校交通运输(含汽车运用工程)、汽车服务工程、交通安全工程等专业的教学计划存在差异，故本书中的相关内容，在教学过程中，可结合本校学生基础课程以及专业基础课程安排的具体情况，并根据学时多少进行选择性讲授。

本书共八章，由长安大学刘浩学教授主编。其中：第一章由东南大学项乔君教授、长安大学刘浩学教授编写，第二章由东南大学项乔君教授、胡思涛博士编写；第三章由吉林大学李世武教授、冀秉魁博士编写；第四章由吉林大学李世武教授、王琳虹博士编写；第五章由同济大学潘晓东教授、苏州科技学院隋永芹博士编写；第六章由长安大学张韡博士、刘浩学教授编写；第七章由长安大学刘希柏教授、刘浩学教授编写；第八章由东南大学项乔君教授编写。

在编写过程中，叶飞、周光鑫、王海正、田荣荣、郭梦竹、黄田芳、陈晓武、戚培心、王丽华、赵慧子、郭宝义等做了大量资料整理和录入工作，在此表示衷心感谢。

由于编者水平有限，书中错误和疏漏之处在所难免，恳请使用本书的师生和读者提出宝贵意见。

编　者

2013年7月

目 录

Mulu

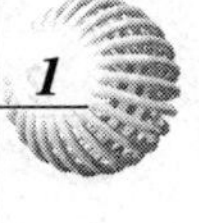

第一章　绪　论

第一节　道路交通安全基本概念

一、道路交通事故

1. 定义

尽管人们对道路交通事故危害的严重性早已有了清晰一致的认识,但从世界范围来看,各个国家或组织对道路交通事故的定义却不尽一致。

联合国和欧洲经济委员会将道路交通事故定义为:发生在或者来源于开放交通的道路或街巷,涉及至少一辆运动的车辆,造成一个或一个以上人员死亡或受伤的事件。

日本道路交通法对道路交通事故的定义为:由于车辆在交通中所引起的人的死伤或物的损坏的事件。

美国国家安全委员会对道路交通事故的定义为:车辆或其他交通物体在道路上所发生的意料不到的、有害的或危险的事件,这些事件妨碍着交通行为的完成,其原因常常是不安全行动或不安全条件,或者是两者的结合,或者是一系列不安全行动或一系列不安全条件。

英国对道路交通事故的定义为:发生在公共道路上,涉及至少一辆车,并且造成人员受伤或死亡的事件。

意大利对道路交通事故的定义为:由至少一辆运动的车辆造成人员受伤或死亡的事件。

对比以上不同道路交通事故的定义可以发现,各个国家或组织对道路交通事故需涉及车辆和造成人员伤亡的要件规定是一致的。但是,对于事故车辆是否必须处于运动状态,事故是否必须发生于公共道路上,以及单纯造成财产损失的事件是否属于道路交通事故的规定却不尽相同。

新中国最早有关道路交通的法律法规是1951年经政务院批准、由公安部公布的《城市陆上交通管理暂行规定》,但是该法并没有规定道路交通事故的定义。随后出台的几部有关道路交通的部门规章,也都没有规定道路交通事故的定义。直至1991年,在国务院发布的《道路交通事故处理办法》中,第一次明确地提出了道路交通事故的定义。其中《道路交通事故处理办法》第2条对道路交通事故的规定为:“车辆驾驶人员、行人以及其他在道路上进行与交通有关活动的人员,因违反《中华人民共和国道路交通管理条例》和其他道路交通管理法规规章的行为,过失造成人身伤亡或者财产损失的事故。”随着人们对道路交通事故认识的进一步深化,2003年颁布的《中华人民共和国道路交通安全法》对道路交通事故重新进行了定义:车辆在道路上因过错或者意外造成的人身伤亡或者财产损失的事件。道路

交通事故新的定义较1991年《道路交通事故处理办法》中的事故定义去掉了“违法行为”这个在过去处理交通事故的必要因素，去掉了对人的要求，将“过失”改为“过错”，并增加了“意外”这个要件。

新定义与国外定义比较，类似的地方都是在道路上或在交通中引起人的死伤或物的损坏的意外事件。但是无论是美国定义中的“意料不到的危害的或意外的事件”，还是日本定义中的“由于车辆在交通中所引起的人的死伤或物的损坏”，对当事人的主观方面来说都隐含了过错或者意外，从这个角度而言，我国道路交通事故新定义与美国、日本的道路交通事故的定义在本质上是一致的，这也反映出在道路交通事故处理方面正在与国际接轨。

2. 构成要素

从道路交通事故的定义中可以看出，构成交通事故必须具备4个要素，即车辆、道路、后果、过错或意外要素。

1) 车辆要素

道路交通事故各方当事人中，必须至少有一方使用车辆，包括机动车和非机动车。车辆是构成交通事故的前提条件，无车辆参与则不认为是道路交通事故。例如，行人在行走过程中，发生意外碰撞或自行跌倒，致伤或致死均不属于道路交通事故。

2) 道路要素

道路范围的界定，直接涉及道路交通管理调整的范围。准确界定道路的概念，可以解决交通事故处理工作中不如实统计上报、管辖权限争议、罪与非罪、交通肇事罪与过失致人死亡（伤害）罪、作为与不作为等许多问题。

《中华人民共和国道路交通安全法》第一百一十九条规定：“道路是指公路、城市道路和虽在单位管辖范围但允许社会机动车通行的地方，包括广场、公共停车场等用于公众通行的场所。”从该定义的表述可以看出两层含义：一是指道路的范畴包括公路、城市道路；二是指特定情况，虽在单位管辖范围，但允许社会机动车通行的地方，含广场、公共停车场等用于公众通行的场所也属于道路。因此，厂矿、企业、机关、学校、住宅区内不具有公共使用性质的道路不在此列。此外，还应以事态发生时车辆所在的位置，而不是事故发生后车辆所在的位置，来判断其是否在道路上。

3) 后果要素

交通事故必须是有人身伤亡、财物损失的后果，如果没有损害后果则不能称为交通事故。因为处理交通事故的目的是为了解决事故造成的人身伤亡和财产损失，没有造成人身伤亡或财产损失的不属于交通事故范畴。

4) 过错、意外要素

过错包括故意和过失。故意是指明知自己的行为会发生危害社会的结果，并且希望或者放任这种结果发生的一种心理状态。“明知”就是预见到、认识到；“会发生”包括必然发生和可能发生。故意分为直接故意和间接故意，当事人主观上是故意的行为，同样也是交通事故的构成要素，例如利用交通工具当凶器危害他人，利用交通工具自杀等情况。

过失，是指行为人应当预见自己的行为可能发生危害社会的结果，因疏忽大意而没有预见或者已经预见而轻信能够避免，以致发生危害后果。过失分为两类：一类是疏忽大意；另一类是过于自信。事故当事人的主观心理状态过失，是道路交通事故最重要的特征。

以上4种要素可以作为鉴别道路交通事故的依据和必要条件，在实际工作中加以运用。

二、道路交通事故类型

为了掌握道路交通事故的特征和发生规律,有比较地研究与处理交通事故,有必要按照一定的标准对交通事故进行分类。目前,在交通事故研究与处理工作中,应用较多的分类方法有按照事故形态、事故责任、损害后果和事故原因等几种分类。

1. 按事故形态分类

按照道路交通事故发生时的外观形态特征,可以将其分为以下 7 种。

1)碰撞

碰撞是指交通强者(相对而言)的正面部分与他方接触,或同类车的正面部分相互接触。碰撞主要发生在机动车之间、机动车与非机动车之间、机动车与行人之间、非机动车之间、非机动车与行人之间及车辆与其他物体之间。

2)碾压

碾压是指作为交通强者的机动车,对交通弱者(如自行车、行人等)的推碾或压过。尽管在碾压之前,大部分均有碰撞现象,但在习惯上一般都称为碾压。

3)刮擦

刮擦是指相对而言的交通强者的侧面部分与他方接触,造成自身或他方损坏。主要表现为车刮车、车刮物和车刮人。对汽车乘员而言,发生刮擦事故时的最大危险来自破碎的玻璃,也有车门被刮开导致车内乘员摔出车外的现象。

根据肇事者的运动情况,机动车之间的刮擦可以分为会车刮擦和超车刮擦。

4)翻车

翻车通常是指车辆没有发生其他形态,部分或全部车轮悬空而车身着地的现象。翻车一般可分为侧翻和滚翻两种。车辆的一侧轮胎离开地面称为侧翻;所有的车轮都离开地面称为滚翻。为了准确地描述翻车过程和最后的静止状态,也可用 90°翻车、180°翻车、270°翻车、360°翻车、720°翻车等。

5)坠车

坠车即车辆的坠落,且在坠落的过程中,有一个离开地面的落体过程,通常是指车辆跌落到与路面有一定高差的路外,如坠落桥下、坠入山涧等。

6)爆炸

爆炸是指由于有爆炸物品带入车内,在行驶过程中由于振动等原因引起突然爆炸造成的事故。

7)失火

失火是指车辆在行驶过程中,由于人为或技术上的原因引起的火灾。常见的原因有乘员使用明火、违章供油、发动机回火、电路系统短路及漏电等。

2. 按事故责任分类

根据道路交通事故的主要责任方所涉及的车种和人员,在统计工作中可将事故分为以下 3 类。

1)机动车事故

机动车事故是指肇事当事方中,汽车、摩托车和拖拉机等机动车负主要以上责任的事故。在机动车与非机动车或行人发生的事故中,如果机动车负同等责任,由于机动车相对为交通强者,而非机动车或行人则属于交通弱者,也应视为机动车事故。

2)非机动车事故

非机动车事故是指自行车、人力车、三轮车和电动车等按非机动车管理的车辆负主要以上责任的事故。在非机动车与行人发生的事故中,如果非机动车一方负同等责任,由于非机动车相对为交通强者,而行人则属于交通弱者,也应视为非机动车事故。

3)行人事故

行人事故是指在事故当事方中,行人负主要责任以上的事故。

3. 按事故后果分类

在我国2007年6月1日国务院493号令《生产安全事故报告和调查处理条例》第三条规定:根据生产安全事故造成的人员伤亡或者直接经济损失,事故一般分为以下等级:

1)特别重大事故

特别重大事故是指造成30人以上死亡,或者100人以上重伤,或者1亿元以上直接经济损失的事故;

2)重大事故

重大事故是指造成10人以上30人以下死亡,或者50人以上100人以下重伤,或者5000万元以上1亿元以下直接经济损失的事故;

3)较大事故

较大事故是指造成3人以上10人以下死亡,或者10人以上50人以下重伤,或者1000万元以上5000万元以下直接经济损失的事故;

4)一般事故

一般事故是指造成3人以下死亡,或者10人以下重伤,或者1000万元以下直接经济损失的事故。

4. 按事故原因分类

根据道路交通事故原因不同,可以分为主观原因造成的事故和客观原因造成的事故两类。

1)主观原因

主观原因是指造成交通事故的当事人本身内在的因素,如主观过失或有意违章,主要表现为违反规定、疏忽大意或操作不当等。

①违反规定是指当事人由于思想方面的原因,不按交通法规规定行驶或行走,致使正常的道路交通秩序变化等。如酒后开车、非驾驶人开车、超速行驶、争道抢行、违章超车、超载、非机动车走快车道和行人不走人行道等原因造成的交通事故。

②疏忽大意是指当事人由于心理或生理方面的原因,如心情烦躁、身体疲劳造成的精力分散、反应迟钝等。表现出瞭望不周、采取措施不当或不及时,没有正确地观察和判断外界事物而造成的失误。也有当事人凭主观想像判断事物,或过高地估计自己的驾驶技术,引起行为不当而造成的事故。

③操作不当是指当事人驾驶技术生疏、经验不足,对车辆、道路情况不熟悉,遇到突然情况惊慌失措而引起的操作错误。如有的驾驶人制动时却踩下加速踏板,有的骑自行车人遇到紧急情况不知停车等而导致事故发生。

2)客观原因

客观原因是指车辆、环境、道路方面的不利因素而引发的交通事故,事故分析中往往会忽视这些因素。随着人们安全意识的提高,现有道路设计和交通管理中存在的交通安全隐患已经逐步受到重视。

三、道路交通事故的特点

交通事故具有随机性、突发性、频发性、社会性及不可逆性等明显的特点。

1. 随机性

交通工具本身是一个系统,当它在交通系统中运行时则涉及一个更大的系统。在交通系统这样的动态大系统中,某个因素或某个因素的某个方面失误就可能引起一系列其他失误,从而引发危及整个系统的大事故,而这些失误绝大多数是随机的。

道路交通事故往往是多种因素共同作用或互相引发的结果,其中有许多因素本身就是随机的(如天气因素),而多种因素组合在一起或互相引发则具有更大的随机性。因此,道路交通事故发生必定带有极大的随机性。

2. 突发性

道路交通事故的发生通常并没有任何先兆,具有明显的突发性。驾驶人从感知到危险至交通事故发生这段时间极为短暂,往往短于驾驶人的反应时间与采取相应措施所需的时间之和,或者即使事故发生前驾驶人有足够的反应时间,但由于驾驶人在突发事件面前反应不正确、不准确而造成操作错误或不适宜,从而导致交通事故。

3. 频发性

由于汽车工业高速发展,车辆急剧增加,交通量增大,在某些地区造成车辆与道路比例的严重失调,加之交通管理不善等原因,造成道路交通事故频繁发生,伤亡人数增多,道路交通事故已成为世界性一大公害。

4. 社会性

道路交通是随着社会和经济的发展而发展的客观社会现象,是人们客观需要的一种社会活动,这种活动是人们日常生活和工作中必不可少的。在目前现代化的城市中,由于大生产带来的社会分工越来越细,人际间的协作和交往也越来越密切,使人们在道路上的活动日趋频繁,成为一种社会的客观需求。现代道路交通事故的发生带有明显的社会性。

5. 不可逆性

道路交通事故的不可逆性是指其不可重现性。事故是人、车和路组成的系统内部运动的产物,与该系统的变量有关,并受一些外部因素的影响。尽管事故是人类行为的结果,但却不是人类行为的期望结果。从行为学的观点看,社会上没有哪种行为与道路交通事故发生时的行为相类似,无论如何研究道路交通事故发生的机理和防治措施,也不能准确预测何时、何地、何人会发生何种事故。

四、道路交通安全

1. 交通安全的定义

交通安全是指在交通活动过程中,能将人身伤亡或财产损失控制在可接受水平的状态。交通安全意味着人或物遭受损失的可能性是可以接受的;若这种可能性超过了可接受的水平,即为不安全。道路交通系统作为动态的开放系统,其安全既受系统内部因素的制约,又受系统外部环境的干扰,并与人、车辆及道路环境等因素密切相关。系统内任何因素的不可靠、不平衡、不稳定,都可能导致冲突与矛盾,产生不安全因素或不安全状态。

2. 交通安全的特征

(1)交通安全是在一定危险条件下的状态,并非绝对没有交通事故发生。

(2)交通安全不是瞬间的结果,而是对交通系统在某一时期、某一阶段过程或状态的描述。

(3)交通安全是相对的,绝对的交通安全是不存在的。

(4)对于不同的时期和地域,可接受的损失水平是不同的,因而衡量交通系统是否安全的标准也不同。

3. 交通安全与交通事故的关系

(1)交通安全与交通事故是对立的,但事故是在"安全"与"不安全"的矛盾斗争过程中某些瞬间突变结果的外在表现。

(2)交通系统处于安全状态,并不一定不发生事故;交通系统处于不安全状态,也未必一定会发生事故。

第二节　国内外道路交通安全概况及发展趋势

在现代社会,安全、能源、资源和环境一起构成全世界共同关注的、人类可持续发展的四大支柱和热点问题。据世界卫生组织(WHO)2013 年发布的《道路安全全球现状报告》显示,全球每年大约有 124 万人死于道路交通事故,自 2007 年以来,这一情况没有发生太大变化。据统计,道路交通伤害是全球第八大死因,而且是 15 ~ 29 岁年轻人的主要死因。目前的趋势表明,如不采取紧急行动,到 2030 年,道路交通伤害将上升为全球第五大死因。道路交通安全问题已成为一种人类行为所致的"灾害"和世界最大公害,严重影响了人类的生存环境与生命财产的安全,给社会、家庭带来的危害是巨大和深远的。从发展的情况来看,日益严重的道路交通安全问题已成为全世界不得不面对的棘手难题。

一、国外道路交通安全状况

由于世界各个国家和地区在交通发展状况、文化素质和汽车保有量等方面的差异,各国道路交通安全状况相差很大。

1. 欧盟

据欧盟交通事故数据库(CARE)统计,2009 年,欧盟有 3.5 万人死于道路交通事故,死亡人数相当于一个中等城镇的人口,超出 150 万人受伤,造成经济损失达 1300 亿欧元。

欧盟每 10 年制定一次道路交通安全战略行动计划。2003 年 6 月 2 日,欧盟委员会正式施行"第三次道路交通安全行动计划(2001—2010)",该行动计划当时提出,到 2010 年使道路交通事故死亡人数比 2001 年降低一半的目标,并提出 62 项具体行动建议,内容涵盖车辆安全、道路基础设施安全和交通参与者安全三个方面。尽管当初提出的目标在 2010 年年底未能实现,但目标本身对各成员国努力提高本国道路交通安全状况形成了有力刺激。欧盟 1991 年至 2010 年的交通事故死亡数变化如图 1-1 所示。

欧盟委员会于 2010 年 7 月向欧洲议会、欧盟理事会、欧盟经济和社会委员会以及欧盟地区委员会递交了题为《欧盟 2011—2020 年道路交通安全政策取向(草案)》的第四次道路交通安全战略行动计划,该计划草案修改通过后,将成为欧盟新一轮道路交通安全的政策蓝本和共同行动战略。在草案提出的政策取向中,充分考虑了"第三次道路交通安全行动计划(2001—2010)"取得的成果。虽然过去10年来道路交通安全事业取得了极大的进步,但还有很大的改善空间,需要进一步努力。

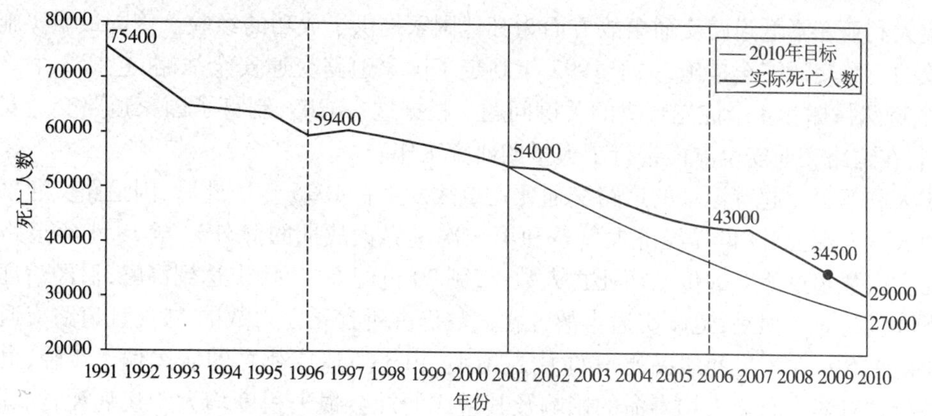

图1-1 欧盟1991—2010年交通事故死亡人数变化

2. 美国

美国汽车拥有量和公路总里程均居世界各国之首;同时,美国的年道路交通事故数量在世界各国中也居前列。美国自汽车诞生以来曾经出现过两次道路交通事故高峰期,一次为1935—1939年,另一次为1965—1971年。美国交通事故死亡人数、车公里伤亡人数以及车均死亡率已经度过了最高峰期。特别是,在最近的10年中已呈逐年下降的趋势,图1-2为近10年来美国道路交通事故十万人口死亡率。可以认为,美国的道路交通事故得到了有效控制,这与多年来美国有关部门的重视是分不开的。

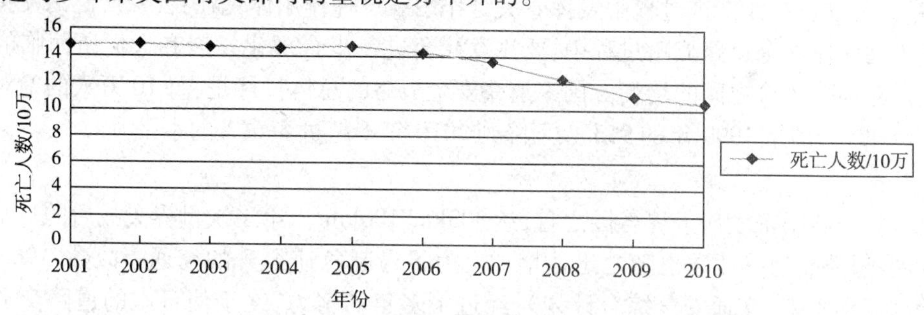

图1-2 美国2001—2010年交通事故10万人口死亡率变化

近40年来,美国交通安全水平不断提升,相关规定日益深化和细化。1967年美国各州公路工作者协会(AASHTO)发表了《考虑公路安全的公路设计与操作实践》(俗称"黄皮书")委员会报告。黄皮书1974年经修改、扩充后再版,并于1991年形成AASHTO标准《道路安全设计与操作指南》,该标准要求道路设计和运行管理人员除遵循其他技术标准和规范外,还应特别遵循安全规范。

1997年AASHTO颁布了《道路安全与操作指南》的最新版。在英国、澳大利亚等国实施道路安全评价以后,美国联邦公路局又组团对澳大利亚实施道路安全评价的情况进行了考察,并将其推广应用。2005年美国议会通过一项重要决议,名为SAFETEA-LU(Safe Accountable Flexible Efficient Transportation Equity Act),即安全、负责、易适应的高效运输公路法。这个决议投资高达2440亿美元,其中,公路建设改造投资1932亿美元,包括改善公路基础设施和实施机动车运载安全纲要;提供各州50亿美元以配合实施公路安全改进计划,以改进各州交通安全信息系统。2006年美国立法,加强车辆安全带的使用,加强儿童乘客安全，严禁酒后驾车，并对自行车骑乘者和摩托车人头盔、摩托车人等进行了规定。

3. 澳大利亚

澳大利亚在降低道路交通事故方面为其他国家提供了成功的经验。该国最早实施了许多有效的道路交通安全措施，并于1992年制定了国家道路交通安全战略，包括3个总体目标、4个特殊目标和8个优先解决的关键问题。根据这一战略，制订了国家道路交通安全行动计划，在道路交通安全方面进行了大量的研究工作。

澳大利亚第一起有记录的道路交通死亡事故发生在1925年。此后，因道路交通事故而死亡的人数大幅上升（世界经济大萧条和第二次世界大战期间除外），至1954年道路交通事故死亡人数超过所有的传染病死亡人数，直到20世纪60年代末达到高峰，后经治理便一直呈下降的趋势。但是，道路交通事故死亡人数仍占所有死亡人数的3%，且道路交通事故成为年龄在5～35岁之间居民死亡的主要原因。由于所造成死亡的居民偏于年轻，道路交通事故死亡对澳大利亚人均寿命的影响及其造成的社会损失程度均大于疾病死亡。因此，澳大利亚政府非常重视对道路交通安全的研究，除了对已有道路和发生的道路交通事故进行分析研究，从驾驶人行为、道路设施与环境和车辆安全性能加以改善以外，澳大利亚还较早地开展了"道路安全评价"工作，并形成了规范和制度。

2000年11月，澳大利亚运输委员会通过了2001—2010年国家道路安全战略和第一阶段行动计划（2001—2002）。制定国家道路安全战略的目的在于显著降低交通冲突事件中的伤亡人数。对道路安全给予高度重视，优先考虑道路安全应该能够从总体上反映社会的最大价值，即力求挽回生命和防止严重伤害。道路安全使用的有效方法和手段不断推进，相应地，社会公众也在此推进过程中发挥着关键作用。这种作用体现在：公众广泛的支持和参与。在推动国家安全道路战略过程中，要注意社会进一步合理化发展和人们所面临的日益增长的道路损伤风险之间的均衡。国家道路安全战略的总体目标是：每10万人的绝对伤亡人数下降40%，即从1999年的9.3人下降到2010年不超过5.6人的水平。

4. 日本

日本的公路网密度居世界各国之首，达$303km/100km^2$。第二次世界大战后的日本经济快速发展，道路交通事故数也随之迅速增加。为了遏制急速上升的交通事故数，1966年日本开始制订和实施《交通安全综合计划》，经过十多年的努力，终于使日本的道路交通事故死亡人数从1970年的最高峰16765人，降至1980年的8760人，以后日本的道路交通事故死亡人数虽有所反弹（20世纪90年代初上升为11000人/年），但目前已基本稳定在4000～6000人/年。日本1992—2010年的道路交通事故死亡人数变化如图1-3所示。

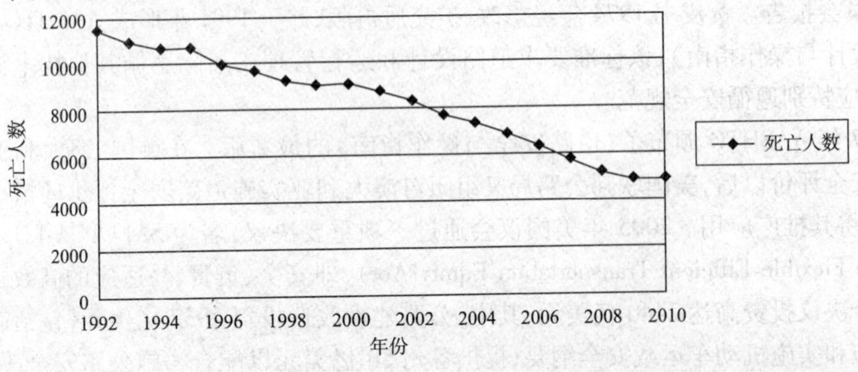

图1-3　日本过去十多年间交通事故死亡人数变化

5. 加拿大

加拿大作为世界上经济高度发达的国家之一，其四通八达的交通运输网和现代化的运输业在国民经济中占有极为重要的地位。全国公路通车总里程已达140万km，其中高速公路1.65万km。横贯加拿大东、西部的1号国家公路、阿拉斯加公路、401、407国道等均是北美陆路运输的主要干线。

国际道路交通和事故数据库（IRTAD）统计显示，2004年加拿大有2730人死于机动车交通事故，比1985年减少1632人。从1989年起，1993年是道路交通事故唯一一次上升的年份。以后三年内，加拿大通过技术和政策措施成功地将事故死亡人数控制在3500~3700人，比1982—1990年间的年平均死亡人数4100~4350人有了明显的降低。主要原因是国家持续实施了道路交通安全全民强制性计划。到1995年，实现了95%以上的驾驶人使用安全带的目标，各级政府部门、安全机构和一些强制性组织积极参与，成功地将机动车交通事故死亡人数控制在3000人以下。

6. 发展中国家

据估计，道路交通伤害的经济损失在低收入国家约占国民生产总值（GNP）的1%，在中等收入国家为1.5%，在高收入国家为2%。世界道路死亡人数有超过90%发生在低收入和中等收入国家，而这些国家拥有的车辆不足世界一半。中等收入国家的年道路交通死亡率最高，为每10万人20.1人，远远高于高收入国家（每10万人8.7人）和超过低收入国家（每10万人18.3人）。中等收入国家人口占全世界总人口的72%，拥有全世界52%的注册车辆，而道路交通死亡人数占全世界80%。相对其机动车数量而言，这些国家的道路交通死亡负担过高。

在中等收入和低收入国家中，很大比例的道路伤害受害者是道路使用者中的弱势人群，如行人和自行车骑乘者。全球道路交通死亡者中有一半是行人、骑车者和摩托车驾乘者。他们在政府为机动车所制定的政策中获益最少，却在伤害、污染和社区隔离等方面承受着机动化所带来的不平等危害。世界银行的道路交通安全专家曾指出，发展中国家对道路交通安全问题的认识水平可分为三级。

第一级是在这类国家与地区中，对道路交通安全问题缺少认识，道路交通事故资料几乎没有，缺少道路交通事故数据系统。对道路交通安全问题的发展趋势所知甚少，没有专门的机构负责道路交通安全事宜，政府也不太关心道路交通安全问题。

第二级是政府意识到了道路交通安全问题，但却没有给予重视，道路交通事故资料残缺不全。媒体开始注意，一些大学或研究结构开始研究道路交通安全问题。

第三级是政府认识到道路交通安全问题并给予关注，改进了道路交通事故资料管理系统，成立了一些机构并培训职员，可进行道路交通事故黑点的分析。这些国家已经开始进行道路交通安全教育，研究机构尽管缺少数据资源，但正进行道路交通安全方面的研究。

二、我国道路交通安全状况

2004年以前，我国道路交通事故的发生，基本上是随着国民经济的发展而同步上升，每年全国道路交通事故死亡人数在20世纪五六十年代为几百至几千人，70年代发展至1万~2万人。1984年国家开放运输市场，个体运输车辆迅速增加，对加速城乡物资交流、缓解运输压力起到了积极的作用，但是由于缺乏相关的规定和监督，造成个体运输车辆中破旧车辆比重大，技术性能落后，驾驶人技术水平偏低，引发交通事故几率较大，且后果一般都很严重，造成了1985年开始的道路交通事故死亡人数急剧上升。

在1998年,为了应对亚洲金融危机,国家采取积极的财政和货币政策,进一步加大了基础设施的投入力度,实施扶持汽车工业优先发展的国策,这一时期也是我国道路交通事故增长最快的时期。从1998—2002年的5年中,全国道路交通事故绝对数呈上升趋势,事故数、死亡人数、受伤人数年均增长率分别为32.5%、8.8%和42.7%。2003年,我国道路交通事故数、死亡人数、受伤人数下降幅度明显,分别为667507起、104372人、494174人,主要原因是“非典”期间(3、4、5月)道路交通事故下降明显。

2004年,交通部在全国国道、省道干线公路和重要县道公路上开展了以“消除隐患,珍视生命”为主题的“安全保障工程”。针对影响行车安全路段的缺陷类型,结合事故数量和形态进行综合整治,实现提高公路行车安全水平,降低交通事故率和重大事故发生率,贯彻“以人为本”的道路交通服务理念。公路安全保障工程是对影响行车安全的急弯、陡坡、连续下坡、路侧险要、桥头(宽路窄桥、弯路直桥等)、隧道、平交叉口、路面抗滑能力不足、路面标志标线等影响行车安全路段采用交通工程等措施进行综合整治,以达到公路行车被动安全防护和主动引导警示目的的专项工程。

2004—2006年,全国公路部门共投入资金90.1亿元用于安保工程,有66条国道、1051条省道和253条县道共计27.8万处行车隐患路段得到处治,累计里程达8.5万km。“安全保障工程”实施过程中,增设了各种交通安全防护设施,如护栏、标志、标线、避险车道等,显著提高了公路安全防护设施的等级;增设和完善了一大批服务设施,如停车休息区、卫生服务区、加水站等,有效提高了公路行车的安全性和舒适性,完善了公路的服务功能。

从2004年开始我国道路交通事故开始呈现下降趋势,2004—2007年,死亡人数分别为10.7万人、9.8万人、8.9万人、8.2万人。2008年国家三部委(科技部、公安部和交通部)联合启动“国家道路交通安全科技行动计划”,全国道路交通事故进一步下降。2008年,全国道路交通事故死亡人数为73484人,同比下降10%。据公安部交通管理局通报,2009年,全国共发生道路交通事故238351起,造成67759人死亡、275125人受伤,直接财产损失9.1亿元。与2008年同期相比,分别下降10.1%、7.8%、9.8%和10.7%。其中,酒后驾驶导致的事故死亡人数降幅明显。2010年,全国涉及人员伤亡的道路交通事故219521起,造成65225人死亡、254075人受伤,直接财产损失9.3亿元。与2009年相比,事故起数减少18839起,下降7.9%;死亡人数减少2534人,下降3.7%;受伤人数减少21050人,下降7.7%;直接财产损失增加1196.7万元,上升1.3%。2011年全国的道路交通安全总体形势平稳。据统计,全国涉及人员伤亡的道路交通事故210812起,共造成62387人死亡,事故起数、死亡人数同比分别下降4%和4.4%,我国近年来的交通事故统计结果如表1-1所示。

我国与道路安全状况较好的国家相比,道路交通事故有以下特点。

1)事故死亡人数多

我国的道路交通事故死亡人数多,不仅表现在绝对数量较多,而且单位事故的死亡人数也多。资料显示,虽然我国的年交通事故绝对数不是最多,但单位事故死亡人数在各国中却是最多的。美国2011年发生道路交通事故(涉及人员伤亡)156万起,事故绝对数世界第一,死亡3.24万人,约每48起事故死亡1人;而我国2011年发生道路交通事故(涉及人员伤亡)21.08万起,死亡6.24万人,约每3.4起事故就有1人死亡。

如果再将道路长度、交通量等因素加以考虑,我国的交通安全状况将更加堪忧。从万车死亡率来看:2011年美国为每万车死亡1.35人,日本为每万车死亡0.61人,而我国2011年每万车死亡高达7.95人。我国上述相对指标均远远超过这些发达国家。

2001—2011年我国道路交通事故状况统计结果* 表1-1

年份	事故起数(起)	死亡人数(人)	受伤人数(人)	直接经济损失(万元)
2001	754919	105930	546485	308787.3
2002	773137	109381	562074	332438.1
2003	667507	104372	494174	336914.7
2004	517889	107077	480864	239141.0
2005	450254	98738	469911	188401.2
2006	378781	89455	431139	148956.0
2007	327209	81649	380442	119878.3
2008	265204	73484	304919	100972.2
2009	238351	67759	275125	91436.8
2010	219521	65225	254075	92633.5
2011	210812	62387	237421	>100000.0

*注:上表中的道路交通事故均涉及人员伤亡,不涉及人员伤亡的事故不在统计之内。

2)事故总数有所减少,安全形势依旧严峻

由于工业化国家的道路运输发展与我国比较相对超前,因此,一些国家的道路交通事故已度过了高峰期,目前呈下降或平稳的态势。如前联邦德国、日本的道路交通事故死亡高峰均在1970年左右,以后基本呈逐年下降趋势。而在我国,2004年以前道路交通事故数、伤亡人数和直接经济损失一直呈上升趋势。从2004年开始,全国道路交通事故数、死亡人数逐年递减,目前死亡总人数仍约有6万多人,安全形势依旧严峻。

3)高速公路事故率大大高于普通公路

高速公路具有线形指标高、路面质量好、全封闭、无行人和慢车干扰以及交通安全设施齐全等特点,因此,无论从理论上还是从国外的实际情况来看,高速公路的交通安全状况要比普通公路好得多。发达国家高速公路发生的交通事故率只有普通公路的1/3~1/2,死亡率约为一般公路的43%~76%。

随着我国高速公路里程的快速增长,高速公路网逐步承担起主干线的运输任务,年平均行驶量呈现逐年增加的趋势,现已成为综合交通运输系统的重要组成部分。由于我国高速公路建设速度过快,因此,无论是驾驶人和车辆的适应性,还是高速公路的规划、设计和管理水平都还处在逐步发展的过程中。在此期间,我国高速公路上的事故异常严重。从1994—2006年全国道路交通事故数据看,高速公路以占全国公路1%~2%的里程数,导致约占公路事故总数7%的事故量,造成约占公路事故6%的死亡人数。与普通公路相比,高速公路交通事故百公里事故率、百公里死亡人数高于普通公路,约为普通公路相应指标的4倍左右。1994—2006年,全国高速公路交通事故致死率(交通事故死亡人数占交通事故伤亡人数的比例)平均约为27%,比普通公路高出30%~40%。

2004年经国务院审议通过了《国家高速公路网规划》,这是中国历史上第一个"终极"的高速公路骨架布局,同时也是中国公路网中最高层次的公路通道,要实现这个规划目标,当时计划需要30年的时间,但从现在发展情况来看,这一时间将会大幅度提前。《国家高速公路网规划》采用放射线与纵横网格相结合的布局方案,形成由中心城市向外放射以及横贯东西、纵贯南北的大通道,由7条首都放射线、9条南北纵向线和18条东西横向线组成,简称为“7918 网”,总规模约 8.5 万 km,其中:主线 6.8 万 km,地区环线、联络线等其他路线约 1.7 万 km,运营高速公路比例又将进一步提高。由于各省在国家高速公路网的基础上,又增加了不少地方高速公路,截至 2012 年底全国高速公路已将达到 9.62 万 km,因此,解决高速公路事故率偏高的问题是今后道路交通安全工作者最重要的工作之一。

第三节　道路交通安全研究及技术发展

随着理论和实践的不断发展,20 世纪 70 年代发达国家就充分认识到交通事故是影响国民经济和社会生活的重大问题,因而从人、车、路、环境等多方面着手,综合运用管理技术和科学技术研究治理交通安全问题,成效显著。从 20 世纪 70 年代以来,发达国家的道路交通事故就处于逐渐下降趋势,并保持在较低的水准线下,在其车辆数占全世界的 2/3 左右情况下,交通事故死亡人数却仅占全球总数的 1/4。而同一时期发展中国家的道路交通事故却进入了持续增长的高发状态,这虽然与这些国家国民经济持续高速增长和机动车保有量大幅上升有关,但也与国民交通安全意识落后、安全管理体制不完善、执法不力和安全管理技术水平不高等有密切关系。

人类对于安全管理基本理论的探究主要经历了三个阶段。

一、起步阶段

1950 年前后是安全理论的起步阶段,此阶段的代表理论是事故学理论。

事故学理论的基本出发点是事故,以事故为研究的对象和认识的目标,在认识论上主要是经验论与事后型的安全哲学,是建立在事故与灾难的经历上来认识安全,是一种逆式思维(从事故后果到原因事件)。该理论的主要特征在于被动与滞后,是“亡羊补牢”的模式,突出表现为一种头痛医头、脚痛医脚、就事论事的对策方式,是基于以事故为研究对象的认识,形成和发展了事故学的理论体系。具体理论有以下几种:

(1)事故分类学。按管理要求的分类法,如加害物分类法、事故程度分类法、损失工日分类法、伤害程度与部位分类法等;按预防需要的分类法,如致因物分类法、原因体系分类法、时间规律分类法、空间特征分类法等。

(2)事故模型论。包括因果连锁模型、综合模型、轨迹交叉模型、人为失误模型、生物节律模型、事故突变模型等。

(3)事故致因理论。包括事故频发倾向论、能量意外释放论、能量转移理论、两类危险源理论、事故预测理论(如线性回归理论、趋势外推理论、规范反馈理论、灾变预测法、灰色预测法)等。

(4)事故预防理论。“3E”对策理论、事后型对策等。

事故学理论的主要导出方法是事故分析(如调查、处理、报告等)、事故规律的研究、事后型管理模式、“三不放过”的原则(即发生事故后原因不明不放过,当事人未受到教育不放过,措施不落实不放过);建立在事故统计学上致因理论研究;事后整改对策;事故赔偿机制与事故保险制度等。

事故学理论对于研究事故规律、认识事故本质、指导预防事故有重要的意义,在长期的事故预防与保障人员安全生产和生活过程中发挥了重要的作用,是人类安全活动实践的重要理论依据。但是由于现代工业固有的安全性在不断提高,事故频率逐步降低,建立在统计学上的事故理论随着样本的局限使理论本身的发展受到限制，同时由于现代工业对系统安全性要求不断提高，直接从事故本身出发的研究思路和对策，其理论效果不能满足新的要求。

该阶段交通运输安全的特点是：交通安全事故较多，每年各国因交通事故产生的损失巨大，理论界开始注意研究事故理论和防止措施，但交通安全事故没有明显减少。

二、发展阶段

1950—1980 年这一阶段是安全管理理论的大发展阶段，主要安全管理理论是危险分析与风险控制理论。

该理论以危险和隐患作为研究对象，其理论基础是对事故因果性的认识，以及对危险和隐患事件链过程的确认，建立了事件链的概念，有了事故系统的超前意识流和动态认识论，确认了人、机、环境、管理的事故综合要素，主张工程技术硬手段与教育、管理软手段相结合的措施，提出超前防范和预先评价的概念和思路。

由于研究对象和目标体系的转变，危险分析与风险控制理论发展了如下理论体系：

（1）系统分析理论。故障树分析理论（Fault Tree Analysis，简称 FTA）、事件树分析理论（Event Tree Analysis，简称 ETA）、安全检查表技术（Safety Checklist Analysis，简称 SCA）、故障模式及影响分析理论（Fault Mode and Effect Analysis，简称 FMEA）等。

（2）安全评价理论。安全系统综合评价、安全模糊综合评价、安全灰色系统评价理论等。

（3）风险分析理论。风险辨识理论、风险评价理论、风险控制理论等。

（4）系统可靠性理论。人机可靠性理论、系统可靠性理论等。

（5）隐患控制理论。重大危险源理论、重大隐患控制理论、无隐患管理理论等。

由于有了对事故的超前认识，这一理论体系导致了比早期事故学理论更为有效的方法和对策，如预期型管理模式；危险分析、危险评价、危险控制的基本方法过程；推行安全预评价的系统安全工程；管理中的"五同时"（同时计划，同时布置，同时检查，同时总结，同时评比）原则；企业安全生产的动态"四查工程"（一查安全生产规章制度是否齐全、是否适应企业实际，二查各级领导和职工安全教育和培训是否到位，三查制度执行是否到位，四查应急预案是否到位）等科学检查制度等。危险分析与风险控制理论指导下的方法，其特征体现了超前预防，系统综合，主动对策等。

危险分析及隐患控制理论从事故的因果性出发，着眼于对事故前期事件的控制，对实现超前和预期型的安全对策，提高事故预防的效果有着显著的意义和作用。但是，这一层次的理论在安全科学理论体系上，还缺乏系统性、完整性和综合性。

该阶段交通运输安全的特点是：出现了一批具有针对性的危险分析与风险控制理论，并提出了一系列交通安全管理措施与方法，对事故的发生起到了一定的控制作用，发达国家的交通安全事故受到了一定程度的控制，但中国和印度等发展中国家的交通安全问题仍然没有得到较好的解决。

三、现代安全科学阶段

从 20 世纪 90 年代以来，现代安全理论初见端倪，新技术层出不穷，目前正在不断的发展和完善之中。

该阶段安全理论以安全系统作为研究对象,建立了人—物—能量—信息的安全系统要素体系,提出系统自组织的思路,确立了系统本质安全的目标。通过安全系统论、安全控制论、安全信息论、安全协同学、安全行为科学、安全环境学、安全文化建设等科学理论研究,提出在本质安全化认识论基础上全面、系统、综合地发展安全科学理论。

安全原理的理论系统还在发展和完善之中,目前已初步形成的理论体系包含有安全哲学原理、安全系统论原理、安全控制论原理、安全信息论原理、安全法学原理、安全经济学原理、安全组织学原理、安全教育学原理、安全工程技术原理等,目前尚在发展中的安全理论还有安全仿真理论、安全专家系统、系统灾变理论、本质安全化理论、安全文化理论等。

自组织思想和本质安全化的认识,要求从系统的本质入手,提供主动、协调、综合、全面的方法论。具体表现为:从人与机器和环境的本质安全入手,人的本质安全不但要解决人的知识、技能、意识素质,还要从人的观念、伦理、情感、态度、认知、品德等人文素质入手,提出安全文化建设的思路;物和环境的本质安全化就是要采用先进的安全科学技术,推广自组织、自适应、自动控制与闭锁的安全技术;研究人、物、能量、信息的安全系统目标中要遵循安全措施与技术设施同时设计、同时施工、同时投产的“三同时”原则;企业在考虑经济发展、进行机制转换和技术改造时,安全生产方面要同步规划、同步发展、同步实施,即所谓“三同步”的原则;还有“三点控制工程”“定置管理”“四全管理”“三治工程”等超前预防型安全活动;推行安全目标管理、无隐患管理、安全经济分析、危险预知活动、事故判定技术等安全系统科学方法。

现阶段交通运输安全的特点是:交通安全管理由原来的事后管理,逐步发展到风险控制和安全科学管理,一系列的安全技术和措施在运输企业得到全面的运用,全球安全事故得到了较好的控制,交通安全的形势大为改观,车辆事故率及里程事故率持续下降,多年来道路交通事故维持在较低的水平上并趋于稳定。

四、我国交通安全领域面临的任务

从交通安全发展来看,我国交通安全主要面临有以下任务。

1. 建立事故紧急救援系统

发达国家在交通事故急救体系、急救网络建设、急救方案决策及急救技术等方面的研究较为成熟,且得到了广泛应用,已经形成由简单的路面交通事故紧急救援发展到由多个部门参与的陆上、空中联合协作的立体救援体系。完善的交通事故紧急救援体系让这些国家受益匪浅。德国交通事故死伤数量占意外伤亡数量的比例大大降低;法国的实践表明,对于交通事故重伤者,在交通事故发生后 90min 内给予急救,其生存率为 10% 以下,在 60min 内获救,其生存率为 40%,在 30min 内获救,其生存率高达 80%。交通事故紧急救援为这些国家挽救了大量的生命,减轻财物损失、交通拥堵等,社会效益非常显著。

我国对交通事故紧急救援的研究起步较晚,加之我国特有的交通现状,如管理体制、交通流状况、城市道路情况等,因而不能直接沿用国外已经成型的先进交通事故紧急救援体系模式,整个救援系统仍处于较低水平。所以,与国外侧重于模型细节方面的研究相比,国内研究大多还停留在交通事故紧急救援体系的构建阶段。随着社会的发展,我国道路结构日益立体化,交通拥堵日趋严重,对具有快速反应能力的交通事故紧急救援提出了新的挑战,交通事故紧急救援体系应根据我国城市的实际情况不断完善与发展,以适应新时期交通安全的迫切需要。

2. 加强新技术运用和制定相配套的法规及标准

安全带的使用对减少交通事故的伤亡程度有良好的保证作用,但国内车辆安全带的使用情况不容乐观。行驶记录仪的使用,对规范驾驶人的安全行为、减少疲劳驾驶能起到较好的效果。国内建设的高速公路均布置有监控系统,但这些系统监而不控,或控制不力,没有最大程度地发挥监控系统的效能来为交通安全服务。其他有利于交通安全的技术装备,包括先进紧急制动系统、车道偏离预警系统、侧面视觉死角检测系统、轮胎气压报警技术、防止驾驶人打瞌睡装置等。交通安全技术的提高,要求开展相应的"非现场执法"的研究,即利用现代化科学技术手段对无法或不宜当场纠正处罚的交通违章行为实施数码图像记录,通过计算机信息网络进行保全、联络,事后进行查处的交通管理方法。同时,还应制定并完善相配套的法规以及标准,从立法的层面予以确认。

3. 建立"点—线—面"立体防治机制

根据对道路交通事故的诱因和机理的分析,为提高交通系统的安全性能,未来将加强对道路事故采取"点—线—面"立体控制的方法。鉴于事故多发点"不可移动性"的特点,对事故多发点实行"点控";鉴于事故在道路路段上具有"移动性"的特点,开展道路路段安全"线控";鉴于交通事故的发生量与交通流量、车辆的混入率等交通状态有较大的关系,而交通量、混入率等交通状态参数与道路路网的规划设置具有较大的关联,因此应该开展针对道路路网的"面控"。通过"点—线—面"控制工程的实施,达到有效地降低道路交通事故、提高道路交通系统安全性能和通行能力的目的。

4. 理顺道路交通管理体制,成立统一的管理机构

道路交通是一个内涵十分丰富的范畴,它包括道路规划、建设、维护、运营,包括客货物运输(客流、物流)即车辆的组织配置、安全检测、环保措施,也包括驾驶人员的培训、检验、考核、教育,还包括配套法律、法规的制定、宣传、教育等,简而言之包括道路规划、道路建设、路政管理、运政管理、稽查管理和交通安全管理等方面。

5. 推行道路安全审计制度

目前,约1/4的交通事故是因"人"与"道路、环境"不协调引发的,这个数字在发展中国家还要高一些。道路安全审计是从预防交通事故、降低事故发生的可能性和严重性入手,对道路项目建设及运营的全过程,即规划、设计、施工和服务期进行全方位的安全审核,从而揭示道路发生交通事故的潜在危险因素及安全性能,是国际上近期兴起的以预防交通事故和提高道路交通安全为目的的一项新技术手段。道路安全审计是由公正独立、有资质的人员对涉及使用者的道路项目(已建或将建)进行正式审查,以确定对道路使用者任何潜在的不安全特性或构成威胁的运营安排。其目标是:确定项目潜在的安全隐患;确保考虑了合适的安全对策;使安全隐患得以消除或以较低的代价降低其负面影响,避免道路成为事故多发路段;保障道路项目在规划、设计、施工和运营各阶段都考虑了使用者的安全需求,从而保证现已运营或将建设的道路项目能为使用者提供最高实用标准的交通安全服务。

国外研究表明,道路安全审计可有效地预防交通事故,降低交通事故数量及其严重度,减少道路开通后改建完善和运营管理费用,提升交通安全文化。

6. 加强全民交通安全教育,提高交通道德水平

与道路交通法律、法规不完善相应的是我国全民道路交通法制观念薄弱,不理解或不尊重道路交通运行规律和规章,违章行车行路,侵占交通设施,这也是交通事故数逐年上扬的原因之一,因而抓住交通活动中的主体——人的主观能动作用,是治理道路交通安全的关

键。限于我国现阶段的经济条件和刚刚开始实施依法治国的方略,加强全民道路交通与交通安全的教育,规范全民交通行为,提高全社会交通道德水平,使之尽快适应现代化的快速交通运输系统,是一项长期、任重道远的艰巨任务。

7. 加强交通安全设施的配套设置

我国的公路建设虽说近20年来有了很大发展,但等级在二级以上的公路仅占全国公路里程的10.6%左右,如果说这些主要干线尤其是高速公路上的交通安全设施还较为齐全的话,其余低等级公路和等外公路交通安全设施的配置情况就不尽人意了,在危险路段仅有一些简易的防护设施,大量的低等级公路上甚至连最基本的交通标志和标线都没有。行车难、识路难、安全状况差是我国普通公路的一个缩影。交通安全设施的配置不论是量或质上与实际需求或与发达国家相比都有较大的差距。因而如何针对具体的道路情况,从"安全第一"和"预防为主"的观点出发,加强道路交通安全设施的配套设置,提高交通安全设施的技术水平和设置水准,是积极改善道路交通安全状况的主要手段之一。

第四节　道路交通安全工程的内容及作用

道路交通是由人、车、道路与环境控制等要素组成的复合动态系统。道路交通事故就是由构成道路交通的诸要素在某一时空范围内的劣性组合造成的。导致道路交通诸要素劣性组合的原因有道路条件、车辆安全性能、驾驶人安全素质、参与交通者的安全意识以及交通安全管理的水平等。此外,缺乏对道路交通事故发生规律以及预防对策的深入研究,也是导致道路交通事故形势严峻的重要原因。因此,道路交通安全工程通过对道路状况(包括道路路面、道路线形、道路横纵断面、交叉路口以及事故多发地段等)、车辆的结构性能(包括驾驶视野、报警装置、碰撞保护装置、仪表、照明和信号装置、驾驶人工作环境、制动性能、操纵稳定性、车辆类型等)、驾驶适宜性及其影响因素、交通环境(如交通量、特殊气候等)、交通控制(包括交通安全法规、交通执法设备系统等)以及道路交通事故发生原因等的深入研究,提出预防和减少道路交通事故的有效措施。

道路交通运输是一个涉及多方面因素的复杂系统,要解决道路交通安全问题,必须利用安全系统工程技术,才能有效做到防患于未然。

一、道路交通安全工程内容

1. 道路交通安全工程的定义

道路交通安全工程是运用系统工程的原理和方法,对道路交通系统中的危险性进行定量和定性地分析、评价和预测,并根据其结果,采用综合安全措施(工程、教育、执法,即"3E工程")予以控制或消除系统中存在的危险因素,使道路交通事故发生的可能性降低到最低限度,从而达到系统最佳安全状态的技术和方法。

2. 道路交通安全工程的内容

1)交通安全理论

交通安全理论是揭示交通安全的本质和运动规律的学科知识体系,是交通安全研究的基础,主要内容包括安全科学基本理论、可靠性理论、事故致因理论、事故预防理论等。

2)交通安全技术

交通安全技术主要研究交通运输中所发生的安全技术问题。它是在交通运输设备的设计、选材、制造(建设)、安装、养护、维修、使用(运营)、评价等一系列工程领域中,使交通运输设备实现本质安全化、无害化,以及研制和运用各类专用安全设备和安全装置的科学理论、方法、工程技术和安全控制手段的总和。

3)交通安全分析方法

交通安全分析方法主要研究如何运用系统工程的原理和方法,对交通系统中的安全问题进行定性、定量的分析和评价,并采用综合安全措施予以控制,使系统产生交通事故的可能性降到最低限度,从而达到系统最佳安全状态。

4)交通安全管理

交通安全管理主要研究交通安全管理体制、政策、交通安全立法及各种交通安全法规的制定和执行,以及交通安全教育与培训等,旨在通过与事故预防、应急措施和保险补偿三种手段的有机结合,达到在时间、成本、效率、技术水平等条件约束下实现系统的最佳安全水平的目的。

二、道路交通安全工程的作用

国外对道路交通安全工程的作用给予了充分的肯定。各主要工业化国家都制定了以道路交通安全系统工程为主要内容的综合安全计划,以期减少事故灾害。道路交通安全工程的作用主要体现在以下几个方面。

(1)将影响安全的道路与交通环境因素与人、车作为一个系统,综合地加以研究。

尽管我国一直强调交通安全的"综合治理",但在实践中由于行政管理体制的条块分割,始终难以实现真正的"综合治理"。道路交通安全主要由公安交警部门负责,预防措施主要是对人的安全法规教育和加强管理,整治措施以违章、违法处罚为主。尽管这些措施是必要的,但绝不是全面的。道路交通安全工程的实施涉及道路交通中的规划、设计、施工和养护管理部门,交通执法与事故处理部门,道路运输与管理部门、道路与交通研究部门等,这些部门需要真正形成一个综合的集研究与管理为一体的行政机构。

(2)道路交通安全工程使道路交通事故的评价、分析更为全面客观。

在以往由于事故处理的需要,事故的原因绝大多数会归结到人,除了对一些事故特别严重的地方,交通警察会提请公路部门注意外,一般道路上的安全缺陷是很难纠正的。而道路交通安全工程可以使道路交通部门更多地参与事故的分析、研究和整治,使事故的成因分析更为客观、全面,使整治措施更加合理、有效。

(3)道路交通安全工程可大大强化事故的预防。

以往在道路设计中,主要注重各单项技术指标符合设计规范,以经济性作为最终的优化指标,对各单项指标整合后对交通安全的影响考虑得是不够的。道路运输企业科学地增加驾驶人员安全可靠度,确保运输车辆技术状况良好,将从运输过程的源头提升道路交通安全水平。道路交通安全工程建立的安全评价制度,将消除事故隐患的任务从"事后"提前到"事前";规划设计中的道路安全性检查,使"防患于未然"成为可能;对已通车的道路,道路交通安全工程既要求消除事故多发段点(黑点)的缺陷,也要求发现虽不曾发生事故但有潜在事故危险的段点。传统的安全评价方法往往只注意到事故记录突出的位置,虽然这也是十分重要的,但这也隐含着这样一种意识:事故记录没有或不突出的地方是安全的。但事实并非如此,事故的发生既有必然性也有偶然性,对道路交通特征相近的路段,有的事故明显,有的不明显,只是由于事故偶发性的原因,时间长了,或者其他路段整治后,这些路段的事故就有可能会凸现出来。道路交通安全工程将道路交通特征与事故多发路段相近的路段作为研究内容,起到了"举一反三"的作用,往往可以收到很好的效果。

综上所述,道路交通安全工程从道路与交通设施入手,整治和预防结合,打断"事故链",以达到在道路交通系统中减少事故或事故损失的目的。

三、本教材的主要内容

道路交通安全所涵盖的范围很广,一般而言,只要是以降低交通事故次数、减轻事故严重程度、提升道路交通安全水平为目的以及预防、预报、应对道路交通系统中紧急事件的科学技术问题,都应纳入道路交通安全工程的研究范畴。

本教材主要适用于汽车服务工程、汽车运用工程和交通运输等专业教学使用,按照计划学时 40 学时编写。主要介绍道路交通安全系统分析基本理论、道路交通安全技术、道路交通运输安全管理、道路交通事故分析技术 4 个方面,系统介绍交通参与者、车辆、道路与交通安全的关系,道路交通运输安全管理、交通事故统计与分析技术、道路交通与运输安全评价等内容,重点阐述道路交通安全的基本理论、基本原理与基本技能,力求反映其系统性、综合性和实用性的特点。本书共分为 8 章:

第一章为绪论,主要介绍我国与国外部分国家的道路交通事故的发展与现状,给出道路交通安全的基本概念,分析道路交通安全工程的研究内容和作用,阐述道路交通安全的研究进展。

第二章为道路交通系统安全理论基础,主要阐述成熟的道路交通安全基本理论。

第三章到第五章是对道路交通安全技术的探讨和分析。其中,第三章是对人与车辆运行安全关系的分析,详细讨论驾驶人的基本心理特征及驾驶人行为与交通安全的关系,阐述驾驶人安全可靠性和交通参与者的安全教育。

第四章介绍车辆与运输安全的关系,详细阐述了影响交通安全的汽车性能与结构,以及车辆的安全装置。

第五章介绍道路条件与安全运营的关系,介绍了道路基础知识,全面分析了道路几何线形、道路设施、道路典型结构物及交通环境与交通安全的关系。

第六章为道路交通运输安全管理,主要介绍道路交通运输安全管理立法的意义与基本原则,详细讨论了运输车辆和驾驶人、旅客和货物运输、危险货物运输的安全管理,并阐述了道路运输事故应急及管理。

第七章为道路交通事故技术分析,介绍了道路交通事故的基础知识、基本理论,阐述了道路交通事故统计与报告的方法,并对典型道路交通事故技术分析方法进行了讨论。

第八章为道路交通与运输安全评价,对道路交通安全评价和道路运输安全评价的常用方法进行了阐述。

第二章 道路交通安全理论基础

道路交通安全理论是揭示交通安全的本质和运动规律的学科知识体系,是道路交通安全研究的基础,主要内容包括道路交通事故致因理论、道路交通事故预防理论以及事故预测理论等。道路交通系统是由人、车、路、环境以及管理等多要素构成的复杂动态系统。

本章首先介绍道路交通系统组成以及其与交通安全关系,并在此基础之上,分析道路交通系统的危险源,阐述交通事故的生成过程以及几种较为典型的事故致因理论,这些基础理论对认识事故的本质,指导事故调查、事故分析及事故预防等均有重要作用。此外,在道路交通事故预防理论部分,介绍了事故可预防性原理和预防原则,以及基于本质安全化方法的交通事故预防对策。最后,介绍了交通事故预测理论,在认识事故发生规律的基础上,充分了解、掌握各种可能导致事故发生的危险因素以及它们的因果关系,推断它们发展演变的状况和可能产生的后果,旨在识别和控制危险,预先采取对策,最大限度地减少事故发生的可能性,从而达到系统最佳安全状态。

第一节 道路交通系统与交通安全

一、系统及系统论的概念

1. 系统概念

系统就是由相互作用、相互依赖而又相互区别的若干组成部分组合而成的具有特定功能的有机整体。

系统含有5个基本要素:功能、组元或组成、结构、运行与环境。

1)功能

功能(Function)是指系统将一定的输入(外界对系统的作用)转换为一定的输出(系统对外界的作用)的能力,且这种输入不等于输出。例如交通运输系统,输入的是客流、货流,输出的则是人和物的位移(人公里和吨公里)。

2)组元或组成

组元(Component)是指组成系统的成分,作为系统概念要素的"组成"一词,是指系统组元的集合,每个系统都有两个以上的组元。通常人们将组元理解为相对独立、具有特定功能的部件或要素。系统的组元依相对运动的特性可以分为:固定组元、运转组元和流动组元三类。交通运输系统中的基础设施(如线路、港、站等)为固定组元;载运工具(如飞机、轮船、汽车、列车等)为运转组元;运输计划、统计报表等为流动组元。

3）结构

系统的组元之间总以某种方式相互联系和作用着。某些组元之间往往存在着较为紧密而稳固的联系，而与其他组元相互作用时呈现出一定的整体特性，即系统性。系统之内存在着较为紧密而稳固的组元团体，称为子系统（Subsystem）。所谓结构（Structure），是指系统内子系统的划分及子系统功能的分配，自然包含子系统间的联系。系统的整体功能，是其子系统功能的综合。子系统具有以下两个性质：

①每个子系统的功能都影响系统的整体功能，也就是说系统的整体功能是所有子系统共同作用的结果。

②每个子系统功能的发挥都依赖于其他（至少1个）子系统的功能。

系统与子系统之间、子系统与子系统之间的联系，本质上都是物质、能量、信息在它们之间的流通。这种流通是有方向的，相互联系的事物之间流通是不等价的。系统的功能是通过与外界进行（关于物质、能量和信息）不等价交换体现的。子系统构成及子系统间流通成分的质和流动方向的规定，形成了子系统在空间上的有序性，这就是系统结构。

4）运行

无生命的物理系统，含各种人造机器与设备，结构完全决定了子系统间的联系，从而在组成固定情况下完全决定了系统的功能。但是，对有人参与的系统，由于具有能动性的组元存在，结构并不能惟一确定各子系统间的联系。在系统结构，即对流动组元流通的质及其方向规定的情况下，系统能动部分还可以对流通的具体内容、数量及其在时间上的分布进行控制。例如铁路运输系统中的调度员，结构（职能）赋予它向车站下达接发列车的调度命令，但是命令的具体内容及其是否符合车站的实际、何时下达并不确定。再如驾驶人与汽车固然是操纵与被操纵的关系（这是结构赋予的），但驾驶人可以有不同的操纵方式，或者安全行驶，或者发生交通事故。这种在结构的基础上决定了运转组元的实际运动，从而决定了流动组元的实际变换与流通的机制，称为运行（Operation）。显然，依托于一定结构上的运行最终决定了系统的实际功能。

5）环境

由系统功能的定义可知，必然有与系统相互作用（有输入、输出关系）的外界，这个客观存在的与系统有着较密切联系的外界就是系统的环境（Environment）。不存在没有环境的系统。许多系统特别是生物系统和社会系统，离开环境无法生存，更不用说发展。

组元之间的有序联系形成事物的结构和事物变化的实际运行过程，事物与外界的有序联系形成事物的环境和功能，组成、结构、运行、环境与功能的统一，就构成科学的系统概念。

2. 系统特性

系统有自然系统与人造系统、封闭系统与开放系统、静态系统与动态系统、实体系统与概念系统、宏观系统与微观系统、软件系统与硬件系统之分。不管系统如何划分，凡是能称其为系统的，都具有如下特性。

1）整体性

系统是由两个或两个以上相互区别的要素（元件或子系统）组成的整体。构成系统的各要素虽然具有不同的性能，但它们通过综合、统一（而不是简单拼凑）形成的整体就具备了新的特定功能，就是说，系统作为一个整体才能发挥其应有功能。所以，系统的观点是一种整体的观点，一种综合的思想方法。

2)相关性

构成系统的各要素之间、要素与子系统之间、系统与环境之间都存在着相互联系、相互依赖、相互作用的特殊关系，通过这些关系，使系统有机地联系在一起，发挥其特定功能。

3)目的性

任何系统都是为完成某种任务或实现某种目的而发挥其特定功能的。要达到系统的既定目的，就必须赋予系统规定的功能，这就需要在系统的整个生命周期，即系统的规划、设计、试验、制造和使用等阶段，对系统采取最优规划、最优设计、最优控制、最优管理等优化措施。

4)层次性

系统有序性主要表现在系统空间结构的层次性和系统发展的时间顺序性。系统可分成若干子系统和更小的子系统，而该系统又是其所属系统的子系统。这种系统的分割形式表现为系统空间结构的层次性。

5)环境适应性

系统是由许多特定部分组成的有机集合体，而这个集合体以外的部分就是系统的环境。系统从环境中获取必要的物质、能量和信息，经过系统的加工、处理和转化，产生新的物质、能量和信息，然后再提供给环境。另外，环境也会对系统产生干扰或限制，即约束条件。环境特性的变化往往能够引起系统特性的变化，系统要实现预定的目标或功能，必须能够适应外部环境的变化。研究系统时，必须重视环境对系统的影响。

3. 系统分析方法的基本原则

系统分析方法是指按照事物的系统性把对象放在系统形式中加以考察的方法。系统分析方法的基本原则如下：

1)整体性原则

整体性原则是把对象作为由各个组成部分构成的一个整体，研究整体的构成及其发展规律，即把系统当作整体来对待，从整体与部分相互依赖、相互结合、相互制约的关系中揭示系统的特征和运动规律。整体功能不等于各个部分功能的总和，整体将产生组成部分所没有的功能。

2)综合性原则

要求对系统从时间上、空间上进行综合考察，在综合的基础上进行分析，再回到综合，每一层次分析的结果都要反馈到上一层次的综合中去；与整体进行比较，并进行修正，使部分与整体达到统一。

3)联系性原则

构成系统的元素之间、元素与环境之间，有着特定的联系。物质与能量之间的相互转换及不同物质形态之间的信息交换，都体现着联系性。

4)有序性原则

系统都是有序的，因此系统必然是有层次的，系统的发展一般是由较低级有序状态走向较高级有序状态的定向演化。在这一发展的过程中，系统必然是开放的，与外界环境之间存在着物质、能量和信息交换，系统内部各子系统将按照一定的目标协同运动，以达到系统总的目的。

5)动态性原则

任何系统内部都存在着矛盾运动，推动着系统的发展，因此研究系统时，应在动态中协调各部分的关系，以便准确地掌握系统的规律，取得综合的动态平衡，使系统不断得以优化。

6）结构性原则

系统的整体性功能是由系统的结构决定的。同样的元素，组成不同的结构，将会产生不同的功能。系统优化的一个重要方面就是取得最优的结构。

7）模型化原则

模型化是使系统方法从定性到定量的重要途径。通过对真实模型的实验，可以具体分析系统的运行状况，也可以建立数学模型对系统进行定量描述。

二、道路交通系统的组成与交通安全的关系

道路交通系统是一个由人、车、路、环境、管理5个要素构成的动态复合系统，人、车在道路和环境中的运动构成了道路交通。其中"人"包括驾驶人、骑车人、行人以及其他交通参与者；"车"包括机动车和非机动车；"道路"包括公路和城市道路；"环境"包括交通量、交通组成、交叉口形式、路侧自然环境、人工环境等；"管理"即对人、车、路、环境等的管理，如安全教育、安全设施、交通组织及交通管控等。

系统中，驾驶人从道路以及交通环境中获取信息，这些信息综合到驾驶人的大脑中，在安全管理规则及手段的约束下，经感知和判断形成动作指令，指令通过驾驶操作行为，使汽车在道路上产生相应的运动，运动后汽车的运行状态和道路环境的变化又作为新的信息反馈给驾驶人，如此循环往复，完成整个行驶过程。

道路交通作为动态的开放系统，其安全既受系统内部因素的制约，也受系统外部环境的干扰，与人、车辆、道路、环境等因素密切相关，系统内任何一个要素的变化都会对整个道路交通产生影响，道路交通事故的发生就是系统在运动过程中不协调或失衡造成的。

道路交通安全建立在系统的动态平衡上，是对"人、车、路、环境和管理"系统在运行中的安全性、可靠性作出系统分析评价和提出保证措施的系统工程。在由人、车、路、环境和管理等要素及其附属和衍生的多个组成要素，以一定的结构形成的复杂道路交通系统中，各要素在系统中的地位和作用有着较大程度的差异，有些要素处于主导地位和支配地位，有些要素处于从属地位和被支配地位。要确保道路交通这个复杂的大系统整体安全功能达到最优，就必须从整个系统出发，正确处理好系统中各要素和各子系统（包括各深层子系统）之间的关系，使它们能很好地为系统的整体安全功能协同作用，使系统的整体安全功能达到最优，使事故和损失降低到人们可以接受的范围以内。

在道路上驾驶人驱车前进，只有不断地获取随时出现的路况、车况、标志、各种环境以及驾驶操作反馈信息，才能正确动作、安全行驶。如果道路交通发生了事故，这是因为存在着发生事故的某种原因，即系统出现了故障且未能及时排除的结果。道路交通系统能否正常运行、发挥系统的整体安全功能取决于各子系统的可靠性。

1）系统中驾驶人的安全可靠性

驾驶人是环境的理解者以及指令的发出和操作者，交通系统中驾驶人安全可靠性对系统会产生直接的影响，无论道路条件、车辆状况如何，大多数交通事故都可以通过驾驶人的操作予以避免。但是，分析交通系统中驾驶人的动作错误，不能单从主观方面考虑，还要注意与驾驶人有密切关系的外部条件。其中主要有：人，指驾驶人本人以外的人，如行人、其他机动车、非机动车驾驶人员；车辆，即车辆的机构运转是否正常，动力、制动、安全设施是否完

备可靠等;道路环境,即车辆行驶条件与行车环境等;管理,这表现在任务紧张程度、交通规则、安全教育、检查、危化品装载以及运输车辆检修情况等。引起驾驶人出现操作和动作的错误,从人机系统的观点看,一般有以下几种情况:

①外部环境缺乏良好的视认性,诱导性,即道路未能实施较好的诱导作用或诱导出现错误。如:竖曲线顶部接转弯、隧道内部照明条件不好、道路设施不齐全、眩光干扰视觉、绿化带与绿色车辆难以分辨等。

②人的感觉器官由于疾病、疲劳、酒精过量等致使视力降低,大脑中枢功能降低,活动能力下降,信息传递出现故障或判断、处理不正确等。

③操作出现失误。

2)系统中车辆的可靠性

车辆是道路交通的手段和载体,车辆由于制动等装置不良、性能下降的缺陷,以及机械磨损、腐蚀和材料的疲劳等现象造成的突然断裂,都可能是发生事故的直接或间接原因。

车辆可靠性的高低,可以通过对其操纵机构、安全装置、动力性能、转向性能、制动性能等来测定。

反映操纵机构可靠性的有:变速器挡位、手制动拉杆、方向盘游动量、转向轮偏转角度、制动踏板自由行程以及转向、制动、行走机构的渗漏、磨损、松旷等情况。

安全装置的可靠性可通过制动装置、灯光、喇叭、后视镜、雨刷等设施是否齐全和可靠来确定。

3)系统中道路环境的可靠性

在正常行驶条件下,道路环境是确定驾驶人行为的主要信息源。道路环境包括道路条件、交通条件和环境条件,其中:道路条件是指道路线形、坡度坡长、路面平整度、交通标志及照明条件等;交通条件是指交通负荷、拥挤情况、行车速度、视距以及其他汽车、行人、自行车情况;环境条件是指大气能见度、沿路植被、建筑、城镇、村庄等因素。

对车辆行驶来说,驾驶人希望前方道路、环境出现的每一种情况不令人感到意外、突然,且符合前行规律,这样才能达到安全行驶的目的。因而道路、环境的可靠性可用其诱导性、适应性和协调性来体现。

所谓诱导性是指道路与环境应给驾驶人形成一条据以确定汽车前进方向的空间走廊,从而使驾驶人对道路环境的印象能形成一条有序的空间线形向前延伸;而适应性是指道路纵坡、道路平整度等适应车辆的动力性能,道路标志、照明条件、行车视距满足车辆行驶要求,便于驾驶汽车;协调性则是指道路线形各元素取值匹配,沿线形成的车速无大的突变。

系统中道路、环境的可靠性则是道路可靠性与环境可靠性的综合反映。

4)系统中管理的可靠性

交通安全管理作为道路交通系统中的核心要素,对协调系统其他要素间的关系以及道路交通系统的安全运行起着至关重要的作用。影响管理可靠性的因素主要有管理法规、制度的健全性、管理手段的先进性以及实施状况。

道路交通系统是由驾驶人、车辆、道路环境以及管理等构成的动态系统,系统的可靠性是其各个子系统可靠性的集中体现。

因此,发生交通事故,说明道路交通系统不安全状态的恶化。如能充分掌握驾驶人的特性及其临界值,认真考虑汽车的性能,正确设计道路,再进行人—车辆—道路—环境系统的最优组合设计,汽车才有可能在安全性较高的系统中运行。反之,忽视某一方面,都将对系统的安全性产生直接的影响。如在线形不良的道路上,若一味靠提高路面等级来改善行车的舒适性,则势必导致交通事故的增加。

第二节　道路交通系统危险源

一、风险与危险源的概念

1. 风险

"风险"一词在不同场合含义有所不同。就安全而言,风险又称为危险性,是描述系统危险程度的客观量。这主要有两种考虑:一是把风险看作是一个系统内有害事件或非正常事件出现可能性的量度;二是把风险定义为发生一次事故的后果大小与该事故出现概率的乘积。一般意义上的风险具有概率和后果的二重性,即可用损失程度 c 和发生概率 p 的函数来表示风险 R:$R=f(p,c)$。为简单起见,诸多文献中将风险表达为概率与后果的乘积 $R=p\times c$。

上述风险定义中,无论损失或者后果,均是针对事故来定义的,包括已发生的事故和将会发生的事故。风险既然是对系统危险性的度量,则仅仅以事故来衡量系统的风险是很不充分的,除非能够辨识所有可能的事故形式。从整个系统的角度出发,风险是系统危险影响因素的函数,即风险可表达为如下的形式:

$$R=f(R_1,R_2,R_3,R_4,R_5) \tag{2-1}$$

式中:R_1——人的因素;

R_2——车辆及设备因素;

R_3——道路环境因素;

R_4——管理因素;

R_5——其他因素。

2. 危险源

在交通系统安全分析中,一般认为危险源的存在是事故发生的根本原因,防止事故就是消除、控制系统中的危险源。

危险源一词译自英文单词 Hazard,按英文词典的解释"Hazard——a source of danger",即危险的根源的意思。哈默(Willie Hammer)定义危险源为可能导致人员伤害或财物损失事故的潜在不安全因素。按此定义,生产和生活中的许多不安全因素都是危险源。根据危险源在事故发生和发展中的作用,20 世纪 90 年代初,有学者就从能量释放论的角度出发,将系统中的危险源分为两类:一类是可能发生意外释放的能量或危险物质;另一类是导致限制能量失衡和破坏的各种不安全因素。2001 年,在两类危险源分类的基础上,又有学者把"灾变信息"纳入了危险源的范畴,认为危险源是(安全)认识对象中产生和强化负效应的核心,是危险物质、能量和灾变信息的爆发点,并提出了三类危险源的分类方法。即:

第一类危险源是指系统中存在的、可能发生意外释放的能量载体或危险物质,实际工作中往往把产生能量的能量源或拥有能量的能量载体作为第一类危险源来处理。如产生和供给能量的装置及设备,各种有毒、有害、可燃烧爆炸的物质,生产、加工、储存危险物资的装置、设备及场所等。第一类危险源具有的能量越多,一旦发生事故其后果越严重。相反,第一类危险源处于低能量状态时比较安全。同样，第一类危险源包含的危险物质的量越多，其危险性也越大。

第二类危险源是指（安全设施等）物的故障和物理性环境因素以及个体行为失误。人失误可能直接破坏对第一类危险源的控制，造成能量或危险物质的意外释放；同时，人失误也可能造成物的故障，进而导致事故。物的故障可能直接使约束、限制能量或危险物质的措施失效而发生事故；物的故障有时也会诱发人失误。另外，不良的物理环境也会引起物的故障或人的失误。

第三类危险源是指不符合安全的管理或组织因素（组织程序、组织文化、规则、制度等），包含管理组织人的不安全行为和失误。不安全的管理或组织因素有可能形成具有重大危险性的危险源或事故，不良的组织因素会使上述第一类和第二类危险源进一步恶化，使事故后果扩大以及严重化。

3. 危险源与事故的关系

一起事故的发生是三类危险源共同作用的结果。第一类危险源的存在是事故发生的前提与物质根源，没有第一类危险源就谈不上能量或危险物质的意外释放，也就无所谓事故。第二类危险源和第三类危险源是第一类危险源导致事故的必要条件；第二类危险源是引发事故的导火索；第三类危险源是引发事故的关键所在，它是前两类尤其是第二类危险源的深层原因。

在交通事故的发生和发展过程中，三类危险源相互依存、相辅相成。第一类危险源在事故发生时释放出的能量是导致人员伤害或财物损坏的能量主体，决定事故后果的严重程度；第二类危险源和第三类危险源出现的难易，决定事故发生的可能性的大小。三类危险源共同决定危险源的危险性。

二、道路交通系统的风险因素（三类危险源）

风险因素是指存在于道路交通安全系统中，可能导致事故发生或人员伤亡的相关因素，可以是人的行为、道路的设计问题、车辆的使用等。交通事故的发生是许多风险因素共同作用的结果。

道路交通安全风险是指特定范围的道路交通安全系统在将来一定时期内，可能出现的由车辆造成该系统内不确定对象的人身伤亡或财产损失的一种未来情景。在道路交通安全风险中的危险源，是指交通安全风险事件发生的根源，即通常人们所说的可能导致交通事故发生的不安全因素，或称为交通事故原因的因素。根据风险理论中危险源的分类研究，道路交通危险源可以分为三类。第一类危险源为能量的载体车辆故障与失控。第二类危险源为导致能量、物质约束、限制措施破坏或失效的各种原因，它通常包括人的失误、道路的障碍及环境因素。人的失误即人的行为结果偏离了预定的目的，如操作不当等；道路的障碍即为道路缺陷等；环境因素包括气候、自然灾害等因素。第三类危险源为道路交通安全管理缺陷、组织失误（组织程序、组织文化、组织规则等）、管理决策失误等。

1. 第一类危险源分析

在道路交通事故中，车辆是最直接的致害工具。车辆在事故中的致害现象常常表现为碰撞、刮擦、碾压、翻车、坠车、失火等。虽然车辆是交通事故直接的致害工具，其影响交通事故的因素主要包括车辆的动力性、制动性、操纵稳定性、平顺性、通过性等，但能够引发交通事故的车辆因素主要是车辆自身的制动失效、制动不良、转向失效、照明与信号装置失效、爆胎等不安全的技术状态。车辆自身的不安全状态是因为随着使用时间的延长，各部件磨损程度加大，导致使用性能下降，技术状况变坏，如果不及时检查和调整，很容易出现制动不良与失效、转向失效、轮胎爆裂等异常现象，从而引发各种各样的交通事故。

在危险化学品道路运输系统中，第一类危险源还包括所运输的各类易燃、易爆、有毒的危险化学品。危险化学品固有的危险性和有害性是由其自身特有的物理和化学特性决定的。这些危险化学品固有的危险及有害性是一切危险货物道路运输事故和危害的根本原因，只有正确识别这些特性，充分认识其危害，才有可能采取有效措施，防止损伤事故和环境危害的发生。

2. 第二类危险源分析

1）驾驶人的失误

通常认为，交通事故的直接原因主要是驾驶人的观察、判断、操作等方面所发生的错误。进一步研究驾驶人的情况，一般包括以下两个方面：一是因为自然环境、执法环境及道路情况等因素的影响导致的驾驶人错误，如超重装载、违反交通信号、违反交通标志标线、违章超车、超速、占道行驶等；二是驾驶人的身体、生理、精神和情绪等状态以及年龄、经验等内在的自身原因，如过度疲劳驾驶、酒后驾驶、疏忽大意、制动及转向等操作不当、驾驶技术差、应急能力差等。

2）不利环境

在第二类危险源中不利环境主要是指不利于道路交通安全的天气条件及气候条件。不利环境对道路交通安全的影响是通过对驾驶人和车辆等的影响来体现的，因此它对道路交通安全的风险作用多数是间接的。

然而，在道路交通运输特别是危险货物运输时，环境状况对危险货物的安全运输仍有很大影响。如恶劣的雨、雪、雾等天气使路面湿滑不易驾驶；下雨使危险货物包装更易出现问题，有些危险货物可能遇水反应，引起燃烧、爆炸或产生有毒气体；温度过高、日光曝晒、颠簸等使容器温度和压力升高，可能发生爆炸等。

3）道路缺陷

道路作为道路交通系统的基础，对车辆安全运行起着重要的作用。通常能够引发道路交通事故的道路因素包括道路线形不良、未设置交通安全及防护设施、照明设施、安全设施损坏、道路本身缺陷以及其他原因。虽然世界上多数国家的统计结果表明，交通事故的责任主要在于人与车，但事实上，驾驶人的粗心和失误大部分是由于不良的道路条件而引起的。从近年来的研究来看，道路缺陷的最终表现是路段上交通事故的高发，即常说的交通事故的黑点或称危险路段。

道路和道路设施的性能和安全状况直接和间接影响着危险货物运输的安全，不利的路况因素使危险货物及其包装更容易出现破损和泄漏，不良道路条件（如道路转弯处、上坡或下坡处、路面颠簸不平、有较大凹坑、宽度不够等）使驾驶难度增加，车辆不易控制，影响驾驶人心理，从而使驾驶人的失误增多，加大了运输事故发生的概率。

3. 第三类危险源分析

道路交通系统在运行过程中，管理部门管理缺陷的直接体现，是系统中的机动车驾驶人、非机动车驾驶人、行人和乘车人违法行为增加，秩序混乱，事故风险加大。管理部门的决策、组织失误最终表现为这一地区道路交通安全较差的状况。这一危险源对交通安全的影响是通过对系统的整体影响来体现的，因此它对交通安全的风险作用是间接的。

这些道路交通安全风险的危险源，既是导致交通系统事故发生的诱因，又是导致交通系统存在安全风险的风险因素。

第三节 道路交通事故致因理论

从大量事故的统计和分析表明，事故的发生有其自身的发展规律和特点。事故隐患演变、发展成为事故经历了从渐变到突变的发展过程，危险因素辨识的根本目的就是在事故隐患演变成事故之前，消除系统的隐患或不安全状态。只有掌握事故发生的规律，才能保证系统处于安全状态，事故致因理论是掌握事故发生规律的基础。

事故致因理论是通过对大量典型事故案例的深入分析，在找出共性和本质原因的基础上所提炼出来的事故机理和事故模型，是经过对大量典型事故案例发生原因进行抽象和高度概括而形成的描述事故发生规律的基本理论。它对事故的定量、定性分析以及科学的预测预防，进而改进安全管理工作均具有指导意义。

交通事故致因理论是交通运输发展到一定水平的产物。在交通运输发展的不同阶段，运输过程中面临的安全问题也不同，特别是随着交通运输形势的变化，人在运输过程中所处地位的变化，伤害程度的增加，引起人们安全观念的变化，催生了新的事故致因理论相继出现。到目前为止，事故致因理论还在不断发展和完善。正是由于这些理论的发展，有效推动了事故研究从定性的物理模型向定量的数学模型发展，为人们深入认识事故发生的本质原因提供了途径。

在道路交通系统中，分析道路交通事故成因最主要的是分析人、车、路、环境以及具体的交通管理等对道路交通事故形成的影响。

一、交通事故致因生成模型

在道路交通系统中，由于受到涉及驾驶人、汽车、道路环境和管理等因素以及它们对道路交通事件的影响，使道路交通系统行为状态发生变化，交通事件向交通事变转化，进而引起道路交通系统的状态发生变化，如果表现为道路交通不安全状态（也即存在事故隐患），经特定时间—空间域内状况的转化则形成道路交通事故。道路交通事故致因生成模型如图2-1所示。

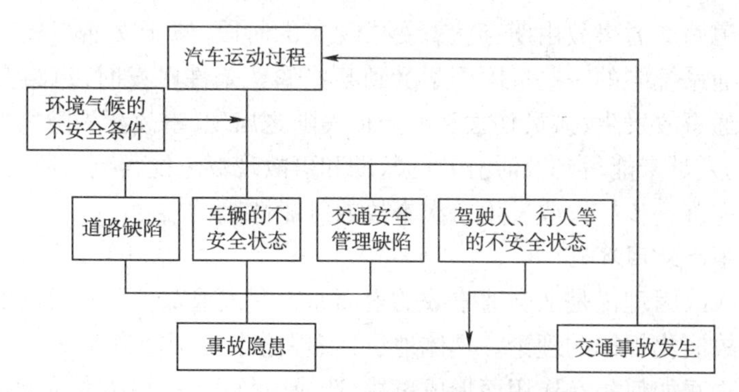

图2-1 道路交通事故致因生成模型

在图2-1所示的模型中，表明了道路交通事故的生成过程，此外，图2-1中还可以识别道路交通系统安全化功能的实现途径。道路交通事变仅是道路交通事件的一部分，道路交通事变的形成与驾驶人因素、汽车因素、道路环境因素以及安全管理等紧密相关。由图2-1可以看出,道路交通事故的生成过程为:道路交通事变使道路交通系统的状态恶化且表现为不安全状态,即道路交通系统中存在不安全因素(如道路缺陷、车辆不安全状态、人的不安全状态等),这一不安全状态在特定时间、空间域内持续后形成道路交通事故。所以,道路交通系统安全化功能的实现途径为:道路交通事件引起交通状态发生正常的变化,且表现为安全状态,这一状态一直在道路交通系统中持续,则可实现道路交通系统的安全。

二、交通事故致因理论

1. 交通事故发展的三个阶段

同世间任何其他事物一样,道路交通事故亦有其发生、发展以及消亡的过程,道路交通事故的发展过程可以归纳为孕育、生长和损失三个不同阶段。

1)孕育阶段

孕育阶段是事故发生的最初阶段,属于无形阶段。事故的发生首先存在着基础原因,即社会原因和环境原因。对于道路交通事故而言,这些基础原因表现如:交通安全宣传教育培训重视不够,交通参与者素质参差不齐,在行车辆技术状况不佳,交通基础设施老化严重,交通管理存在缺陷以及交通法规不完善等。这些基础原因的存在,使得道路交通系统处于不安全状态,在此状态下,人们虽然可以意识到交通事故存在的危险,感觉到交通事故必然会发生,但还不能确定交通事故的具体形式。

2)生长阶段

生长阶段是交通事故孕育阶段的进一步发展,处于交通事故发生前的萌芽阶段,属于有形阶段。由于孕育阶段中所述的一系列社会原因和环境原因等基础原因存在,使得道路交通系统中的不安全状态得以突现,构成产生交通事故的安全隐患,即危险因素。显然,这些安全隐患是诱发交通事故的重要因素。因为,此阶段为道路交通事故产生的萌芽状态,人们已经可以具体地指出交通事故隐患的存在。

由于交通事故隐患的明确存在,人们一方面可以通过采取一些针对性措施抑制交通事故隐患的发展;另一方面,可以通过深入分析交通事故隐患产生的深层次原因,从根本上消除道路交通系统的不安全状态,以彻底根除交通事故产生的危险性。

3)损失阶段

损失阶段是道路交通事故由萌芽状态变成现实的阶段,属于交通事故实现及损失产生阶段。当道路交通系统中的一些危险因素受到某些偶然条件触发时,道路交通事故即刻便会发生。一旦交通事故发生,人员伤亡和财产损失随之出现,事故损失随之发生。如果交通事故发生后,受伤人员未能得到及时有效的救助和事故现场未能得到及时有效的处理,交通事故损失还将存在进一步扩大或发生二次事故的可能性。

2. 典型交通事故致因理论

道路交通事故致因理论是从交通事故的表面原因深入追踪到更深层次的、本质的原因,进而找出交通事故演化规律的理论。具体地讲,该理论主要研究道路交通系统中人、车、环境和管理等要素之间如何相互作用而形成事故、造成事故损失,并从本质上阐明事故要素之间的因果关系和事故的发生、发展过程及事故后果之间的内在逻辑关系,从而揭示出事故发生的本质。它为道路交通事故的预测、预防与改进提供了科学的理论依据。

目前,常用的道路交通事故致因理论有事故因果关系模型、多米诺骨牌理论、能量转移理论、轨迹交叉理论以及系统分析理论等。

1)事故因果关系模型

因果关系模型是根据事故内在的因果关系、逻辑关系分析道路交通事故的产生原因,并提出防治对策的模型。因果关系主要有因果连锁型、多因致果型和复合型三种类型。

连锁型因果关系是指一个因素促使下一个因素发生,下一个因素又促使再下一个因素发生,彼此因素间互为因果,互相连锁导致交通事故发生。如图 2-2 所示。

多因致果型因果关系,也称集中型因果关系,是指多种不同因素在同一时间同一地点共同作用导致交通事故的发生。如图 2-3 所示。

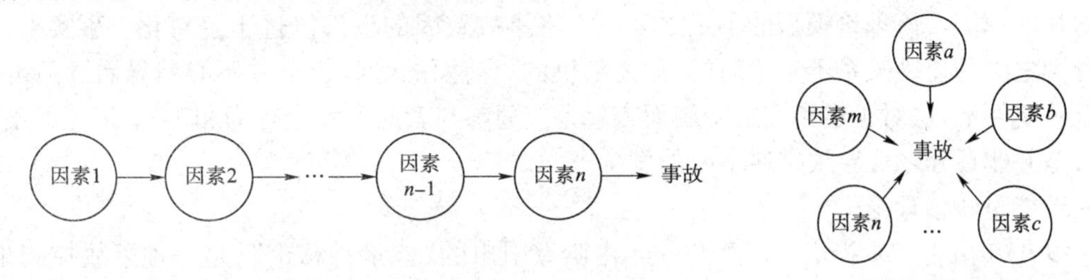

图 2-2　因果连锁型　　　　图 2-3　多因致果型

复合型因果关系是指在一系列因素中,一部分因素为连锁关系,另一部分因素为集中关系,且相互交叉,复合造成交通事故。如图 2-4 所示。

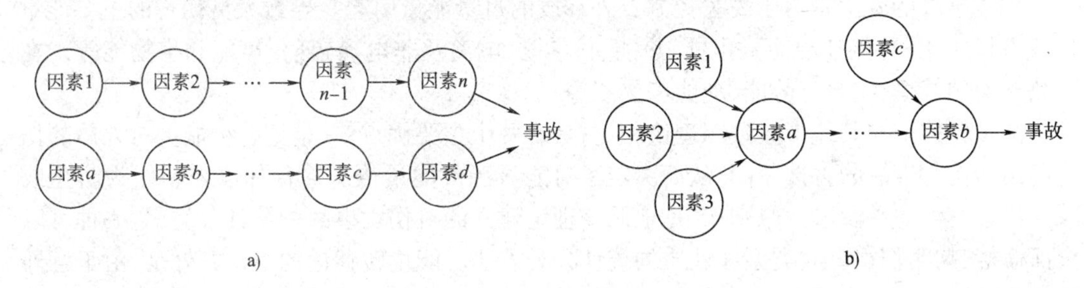

图 2-4　集中连锁复合型

实际中,交通事故的因果关系绝大多数为复合型因果关系,而为单纯连锁型或单纯集中型因果关系则很少。这是因为道路交通事故的发生是由多种因素共同导致的,包括车辆原因、人为原因、道路环境原因以及管理原因等。这些因素之间相互作用、互相影响共同导致交通事故的发生。

2)多米诺骨牌理论

在事故致因理论中,海因里希的多米诺骨牌理论是人们所共知的。该理论认为,伤亡事故的发生是一连串事件按一定的顺序且互为因果关系依次发生的结果。海因里希把导致伤害的事故分为 5 类因素,并将这 5 类因素看成是 5 张顺序放置的骨牌。当一张骨牌倒下时,该张骨牌倒下的行为将引起紧随其后的骨牌连锁倒下,最终导致伤害的发生。导致伤害事故的 5 类因素依次为:M 为人体本身(受社会环境及管理因素影响);P 为按人的意志进行的动作,特指人的失误行为;H 为人的不安全行为和物的不安全状态引起的危险性;D 为发生事故;A 为受到伤害,发生伤亡。

多米诺骨牌理论模型形象直观地揭示了事故发生过程的因果关系,为正确分析事故致因的事件链提供了途径,对预防道路交通事故的发生具有以下现实意义:

①道路交通事故的发生是一系列因素相互作用的结果，若能有效阻止其中任意一个因素参与作用，交通事故致因事件链就将中断，交通事故就能得以避免。

②交通参与者的不安全行为和车辆、道路的不安全状态是导致交通事故发生的关键，预防道路交通事故发生应以消除关键环节为目标，使致因事件链始终处于断开状态。

③道路交通事故是在一定的环境下，一连串事件以一个固定的逻辑顺序发生的结果，实际中改变这种固定的逻辑顺序，将能有效降低交通事故发生率，如通过强化教育改变交通参与者的行为方式。

多米诺骨牌理论模型从理论上指明了分析道路交通事故应从事故现象入手，逐层解析其内在的原因。该理论模型的不足之处在于将事故致因的事件链过于绝对化。事实上，各块骨牌之间的连锁关系不是绝对的，而是随机的。前面的骨牌倒下并不必然导致随后的骨牌就一定倒下，这对于道路交通系统而言就是交通参与者的不安全行为和车辆、道路的不安全状态并非百分之百导致交通事故的发生。

3）能量转移理论

1961 年由吉布森提出，并于 1966 年由哈登引申的“能量转移论”，是一种事故控制论，同时也是事故致因理论发展过程中的重要一步。该理论认为，任何事故的发生都是能量异常或意外的释放。每次能量改变都存在一个能量源、一个路径和一个接受者。因此，预防事故发生的方法也有三种：控制能量源，切断能量转移路径，让接受者采取防范措施。

伤亡事故的发生是由于失去控制意外释放的过量能量引起。导致人员伤亡的主要能量形式有机械能（势能和动能）、电能、热能、化学能、电离及非电离辐射、声能和生物能等。在道路交通领域里，主要有势能、动能和热能等。

能量转移论与其他事故致因理论相比，具有两个主要优点：一是把各种能量对人体的伤害归结为伤亡事故的直接原因，从而决定了对能量源及能量传送途径加以控制作为防止或减少伤害发生的手段这一原则；二是依照该理论建立的对伤亡事故的统计分类，是一种可以全面概括、阐明伤亡事故类型和性质的统计分类方法。能量转移论的不足之处是：由于意外转移的机械能是造成伤害的主要能量形式，这就使得按能量转移观点对伤亡事故统计分类的方法虽然具有理论上的优越性，但在实际应用上却存在困难。

能量转移论在道路交通事故预防中有许多应用。不仅能解释道路交通事故伤亡的直接原因，更重要的是可以预防道路交通事故。事实上，已经在交通运输实践中的许多领域运用了这一理论。

在能量源头控制措施方面：主要有车辆的年检制度，高速公路对驶入车辆的要求，车速限制，利用可变信息标志牌，禁止疲劳驾驶，禁止酒后驾驶，治理超载等。

在控制能量转移路径方面：主要有道路中央隔离带的使用，道路两侧防碰撞物体的利用，设置避险车道，安全带和安全气囊的使用等。

4）轨迹交叉理论

轨迹交叉理论认为，伤害事件是许多互相关联的事件按一定顺序发展并相互作用的结果。这许多互相关联的事件概括起来可划分为人、物两个发展系列。这两个发展系列在发展过程中，因受到不同因素的作用各自形成相应的运动轨迹，当这两个发展系列的运动轨迹在一定时间、一定空间发生接触（交叉），即人的不安全行为（或失误）与物的不安全状态（或故障）发生相遇时，会产生能量失控的现象，当失控的能量“逆流”于人体时则发生伤害事故。事故轨迹交叉理论模型如图 2-5 所示。

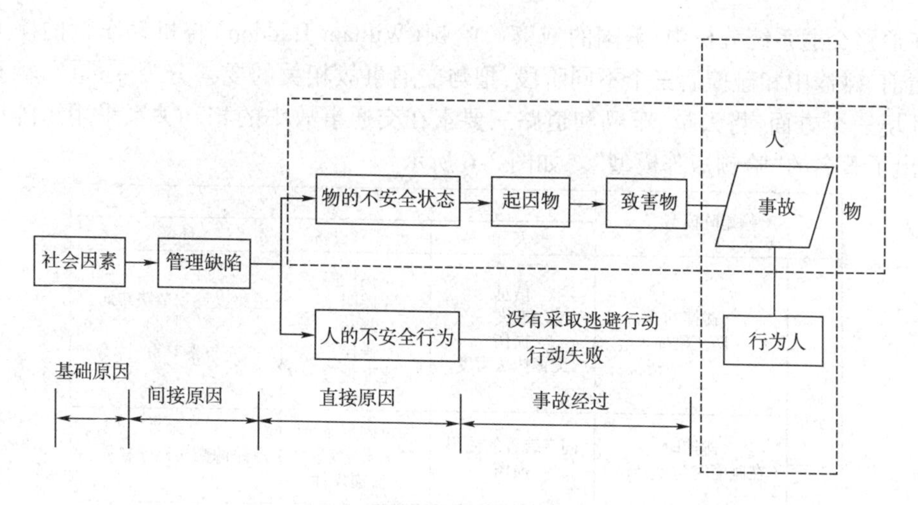

图 2-5　事故轨迹交叉理论模型

实际中,人的不安全行为(或失误)与物的不安全状态(或故障)只是造成事故的直接和表面原因,如果对它们进行更进一步的分析,则可以进一步挖掘出二者背后深层次的原因,即事故发生的间接原因和基础原因。详见表 2-1。

事故发生的原因

表 2-1

直接原因	间接原因	基础原因
人的不安全行为	生理和心理状况、知识技能情况、工作态度、规章制度、人际关系、领导水平等	遗传、经济、文化、教育培训、民族习惯、社会历史、法律等
物的不安全状态	维护保养不当、保养不良、故障、使用错误等	设计缺陷、施工和制造缺陷、标准缺乏等

对于道路交通而言,交通参与者的行为是受其交通安全意识支配的,当交通参与者的安全意识薄弱时,在参与交通活动的过程中就会表现出不安全行为,而交通参与者交通安全意识的形成和发展与其生理、心理、知识、技能等因素相关,同时还受到教育、社会因素的影响;道路交通系统中物的状态即为车辆、道路的状态,该状态与车辆和道路的设计、制造(建造)、维护以及管理等因素密切相关,当车辆、道路使用期间的性能状况严重低于相应的技术要求时,则在使用过程中就会表现出不安全状态。

轨迹交叉理论作为一种事故致因理论,强调人的因素、物的因素在事故致因中的重要性。按照该理论,通过规避人与物两个发展系列的运动轨迹交叉,即避免人的不安全行为和物的不安全状态在同时、同地出现可以预防事故的发生。对于道路交通事故预防而言,一是要努力消除或者减少交通参与者的不安全行为和车辆、道路的不安全状态,使交通参与者、车辆和道路在交通活动中始终保持安全状态;二是尽力避免或减少交通参与者的不安全行为和车辆、道路的不安全状态直接接触的机会,以有效阻断交通事故链。

5)系统分析理论

道路交通系统是一个复杂的动态系统,从某一方面或某一个角度分析交通事故的方法忽略了事物之间的联系,不能准确、全面地反映交通事故的发生规律,也不能满足道路交通安全管理和事故控制的需要。因此,必须采用系统的观点,综合考虑,协调好人、车、路之间的相互关系,从而改善道路交通安全状况。

在道路交通系统分析中,美国的威廉·哈顿(William Haddon)将机动车辆的碰撞细分为碰撞前、碰撞中和碰撞后三个不同阶段;把与交通事故相关的要素分为人员、车辆和设备以及环境三个方面,将人员、车辆和道路三要素在交通事故中的相互关系采用矩阵形式表示,提出了著名的“哈顿矩阵模型”。如图2-6所示。

哈顿矩阵模型		因素		
		人员	车辆和设备	环境
阶段	碰撞前 (防止碰撞)	信息 态度 损伤 交警执法力度	车辆性能 照明 制动 操作 速度管理	道路设计和道路布局 速度限制 行人装备
阶段	碰撞时 (在碰撞时防止受伤)	固定装置的使用 损伤	乘员固定系统 其他安全装置 防碰撞设计	道路两侧防碰撞物体
阶段	碰撞后 (生命支持)	急救技术 获得医疗救助	容易进入车内 起火的危险	救援设备 交通阻塞

图2-6　哈顿矩阵模型图

哈顿矩阵模型阐述了在碰撞(事故发生)前、碰撞时和碰撞后三个不同阶段中相互作用的人员、车辆和设备、环境三要素所涉及的相关因素对碰撞事故的影响关系。就人员要素而言,在碰撞前的阶段影响人员因素有:交通及环境信息,交通参与者对待交通的态度,人的损伤,交警执法力度;在碰撞发生时影响人员伤害的因素有:车辆乘员约束装置的使用状况,损伤状况;在碰撞发生后影响人员伤害的因素有:急救技术,获得医疗救助的状况。就车辆和设备要素而言,在碰撞前阶段影响车辆的因素有:车辆性能(如制动、操控、照明),速度管理(限速);在碰撞发生时影响车辆的因素有:车辆被动安全技术中乘员约束系统,防碰撞设计,其他安全装置,显然,这些设施可有效减少交通事故对乘员和行人的损伤。碰撞发生后,施救人员容易进入受损车内和减少起火的危险,将可有效降低交通事故的伤害。就环境要素而言,在碰撞前阶段影响环境的因素有:道路规划和道路设计,速度限制,人行道设施等。在碰撞发生时影响环境的因素有:道路两侧防碰撞设计;碰撞发生后影响环境的因素有:施救人员及设施到达的及时性,交通畅通状况(是否容易发生交通阻塞)等。

由哈顿矩阵可知,该矩阵9个单元中的每一单元都与交通事故的发生有直接和间接的联系,在一定条件下可能成为导致交通事故发生的主要因素。从预防的角度看,矩阵中的每一单元都是对应的预防交通事故发生和减轻交通事故伤害的措施。因而,对矩阵中每一个单元进行有效干预,都能减少道路交通死亡,降低交通事故发生率。哈顿矩阵模型加深了人们对交通参与者行为、车辆和道路三大要素对交通安全影响的认识。

对于事故致因的系统分析理论还有很多系统分析方法,将在后续内容进一步介绍。

3. 常用的系统分析方法

道路交通安全系统分析方法是通过对交通事故的发生原因和概率及各种隐患表现的定性或定量分析,可以充分了解和查明系统存在的危险性,估计事故发生的概率和可能产生伤害及损失的严重程度,它为确定哪种危险能够通过修改系统设计或改变控制系统运行程序,来给预防提供依据。其目的在于:找出引发事故的因素及其不同的组合形式;把握道路交通系统的安全薄弱环节;寻求预防事故发生的各种途径;并为安全评价和安全控制提供依据。

目前较常用的交通安全系统分析方法,包括事件树分析理论(Event Tree Analysis,简称

ETA)、事故树分析理论(Fault Tree Analysis,简称 FTA)和安全检查表(Safety Check List,简称 SCL)等。

1)事件树分析理论

事件树分析方法是交通安全工程的重要分析方法之一。它的理论基础是图论,它是建立在概率论和运筹学的基础之上。在运筹学中用于对不确定的问题作决策,故又称为决策树分析方法。虽然在不同的地方应用时名称不同,但方法却是一样的。

事件树分析方法用于事前分析,旨在找出可能导致事故的各种因素,以便采取有利对策预防事故。它从一个初因事件开始,交替考虑成功和失败两种可能性,然后再以这两种可能性为新的初因事件,如此继续分析下去,直至找到最后的结果为止。因此,它是一种归纳逻辑树图,能够看到事故发生的动态发展过程,是一种时序逻辑的事故分析方法。

事故的产生是一个动态过程,是若干事件按时间顺序相继出现的结果,每一个初始事件都可能导致灾难性的后果,但并不一定是必然的后果。因为事件每向前发展的每一步都会受到安全防护措施、操作人员的工作方式、安全管理及其他条件的制约。因此,每一阶段都有两种可能性结果,即达到既定目标的“成功”和达不到既定目标的“失败”。

ETA 分析以初始事件为起点,按照事故的发展顺序,分成阶段,一步一步地进行分析,每一事件可能的后续事件取完全对立的两种状态(如成功或失败,正常或故障,安全或危险等),逐步向结果方面发展,直到达到系统故障或事故为止,最终形成一个在水平方向横向展开的树图形。

ETA 分析方法的步骤如下:

①确定初始事件以及防止初始事件继续发展的安全措施和程序。

②编制 ETA 图。

③阐明事故结果。

④定性、定量分析。

事件树定性分析在绘制事件树的过程中就已进行,在对每一发展过程和事件发展途径分析时,需找到事故连锁以及事故预防的途径。

事件树定量分析是指根据每一事件的发生概率,计算各种途径的事故发生概率,比较各个途径概率值的大小,作出事故发生可能性序列,确定最易发生事故的途径。一般地,当各事件之间相互统计独立时,其定量分析比较简单。当事件之间相互统计不独立时(如共同原因故障,顺序运行等),则定量分析变得非常复杂。

事件树分析把事故的发生发展过程表述得清楚而有条理,对设计事故预防方案,制定事故预防措施提供了有力的依据。从事件树上可以看出,最后的事故是一系列危害和危险发展的结果,如果中断这种发展过程就可以避免事故发生。因此,在事故发展过程的各阶段,应采取各种可能措施,控制事件的可能性状态,减少危害状态出现概率,增大安全状态出现概率,把事件发展过程引向安全的发展途径。

ETA 分析方法的一般树图如图 2-7 所示。

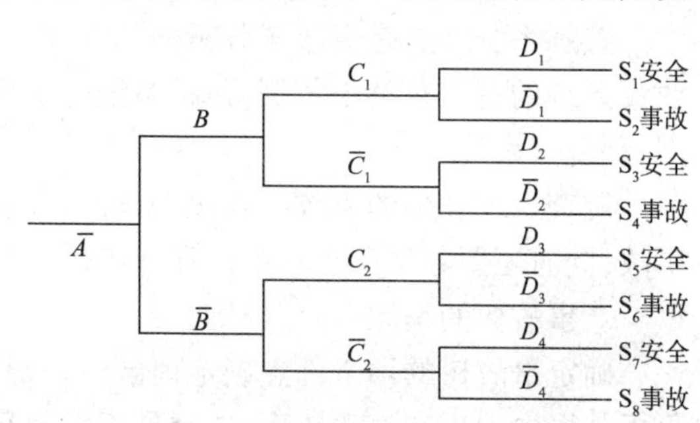

图 2-7 事件树的一般形式

【例 2-1】 火车与客车车辆在铁路道口相撞的事件树分析。

某一客车行驶在无人看守的平交铁路道口，发动机突然熄火，车辆正停留在轨道上。由题意，绘制的火车与客车在道口相撞事件树图如图2-8所示。

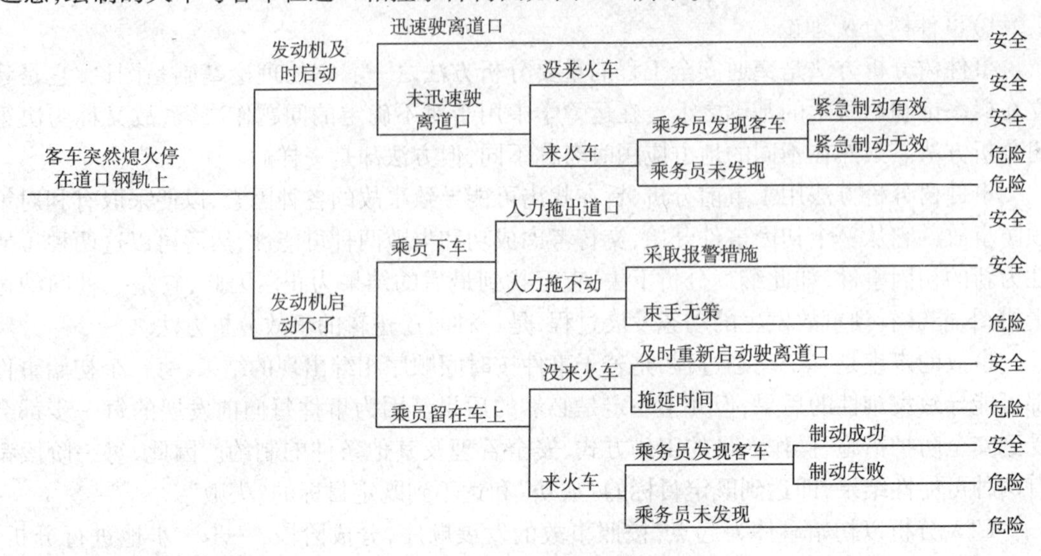

图2-8 火车与客车在道口相撞事件树

2）事故树分析理论

事故树分析也称故障树分析。事故树与事件树一样也是由图论发展而来的，它不同于事件树分析的是，事故树是一种从结果到原因描绘事故发生的有向逻辑树图，主要用于事后分析。事故树分析方法把系统可能发生的某种事故与导致事故发生的各种原因之间的逻辑关系用一种称为事故树的树形图表示，通过对事故树的定性与定量分析，找出事故发生的主要原因，为确定安全对策提供可靠依据，以达到预测与预防类似事故发生的目的。

事故树中包含的事件之间具有一定的逻辑关系，这种逻辑关系用相应的逻辑门来表达。在事故树中，上一层事件是下层事件造成的结果；下一层事件是引起上层事件的原因。当用逻辑门连接这些故障事件时，作为结果的上一层事件称为输出事件，作为原因的下一层事件称为输入事件。事故树中的事件一般都是系统中要素做出不适当的动作或处于不适当的状态的事件，但也可能是表达正常状态的事件。

事故树的分析步骤如下：

①准备阶段。

确定所要分析的系统。在分析过程中，合理地处理好所要分析的系统和外界及其边界条件，确定所要分析系统的范围，明确影响系统安全的主要因素。

熟悉系统。这是事故树分析的基础和依据，对于已经确定的系统进行深入的调查研究，收集系统的有关资料与数据，包括系统的结构、性能、工艺流程、运行条件、事故类型、维修情况、环境因素等。

调查系统发生的事故。收集、调查所分析系统曾经发生过的事故和将来有可能发生的事故，同时还要收集调查本单位和外单位、国内与国外同类系统曾经发生的所有事故。

②事故树的编制。

确定事故树的顶事件。确定顶事件是指确定所要分析的对象事件。根据事故调查报告分析其损失大小和事故频率，选择易于发生且后果严重的事故作为事故树调查的顶事件。

调查与顶事件有关的所有原因事件。从人、机、环境和信息等方面调查与事故树顶事件有关的所有事故原因,确定事故原因,进行影响分析。

编制事故树。采用一些规定的符号,按照一定的逻辑关系,把事故树顶事件与引起顶事件的原因连接起来,绘制成反映因果关系的树形图。

③事故树定性分析。

事故树定性分析主要是按事故树结构,求取事故树的最小割集或最小径集,并进行基本原因事件的结构重要度分析,根据定性分析的结果,确定预防事故的安全保障措施。

④事故树定量分析。

事故树定量分析主要是根据引起事故发生的各基本事件发生频率,计算事故树顶事件发生的概率;计算各基本事件的结构重要度、概率重要度和临界重要度。根据定量分析的结果以及事故发生以后造成的危害,对系统进行风险分析,以确定安全投资方向。

⑤事故树分析的结果总结与应用。

在事故树编制过程中,所包含事件有结果事件、底层事件以及特殊事件。

①结果事件。是由其他事件或事件组合所导致的事件,它总是位于某个逻辑门的输出端。用矩形符号表示结果事件。结果事件分为顶事件 T 和中间事件 $A(i)$。

顶事件:事故树分析中所关心的结果事件,位于事故树的顶端,它总是所讨论事故树中逻辑门输出事件而不是输入事件,以及系统可能发生的或实际已经发生的事故结果。

中间事件:位于事故树顶事件和底事件之间的结果事件,它既是某个逻辑门的输出事件,又是其他逻辑门的输入事件。

②底事件 $X(i)$。导致其他事件的原因事件,位于事故树的底部,它总是某个逻辑门的输入事件而不是输出事件。底事件又分为基本事件(圆形符号)和省略事件(菱形符号)。

基本事件:表示导致顶事件发生的最基本的或不能再向下分析的原因或缺陷事件。

省略事件:表示没必要进一步向下分析或其原因不明确的原因事件。另外,省略事件还表示二次事件,即不是本系统的原因事件,而是来自系统之外的原因事件。

③特殊事件。指在事故树分析中需要表明其特殊性或引起注意的事件。特殊事件又分为开关事件(屋形符号)和条件事件(椭圆形符号)。

开关事件(正常事件):在正常工作条件下必然发生或必然不发生的事件。

条件事件:限制逻辑门开启的事件。

连接事故树中两个或多个事件并表示其逻辑关系的符号用逻辑门表示,包括与门、或门、非门、条件与门、条件或门等。其符号表示如图 2-9 所示。

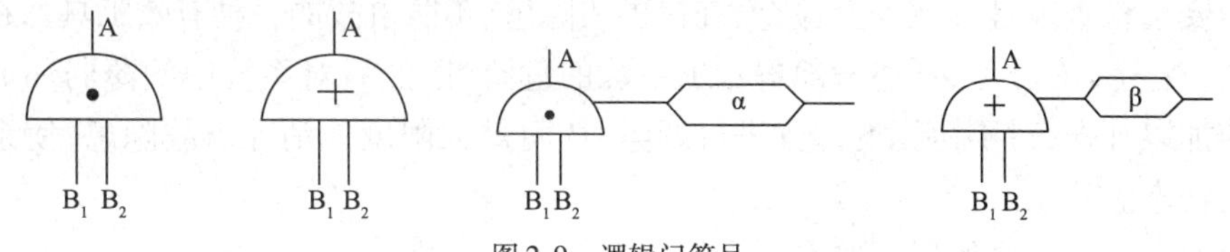

图 2-9　逻辑门符号

事故树的编制过程是一个严密的逻辑推理过程,应遵循以下规则:

①确定顶事件应优先考虑风险大的事故事件。

②合理确定边界条件。

③保持门的完整性,不允许门与门直接相连。

④确切描述顶事件。

⑤编制过程中及编成后,需及时进行合理的简化。

上述的事故树分析程序包括了定性和定量分析两大类。从实际应用而言,交通事故的影响因素众多,且需要大量数据,定量分析工作量大,因此,本教材仅对其进行简单介绍。

【例 2-2】 翻车事故树分析。

在道路交通事故中,翻车为常见的交通事故之一。汽车翻车是指部分或全部车轮悬空、车身着地的现象,通常指车辆没有发生其他事态而造成的翻车。翻车事故主要是由于车辆失稳和施救不及时所造成的。图 2-10 为车辆翻车事故树。

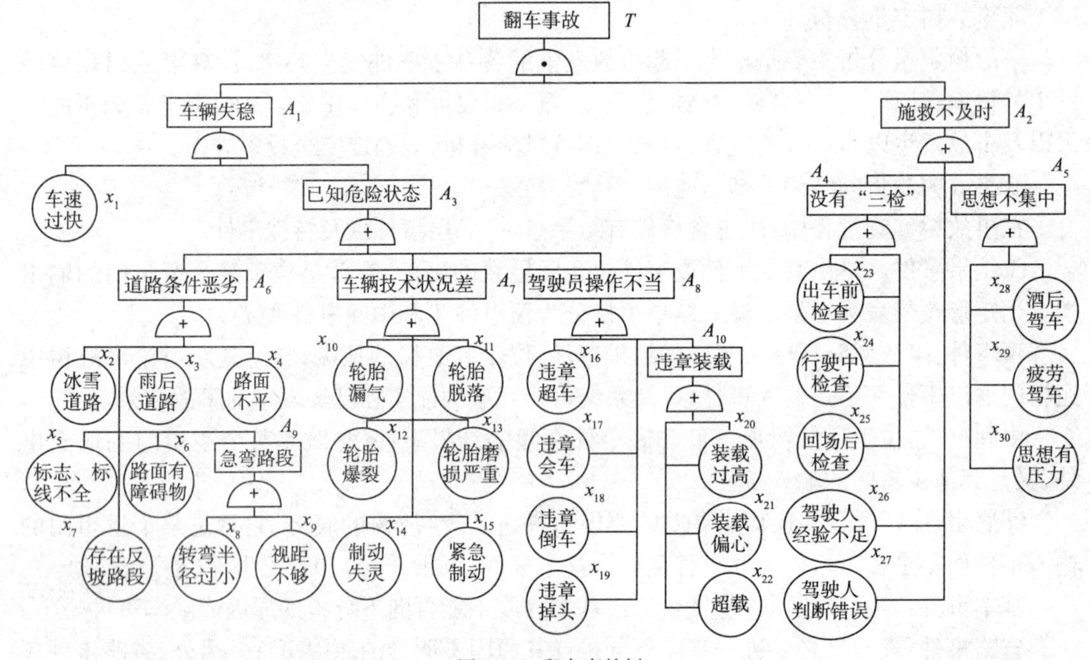

图 2-10 翻车事故树

3) 安全检查表法

安全检查表法属于归纳分析的范畴,是从原因推论结果的方法。交通安全检查表是进行安全检查和诊断的明细表,是为检查交通系统中的不安全因素与不安全行为,事先对要检查的交通系统加以剖析、分解、查明问题所在,并根据理论知识、实践经验、有关标准、规范和事故情报等进行周密细致的思考,确定检查的项目和要点。将检查项目和要点按系统编制成表,以便在设计和检查时,按规定的项目进行检查和诊断,这种表就称为交通安全检查表。

交通安全检查表是进行安全检查、查找事故隐患、预防事故的一种有效工具。在安全系统工程中,首先是充分地、不遗漏地揭示出系统的危险性,然后对系统中的薄弱环节采取相应的措施加以补强,对不协调的部分进行调整,从而最大限度地消除事故隐患,使系统达到最安全的状态。

交通安全检查表的作用主要有:

①使设计人员和检查人员能够根据预定的目的和要求,按提出的问题进行检查,避免遗漏疏忽,便于查明各种危险和隐患。

②针对不同的安全要求,组织专家编制相应的安全检查表,可以实现安全检查工作的标准化和规范化。

③依据安全检查表检查,是督促各项安全规章制度的实施和制止汽车违章行驶的有效方式,也是使安全教育工作经常化的一种手段。

④可以作为安全检查人员履行职责的依据。

第四节　道路交通事故预防理论

一、交通事故可预防原理

交通事故防治是运用系统工程的思想和方法，分析交通事故信息，揭示交通事故发生、发展的规律，科学、有效地预测道路交通系统未来可能出现的状况，综合运用系统论、控制论、行为科学、管理科学、风险决策科学和工程技术等方面的知识，对交通事故的演化机理、相关因素进行定性和定量分析，对交通事故防治对策的分析、评价、优化方法和技术以及对道路交通安全进行控制的方法。交通事故可预防原理是基于交通事故因果性、随机性、潜伏性、再现性、可预防性、动态性等几个方面体现出来的。

1. 交通事故因果性

交通事故的因果性是指交通事故由相互联系的多种因素（如人、车、道路、环境、管理等方面）共同作用的结果。引起事故的原因是多方面的，在伤亡事故调查分析过程中，应弄清事故发生的因果关系，找到事故发生的主要原因，才有可能对症下药有效防范。从偶然中找出必然性，利用动态的观点认识事故发生、发展和演化的规律，变不安全条件为安全条件；利用有效的预测技术，全面、系统地预测系统未来可能的状态，依据预测结果采取合理、有效地控制措施把交通事故消除在萌芽状态。这就是防患于未然、预防为主的科学依据。

2. 交通事故的随机性

交通事故的随机性是指交通事故发生的时间、地点、事故后果的严重性是偶然的。这说明事故的预防具有一定的难度。但是，事故的这种随机性在一定范畴内也遵循统计规律。为此，通过分析事故的统计资料，利用科学的数据处理技术可以找到事故发生的统计规律，并依据交通事故发生的随机性采取相应的预测技术，预测系统未来可能出现的状态，从而为交通安全决策提供必要的科学依据。因此，事故统计分析和科学地选择数据处理手段，对制定正确的预防措施有重大的指导意义。

3. 交通事故的潜伏性

从表面上看，交通事故是一种突发事件。但是事故发生之前有一段潜伏期。在事故发生前，人—车辆—道路—环境系统所处的这种状态是不稳定的，也就是说系统存在着事故隐患，具有危险性。如果这时有一触发因素出现，就会导致事故的发生。如何在潜伏期发现和采取有效措施消除隐患，可从多层次和多角度对系统和相关因素进行分析，这一点同样重要。

4. 交通事故的再现性

交通事故一经发生就成为过去。时间是一去不复返的，完全相同的事故是不会再次显现。然而没有真正地了解事故发生的原因，并采取有效措施去消除这些原因，就会再次出现类似的事故。所以，应当采取科学的措施辨识和消除系统中所存在的各种危险因素，消除事故赖以存在的主客观条件，就能够杜绝同类事故的重复发生，这是能够做到的。

5. 交通事故的可预防性

从认识论而言，随着人类认识的发展，人们总能够认识客观事物的本质规律。认识这一特性，对坚定信念、防止事故发生有促进作用。因此，人们应该充分利用各个学科的研究成果，采用科学合理的预测技术，从宏观和微观两个方面入手，从不同的侧面全面、科学地预测系统未来可能出现的状态，使决策者从不同的角度全面了解系统未来的状况，进而采取合理有效的措施，从根本上消除交通事故发生的隐患，使交通事故的发生降低到最小限度。

6. 交通事故的动态性

交通事故是由人、车、路、环境等因素相互作用的不良结果。而人、车、路、环境这 4 个要素都是在变化的，所以交通事故的发生也是在不断变化之中。这就要求人们在预防交通事故的时候，要用变化的观点和与时俱进的精神，具体问题具体分析，不能搞“一刀切”。

二、交通事故的预防原则

交通事故是有其特有规律的，只要对系统进行详细的分析，认真总结以往事故发生的规律，采取合理、科学的预测技术，从不同的侧面对其进行有效地预测，全面把握道路交通系统未来可能出现的状态，进而预先采取相应的控制措施，即交通事故是可预防的。

一般来讲，交通事故的预防工作应该遵循如下几个原则。

1. 预防第一，防患未然的原则

做好交通安全的基础性工作，采用各种先进的技术手段和危险源辨识方法，及时发现和处理事故隐患，消灭人的不安全行为和物的不安全状态，避免事故的发生。总之，预防交通事故的关键在于减少或控制危害，只有识别、消除和控制了危险源和事故隐患，才能从根本上防止交通事故的发生。

2. 根除事故原因的原则

要确保道路交通系统的安全功能得以正常发挥，首先应当对交通事故进行全面的调查与分析，找出导致事故发生的各种原因（如人、车辆、道路、环境等因素），认真彻底消除造成事故的管理原因和基础原因，避免它们发展成为物（车辆、道路环境等）的不安全状态和人（道路交通参与者）的不安全行为。

3. 全面治理的原则

交通事故的原因是多方面的。它们来自于交通参与者本身、车辆、道路、交通环境、交通组织、道路安全设施条件、交通安全管理水平、个人的性格气质以及所处的社会环境与家庭环境、交通法律与法规等多方面的因素。要预防和减少交通事故，就必须在查明事故原因的基础之上，从工程技术、信息技术、管理和教育等方面并综合各学科的研究成果采取系统的措施，从总体高度提高预防交通事故的能力，有效地控制事故的发生，确保道路交通系统的安全功能达到最优。

事故预防的基本对策是工程技术对策（Engineering）、教育培训对策（Education）和法制与管理对策（Enforcement），即所谓的“3E”对策。就是说，要做好道路交通安全必须以工程技术、教育培训和法制管理为主体。

安全技术对策着重解决物的不安全状态问题；安全教育对策和管理对策则主要着眼于人的不安全行为问题。安全教育对策主要使人知道，在哪里存在危险源、事故的可能性和严重程度如何、对于可能的危险应该怎么做；安全管理措施则是要求必须怎么做。

4. 采用科学的预测技术原则

众所周知，预防措施的有效性取决于对研究对象未来发展状况的全面了解，只有对未来有详细把握，才能对症下药，制定科学和行之有效的预防措施。因此，在交通安全管理工作中应依据实际情况，从系统的不同侧面入手，依据对象的不同特点，采用不同的方法对系统进行全面有效的预测，使交通安全管理决策者全面综合地评判系统未来可能出现的状况或发展趋势，进而采取有效措施，确保道路交通系统的安全功能得以正常发挥。

三、道路交通事故预防对策

根据事故致因理论可知，交通事故的发生是人（道路交通参与者、交通安全管理人员等）和物（车辆、道路环境等）两大系列轨迹交叉的结果。因此，防止事故发生的基本原理就是使人和物的运动轨迹二者不能交叉。

根据轨迹交叉理论的观点，消除人的不安全行为无疑是非常重要的，应该给予充分的重视。首先，要对人员的结构和素质情况进行分析，找出容易发生事故的人员层次和个人，以及人的不安全行为。然后，在对人的身体、生理、心理进行检查测验的基础之上合理选配人员。从研究行为科学出发，加强对人的交通安全教育、训练和管理，提高生理、心理素质，增强交通安全意识，提高交通安全技能，最大限度地减少和消除人的不安全行为。但也应该看到，人是有自由意志的，个人所处的社会环境和生活环境会对人产生巨大的影响，这些影响因素对人的影响程度和范围将随时间的推移而发生变化，进而造成人的生理和心理状态不稳定，致使人的安全可靠性也是随时间的变化而发生波动。在交通活动过程中，道路交通参与者往往会由于一些偶然因素而产生事先难以预料的不安全行为。

从某种意义上来讲，人的不安全行为发生概率不可能为零，要想完全防止人的不安全行为是不可能做到的，因此，消除物的不安全状态就显得非常必要。消除物的不安全状态，应该把重点放在提高车辆的主动与被动安全措施和提高道路的安全等级、完善道路交通安全设施等方面。物的安全化水平的提高有助于交通安全管理的改善和人的不安全行为的防止。人物轨迹交叉是在一定的环境条件下进行的，因此，除了人和物外，为了防止交通事故的发生，还应致力于道路交通环境的改善。此外，还应从人机工程学原理入手，解决好人、车辆、道路环境的合理匹配问题。使车辆和道路设计符合人的生理和心理基本特性。

人、车辆、道路环境因素是造成事故的直接原因；交通安全管理虽是事故的间接原因，但却是本质原因。道路交通参与者安全素质和安全技能的提高、车辆的控制和安全防护措施的加强、道路交通环境的改善等都有赖于安全管理水平和效能的提高；事故防止措施最终都是管理方面的措施。为此，必须极大地关注管理的改进，大力推进交通安全管理的科学化、现代化；应该对安全管理的状况进行全面地调查分析，找出管理上存在的薄弱环节，在此基础上确定从交通安全管理角度出发的预防事故发生的各项措施。

从上述的分析可以看出，道路交通安全建设是一项复杂的系统工程，涉及到交通参与者、车辆、道路、环境、社会经济发展、政策波动等方面的因素，为减少交通事故的发生频率和严重程度，提高交通系统的安全性，应有安全系统论的思想和理念，把法规、教育、工程、管理等有机地结合起来，建立以人为本的交通事故科学预防体系，如图 2-11 所示。

控制事故应当采取本质安全化方法。本质安全，就是指从开始，就从本质上实现安全，从根本上消除事故发生的可能性，从而达到预防事故发生的目的。本质安全是人类在生产、生活实践的发展过程中，对事故由被动接受到积极预防，以实现从源头杜绝事故和人类自身安全保护。

以下针对人、车、道路环境、管理、事故应急机制等几方面从本质安全角度出发，给出预防交通事故的控制对策。

1. 人的安全化

人是交通活动的主体，即人是交通事故的制造者又是交通事故的直接受害者。从我国大量的交通事故统计中可以看出,80%左右的交通事故是与“人”的因素相关。因此,人为因素的控制显得非常重要。人为事故的预防和控制,是在研究人与事故的联系及其运动的基础上,认识到人的不安全行为是导致与构成交通事故的要素。因此,要想有效预防、控制人为事故的发生,就必须依据人机工程学原理和交通安全心理学等原理,运用人为事故规律和预防、控制事故原理,联系实际而产生的一种对交通事故进行超前预防和控制的方法。

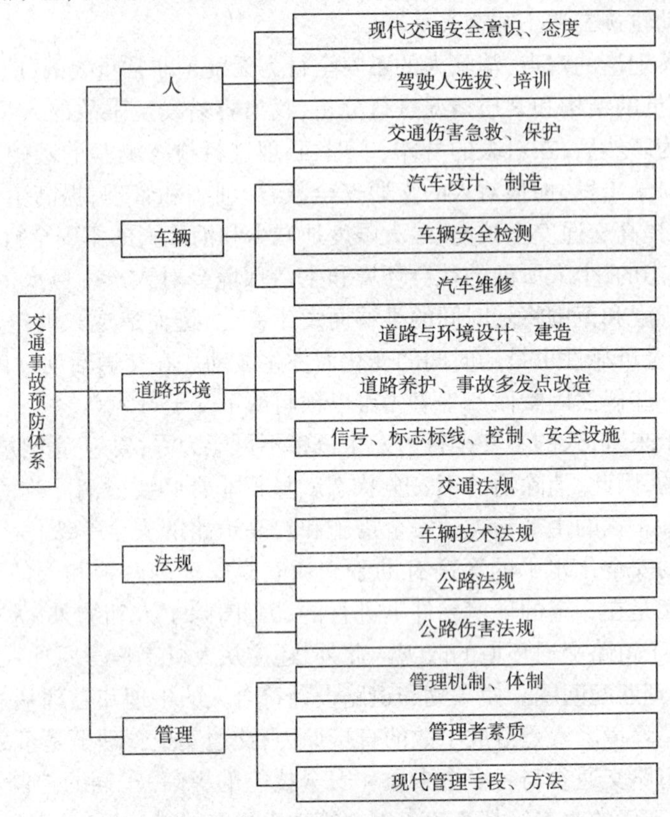

图2-11　交通事故预防体系框图

加强对人为因素的控制与预防的措施主要有:加强对交通参与者的安全教育与培训,强化交通参与者对交通环境的适应能力,提高人的安全技能,合理调节交通参与者的心理状态等。

2.车辆安全化

车辆造成的交通事故及损害后果与车辆性能是分不开的。由于车辆制动器失效或制动效果不佳、转向系失效等原因会导致交通事故的发生。车辆结构、保险杠、安全气囊、安全带、车内设计等因素也直接影响着交通事故的损害后果。因此,提高车辆性能可以减少交通事故及损害后果。

主要措施有:加强车辆的安全性(包括车辆的主动安全性和被动安全性等),加强车辆日常维护与技术检查(如对车辆牌证实行计算机联网管理、对超龄车辆实行淘汰报废、改革营运车辆的安全检查制度等)等。保障道路运输车辆良好的技术状况是运输企业安全管理的重要职责。

3.道路环境安全化

一般而言,道路环境条件主要是影响道路交通参与者获取正确信息的能力,进而影响交通事故的发展进程。从事故致因理论可以看出,道路环境的安全化是保障道路交通系统安全功能得以正常发挥的重要组成部分。

加强道路环境安全化的措施主要有:加强道路的安全设计,线形设计的宜人化,道路与环境相适应等。

4. 安全管理对策

道路交通安全管理是公安交通管理机关的一项重要工作,但保障交通安全是全社会的责任。因此,交通安全管理必须依靠社会力量的参与,进行综合治理,走交通安全社会化和现代化之路,才能最大限度地预防和减少交通事故。

提高道路交通安全管理的措施主要有:建立健全交通管理法律法规以及规章制度,严格纠正和处理交通违章,采用先进交通管理手段,提高管理者的素质以及加强交通规划,合理组织交通流等。

5. 交通安全科技对策

加大对交通安全科学研究的投入,定期制定交通安全研究计划,列出政府部门和全社会关心和亟需解决的研究课题,划拨研究经费,充分调动有关研究机构和企业的积极性,开展道路交通安全科学研究。鼓励多渠道资金投入交通安全研究,支持研究成果的转化。充分利用人类科技进步的成果,把一些高科技成果在资金和条件允许的前提下尽快应用到道路交通安全上来,以确保系统交通的安全功能,减少交通事故发生频率和人员、财产损失。

构建道路安全信息平台和交通系统决策支持系统,建立全国道路交通事故数据库,并与相关统计数据库联网,提高统计数据的可靠性。完善和维持连续、统一、可靠的数据库系统,通过建立道路交通事故的数据库,不仅可以对实时的交通安全状况有所了解,而且可以对历史的数据进行挖掘,从而提取隐藏的预测性信息,为掌握道路交通安全动向,评价安全措施的效果,制定交通安全宏观政策和具体措施提供依据。

6. 交通事故的紧急救援对策

大量的事故统计数据表明,在我国交通事故死亡数据中,约40%死者是当场死亡,其余60%的人死于医院或送往医院途中,其中30%的受伤者是因为抢救不及时而导致死亡;化学危险品在运输过程中由于交通事故而导致的二次灾害中,其危害的程度及影响范围与人们能否迅速采取控制措施密切相关,交通事故发生对道路通行能力影响的改善等,都取决于人们能否及时采取有效的控制措施相关联。因此,为了确保系统交通安全,使人员伤亡和财产损失降低到人类可接受的范围内,在采取预防措施的同时,必须尽快建立交通事故紧急救援系统,降低交通事故损失程度和影响范围。

交通事故紧急救援系统的任务是及时准确获取发生交通事故信息,协调有关各方面迅速调集救援资源,采取紧急救援行动;交通事故发生后,提供紧急服务,包括消防、救护、环保、车辆牵引起吊,以便于车辆发生故障时,提供维修服务,帮助陷于困境的车辆驾驶人摆脱困境,在交通事故可能影响的范围内,为行车的驾驶人和乘客提供信息服务;其目的就是以最快的反应速度、用最短的时间排除事故影响和恢复交通,针对事故造成的后果应考虑设置救援资源。

7. 降低交通事故的有效手段——ITS

智能交通系统(Intelligent Transportation Systems,简称ITS)是将先进的信息技术、通信传输技术、电子控制技术及计算机技术等综合运用于交通运输管理体系,通过对交通信息的实时采集、传输和处理,借助各种科技手段,对各种交通情况进行协调和处理,建立起一种实时、准确、高效的综合交通管理体系,从而使交通设施得以充分利用,并提高交通运输的效率和安全,最终使交通运输服务和管理实现智能化,使交通运输实现集约式发展。ITS的整体使用模式更加体现和重视人的能动性，它向道路使用者提供各种各样的综合信息，让道路使用者从不同方案中选择适合自己的那一种，以诱导交通流为主，而不是以强迫为主，从系统整体功能方面增加道路交通运输的安全性。

ITS 系统与交通安全有关的功能包括：交通管理系统（在途驾驶人信息、路径诱导、交通控制、突发事件管理、公铁交叉口管理等），应急管理系统（紧急事件通告与人员安全、应急车辆管理），商用车辆运营系统（自动路侧安全监测、车载安全监测、危险品应急响应等），车辆控制与安全系统等几个方面。交通管理系统是智能交通系统的重要内容，可以对交通流量进行分析，对事故信息进行监测，对车辆状况进行预报和管理等。应急管理系统提高了对突发时间的报告和反应能力，改善了应急反应的资源配置。当发生交通事故时，系统可以向周围的行人和车辆发出事故灾害通告，实施应急车辆管理，进行交通信号控制，通对过往车辆进行疏导，帮助受灾车辆减轻损失，避免事故灾害的进一步扩大。商用车辆运营系统能帮助商业车队，在提高运输效率的同时，强化安全检查，并建立危险货物安全运输的信息跟踪处理、快速反应系统等，使公路系统的所有用户都得益于更为安全可靠的道路交通环境。车辆控制和安全系统能够有效地扩展视野，避免和防止纵向、侧向及交叉路口的碰撞；在车辆发生碰撞时对乘员进行安全防护，并对危险进行预警。总的说来，ITS 系统提供了一套先进的手段和科学的方法，能进行全面控制和有效管理，提高人、车辆、道路环境等的安全水平，减少交通事故的发生，确保道路交通系统的安全功能得以最优发挥。

通过上述分析可以得到道路交通安全防范对策树，如图 2-12 所示。

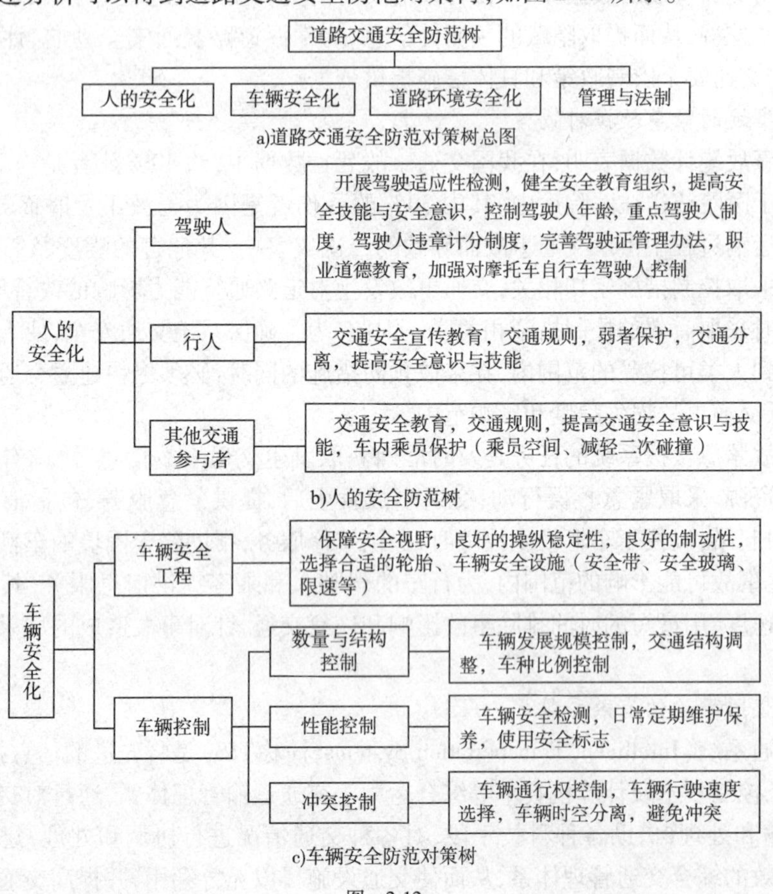

图 2-12

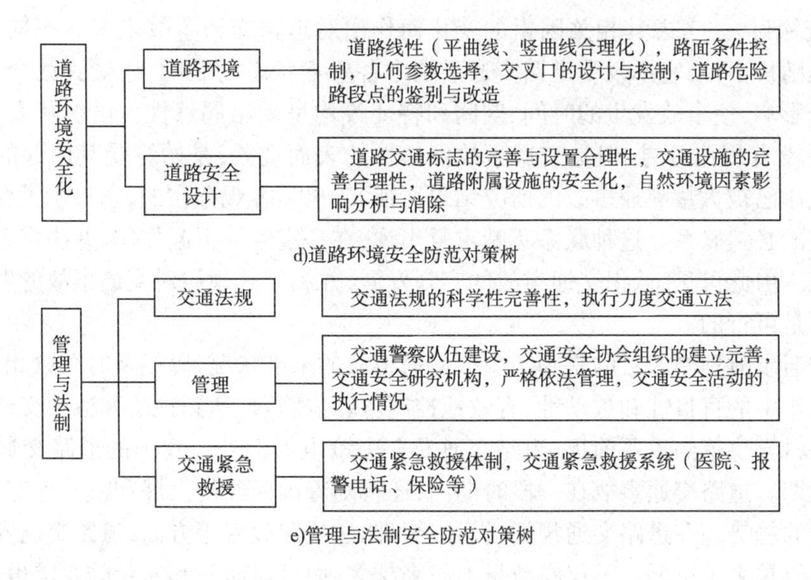

图 2-12　道路交通安全防范对策树

第五节　道路交通事故预测理论

预测是指根据客观事物的发展趋势和变化规律,对特定对象未来发展的趋势或状态做出科学的推断与判断。换言之,预测是根据对事物的已有认识对未知事件做出预估。预测是一种行为,表现为一个过程;同时,它也表述为行为的某种结果。

交通事故的发生属于随机事件,人们无法事先预知某次交通事故发生的具体时间和地点,其本身具有偶然性,但是对于一个地区在较长时域内发生的大量交通事故而言,则有一定的规律性和相对的稳定性,人们可以根据过去已发生的道路交通事故情况与道路、人口、机动车拥有量、经济水平等因素之间的关系,对今后几年内交通事故可能发生次数、死伤人数及造成的经济损失作出科学的预测。

交通事故预测是对交通系统中事故次数、经济损失、死亡人数、道路所处风险状态,以及有交通事故引起的二次灾害后果的变化趋势或状态进行科学的推测与判断。这是预测学理论与方法在交通运输领域中的应用。道路交通事故预测是适应交通运输发展的需要和人类的安全需求而逐渐成熟起来的一门学问,它以交通事故的发展过程、变化趋势以及影响因素作为自己的研究对象。

交通事故预测的目的是为了掌握交通事故的未来状况,以便及时采取相应的对策。避免工作中的盲目性和被动性,有效地控制各影响因素,达到减少交通事故的目的。

一、交通事故预测的意义

道路交通事故预测是道路交通安全研究的一项重要内容,它能使人们找到道路交通事故发生的规律,以及在现有道路交通条件下交通事故未来发展趋势和大体程度,为制定道路交通安全对策提供相关理论依据。

道路交通事故预测对于道路交通安全评价、规划以及决策具有重要的现实意义。道路交通事故预测是对交通事故未来的情况进行估计和推测。它是通过对道路交通事故过去和现状的系统探讨，并考虑其相关因素的变化而作出对道路交通事故未来状态描述的过程。交通事故是随机事件，它不仅受道路交通系统中各要素状态的制约，还受到社会、自然多种偶然因素的影响，使事故发生的时间、空间和特征等均呈现出偶然性。虽然从表面上看，事故发生似乎没有规律可寻，但是交通事故偶然性的表面现象，是始终受其内部的规律所支配。这种规律已被大量交通事故的研究结果所证实，也是客观存在的，它揭示了交通事故相关要素之间的必然联系。这种联系不断重复出现，在一定条件下起作用，并决定着交通事故的发展变化。由此可见，认识交通事故的客观发展，并利用其规律对交通事故的发展变化进行科学预测是可行的。

道路交通事故预测的目的是为了掌握交通事故的未来状况，以便及时采取相应的对策。避免管理工作中的盲目性和被动性，有效地控制各影响因素，达到预防和减少交通事故的目的。预测是科学决策的重要前提，道路交通安全决策也不例外。我国的道路交通事故目前正处在多发期。道路交通事故在一段时期内，还将随着国民经济发展和汽车保有量的增加，继续呈增长的趋势。在道路交通规划、设计、管理、法规和教育等方面，道路交通安全的科学决策作用显得越来越重要。不仅在数量上越来越多，而且对时间和质量的要求也越来越高，因此，必须做好道路交通事故预测。

道路交通事故预测的作用主要表现为：

(1)预测道路交通事故发展趋势，为制定预防交通事故对策和交通安全宣传教育提供依据。

(2)预测道路交通事故的变化特点，为制定针对性防范措施和交通法规提供依据。

(3)预测道路交通事故近期状态特征，为制定合理的交通安全管理目标值提供依据。

(4)预测现有道路交通控制条件下的交通事故状况，对交通安全措施的可行性和实施效果进行合理评价。

二、交通事故预测的基本要求

1. 科学性

交通事故预测并不是盲目的预测，而是科学的判断和推测，保证预测科学性有两个主要依据：一是交通事故变化的规律，这是选择预测技术的依据；二是预测的有关信息充分、真实和准确，这是保证预测模型准确和预测精度的依据。

2. 准确性

交通事故的未来状态，事实上是不能完全预测的。因此，预测结果不能做到百分之百准确，准确性是要求预测结果应有与预测技术、时间范围相适应的精度，使预测误差限定在规定的范围内。

3. 适用性

预测技术和模型应尽量简单方便，并能反映交通事故发展规律的趋势；预测报告应简要明确，并有较强的说服力，以适应预测目标变化的需求。

三、交通事故预测程序

交通事故预测一般分为三个阶段。第一阶段是设计过程。从确定目标，经过收集、分析有关信息，到初步选定预测技术。在事故次数、死亡人数、受伤人数和财产损失4项绝对指数中，由于涉及人员死亡的交通事故历来受到各地区的高度重视，死亡人数在统计中很少遗漏,是最有可比性的指标。因此,在安全规划中选取死亡人数作为预测目标。在事故预测中一般应采取定性预测和定量预测相结合的方法进行预测。第二阶段是建模过程。建立预测模型,并验证模型的合理性。第三阶段是评价过程。进行预测并对预测值进行验证、评价。在此过程中,要综合分析各种因素的影响,采用多种方法研究和修正。通过科学的判断后,得到最后的预测结果。此后,要对预测继续进行跟踪监测,以证实它是否适用,并在必要时建议修正预测值。

1. 确定预测目标

交通事故预测目标是指预测的项目、类型、范围,以及预测精度要求等。预测目标应根据决策的要求确定。预测目标直接影响预测过程的具体要求和做法。

2. 收集并分析有关信息

有关信息是指与事故预测相关的各种数据和资料,这是进行预测的基础。因此,应根据预测目标的具体要求,收集预测所需要的各种数据和资料。同时,对收集来的各种信息进行分析、处理,整理出真实而可用的信息。

3. 选择预测方法

每项预测虽然可以使用多种预测方法。但是,由于预测目标的要求,预测条件和环境的限制,实际预测中,只能选择一种或几种预测方法。在选择预测方法过程中,包括选择原则和比较分析。

4. 建立预测模型

选定了预测模型后,就要估计预测模型的参数,建立预测模型。然后,通过检查和评价,确定预测模型能否反映交通事故未来的发展规律。如果能,则说明该模型可用;如果不能或误差较大,则应舍弃该模型,重新建立模型。

5. 进行预测

根据收集并分析和处理与预测相关的数据和资料,利用预测模型,进行预测计算或推测出预测结果。

6. 分析与评价预测结果

未来绝不会与过去完全一样。利用预测模型预测的结果。不一定与实际完全相符。因此,有必要对预测结果加以分析和评价。通常的做法是:

①根据经验检查和判断预测结果的合理性和真实性,并对预测结果加以修正。

②可以采用多种方法进行预测,然后经过比较或综合,确定出最佳预测结果。

③通过对政策和重大事件以及突变因素对交通事故产生影响的分析,对预测结果进行合理修正。

7. 预测结果跟踪

在获得预测结果后,还需要对可能得到的实际数据进行跟踪,以便解释预测结果或必要时进行修正。并在预测过程中不断地修改完善预测模型,使之继续适用。预测追踪的另一个作用是可以分析预测误差的主要原因。

图 2-13 为交通事故预测的一般程序。

四、交通事故预测方法

道路交通事故预测方法很多,可分为定性预测和定量预测两大类。

定性预测是在数据资料掌握不多,或需要短时间内做出预测的情况下,运用专家的经验

和判断能力，用逻辑思维方法，把有关资料予以加工，对交通事故的发展趋势和特征做出定性的描述。常用的定性预测技术有专家会议法、德尔菲法（专家调查法）、主观概率法、趋势判断法、类推法和相互影响分析法等。

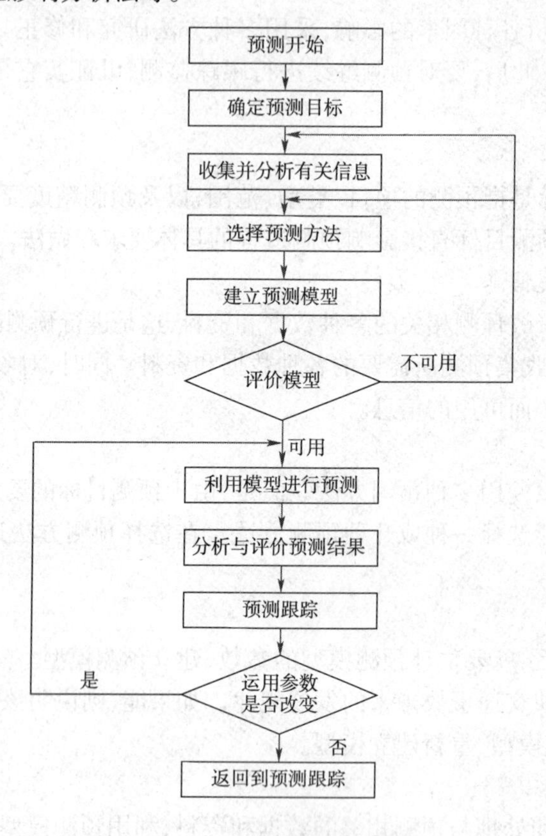

图 2-13　交通事故预测程序

定量预测是依据历史数据和统计资料，运用数学或其他分析技术，建立可以表现数量关系的模型，利用它来预测交通事故在未来可能出现的数量。常用的定量预测方法有时间序列法、回归分析法、灰色预测法和组合预测法等。以下是几种常见的定量分析方法。

1. 时间序列法

时间序列预测法是从分析时间序列的变化趋势特征等信息中，选择适当的模型和参数建立预测模型，并根据惯性原则，假定预测对象以往的变化趋势会延续到未来，从而做出相应的预测。

时间序列预测法主要包括移动平均法、加权移动平均法和指数平滑法等。该类预测方法的一个明显特征是所用的数据都是有序的，这类方法预测精度偏低，通常要求研究对象具有相当的稳定性，历史数据量要大，数据分布具有较明显的趋势，一般只适用于短期预测。

1）移动平均法

移动平均法是将原来时间序列的时间跨度扩大，采用逐项推移的方法计算时间序列平均数，形成一个新的时间序列，以消除短期及偶然因素引起的变动（即不规则变动），从而使事物的发展趋势更加明显地表现出来。这里仅介绍一次 N 元移动平均法。其数学模型为：

$$S_{t+1}=\frac{1}{n}\sum_{i=t-n+1}^{t}x_i=\frac{1}{n}(x_t+x_{t-1}+\cdots+x_{t-n+1}) \tag{2-2}$$

式中：S_t——t 时间上的预测值；

x_t——t 时间上的实际观测值；

n——取平均数据的个数（即相加数据的个数）。

2）加权移动平均法

移动平均法认为各个时期的历史数据对将要发生数据的影响是相同的，而实际上，这种影响往往是不同的。为了改进移动平均法存在的缺点，提出了加权移动平均法。加权移动平均法对各个时期的历史数据赋予不同的权值，来反映不同时期数据对预测对象的影响。一般来说，距离预测期较近的数据，对预测值的影响也较大，因此，其权值也较大；距预测期较远的数据，对此预测值的影响也较小，因此，其权值也较小。加权移动平均法的数学模型为：

$$S_t = \frac{\sum_{i=t-1}^{t-n} W_i X_i}{\sum_{i=1}^{n} W_i} \tag{2-3}$$

式中：W_i——与 X_i 相对应的权值。

3）指数平滑法

指数平滑法与移动平均法、加权移动平均法的基本原理相同，都是利用历史数据进行平滑来消除随机因素的影响。指数平滑法更加灵活，这种方法只需要本期的实际值和本期的预测值便可预测下一期的数据，因此，不需要保存大量的历史数据。一次指数平滑法的数学模型为：

$$S_{t+1} = \alpha X_t + (1-\alpha) S_t = S_t + \alpha (X_t - S_t) \tag{2-4}$$

式中：α——系数（$0<\alpha<1$）；

$X_t - S_t$——前期预测值的误差。

上述时间序列预测模型中涉及 3 个参数：n、W_i 和 α，在具体使用时，要经过几个不同参数值的试算后才能确定，以便尽可能地使预测值接近实际值。通常将预测值与实际值进行比较，或者计算预测值与实际值的绝对误差，以选择接近实际值的预测模型。如：对移动平均法，可选 $n=3$、5 或 6；对加权移动平均法，可选 $W_i=3$、2、1 或 5、3、1；对指数平滑法，可选 $\alpha=0.1$、0.3 或 0.9。具体哪个参数对应的预测值更接近实际值，就选择哪个参数对应的预测模型。

2. 回归分析法

回归分析法就是从被预测变量和与它有关的解释变量之间的因果关系出发，通过建立回归分析模型，预测对象未来发展的一种定量方法。

与时间序列法相比，回归分析方法的优点在于可以根据相应于一系列不同变量的数值进行一系列的预测；其缺点是除了被预测的单个变量外，还需要几个相关变量的数据，并需要确定因变量与自变量之间的函数形式，预测的精度较低，并且该方法需要大量的原始统计资料来建立模型。

由于交通事故的发生是多个因素共同作用的结果，因此，在利用回归分析法建立事故预测模型时，通常采用多元回归方式。但当自变量数量大于 3 个时，手工计算已很困难，一般采用计算机及专用软件计算。

关于交通事故预测已有一些典型的回归预测模型，主要包括以下几种：

1)斯密德(R. J. Smeed)公式

$$D = 0.0003\sqrt[3]{NP^2} \tag{2-5}$$

式中:D——交通事故死亡人数;

N——汽车拥有量;

P——人口总数。

该预测模型以一个国家的汽车拥有量、人口数作为影响因素,在 1960 ~ 1967 年间,对欧、美、亚、非许多国家的交通事故进行了预测,其预测值与实际值基本上相符。但该模型不适合拥有大量自行车交通的地区和国家。

2)美国的伊阿拉加尔公式

伊阿拉加尔对美国 48 个州的道路交通死亡事故的 30 多个相关因素的分析,选出影响较大的 6 个因素,然后用回归方程预测"百万辆汽车的事故死亡率 y"。经过实践检验,预测值与实际值基本相符。该公式为:

$$y = 0.5215x_1 + 0.8542x_2 - 0.2831x_3 - 0.2597x_4 + 0.1447x_5 - 0.1397x_6 \tag{2-6}$$

式中:y——死亡数/百万辆汽车;

x_1——公路通车里程/总里程;

x_2——汽车经检验的数量;

x_3——道路面积/地区面积;

x_4——年平均温度;

x_5——地区内人均收入;

x_6——其他因素。

3)北京模型

20 世纪 80 年代以来,随着交通工程学科在我国的开展,面对我国日趋严重的交通安全状况,我国交通安全专家提出了一些具有代表性的交通事故生成规律统计模型,其中包括北京市交通事故模型:

$$\begin{aligned} y = {} & 3577.79 + 93.3028\lg x_1 + 824.921\lg x_3 + 326.777\lg x_4 + 800.454\lg x_5 - \\ & 1149.05\lg x_6 - 224.902\lg x_8 - 45.0499\lg x_9 - 152.608\lg x_{10} - 297.191\lg x_{11} \end{aligned} \tag{2-7}$$

式中:x_1——临时人口数;

x_2——常住人口数;

x_3——机动车辆数;

x_4——自行车数;

x_5——道路长度;

x_6——道路面积;

x_7——灯控路口;

x_8——交通标志;

x_9——交通标线;

x_{10}——繁忙而失控的部位;

x_{11}——交警人数。

回归分析法在交通事故预测中应用较为普遍,在实际应用过程中,需要根据已有的调查资料情况建立交通事故预测模型。这里对多元线性回归模型的一般形式做简要介绍。

多元线性回归模型的一般形式为:

$$Y = a + b_1 x_1 + b_2 x_2 + \cdots + b_i x_i \tag{2-8}$$

式中：Y——多元线性回归因变量；

a——参数；

b_i——Y 对 x_i 的回归系数。

根据最小二乘法确定参数 a、b_i，应使：

$$\sum_{j=1}^{n}(Y_j - a - b_1 x_{1j} - b_2 x_{2j} - b_3 x_{3j} - \cdots - b_m x_{mj})^2$$

为最小。对上式中的 a、$b_i(i=1,2,\cdots,m)$ 分别求偏导数，并令其等于零，得到：

$$\begin{cases} l_{11}b_1 + l_{21}b_2 + \cdots + l_{m1}b_m = l_{y1} \\ l_{12}b_1 + l_{22}b_2 + \cdots + l_{m2}b_m = l_{y2} \\ \cdots\cdots \\ l_{1m}b_1 + l_{2m}b_2 + \cdots + l_{mm}b_m = l_{ym} \end{cases} \tag{2-9}$$

$$a = \overline{Y} - \sum_{i=1}^{m} b_i \overline{x}_i \tag{2-10}$$

其中：$\overline{Y} = \frac{1}{n}\sum_{k=1}^{n} Y_k, \overline{x}_i = \frac{1}{n}\sum_{k=1}^{n} x_{ik}(i=1,2,3,\cdots,m)$

$$l_{ij} = \sum_{k=1}^{n}(x_{ik} - \overline{x}_i)(x_{jk} - \overline{x}_j) = \sum_{k=1}^{n} x_{ik}x_{jk} - \frac{1}{n}(\sum_{k=1}^{n} x_{ik})(\sum_{k=1}^{n} x_{jk})(i,j=1,2,3,\cdots,m)$$

$$l_{Yj} = \sum_{k=1}^{n}(Y_k - \overline{Y})(x_{jk} - \overline{x}_j) = \sum_{k=1}^{n} x_{jk}Y_k - \frac{1}{n}(\sum_{k=1}^{n} x_{jk})(\sum_{k=1}^{n} Y_k)(j=1,2,3,\cdots,m)$$

$$l_{YY} = \sum_{k=1}^{n}(Y_k - \overline{Y})^2$$

多元线性回归模型的相关检验通过计算复相关系数 R 进行，R 值越接近于 1，回归模型的预测效果越好。其计算公式为：

$$R = \sqrt{\frac{\sum b_i l_{Yi}}{l_{YY}}} \tag{2-11}$$

3. 灰色预测法

灰色理论是我国著名学者邓聚龙教授 1982 年创立的一门新兴学科，它以"部分信息已知，部分信息未知"的"小样本"、"贫信息"不确定性系统为研究对象，主要通过对"部分"已知信息的生成、开发，提取有价值的信息，实现对系统运行行为的正确认识和有效控制。

灰色预测的基本思路是将已知的数据序列，按照某种规则构成动态或非动态的白色模块，再按照某种变化、解法来求解未来的灰色模型。灰色预测的另一个重要特点是，模型使用的不是原始数据序列，而是生成的数据序列。也就是说，灰色预测的数据，不是直接从生成模型得到的数据，而是经过还原后的数据，或者说通过生成数据的灰色模型得到的预测值必须进行逆生成处理。该模型使用于数据量较少，且精度要求不高的场合。

交通事故是一个随机事件，其本身具有偶然性和模糊性。在整个道路交通系统中既存在一些确定因素，如道路状况、照明条件等，也存在一些不确定因素，如交通流量、驾驶人心理状态、气候情况等。因此，可以认为整个道路交通系统是一个灰色系统，并可应用灰色系统的理论进行研究和预测。

交通事故灰色预测方法认为，某地区在某时间内的交通事故指标值是在一定范围内变

化的与时间坐标有关的灰色量。该方法不同于数理统计学中的时间序列分析与预测，它是一种现实和动态的分析和展望，它不必罗列影响道路交通事故的因素数据，而是从道路交通事故自身时间数据序列中寻找有用信息，探究其内在规律，建立相应的模型进行预测。该方法还避免了概率统计方法的大样本、大工作量而结果不理想的状况。本文应用灰色系统理论 GM(1,1)模型对交通事故进行预测。

设原始离散数据序列 $x^{(0)}=\{x_1^{(0)},x_2^{(0)},\cdots,x_n^{(0)}\}$，其中 n 为序列长度。对其进行一次累加生成处理：

$$x_k^{(1)}=\sum_{j=1}^{k}x_j^{(0)},k=1,2,\cdots,n \tag{2-12}$$

以生成序列 $x^{(1)}=\{x_1^{(1)},x_2^{(1)},\cdots,x_n^{(1)}\}$为基础建立的灰色生成模型：

$$\frac{\mathrm{d}x^{(1)}}{\mathrm{d}t}+\alpha x^{(1)}=u \tag{2-13}$$

称为一阶灰色微分方程，记为 GM(1,1)。式中 α、u 为待辨识参数。

设参数向量：

$$\hat{\alpha}=[\alpha \quad u]^T,y_n=[x_2^{(0)},x_3^{(0)},\cdots,x_n^{(0)}]^T$$

$$B=\begin{bmatrix}-(x_2^{(1)}+x_1^{(1)})/2 & 1\\ \vdots & \vdots\\ -(x_n^{(1)}+x_{n-1}^{(1)})/2 & 1\end{bmatrix}$$

则由下式求得 $\hat{\alpha}$ 的最小二乘解：

$$\hat{\alpha}=(B^TB)^{-1}(B^Ty_n) \tag{2-14}$$

将式(2-14)求得的 $\hat{\alpha}$ 代入式(2-13)，再将时间响应函数离散化，对微分方程进行求解，得到道路交通事故 GM(1,1)模型：

$$\hat{x}_{k+1}^{(1)}=(x_1^{(0)}-u/\alpha)e^{-\alpha k}+u/\alpha \tag{2-15}$$

将 $\hat{x}_{k+1}^{(1)}$计算值作累减还原，即得到原始数据的估计值：

$$\hat{x}_{k+1}^{(0)}=\hat{x}_{k+1}^{(1)}-\hat{x}_k^{(1)} \tag{2-16}$$

近年来，人们对交通事故的预测方法进行了不断研究，也提出了一些比较好的方法，如模糊预测法、神经网络预测法等。不同的预测方法有不同的应用特点和适用的时间、空间范围，各种预测方法的不同特点分析见表 2-2。

在实际工程应用中，对于同一预测对象，采用不同的预测方法将得到不同的预测结果。由于不同的预测方法具有不同的特点，因此，在预测过程中为了提高预测结果的可靠性，一般采用多种预测方法组合，并对预测结果进行分析，综合利用各种预测方法提供的信息来提高预测精度。

道路交通事故是一种十分复杂的随机现象，它不仅与交通管理水平和车辆有关，而且受道路条件、交通组成、人的交通行为、社会经济及政治等各种因素的影响。因此，交通事故的变化规律也呈现出复杂多样的特点，选择交通事故预测技术，一定要根据具体的预测目标，数据性质，预测精度要求等综合考虑，确定合理有效的预测方法。

【例 2-3】 某地区交通事故死亡人数与机动车保有量和地区生产总值有关。现已知近 6 年的有关统计资料，见表 2-3。如果预测下一年度该地区机动车保有量为 957.66 万辆，总产值为 20036.69 亿元，试分别采用回归分析法和灰色预测法对该地区下一年度的死亡人数进行预测。

交通事故预测方法分析比较 表 2-2

预测方法	预测模型	适用空间范围	适用时间范围	方法应用特点
专家会议法	召开会议集中判断,主观概率	省、市事故宏观趋势预测	近、短期	预测速度快,预测误差易偏移,计算简单
德尔菲法	函询专家反馈独立判断	省、市事故宏观趋势预测	中、长期	预测速度慢,匿名性、反馈性和收敛性,计算简单
移动平均数法	$S_{t+1}=\frac{1}{n}\sum_{i=t-n+1}^{t}x_i$	县、区或某条路线,交叉口等小范围交通事故预测	近、短期	运用数据少,计算简单,对事故发展趋势变化反应迟钝,无法预测转折点
加权移动平均法	$S_t=\frac{\sum_{i=t-1}^{t-n}W_iX_i}{\sum_{i=1}^{n}W_i}$	县、区或某条路线,交叉口等小范围交通事故预测	近、短期	运用数据少,计算简单,对事故发展趋势变化反应迟钝,无法预测转折点
指数平滑法	$S_{t+1}=\alpha X_t+(1-\alpha)S_t$	县、区或某条路线,交叉口等小范围交通事故预测	短期	运用数据少,计算简单,对事故发展趋势变化反应迟钝,无法预测转折点
回归分析法	$Y=a+b_1x_1+b_2x_2+\cdots+b_mx_m$	适应范围较广	长、中、短期	要求历史数据多,且稳定,外推性能差,运算较复杂,检验性能好
灰色预测法	$\hat{x}_{k+1}^{(1)}=(x_1^{(0)}-u/\alpha)e^{-\alpha k}+u/\alpha$	适应宏观预测	中、短期	应用在数据少,资料突变的情况,运算较复杂

相关数据及计算 表 2-3

序号	死亡人数 Y(人)	机动车保有量 X_1(万辆)	总产值 X_2(亿元)	$X_{1i}Y$	$X_{2i}Y$	$X_{1i}X_{2i}$	$X_{1i}{}^2$	$X_{2i}{}^2$	Y^2
1	7952	588.72	8582.73	4681501.44	68249868.96	5052824.81	346591.24	73663254.25	63234304
2	7184	644.82	9511.91	4632386.88	68333561.44	6133469.81	415792.83	90476431.85	51609856
3	6947	705.5	10631.8	4901108.5	73859114.6	7500734.90	497730.25	113035171.24	48260809
4	6640	778.61	12451.8	5169970.4	82679952	9695096.00	606233.53	155047323.24	44089600
5	8100	833.78	15512	6753618	125647200	12933595.36	695189.09	240622144.00	65610000
6	7603	892.62	18272.12	6786589.86	138922928.4	16310059.75	796770.46	333870369.29	57805609
合计	44426	4444.05	74962.36	32925175.08	557692625.4	57625780.63	3358307.4	1006714693.87	330610178

解:由于道路交通事故具有随机性,数据呈现出较大的波动性,因此简单的时间序列法(如移动平均法、指数平滑法)不适用于求解本题。

1)回归分析法

死亡人数与机动车保有量、地区生产总值存在相关关系,现用二元线性回归方程进行分析,其模型为:

$$Y = a + b_1 X_1 + b_2 X_2$$

式中:X_1——机动车保有量;

X_2——地区生产总值。

为计算回归方程中的系数,列表求相关数据,见表2-3。

由式(2-9)有:

$$\begin{cases} l_{11}b_1 + l_{21}b_2 = l_{y1} \\ l_{12}b_1 + l_{22}b_2 = l_{y2} \end{cases}$$

$$\overline{Y} = \frac{1}{6}\sum_{i=1}^{6} Y_i = 7404.33 \qquad \overline{x}_1 = \frac{1}{6}\sum_{i=1}^{6} x_{1i} = 740.68 \qquad \overline{x}_2 = \frac{1}{6}\sum_{i=1}^{6} x_{2i} = 12493.73$$

$$l_{11} = \sum_{i=1}^{6}(x_{1i} - \overline{x}_1)^2 = \sum_{i=1}^{6} x_{1i}{}^2 - \frac{1}{6}(\sum_{i=1}^{6} x_{1i})^2 = 66710.67$$

$$l_{22} = \sum_{i=1}^{6}(x_{2i} - \overline{x}_2)^2 = \sum_{i=1}^{6} x_{2i}{}^2 - \frac{1}{6}(\sum_{i=1}^{6} x_{2i})^2 = 70155457.74$$

$$l_{12} = l_{21} = \sum_{i=1}^{6}(x_{1i} - \overline{x}_1)(x_{2i} - \overline{x}_2) = \sum_{i=1}^{6} x_{1i}x_{2i} - \frac{1}{6}(\sum_{i=1}^{6} x_{1i})(\sum_{i=1}^{6} x_{2i}) = 2103034.64$$

$$l_{Y1} = \sum_{i=1}^{6}(x_{1i} - \overline{x}_1)(Y_i - \overline{Y}) = \sum_{i=1}^{6} x_{1i}Y_i - \frac{1}{6}(\sum_{i=1}^{6} x_{1i})(\sum_{i=1}^{6} Y_i) = 19947.53$$

$$l_{Y2} = \sum_{i=1}^{6}(x_{2i} - \overline{x}_2)(Y_i - \overline{Y}) = \sum_{i=1}^{6} x_{2i}Y_i - \frac{1}{6}(\sum_{i=1}^{6} x_{2i})(\sum_{i=1}^{6} Y_i) = 2646324.51$$

$$l_{YY} = \sum_{i=1}^{6}(Y_i - \overline{Y})^2 = \sum_{i=1}^{6} Y_i{}^2 - \frac{1}{6}(\sum_{i=1}^{6} Y_i)^2 = 1665265.33$$

得到方程组:

$$\begin{cases} 66710.67b_1 + 2103034.64b_2 = 19947.53 \\ 2103034.64b_1 + 70155457.75b_2 = 2646324.51 \end{cases}$$

求解该方程组得:$b_1 = -16.1853$,$b_2 = 0.5229$,则 $a = \overline{Y} - b_1\overline{x}_1 - b_2\overline{x}_2 = 12859.4866$。

因此,所求的回归方程为:

$$Y = 12859.4866 - 16.1853x_1 + 0.5229x_2$$

对得到的回归方程进行相关性检验:

相关系数

$$R = \sqrt{\frac{b_1 l_{Y1} + b_2 l_{Y2}}{l_{YY}}} = \sqrt{\frac{(-16.1853) \times 19947.53 + 0.5229 \times 2646324.51}{1665265.33}} = 0.7982$$

可见,变量 X_i 与 Y 之间的线性相关关系显著。

将预测年份的机动车保有量 $X_1 = 957.66$,总产值 $X_2 = 20036.69$ 代入上述方程,得到预测年份的事故死亡人数为:

$$Y = 12859.4866 - 16.1853 \times 957.66 + 0.5229 \times 20036.69 \approx 7837 \text{ 人}$$

2)灰色预测法

交通事故具有随机性,为了找出其内部规律,需要对其进行累加或累减处理。表2-4为对 $x^{(0)}$ 作一阶累加,得到新数列 $x^{(1)}$:

相关数据资料即计算 表 2-4

序号	1	2	3	4	5	6
死亡人数 $x^{(0)}$（人）	7952	7184	6947	6640	8100	7603
$x^{(1)}$	7952	15136	22083	28723	36823	44426

确定向量 y_n 和矩阵 B：

$$y_n = [x_2^{(0)}, x_3^{(0)}, \cdots, x_6^{(0)}]^T = [7184, 6947, 6640, 8100, 7606]^T$$

$$B = \begin{bmatrix} -(x_2^{(1)} + x_1^{(1)})/2 & 1 \\ \vdots & \vdots \\ -(x_6^{(1)} + x_5^{(1)})/2 & 1 \end{bmatrix} = \begin{bmatrix} -11544 & 1 \\ -18609.5 & 1 \\ -25403 & 1 \\ -32773 & 1 \\ -40624.5 & 1 \end{bmatrix}$$

B^T 为 B 的转置矩阵，则

$$B^TB = \begin{bmatrix} 3849309364.5 & -128954 \\ -128954 & 5 \end{bmatrix}, (B^TB)^{-1} = \begin{bmatrix} 1.9103 \times 10^{-9} & 4.9268 \times 10^{-5} \\ 4.9268 \times 10^{-5} & 1.4707 \end{bmatrix}$$

由于 $\hat{\alpha} = (B^TB)^{-1}(B^Ty_n)$，则

$$\hat{\alpha} = \begin{bmatrix} 1.9103 \times 10^{-9} & 4.9268 \times 10^{-5} \\ 4.9268 \times 10^{-5} & 1.4707 \end{bmatrix} \begin{bmatrix} -955217586 \\ 36474 \end{bmatrix} = \begin{bmatrix} -0.0277 \\ 6579.238 \end{bmatrix}$$

$\hat{\alpha} = \begin{bmatrix} \alpha \\ u \end{bmatrix}$，即 $\alpha = -0.0277, u = 6579.238$。

根据式(2-15)，该地区交通事故死亡人数的 GM(1,1)模型为：

$$\hat{x}_{k+1}^{(1)} = (x_1^{(0)} - u/\alpha)e^{-\alpha k} + u/\alpha = 245469.617e^{0.0277k} - 237517.617$$

根据得到的模型对该地区下一年的事故死亡人数进行预测。

由 $\hat{x}_{k+1}^{(0)} = \hat{x}_{k+1}^{(1)} - \hat{x}_k^{(1)}$，则有

$$\hat{x}_7^{(0)} = \hat{x}_7^{(1)} - \hat{x}_6^{(1)} = 245469.617(e^{0.0277 \times 6} - e^{0.0277 \times 5}) \approx 7979 \text{ 人}$$

因此，预测该地区下一年交通事故死亡人数约为 7919 人。

第三章　人的因素与车辆运行安全

在构成道路交通安全人、车、路(环境)三要素中,人是道路交通安全中的主因,是保证道路交通安全的核心,而人的驾驶行为又受生理条件和心理特征所支配。因此,只有掌握了驾驶人的生理状况与心理特征,才能安全操作车辆,保障行车安全。本节主要阐述驾驶人的因素与车辆运行安全及交通参与者的安全教育。

第一节　驾驶人生理特性

一、驾驶人基本生理特性与车辆运行安全

在车辆运行过程中,人的心电、脑电以及呼吸这几个生理参数较多用来表征驾驶人的基本生理特征。

1. 心电

心脏在每个心动周期内,伴随起搏点、心房、心室相继兴奋而产生生物电的变化,这些生物电的变化称为心电。人的一个完整心电波形图如图 3-1 所示。

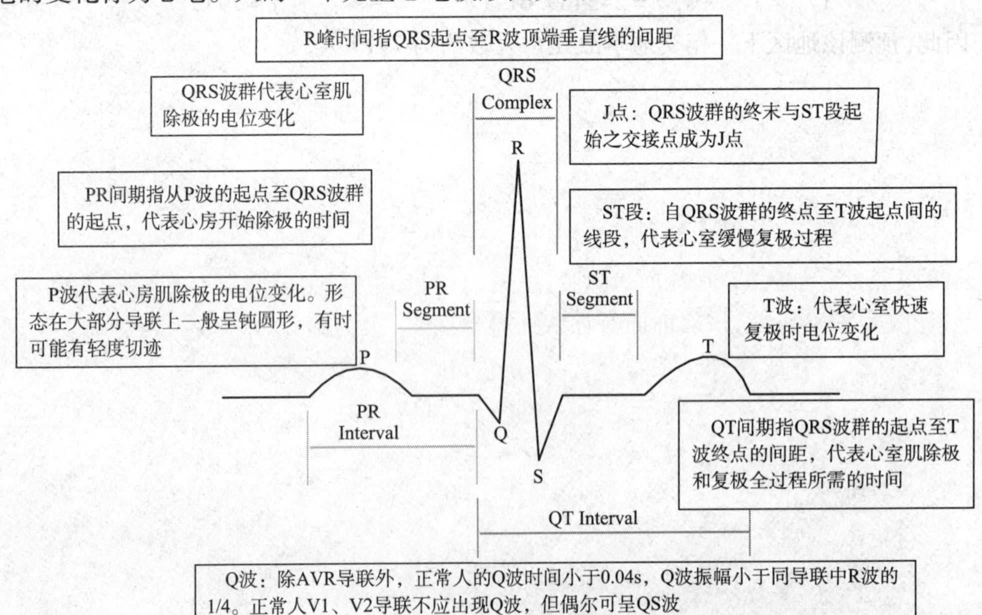

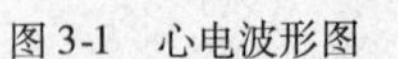
图 3-1　心电波形图

心电的主要评价指标包括心率和心率变异性。心脏同时受交感神经和副交感神经的支配，而交感神经系统的主要功能在于提高有机体的唤醒水平，副交感神经系统的功能是使兴奋起来的躯体返回到较低的唤醒水平。驾驶人的疲劳程度与机体的唤醒水平密切相关，因此，心电可以作为判断驾驶疲劳的一项重要生理指标。

行车过程中，驾驶人的心率主要与车速和行驶时间相关。车速越高，心率也越快，行车越不安全；随着行驶时间不断加长，心率会逐渐变慢，此时表现为驾驶疲劳。

2. 脑电

人在思考时，磁场发生变化，形成生物电磁场，从而产生一种电波叫脑电波。脑电波的频率变动范围一般在 1 ~ 30Hz，根据脑电频率的不同，可以将其划分为 4 个波段。

（1）α 波：频率 8 ~ 13Hz，它是人脑电波中最基本的节律，保持也比较稳定，通常在人清醒、平静时这种波的节律最为明显，紧张时会立刻消失，因此，α 波出现时，驾驶人一般处于较为安全的驾驶状态。

（2）β 波：频率 13 ~ 30Hz，当人精神紧张或者情绪激动亢奋的时候，会出现这种波，可以通过此波对驾驶人超速行驶状态的危险度进行分析。

（3）δ 波：频率 1 ~ 4Hz，在成年人极度疲劳、发生瞌睡的状态下，出现这种波，因此可以用这种波来监测驾驶人的疲劳等级，若出现此波，表明驾驶人出现疲劳，此时的驾驶状态不安全。

（4）θ 波：频率 4 ~ 8Hz，成年人在精神抑郁受挫的时候，这种波比较显著。此时驾驶人不宜行车。

3. 呼吸

呼吸幅度代表被试每次呼吸时的呼气/吸气量，是一个相对值；呼吸频率为每分钟的呼吸次数。这两个指标均可反映驾驶人在驾驶过程中的呼吸情况。

呼吸能反映人的体能状况，肺活量小，呼吸频率快的驾驶人体能相对较差，长时间行车时容易疲劳，也易发生事故。

二、驾驶人视觉特性与车辆运行安全

外界刺激作用于视觉器官，使其感受细胞兴奋，其信息经视觉神经系统加工后便产生视觉。人眼具有高度发达的神经细胞、完善的光学系统，以及各种使眼睛转动并调节光学系统的肌肉组织。人眼睛的结构剖面图如图 3-2 所示。

从图 3-2 中可以看出，眼球的外壳包括三层膜：最外层呈白色，由蛋白质构成，是起保护作用的巩膜层，该层前的 1/6 球面是角膜，呈透明状态；中间层是脉络膜，有丰富的血管和色素组织，主要是营养机能，该层前面有环状虹膜，虹膜中央为瞳孔；最里层是视网膜，视网膜层的杆体细胞和锥体细胞是视觉的感受器，它们与双极细胞形成突触联系，视网膜的神经节细胞组成了视神经。

研究表明，驾驶人在行车过程中 80% 以上的信息来自视觉，所以，驾驶人的视觉特性（如视力、视敏度、视野、视觉适应等）都对行车安全有着重要的影响。

1. 视力

视力是指人眼能分辨物体形状、大小、颜色的能力，分为静（体）视力、动（体）视力和夜视力。

静视力是指在光线充足条件下，人和视标在静止状态下所检查的视力。

动视力是指在光线充分条件下，人和视标处于运动（一方运动或双方皆动）状态下所检查的视力。

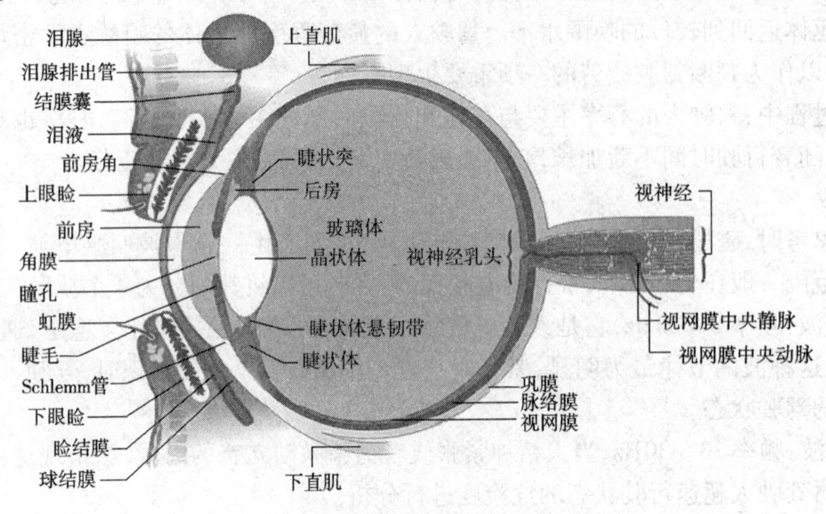

图 3-2　眼睛结构剖面图

夜视力是指人在光线微弱条件下，即暗环境中分辨方向、识别物体大小、形状及运动状态的能力。

依据国家《机动车驾驶证申领和使用规定》，申请大型客车、牵引车、城市公交车、中型客车、大型货车、无轨电车或者有轨电车准驾车型的，两眼裸视力或者矫正视力达到对数视力表 5.0 以上；申请其他准驾车型的，两眼裸视力或者矫正视力达到对数视力表 4.9 以上；无红、绿色盲。

驾驶人在行车过程中的视力属于动视力。一般来说，动视力比静视力低 10% ~20%，特别情况下比静视力低 30% ~40%。人的视力随运动速度的提高而下降，车速越快，视力下降得越多。表 3-1 是测定不同车速下驾驶人对同一标志的判读距离，标志上字高为 40cm。

车速与判读距离关系　　表 3-1

车速（km/h）	60	80	100	120
判读距离（m）	124	116	109	94

动视力除受车速影响外，还随照明强弱、目标与背景亮度对比、目标呈现时间、相对运动的方向与方式、驾驶人的性别等因素的影响而变化。在目标角速度不同的环境下驾驶人的动视力是不同的。而相同环境下不同年龄驾驶人的动视力亦不同，年龄越大，伴随目标角速度的升高，动视力下降得越多。如图 3-3 和图 3-4 所示。

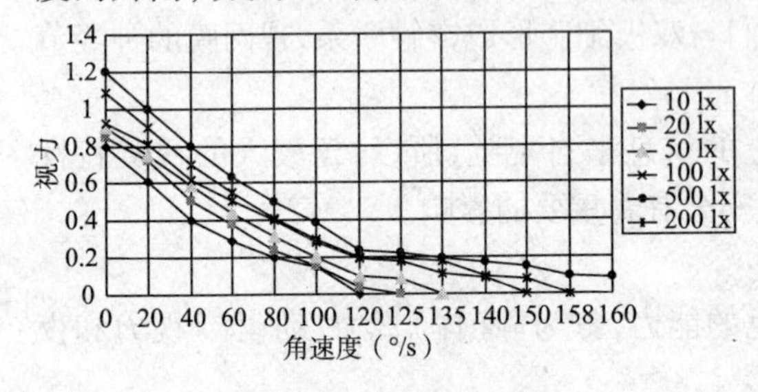

图 3-3　角速度与视力的关系图

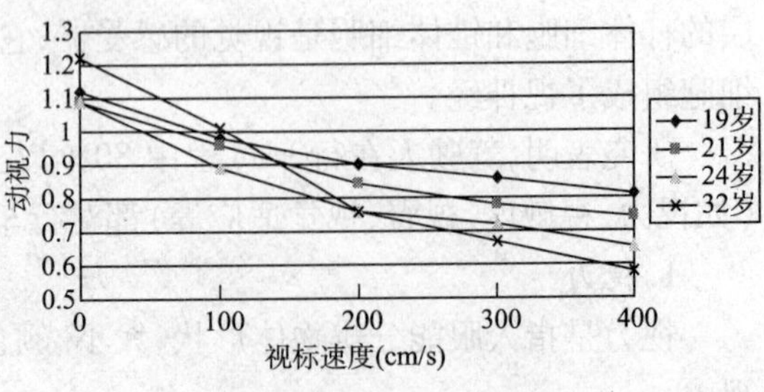

图 3-4　动视力与年龄的关系

2. 视野

视野是指人的两眼注视某一目标时能够看得见的最大空间范围，包括静视野和动视野。静视野是指在静止状态下，头部不动，两眼注视前方时，眼睛两侧可以看到的范围。动视野是指在静止状态下，头部不动，但眼球可以转动时，所能够看见的范围。

静视野和动视野可以用角度来衡量。一般正常人双眼同时注视同一目标时，视野大约120°，左右重叠，双眼视野比单眼视野的范围大，如图3-5所示。正常人每只眼睛的垂直视野(上下)为135°～140°，水平视野(左右)达150°～160°；两眼左右视野约为180°。动视野比静视野大，左右约宽15°，上下约宽10°，下方无明显变化。人眼的视野可用视野计进行测定。

如果驾驶人的视野过小，其获取安全行车所需的有效信息就会变少，对驾驶人的安全行车产生不利的影响。

车辆在运行过程中，驾驶人视野与行车速度密切相关，其变化特点是：汽车静止时视野不变；当汽车行驶时，视野的深度、宽度、视野内画面都在不断变化。车辆运行速度越快，驾驶人越注视远方，即注视点前移，视野越窄。随着视野变窄，驾驶人的注意力随之被引向到景象的中心而置两侧于不顾，形成所谓"隧道视"。驾驶人的视野随车速变化的基本规律如图3-6所示。

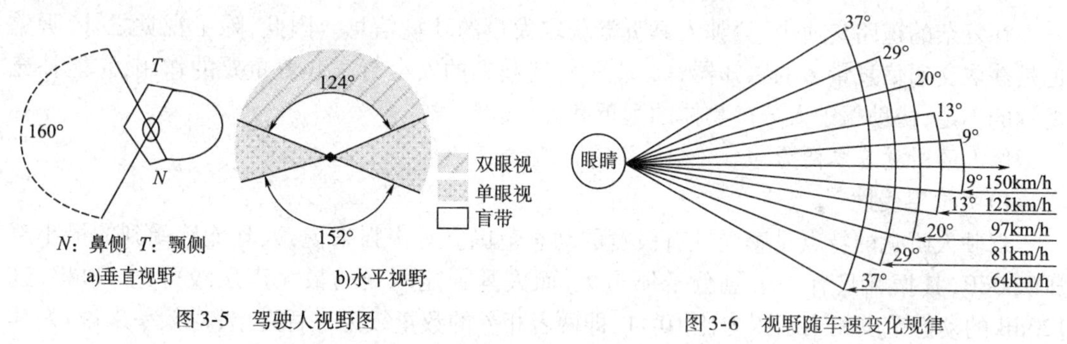

图3-5 驾驶人视野图

图3-6 视野随车速变化规律

3. 视觉适应

适应是一种感觉现象，因刺激物的持续作用而引起感受性的变化。视觉适应是视觉器官的感觉随外界亮度的刺激而变化的过程。

人眼对外界光线的明暗变化有一定的适应能力，这种适应能力主要是靠瞳孔大小的变化以及视网膜上感光细胞对光线的敏感程度的变化实现的。当外界光线突然发生变化时，人眼更会出现短时间的视觉障碍，这就是人眼的适应过程。光线突然由明亮变暗淡的适应过程，称为"暗适应"，反之称为"明(光)适应"。

1)暗适应

暗适应过程指人从照明停止或由亮处进入暗处时，视觉感受性提高的过程，该过程需要3～6min(完全适应还需更长)。如车辆驶入隧道，则会发生暗适应过程，此段时间极易发生交通事故。在隧道中经过一段时间行车后，眼睛逐渐适应开始适应前方的道路。

暗适应前的曝光愈强，人的暗适应过程中视觉感受性的阈限值越高。图3-7是对3种不同强度白光适应之后人的暗适应曲线。

2)明(光)适应

明(光)适应是指人从照明开始或由暗处进入亮处时眼睛的适应过程。明(光)适应相对于暗适应来说相对较快，一般1min之内即可完全适应。

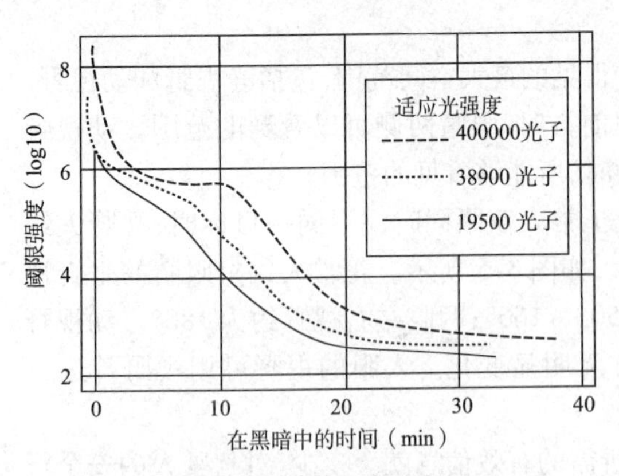

图 3-7　对不同强度白光预先适应后的暗适应过程

在明(光)适应条件下,突然的强光刺激会暂时降低视力,这种现象称为闪光盲。闪光盲持续的时间长短与闪光强度、照射的网膜位置、目标太小、瞳孔和眼睛的适应状态等有关。闪光盲也许是视觉功能的保护性抑制,因为过强的闪光可能造成永久性视觉损伤。在长隧道的出口处,设置转弯反光镜时都应避免过强的闪光,以保护驾驶人的视觉功能,减少事故发生。

当驾驶人驶入隧道时,由于隧道外的光强度有上万勒克斯,而隧道内的照明强度仅有100lx 左右或更低,明暗相差非常大,约产生几秒的视觉障碍,这也是隧道入口事故率高的原因。而在隧道出口产生的视觉障碍要小,因此,发生事故的概率比较小。但是,在夜间车辆通过隧道过程中,驾驶人则会在出口遇到暗适应问题。

三、驾驶人听觉与车辆运行安全

在复杂的道路交通中,驾驶人靠听觉获取大量的环境信息。因此,除了视觉之外,听觉也是获取交通信息量多的感知器官。听觉对驾驶人的安全行车起着重要的作用,它能补充视觉的不足,协助驾驶人分辨物体的远近和方位。

1. 人的听觉基本能力

1)听觉感受性

驾驶人听觉的特点是感受性有极宽的动态范围。对声强来说,人耳能感受到的最小声压级 0dB,其振幅只有一个氢分子那么大,而人耳到能耐受的最大声压级可达 120dB,这 120dB 的动态范围相当于压力比 10^6:1,即两者相差的数量级为一百万倍;对频率来说,人耳能听到的纯音最低可达 2Hz,最高到 20000Hz;而对时间来说,人耳对声长的解析力也是惊人的。

除了声压级、振幅以及频率 3 个绝对参量外,听觉的感受性还表现为对它们微小差异的分辨能力,即差别感受性。

2)听觉掩蔽

掩蔽是心理声学中很重要的效应,它不仅说明一个声音怎样影响另一个声音,透过它还有助于了解人耳的频率分辨。

如果对声音 A 的阈值已确定为 40dB,若同时又听见声音 B,人们发现由于 B 的影响使 A 的阈值提高到 52dB,即比原来的阈值要提高 12dB 才能被听到。一个声音的阈值因另一声音的出现而提高的这种现象就是听觉掩蔽。在这个例子中 B 称为掩蔽声,A 称为被掩蔽声,也称测试信号或探测信号;52dB 称为掩蔽阈限,12dB 称为掩蔽量,也称 B 的有效级。

2. 听觉与行车安全

车辆运行过程中,驾驶人有时凭借收听声音信息、听取交通指挥人员的指令进行操作。在超车或会车时常常用按喇叭来引起对方驾驶人的注意。行车中听到警车、救护车和特种工程抢修车的鸣号,就会减速、避让或停止前进。在雾天、夜间、雨雪天气,驾驶人视觉受到影响,或在急转弯视距受到限制时,可以通过鸣笛引起对方和行人的注意。在有些高速公路上，控制室还通过广播告诉驾驶人前方道路交通情况。

听觉信息具有两个明显的特点：一是反应快，听觉为0.12～0.16s，视觉为0.5～2.0s；二是刺激强，行车中，听惯了各种声音后，如突然有异样的声音出现，则会立即引起驾驶人的注意。在行车过程中，有经验的驾驶人能根据车内异样声音而推断某种机件或设备发生故障，以便及时采取措施，保障行车安全。

在车辆运行速度的判断中，听觉也起作用，而且根据试验，对速度的判断，听觉要较视觉的误差小。在行车过程中，常常是由听觉发现故障信息，然后再由视觉加以确认具体故障，以保障安全行车。

第二节　驾驶人心理特性

一、驾驶人感觉及知觉与车辆运行安全

1. 感觉与知觉的定义

1）感觉

感觉是指外界客观事物作用于人的感觉器官时在其头脑中引起个别属性的反映。

感觉的产生需要具备两方面条件：一是外界客观事物的刺激；二是感觉器官的感知能力。对于外界客观事物而言应有足够的刺激强度，能被人的感觉器官所接受；对于人的感觉器官而言应保持高度的灵敏性，能及时的接受外界刺激信息。

2）知觉

知觉是人在感觉的基础上对客观事物各种属性的整体性、综合性反应。知觉有空间知觉、时间知觉、运动知觉之分。

感觉和知觉越丰富，在驾车过程中获取的信息就越多。良好的感觉和知觉能力是驾驶人在驾车过程中准确感知各种信息的必要条件。对于安全驾驶而言，驾驶人必须具备良好的感知觉能力。

2. 感觉与知觉对行车安全的影响

感觉是人脑对直接作用于感觉器官的客观事物个别属性的反映，它与驾驶行为有着密切关系，主要包括平衡觉、运动觉和内脏感觉等。知觉可分为空间、时间、运动知觉，这三种知觉对驾驶安全都有重要作用。实际人在感知外界环境过程中，感觉和知觉是紧密相连的，前面是感觉而紧跟着就是知觉。

1）平衡觉与行车安全

平衡觉也称静觉，是反映头部位置和身体平衡状态的感觉。平衡觉的刺激感受器是双耳中的前庭器，它对驾驶人有重要作用。平衡觉异常迟疑，在起伏、盘旋的山地驾驶中，很难准确地判断行车方向；异常灵敏，也难以适应次级路面特别是山地驾驶。如果驾驶人平衡觉发生病变，车辆的倾斜程度就会因判断不准而可能发生翻车事故。

平衡觉还与视觉、内脏感觉有密切联系，在平衡觉受到一定刺激时，人们会感到视野中的物体在移动或跳动、眩晕甚至眼花缭乱，这时内脏器官的活动会发生剧烈变化，会恶心呕吐，这就是人们常说的晕车。出现晕车现象应立即停车休息，等平衡觉恢复后再驾车。有人认为，晕车是由于汽油味刺激的结果，这是无科学根据的。

2)空间知觉与行车安全

空间知觉是驾驶人对交通环境中物体的形状、大小、方位等空间特性的知觉。它对判断自己车辆和车外物体在空间位置、方向起主导作用,经验不足的驾驶人往往由于空间知觉不准确而造成行车事故。

3)时间知觉与行车安全

时间知觉是人脑对客观现象延续性和顺序性的反映。驾驶工作一般都有时间要求,特别是客运工作,时间要求更严,时间知觉越长,驾驶人越容易产生急躁、厌烦、拖拉和松劲情绪,以致影响安全驾驶。

4)运动知觉与行车安全

运动知觉,一般指对物体空间位移和运动速度的知觉。在行车中,车辆和车外物体都在运动,对车辆运动方向和速度知觉是否正确,确实关系到行车安全的重要问题。

影响运动知觉的因素有:天气、季节、白天、夜间、照明等。驾驶人必须对其有所认识和了解,纠正运动知觉的误差,加强运动知觉的训练,以保证安全行车。

5)错觉与行车安全

错觉是人对外界事物不正确的知觉。驾驶人在车辆运行过程中的典型错觉有速度错觉、距离错觉等。引起错觉的基本原因是复杂多变的交通环境及其自身因素的干扰,安全生产管理者及驾驶人均应充分认识错觉对行车安全的影响。

二、驾驶人注意特性与车辆运行安全

1. 注意定义及分类

注意是指心理活动对一定对象的指向和集中。车辆行驶中,驾驶人心理活动有选择地指向和保持集中于一定的道路交通信息,经过大脑识别、判断、抉择后采取正确的驾驶操作,保障行车安全,所以注意是行车安全的一个重要心理因素。对象的指向性是指人的认知活动指向所关注的对象而同时离开其他对象;而意识的集中性是指人将所有精力集中在所选择的对象上,同时对其他对象加以抑制。注意指向性和意识集中性的有机结合,使得驾驶人在驾车过程中能不断、及时地对新出现的情况做出快速反应。

注意分为有意注意和无意注意。有意注意是一种自觉的、有预定目的并需要一定意志努力的注意。如驾驶人留心观察车辆、行人动态,即使疲倦了仍然要强迫自己去注意;无意注意主要是由事物的外部特征引起机体的定向反射而产生的,如变化的光线、巨大的声响、独特的外形都会引发驾驶人的无意注意。

2. 注意能力的判断

1)注意的广度

注意的广度也称注意的范围,是指在同一时间内能够清楚地知觉到对象的数量。用信息论的观点来讲,即在注视点来不及移动的很短时间(1/10s)内所能接受的同时输入的信息量。注意广度可以借助信息量来估量。信息量大的目标,注意广度小;信息量小的目标,注意广度大。总之,刺激出现的不确定性越大,其信息量也越大,对其注意广度越小;反之,注意广度越大。

2)注意的稳定性

注意的稳定性是指认识的高度选择状态能够延续时间的长短,即注意能够长时间保持在某种事物或活动上的能力。由于人的感受性不能长时间地保持固定的状态,而导致注意呈现间歇地加强和减弱,这种周期性变化是注意的起伏现象。广义的注意稳定性,不是总是指向同一对象,而是指所接触的对象和行动的本身可以发生改变,但活动的总方向始终不变。注意的稳定性与主体对活动目标的理解、思维的积极性、兴趣的大小、健康状况等因素有关,也与注意对象的特点有关。内容丰富或者活动的对象,更容易使人保持较长时间的注意。

3)注意的分配与转移

注意的分配是指注意在几种认识活动上的分配,把注意指向不同的对象。注意的分配可衡量人们能否同时进行两项及以上的认知活动。在一种认识对象有大量多余信息的情况下,注意就可以分配。有多余信息的事物,不一定需要全部注意,注意一点或一部分就行。驾驶人在行驶过程中,如果对沿线的基本状况比较熟悉,那么就有可能注意行车以外的其他事情,如听音乐、交谈等。

注意的转移是根据新的任务,主动地把注意从一个对象转移到另一个对象,即用对一种事物的随意注意,去代替对另一种事物的不随意注意。注意的转移也可以发生在同一活动的内部,由一种操作过渡到另一种操作。

驾驶人的注意分配和转移在车辆行驶过程中具有极为重要的意义。在汽车高速行驶过程中,如果驾驶人的注意力不能很好地分配和转移,则车辆和道路环境就不能达到良好地协调,而有可能引起严重的交通事故。

三、驾驶人情绪与车辆运行安全

1. 情绪的定义

关于情绪的定义,一直存在众多的争论。牛津英语字典上解释为:心灵、感觉或感情的激动或骚动,泛指任何激动或兴奋的心理状态。心理学家吴伟士认为情绪是有机体的一种激动状态,各种情绪的反应,都以其引起的情境来定义。如愤怒与他人所引起的不愉快情境相关联;内疚与由自己所招致的不愉快情境相关联;而悲伤与环境控制的不愉快情境相关联。情绪总是同人的需要与动机有着密切的关系,如人的某种需要得到满足或目的没有达到时,他将会产生愉快或者难过等感受。

因此,人的情绪是一种心理活动的产物,是人们对待客观事物的一种态度,反映主、客观之间的关系,是人对客观事物是否符合自己需要的态度的体验。只有那些与人的需要有直接或间接发生关系的事物,才能引起人的不同情绪体验,产生不同的内部体验和外部表现,情绪与有机体有需要密切联系着,它是以需要为中介的一种反映形式。

2. 情绪的特点

人的情绪具有两极性,即积极的体验和消极的体验。各种不同的情绪体验都会给汽车驾驶人在行车安全上带来不同的效应,积极的情绪起正作用,消极的情绪起负作用。

大量的交通事故案例表明,驾驶人带消极情绪驾车而发生的交通事故占交通事故总数的70%。消极情绪是驾驶人通过不良心理活动表现出的一种状态,具有很大的隐蔽性,一般不易暴露,只有当外界条件具备时,才会出现。常见的消极情绪有自满情绪、急躁情绪、焦虑情绪和报复情绪。

3. 驾驶人情绪对行车安全的影响

情绪对人的认识、意志、行为和个性具有重要影响。尤其是机动车驾驶人,其情绪对行车安全至关重要。许多交通事故案例表明,驾驶人带着消极情绪驾车而发生的交通事故占事故总数的相当比例。具体说来会出现以下几种情况：

1)不良情绪会导致驾驶人注意力不集中

驾驶人的工作身心负荷大,要求在驾车行驶时必须集中注意力。但有的驾驶人在行车时会产生麻痹情绪,主要表现为行车中注意力不集中、全身懒散放松等。驾驶人易产生麻痹情绪状态的情景有:道路条件较好,长途行车已安全驶近目的地,由复杂道路进入平坦道路或由城市驾驶转入郊外等级公路驾驶,夜间车稀人少以及车况良好等,麻痹情绪是造成交通事故的主要原因之一。

2)不良情绪会妨碍驾驶人技术正常发挥

驾驶人一旦有了不良情绪,伴随着活动将会发生一系列的心理和生理变化,这些变化会造成驾驶人在操作时应激性过高或者过低。过高时强烈的应激状态阻碍和干扰驾驶人的技术水平发挥,过低则使驾驶人的大脑和操作得不到足够的能量。这两种现象均易造成驾驶人操作不当,引发交通事故。

3)不良情绪会让驾驶人感到疲劳

人处于不良情绪状态时,其生理、心理均会存在较大负担,此时驾驶人不仅需要继续承受驾驶工作的体力消耗,还要承受不良情绪状态导致的生理变化,如心率加快、血压升高等。由此可见,不良情绪状态会增加驾驶人的疲劳,给安全行车带来危险。如驾驶人情绪长时间处于紧张与恐慌状态,会导致精神疲劳,最终引起驾驶人感觉混乱、操作失误,极易引发交通事故;对于新驾驶人,在车况路况不熟悉,特别是走险路、山路以及事故多发路段时,精神处于紧张状态,容易导致疲劳。

4)不良情绪会驱使驾驶人不讲职业道德

职业道德依靠社会舆论,特别是依靠人们内心的信念来维护和巩固。在行车过程中,驾驶人处于不良情绪状态时,会冲击职业道德。如果意志不坚定,自觉性便发生动摇,取而代之的是丧失理智和盲目行动。如驾驶人在行车中,碰到不顺心或违背自己意愿的事情时,容易将车辆当作发泄对象,就会造成重大交通事故。

第三节　驾驶人疲劳特性

一、驾驶疲劳定义及分类

驾驶疲劳是由于驾驶人长时间或超强度地反复操作,体力和脑力过多消耗,使其生理上、心理上发生某种变化,在客观上出现驾驶机能低落的现象。根据疲劳的分类,驾驶疲劳可分为体力疲劳和精神疲劳。

体力疲劳主要体现在驾驶人对汽车的各种操纵中,手部转向操作和脚部踩踏操作是体力疲劳的主要疲劳源。主要原因是转向操作和踩踏操作为持续操作,而其他操作为断续操作。手部转向操作主要引起驾驶人手臂、肩部的疲劳;踩踏操作主要引起腿部及脚踝处的疲劳;坐姿的保持主要引起腰、背部的疲劳。

驾驶人在驾车过程中,必须精力高度集中,感觉器官连续获取时刻变化的大量信息,再由中枢神经系统必须不断持续处理这些信息,对人体发出指令信息,在车辆运行过程中,整个接收—分析—处理过程反复进行,中枢神经系统和感官始终处于高度紧张状态,逐渐引起驾驶人的精神疲劳。

二、驾驶疲劳的影响因素

驾驶操作是驾驶人体力、脑力消耗较大的一项作业。驾驶过程中因长时间保持固定姿势，视觉、听觉及四肢的反应，生理、心理状态都处于持续紧张状态，工作强度大，容易出现疲劳。由于驾驶疲劳是在人—车—环境(路)这个大系统中产生的，所以可以从人、车、路和环境的角度出发来分析驾驶疲劳的影响因素。

(1)人的因素。持续驾驶，睡眠不足或睡眠质量不高，这是导致驾驶疲劳的两个重要原因。其他原因还有如驾驶水平低下，身体素质差，年龄、性别的差异，交通安全意识淡薄等。

(2)车的因素。车辆状况差，车内温度不适宜，以及其他原因如座椅的舒适性、仪表是否易于识别等。

(3)路的因素。包括道路状况太复杂或者过于单调、道路等级偏低、道路线形设计不良、视距不够、交通设施不完善、公路景色单调等。

(4)环境因素。季节的影响，如春夏季节行车容易产生疲劳；气候的影响，如天气情况不好、能见度低、路面结冰、湿滑等；时间的影响，生物钟规律对驾驶疲劳有很大的影响，上午警觉性最好，午后和凌晨易出现驾驶疲劳。

驾驶疲劳的影响因素比较复杂，这些因素之间相互联系、共同作用，主要包括睡眠情况、持续驾驶时间、道路条件状况。总的来说，驾驶疲劳是由驾驶人个体差异性、驾驶工作环境、驾驶工作性质以及道路和环境因素共同作用导致的。

三、疲劳对行车安全的影响

通过长期观察和试验，疲劳驾驶对安全行车具有以下不良影响：

(1)驾驶人怠倦、无力，驾驶操作的主动性与准确性减弱，操作动作迟缓、生硬、不合时机，甚至无法按照规程驾驶。

(2)驾驶人反应时间显著增长，判断和驾驶失误增多。

(3)驾驶人注意力涣散，注意广度变窄，注意分配和转移发生困难，出现顾此失彼，造成注意功能失调。

(4)疲劳导致驾驶人记忆力变差，思维能力明显降低，有时忘记操作规程，违反交通法规，甚至走错行驶路线。

(5)驾驶人的感知觉机能弱化，一般连续驾驶4h左右，由于中枢神经疲劳而降低视觉机能，感觉、听觉、触觉和运动觉的敏感性也减弱，辨认交通标志的能力变差，常会遗漏30%左右的交通信息，辨识距离的能力下降50%左右。

(6)进入半睡眠或瞌睡状态，极易导致重大交通事故的发生。

疲劳导致交通事故的过程如图3-8所示。

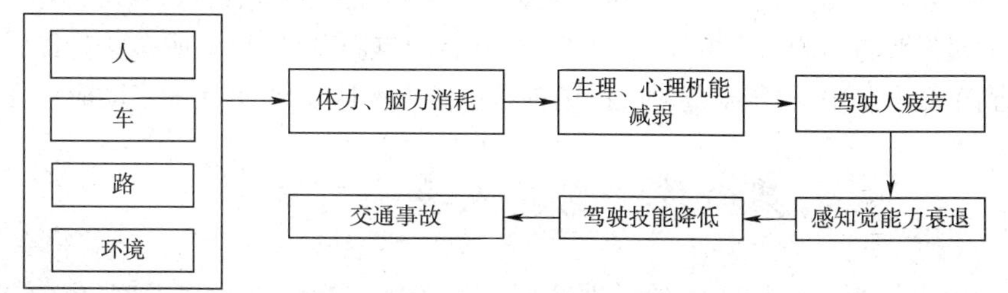

图3-8　疲劳驾驶导致交通事故过程

四、驾驶疲劳的预防措施

1. 驾驶时间控制

驾驶时间是影响疲劳的主要因素之一。通过对驾驶时间进行限制来预防疲劳简便易行。我国对疲劳和一次最长连续驾驶时间以及每天累计驾驶时间进行了规定:疲劳是指驾人每天驾车超过 8h,或者从事其他劳动体力消耗过大或睡眠不足,以致行车中困倦瞌睡、四肢无力,不能及时发现和准确处理路面交通情况的。同时规定了"连续驾驶机动车超过 4h 未停车休息或者停车休息时间少于 20min"将受到处罚。

2. 疲劳预警装置

一直以来,国内外各大汽车厂商和研究机构都在研发能够有效避免疲劳驾驶的技术,并研制出各种各样的疲劳驾驶预警装置。根据监测方法的不同,可以将现阶段开发的疲劳预警系统分为 4 类:

1)基于驾驶人生理参数测量的预警系统

日本在这方面做了不少研究和开发,如东京大学研制出可戴在驾驶人手腕上的疲劳测试器。电脑便民公司通过装在汽车转向盘上的探测装置,感知驾驶人手握转向盘时的脉搏跳动,超过一定疲劳标准后系统将发出声音、喷射气体、发射光线或振动座椅向驾驶人发出警报。

2)基于车辆参数监测的预警系统

驾驶人疲劳驾驶时,由于注意力分散、反应迟钝,车辆可能偏离车道。美国 Ellison Research Labs 实验室研制的 DAS2000 型路面警告系统就是一种设置在高速公路上用计算机控制的红外线监测装置,当车辆偏离道路中线时,会向驾驶人发出警告。西班牙开发的通过监测转向盘的转向压力来监测驾驶人是否瞌睡。一旦监测到驾驶人疲劳,该系统通过汽车前照灯的闪烁和声音来警告周围的汽车,并自动切断汽车燃料供给,使汽车停车。

3)基于驾驶人个体特性监测的预警系统

欧盟 SAVE 项目开发了一种用于驾驶人疲劳监测的眼睑传感器,具有很高的监测率,在较理想的条件下其监测成功率可达 95%,但它不允许驾驶人戴眼镜,而且其监测率会受到光照条件和驾驶人驾驶风格的影响。澳大利亚研究人员研制出一种装在汽车内的监视系统,利用视线跟踪技术判断驾驶人是否注意路况,在其分神或将要产生睡意时及时发出提醒,系统的视线跟踪误差在 3°以内,足以判断驾驶人对路面的注意度。

4)基于驾驶人多个特性参数监测的预警系统

由欧盟 IST 项目资助的驾驶人高级监测系统,包括基于多个参数的驾驶人疲劳实时监测模块和驾驶人报警系统。驾驶人疲劳实时监测模块融合检测驾驶人的传感器信息和驾驶人行为数据来判断驾驶人疲劳程度。瑞士采用最新的"灵敏表面技术"以及各种先进的发光薄膜材料、传感器等,驾驶人需要在手腕上佩戴一个生物统计测量表,以测量其脉搏变化,而安装在车上的摄像头将监测汽车的速度、变线频率以及与前车的距离。所有这些传感监控数据都将汇总到车载电脑中,电脑对驾驶人的精神状态做出快速评估,并迅速启动应对程序。

第四节　驾驶人安全可靠性

把人的因素作为一门特殊的学科进行研究始于第二次世界大战期间,但直到 20 世纪 50 年代末,研究者才明确认识到,系统的可靠性评定和设计都必须把人的因素考虑在内,人因工程学应运而生。随着机动车辆使用日益扩大、形态日益多样、功率和工作速度不断增加、自动化程度不断提高、行驶道路和交通环境条件日益复杂,驾驶人的工作越来越繁重。因此,驾驶人的安全可靠性研究显得尤为重要。

一、驾驶人安全可靠性影响因素

驾驶人是人—车—道路系统中最不稳定的因素,大多数道路交通事故都是由于驾驶人的行为失误而影响系统的可靠性,导致事故的发生。计算驾驶人安全可靠性时,首先要建立合理的驾驶人行车失误率计算模式,确立不同的驾驶人反应能力可靠性度量,最后确定不同反应能力与危险行车速度域和安全行车速度域的关系。

1. *反应行为模式*

驾驶人的行为过程可以简化为对交通信息的感知 S、判断 O 和操作 R(驾驶行为 S-O-R 模式)组成的不断交叉反馈的动态信息处理过程。首先是道路上来往车辆、行人、交通标志、路面状况、环境因素以及驾驶车辆的行驶速度、方向等外界信息通过视觉、听觉等通道传入驾驶人的大脑,驾驶人依据其经验分析加工后作出相应的判断和决策,然后再通过手、脚等运动器官发出调整方向和速度等指令,从而起到改变车辆运动状态的目的;同时驾驶人不断接受外部信息调整自身操纵状态,并对相关环节出现的差错予以纠正,确保驾驶车辆的安全性。驾驶人行车动态信息处理行为模式如图 3-9 所示。

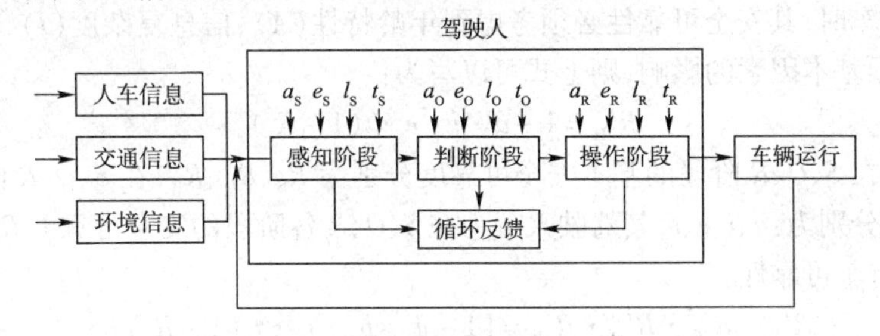

图 3-9 驾驶人行车动态信息处理行为模式

2. *驾驶人安全可靠性影响因素*

当驾驶人在道路上驾车行驶时,只有不断地获取随时出现的各种环境因素信息,凭借自己的理解做出正确判断,才能对转向盘、制动装置等进行正确的操作。但是,由于受到许多随机和模糊因素的影响和制约。加之驾驶人本身生理心理状况的变化,往往造成驾驶操作安全可靠性下降,诱发事故的发生,分析来看,影响因素一般分为:

(1)作业时间引起的单调和疲劳。

(2)操作频率导致的失误。

(3)生理心理机能变化造成的视力、应激和活动能力下降而诱发判断和处理的不正确。

(4)外部环境缺乏良好的视认性和诱导性引起的错觉。

(5)作业环境危险性对驾驶人接受信息,判断和处理的影响。

通过以上分析可以看出,驾驶人处于行车状态时,对交通信息的感知和判断由反应时间所决定。由于存在个体差异,每个人反应时间的变异度较大,判断信息的时间也不同,加上其他因素的影响和对外界信息感知时间的延迟,影响了驾驶人不断调整自身操纵状态。反应时间过迟导致行车安全可靠性降低,其主要影响因素有:年龄特性(Age:A)、信息复杂度(Information complex:I)、环境(Environment:E)、驾驶时间(Driving time:T)。

二、驾驶人安全可靠度计算

1. 驾驶人可靠度计算

驾驶人在指定时刻的安全可靠度 R 的定义如下：汽车运行过程中，在规定的最小时间内，驾驶人成功地完成驾驶任务的概率。驾驶人的行为过程可以简化为感知(S)、判断(O)、操作(R)三个阶段，因此，驾驶人的安全可靠度 R 可以表示为三者的乘积，即：

$$R_H = R_S \cdot R_O \cdot R_R \tag{3-1}$$

$$R_H = \prod_{i=1}^{n} R_i \tag{3-2}$$

式中：R_H——驾驶人理论的安全可靠性；

R_S——驾驶人感知可靠性；

R_O——驾驶人判断可靠性；

R_R——驾驶人操作可靠性；

R_i——第 i 阶段的可靠性($i=S,O,R$)；

$$R'_H = 1 - k(1 - R_i) \tag{3-3}$$

R'_H——驾驶人实际可靠性；

k——修正系数。

驾驶人行车时，其安全可靠性必须考虑到年龄特性(A)、信息复杂度(I)、环境(E)和驾驶时间(T)4 项基本因素的影响，则上式可以写为：

$$R'_H = 1 - a \cdot i \cdot e \cdot t(1 - R_i) \tag{3-4}$$

设驾驶人在 S、O、R 阶段的基本安全可靠度分别为 R_S、R_O、R_R；在 S、O、R 阶段影响驾驶人行为的因素分别为：a、i、e、t，其驾驶人行为在 S、O、R 各阶段的安全可靠度 R_S、R_O、R_R 总效应，即驾驶人行车可靠性：

$$R'_H = R'_S \cdot R'_O \cdot R'_R = [1 - c_s \cdot b_s \cdot i_s \cdot t_s(1 - R_s)] \cdot [1 - c_o \cdot b_o \cdot i_o \cdot t_o(1 - R_o)] \cdot [1 - c_R \cdot b_R \cdot i_R \cdot t_R(1 - R_R)] \tag{3-5}$$

2. 驾驶人行车影响因素修正值的确定方法

如何划分年龄特性(A)、信息复杂度(I)、环境(E)和驾驶时间(D)对驾驶人三个阶段(感知 S—判断 O—动作 R)的修正值范围，应调查驾驶人行车事故，表 3-2 为一定样本量下的统计数据，可看出三个阶段事故百分比相差较大，人的基本可靠度为 0.999。如果将事故率作为驾驶人的不可靠度 F 的模糊值，则可靠度的模糊值应为 $R=1-F$，考虑 a、i、e、t 的影响，可得出引起驾驶人实际驾驶可靠度下降的原因，公式如下：

$$R = k(1 - A) \tag{3-6}$$

式中：R——驾驶人可靠性；

k——修正值；

A——事故率。

驾驶人行车事故分析 表 3-2

人的因素	察觉过迟	判断失误	操纵失误	其他	合计
事故起数	526	218	126	26	896
百分比(%)	58.7	24.3	14.1	2.9	100.0

对于在 S 的感知阶段，假设驾驶人的基本可靠度为 0.999，根据式(3-6)，取其最大值，则有：

$$0.999 = k_s(1-a) = k(1-58.7\%) \tag{3-7}$$

解得：$k_s = 2.41$。

设 a_s、e_s、l_s、t_s 中 a_s、e_s、l_s 均正常时取 1，则 t_s 的范围是 1～2.41，因假设为线性影响，应结合交通实际情况适当增加 t_s 的取值范围，即取 1.00～2.50，同理可得 a_s、e_s、l_s 的范围为 1.00～2.50，对 O、R 阶段的影响为 $k_O = 1.30$、$k_R = 1.20$。

由于各因素均具有模糊性，采用模糊数学中较为成熟的模糊综合评价方法选取修正系数是合理的，对 a、i、e、t 内容作如下评语集：$V = \{V_1, V_2, V_3, V_4, V_5\}$ = {好，较好，较差，差，很差}，按最大隶属度原则确定隶属 $V_t(i=1,2,3,4,5)$ 之后选取，得 S、O、R 阶段 a、i、e、t 的数值，见表 3-3。

感知阶段、判断阶段与动作阶段不可靠度纠正系数 表 3-3

阶段	定性评价	年龄	信息复杂度	环境条件	驾驶时间
S 阶段	好	1.00	1.00	1.00	1.00
	较好	1.40	1.20	1.30	1.20
	较差	1.80	1.50	1.60	1.60
	差	2.20	1.90	1.90	2.20
	很差	2.50	2.50	2.20	2.50
O 阶段	好	1.00	1.00	1.00	1.00
	较好	1.05	1.02	1.04	1.02
	较差	1.10	1.08	1.08	1.08
	差	1.20	1.16	1.12	1.14
	很差	1.30	1.30	1.20	1.30
R 阶段	好	1.00	1.00	1.00	1.00
	较好	1.08	1.04	1.02	1.06
	较差	1.12	1.08	1.04	1.10
	差	1.16	1.18	1.08	1.15
	很差	1.20	1.20	1.10	1.20

3. 驾驶人安全可靠度评价

根据以上的驾驶人行为安全可靠度计算，结合驾驶人的行车基本可靠度，评价驾驶人的可靠度，见表 3-4。

驾驶人行为基本可靠度 表 3-4

评价等级	R_S	R_O	R_R
很高	0.999～0.998	0.999～0.990	0.999～0.993
高	0.997～0.996	0.989～0.980	0.992～0.986
较高	0.995～0.994	0.979～0.970	0.985～0.979
较低	0.993～0.992	0.969～0.960	0.978～0.972
低	0.991～0.990	0.959～0.950	0.971～0.965
很低	0.989～0.988	0.949～0.940	0.964～0.958

三、驾驶人安全可靠性提高途径

驾驶人安全可靠性的提高，应有针对性地从驾驶人、车辆、环境因素及其相互关系方面采取有力措施，预防撤离运行中的失误，提高驾驶人的可靠性。从实际道路运输情况出发，以下基本方法对提高驾驶人的安全可靠度有一定作用：

(1)强化驾驶人的安全意识和法规意识，特别是大型客货运输车辆，应树立良好的职业道德，养成良好的驾驶作风，保持最佳的生理、心理状态。

(2)不断学习和积累经验，提高驾驶技能，按照科学的方法处理各种道路交通条件下的复杂情况，保证行车安全。

(3)对超速驾驶的驾驶人加强安全意识教育和指导，并且对违反道路交通安全法的行为进行处罚；对于酒后驾车的驾驶人，除了加强安全意识教育以外，还要依法严格管理。

(4)对疲劳驾驶的驾驶人，通过交通安全对策，加强安全教育，避免过度疲劳驾车，科学安排行车任务。

(5)对于运输企业的职业驾驶人，企业应有一套完整、科学的管理制度和规程，最大限度地规范驾驶人的操作行为，提高全体驾驶人员的职业素质。

尽管影响驾驶人安全可靠性的因素很多，但只要运用科学的方法，就能够提高驾驶人素质，减少失误的发生。当驾驶人出现失误时，不仅要从驾驶人自身找原因，还应该从车辆、道路、环境等多方面去分析，发现问题并及时反馈信息，维修车辆、保养道路、改善环境、完善制度，这样才能全面提高驾驶人的可靠性，把行车过程中的人为差错减到最小。

第五节　交通参与者的安全教育

道路交通是由人、车、路和环境等基本要素构成。人是交通安全最重要的因素，是交通安全的核心。所以，在人文社会环境中做好对交通参与者的宣传教育，提高全民遵守交通法律、法规的意识，使广大交通参与者能够自觉遵守交通公德和交通法律规范，才能保证交通秩序井然有序，最大限度地减少交通事故的发生。

道路交通安全教育是指为做好道路交通管理，保障道路安全与畅通，依靠行政、社会、部门的力量，通过新闻宣传等多种形式，对广大交通参与者进行交通法规、交通道德和安全常识等多方面的教育。

一、道路交通安全教育的内容

1. 交通法律与法规教育

交通安全教育的目的是使所有的交通参与者都能遵守交通法律法规，自觉维护道路交通秩序。交通法律与法规的教育是交通安全宣传教育工作的重要内容，及时把交通法规及有关规定传达给每个交通参与者，增强道路交通安全意识，提高道路交通安全水平。

2. 交通道德教育

人们的交通道德水准直接关系着交通秩序和交通安全。必须加强对全社会的交通道德宣传，提高全社会的交通道德水准，特别是驾驶人的职业道德对交通的安全、畅通、有序具有重要影响，应成为交通道德宣传教育的重点。

3. 交通安全知识教育

交通安全是一门科学，让交通参与者掌握必要的交通知识，对减少事故的发生具有重要的作用。交通安全宣传教育工作应当根据不同的宣传对象，采取不同方式，有重点地将交通安全知识传授给每一个交通参与者，使他们在不同的情况下，采取正确有效的措施，避免交通事故的发生。

4. 交通安全心理教育

道路交通安全心理宣传教育，是向人们传授道路交通安全心理知识，培养人们良好的心理素质和道路交通适应能力。人的交通活动要受其心理支配，从心理学的角度看，由于受人体身心功能的限制，人们在道路交通活动中，辨别各种目标，获取有关信息，进行准确判断，做出适当反应的能力是有限的，特别是在紧急情况下，规避危险的能力更是有限，为了保证交通的安全，就需要将人们的交通行为调节在一般常人的能力可以确保交通安全的范围内。道路交通安全法律规范中很多条款都体现了对人们交通行为的合理规定。通过道路交通心理宣传教育，能使广大交通参与者深入了解道路交通安全法律规范和交通管理措施，达到真正理解并自觉遵守交通法律规范。

二、对交通参与者的教育

1. 对驾驶人的教育

从交通事故的统计分析中看出，驾驶人违章造成的事故，占事故总数的70%左右。所以提高驾驶人的交通道德、思想和技术素质，对预防交通事故有非常重要的意义。对驾驶人的教育，主要是职业道德教育和安全教育。

职业道德教育主要是不断提高驾驶人对安全行车的认识，提高交通道德水平，礼貌行车，保护交通弱者，树立安全第一的思想，增强遵章守法、安全行车的自觉性。

安全教育主要是学习交通法规对保证交通安全、畅通的意义和作用。学习安全行车常识、交流安全行车经验，分析事故的原因和隐患，逐步掌握安全行车规律，取得安全行车的主动权，提高对复杂的、紧急的交通情况的应变能力，减少判断和操作失误。还可以通过对驾驶人实行再教育制度、驾驶人年审制度和晋级考核制度来加强安全教育；通过违章处罚与事故处理，加强对驾驶人的教育与管理。

2. 对骑车人的教育

我国城镇的非机动车数量很大，对交通安全的影响也很大。据统计，骑自行车人因交通事故死亡的人数，占总死亡人数的40%左右，所以对骑车人的安全教育是很重要的一方面。

对骑车人的教育，主要是解决违章行驶的问题，即走非机动车道、与机动车抢道、截头猛拐和违章驮物等。同时使他们认识到违章的危险性，增强其遵章行驶的自觉性，加强交通法制观念。

此外，还要做好对行人的宣传和教育。做好对儿童、学生和农民的有关工作。

三、道路交通安全教育的形式

道路交通安全教育主要分为正规严格的学校教育和灵活性较强的社会教育两种形式。学校教育是做好交通安全教育工作的最根本的途径，要保证所有人都能接受交通安全教育，又离不开社会的共同参与。这两种教育形式可互相补充，相得益彰。

1. 学校教育

交通安全教育是一种意识养成教育,是贯穿人们一生的终生教育。从心理学的角度看,意识和习惯形成的最佳时期是幼儿和少儿时期,是一个人意识观念养成的重要阶段,此时收到的教育和熏陶会影响人们的一生。国家有关部门依据小学、中学、大学相应的侧重点,编撰出版相应层次的教学大纲和专用教材,安排专职教师和固定教学时间,进行正规化教学。如借鉴法国、新加坡等国的做法,在有条件的大中城市建立儿童交通公园,对中小学生进行更为直观、形象的道路交通安全教育。

此外,还可以依靠社会力量办学进行道路交通安全教育。社会力量办学进行交通安全教育是社会交通安全教育与学校教育融合的一种形式,是为了保证教育效果而在学校实施,使之更加系统和规范。

2. 社会教育

社会教育的内容较为广泛,充分发挥各相关部门,特别是新闻媒体的主观能动性,保证道路交通安全教育深入千家万户。

(1)强化和改进对驾驶人进行道路交通安全教育的传统形式。一方面,坚持不懈地开展针对老驾驶人的道路交通安全教育;另一方面,把好初考驾驶人的教育培训及初次申领驾驶证的考核关。

(2)充分发挥各团体的力量,全民动员。政府负责制定措施,布置任务,督促检查,综合评比;各机关、团体、企事业单位和其他组织要把道路交通安全教育作为一项日常工作,使之在各行业、各个层面得到普及。

四、道路交通安全教育效果评估

道路交通事故和伤害是可以预防的,完善的干预措施能够显著降低道路交通事故伤害的发生率和不良后果。其中加强对道路交通参与者的安全教育及其效果评估工作,提高全社会的道路交通安全意识,对预防和减少道路交通事故伤亡起着决定性作用。

道路交通安全教育效果评估是一个系统工程,需要根据道路交通安全教育的不同层次来分层评估道路交通安全教育效果。根据我国的国情,可将道路交通安全教育效果评估分成地方政府层面的道路交通安全教育工作效果评估、特定主题的道路交通安全教育项目效果评估、一次具体的道路交通安全教育活动效果评估3个层次。

1. 宏观效果评估

地方政府道路交通安全教育工作效果评估,对象是区域政府部门开展道路交通安全教育整体情况,即区域政府部门开展道路交通安全教育的工作态势及取得的效果,属于宏观效果评估。

2. 中观效果评估

道路交通安全教育项目效果评估对象是指一定的时间范围和一定的资金预算内及特定主题的道路交通安全教育活动的总称,如酒驾治理项目、超速治理项目等,属于中观效果评估。

3. 微观效果评估

道路交通安全教育活动效果评估的对象是指特定时间点一次具体道路交通安全教育活动,属于微观效果评估。

对工作和项目层次的评估又分别从组织层面、执行层面、方法层面和效果层面来进行综合评估，对具体的一次教育活动效果评估，从受教育者主观感受—满意度和受教者自身改变—影响力两个层面来进行综合评估。

不同评估层次下的每个层面可自成模块，通过模块组合除了能供整体性评估外，还可以针对专项问题进行评估。通过不同评估层次及特定层次下评估层面指标的组合，构建我国的道路交通安全教育效果评估指标体系。对道路交通安全教育实施过程中、实施后存在的问题以及取得效果进行分析，分析的结果供反馈控制，持续不断地改进我国的道路交通安全教育水平，最终实现全民的道路交通安全意识和素质的提高。

第四章 车辆与运输安全

第一节 汽车安全性能

车辆在交通系统中是主要的环节。汽车技术性能的不断完善,可预防或弥补驾驶人操作上的失误,从而减少交通事故发生,即使发生了事故,也有可能把事故损失减少到最低程度,因此,汽车安全性能对道路交通安全具有重要意义。

汽车的安全性能主要包括制动安全性和操纵稳定性。

一、汽车制动安全性

汽车行驶时,能在短距离内停车且维持行驶方向稳定性和在下长坡时能维持一定车速的能力,称为汽车的制动性。汽车的制动性是汽车的主要性能之一,直接关系到交通安全,重大交通事故往往与制动距离太长、紧急制动时发生侧滑等情况有关。因此,汽车的制动性是安全行驶的重要保障。

根据我国标准《机动车运行安全技术条件》(GB 7258—2012)的规定,机动车应设置足以使其减速、停车和驻车的制动系统或装置,且行车制动的控制装置与驻车制动的控制装置应相互独立。行车制动应保证驾驶人在行车过程中能控制机动车安全、有效地减速和停车。驻车制动应能使机动车即使在没有驾驶人的情况下,也能停在上、下坡道上,驾驶人应在座位上就可以实现驻车制动。

1.汽车制动的基本原理

在图4-1中给出了在良好硬路面上汽车制动时车轮的受力情况。图4-1中滚动阻力偶矩和减速时的惯性力、惯性力偶矩均忽略不计。T_μ 是车轮制动器中摩擦片与制动鼓或制动盘相对滑转时的摩擦力矩,单位为 N·m;F_{Xb}是地面制动力,单位为N;W 为车轮垂直载荷、T_p 为车轴对车轮的推力、为地面对车轮的法向反作用力,它们的单位均为 N。

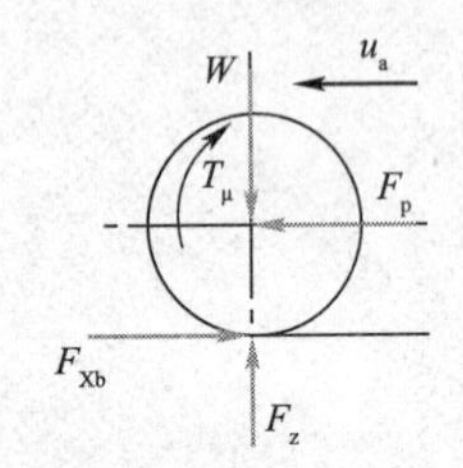

图4-1 车轮在制动时的受力情况

显然,从力矩平衡可得到:

$$F_{Xb} = \frac{T_\mu}{r} \tag{4-1}$$

式中:r——车轮半径,m。

地面制动力是使汽车制动而减速行驶的外力,但是地面制动力取决于两个摩擦副的摩擦力:一个是制动器内制动摩擦片与制动鼓或制动盘间的摩擦力,另一个是轮胎与地面间的摩擦力——附着力。

在轮胎周缘为了克服制动器摩擦力矩所需的力称为制动器制动力,以符号 F_{μ} 表示。它相当于把汽车架离地面,并踩住制动踏板,在轮胎周缘沿切线方向推动车轮直至它能转动所需的力,显然:

$$F_{\mu}=\frac{T_{\mu}}{r} \tag{4-2}$$

式中:T_{μ}——制动器摩擦力矩,N·m。

制动器制动力仅由制动器结构参数所决定,即取决于制动器的形式、结构尺寸、制动器摩擦副的摩擦因数以及车轮半径,并与制动踏板力,即制动系的液压或空气压力成正比。制动时,车轮的运动有滚动与抱死拖滑两种状态。踏板力较小时,制动器摩擦力矩不大,地面制动力足以克服制动器摩擦力矩而使车轮滚动。此时,地面制动力决定于制动器制动力,而且,随踏板力的增长而增长。但地面制动力是滑动摩擦的约束反力,它的值不能超过附着力,即:

$$F_{Xb}\leqslant F_{\varphi}=F_{Z\varphi} \tag{4-3}$$

或最大地面制动力 F_{Xbmax}:

$$F_{Xbmax}=F_{Z\varphi} \tag{4-4}$$

由此可见,地面制动力最大不能超过附着力,否则车轮将拖滑,故此时要提高地面制动力只能提高附着系数。

2. 汽车制动过程

一般汽车上装有液压式或气压式的行车制动装置。需要制动时,驾驶人用右脚踏下制动踏板,通过液压或气压机构的作用使制动器动作,利用制动器内部的摩擦和车轮与路面间的摩擦消耗汽车的动能,达到减速或停车的目的。图4-2是经过简化后驾驶人在接受了紧急制动信号后,制动踏板力、汽车制动减速度与制动时间的关系。

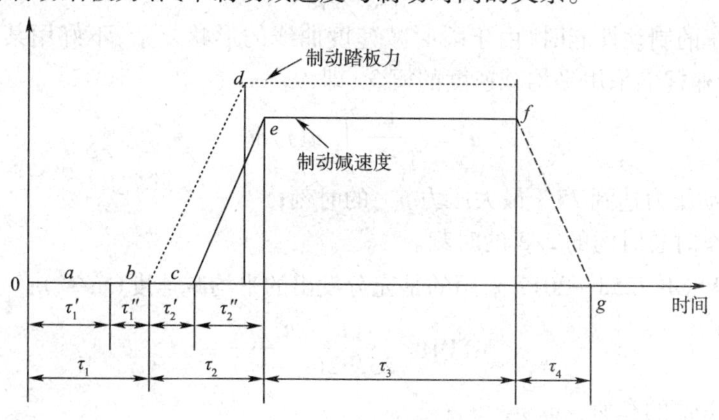

图4-2 汽车的制动过程

驾驶人接到紧急停车信号时,并没有立即行动(图4-2中的 a 点),而要经过 τ'_1 后才意识到应进行紧急制动。从 a 点到 b 点所经过的时间 $\tau_1=\tau'_1+\tau''_1$ 称为驾驶人反应时间。这段时间一般为0.3~1.0s。在 b 点以后,随着驾驶人踩踏板的动作,踏板力迅速增大,至 d 点时达到最大值。不过由于制动蹄是由复位弹簧拉着,蹄片与制动鼓间存在间隙,所以要经过 τ'_2,即至 c 点,地面制动力才起作用,使汽车开始产生减速度。由 c 点到 e 点是制动器制动力增长过程所需的时间 τ''_2。$\tau_2=\tau'_2+\tau''_2$ 称为制动器的总作用时间。制动器作用时间一方面取决于驾驶人踩踏板的速度,另外,更重要的是受制动系结构形式的影响。τ_2 一般为0.2~

0.9s。由 e 到 f 为持续制动时间 τ_3,其减速度基本不变。到 f 点时驾驶人松开踏板,但制动力的消除还需要一段时间,τ_4 一般在 0.2~1.0s 之间。这段时间过长会耽误随后起步行驶的时间。另外,若因车轮抱死而使汽车失去控制,驾驶人采取措施放松制动踏板时,又会使制动力不能立即释放。

3. 汽车制动性能评价指标

评价汽车制动性的三个主要方面为:制动效能,制动效能的恒定性,制动时方向的稳定性。

1)制动效能

汽车的制动效能是指汽车迅速降低车速直至停车的能力。评定制动效能的指标是制动距离 s 和制动减速度 a_b。

(1)制动减速度。

制动减速度是制动时车速对时间的导数,即$\frac{du}{dt}$。它反映了地面制动力的大小,因此与制动器制动力(车轮滚动时)及附着力(车轮抱死拖滑时)有关。

在不同路面上,由于地面制动力为:

$$F_{Xb}=\varphi_b G$$

故汽车能达到的减速度(m/s^2)为

$$a_{bmax}=\varphi_b g$$

若允许汽车的前、后车轮同时抱死,则有

$$a_{bmax}=\varphi_s g$$

若装有理想的制动防抱装置来控制汽车的制动,则制动减速度为

$$a_{bmax}=\varphi_p g$$

在评价汽车的制动性能时,由于瞬时减速度曲线的形状复杂,不好用某一点的值来代表,所以我国行业标准采用平均减速度的概念,即

$$\bar{a}=\frac{1}{t_2-t_1}\int_{t_1}^{t_2}a(t)\,dt$$

式中:t_1——制动压力达到75%最大压力 p_{max} 的时刻;

t_2——停车时总时间的2/3的时刻。

ECE R13 和 GB 7258—2012 采用的是充分发出的平均减速度(m/s^2):

$$\text{MFDD}=\frac{(u_b^2-u_e^2)}{25.92(s_e-s_b)}$$

式中:u_b——$0.8u_0$ 的车速,km/h;

u_0——起始制动车速,km/h;

u_e——$0.1u_0$ 的车速,km/h;

s_b——u_0 和 u_b 车辆经过的距离,m;

s_e——u_0 到 u_e 车辆经过的距离,m。

(2)制动距离。

制动距离与汽车的行驶安全有直接的关系,它指的是汽车速度为 u_0 时,从驾驶人开始操纵制动控制装置(制动踏板)到汽车完全停住为止所驶过的距离。制动距离与制动踏板力、路面附着条件、车辆载荷、发动机是否接合等许多因素有关。在测试制动距离时,应对踏

板力或制动系压力、路面附着系数以及车辆的状态做一规定。制动距离与制动器的热状况也有密切关系,若无特殊说明,一般制动距离是在冷实验的条件下测得的。此时,起始制动时制动器的温度在100℃以下。由于各种汽车的动力性不同,对制动效能也提出了不同要求:一般轿车、轻型货车行驶车速高,所以要求制动效能也高;中型货车行驶车速低,要求就稍低一点。

从制动的全过程来看,包括驾驶人见到信号后作出行动反应、制动器起作用、持续制动和放松制动器4个阶段。其公式如下:

$$s=\frac{1}{3.6}\left(\tau'_2+\frac{\tau''_2}{2}\right)u_0+\frac{u_0^2}{25.92a_{bmax}}$$

式中:a_{bmax}——汽车作匀减速运动,m/s^2;

u_0——起始制动车速,km/h。

从上式可以看出,决定汽车制动距离的主要因素是:制动器起作用的时间,最大制动减速度即附着力(或最大制动器制动力)以及起始制动车速。

2)制动效能的恒定性

由于汽车高速制动,连续下坡以及短时间内的反复制动,引起制动器温度升高,制动器摩擦力矩显著下降,这种现象称为制动器的热衰退现象。制动效能的恒定性主要指制动器的抗热衰性能。

制动器的热衰退与制动器摩擦副材料和制动器结构形式有关。为了减少热衰退现象,可采取以下措施:

①增大摩擦片面积,加大制动鼓或制动盘的热容量。

②提高制动器热冷却能力。

③利用其他机构吸收一部分能量。制动能量回收是现代电动汽车与混合动力车重要技术之一,一般认为在车辆非紧急制动的普通制动场合,约1/5的能量可以通过制动回收。

④在云贵地区山路连续长下坡的公路上,运输车辆通常在制动装置的摩擦副表面注入冷却水来减少温升。

⑤尽量使摩擦片温度特性曲线保持平稳。一般制动器的制动鼓、盘由铸铁制成,而摩擦片由石棉、半金属和无石棉等几种材料制成。

⑥高速车辆应选用自行加力作用较小的盘式制动器。

另外,制动的水衰退是由于制动器摩擦片表面浸水后水的润滑作用,降低制动器摩擦片的摩擦系数,而使制动器效能暂时下降的现象。

3)制动时方向的稳定性

制动过程中,有时会出现制动跑偏、后轴侧滑或前轮失去转向能力而使汽车失去控制离开原来的行驶方向,甚至发生撞入对方车辆行驶轨道、下沟、滑下山坡的危险情况。一般称汽车在制动过程中维持直线行驶或按预定弯道行驶的能力为制动时汽车的方向稳定性。

制动时汽车自动向左或向右偏驶称为“制动跑偏”。侧滑是指制动时汽车的某一轴或两轴发生横向移动。最危险的情况是在高速制动时发生后轴侧滑,此时汽车常发生不规则的急剧回转运动而失去控制。跑偏与侧滑是有联系的,严重跑偏有时会引起后轴侧滑,易于发生侧滑的汽车也有加剧跑偏的趋势。

引起制动跑偏的原因主要有:

①汽车左右车轮特别是转向轴左右轮制动器制动力不相等。

②前轮定位失准、车架偏斜、装载不合理或受路面的影响。

③制动时悬架导向杆系与转向系拉杆在运动学上的不协调。

制动时发生侧滑,特别是后轴侧滑,将引起汽车剧烈的回转运动,严重时可使汽车掉头。由试验与理论分析得知,制动时若后轴车轮比前轴车轮先抱死拖滑,就可能发生后轴侧滑。若能使前、后轴车轮同时抱死或前轴车轮先抱死,后轴车轮再抱或不抱死,则能防止后轴侧滑。不过前轴车轮抱死后将失去转向能力。

影响制动侧滑的因素主要有:

①路面附着系数。

②车轮抱死及抱死顺序。

③制动初速度。

④荷载及荷载转移。

⑤侧向力源。

4. 车辆最小安全距离

同车道行驶的机动车,后车必须根据行驶速度、天气和路面情况同前车保持必要的距离。车辆间最小安全距离就是指在同一条车道上,前后行驶的两车之间,既保证不会发生追尾又不会降低车道通行能力的距离。

1)制动非安全距离

制动非安全距离是指从驾驶人发现障碍物开始到制动停车为止汽车所行驶的距离。

传统的制动非安全距离公式可以表示为:

$$\begin{cases} S_{\mathrm{F}} = S_1 + S_2 + S_3 = \dfrac{v_0 t_1}{3.6} + \dfrac{1}{3.6}\left(t'_2 + \dfrac{t''_2}{2}\right)v_0 + \dfrac{{v_0}^2}{2 \times 3.6^2 j_{\mathrm{a}}} & F_{\mu} < F_{\varphi} \\ S_{\mathrm{F}} = S_1 + S_2 + S_3 = \dfrac{v_0 t_1}{3.6} + \dfrac{1}{3.6}\left(t'_2 + \dfrac{t''_2}{2}\right)v_0 + \dfrac{{v_0}^2}{254\varphi} & F_{\mu} \geqslant F_{\varphi} \end{cases} \tag{4-5}$$

式中:F_{μ}——制动器制动力,N;

F_{φ}——附着力,N;

j_{a}——制动减速度,$\mathrm{m/s^2}$;

φ——地面附着系数;

v_0——制动起始车速,km/h;

t_1——驾驶人反应时间,s;

t_2——制动器起作用(传递延迟 t'_2 和制动力增长 t''_2)时间,s。

2)最小安全距离的确定

将常规的车辆行驶环境分为两类:第一类是车辆在道路条件良好,视野开阔,车流顺畅的环境下行驶;第二类是车辆在天气及道路条件较差,车流相对迟缓,视野狭窄的环境下行驶。

在第一种环境下,前后两车间的安全距离,必须以前车紧急制动为前提,后车随之紧急制动并且不撞上前车,且停车后与前车保持适当的安全间距。以此原则确定的距离,即为车辆最小安全距离。

令 $t = t_1 + t_2'$,略去 t_2''不计,整理后得:

$$\begin{cases} S_V = S_0 + \dfrac{v_0 t}{3.6} + \dfrac{v_0^{\ 2}}{2 \times 3.6^2}\left(\dfrac{1}{j_{a2}} - \dfrac{1}{j_{a1}}\right) & F_\mu < F_\varphi \\ S_V = S_0 + \dfrac{v_0 t}{3.6} & F_\mu \geqslant F_\varphi \end{cases} \tag{4-6}$$

式中：S_V——车辆最小安全距离，m；

S_0——安全间距，一般取 5m；

t——操作反应时间，s；

v_0——车辆制动时的速度，km/h；

j_{a2}——后车加速度，m/s^2；

j_{a1}——前车加速度，m/s^2。

对于第二种环境，车辆在运行过程中，前车可能突然被原地阻止（撞向栅栏、凸台等固定物）或前方车辆货物突然脱落，此时应该满足跟随车辆驾驶人从发现障碍物到制动停止后，仍能够保持与障碍物的安全间距。按此原则确定的距离即为该种状况下车辆行驶的最小安全距离。

$$\begin{cases} S_V = S_0 + \dfrac{v_0 t}{3.6} + \dfrac{v_0^{\ 2}}{2 \times 3.6^2 \times j_{a2}} & F_\mu < F_\varphi \\ S_V = S_0 + \dfrac{v_0 t}{3.6} + \dfrac{v_0^{\ 2}}{254\varphi} & F_\mu \geqslant F_\varphi \end{cases} \tag{4-7}$$

可知该最小安全距离与制动非安全距离相关，仅相差一个安全间距 S_0，由于制动距离受制动器结构、车辆行驶速度、装载状态以及道路附着性能等条件的制约。有研究资料指出，针对盘式制动器（图 4-3、图 4-4），凸轮鼓式制动器作为举例对制动非安全距离进行细化扩展。

（1）盘式制动器制动力矩。

图 4-3 盘式制动器总成

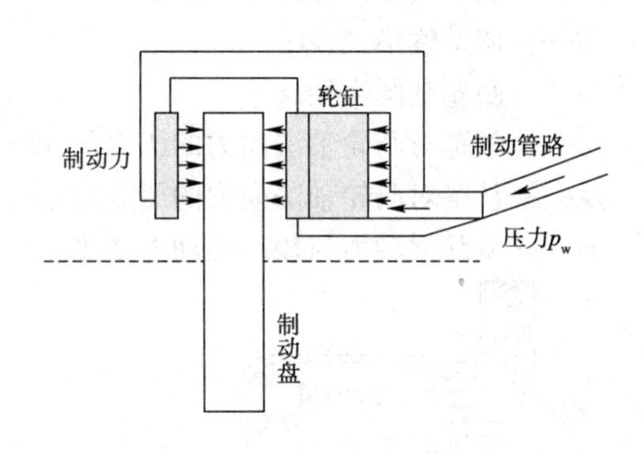

图 4-4 制动盘压力力学模型示意

盘式制动器运动的力学方程可表示为：

$$m \cdot \ddot{x} + P = p_w \cdot A_w \tag{4-8}$$

式中：m——活塞和弹簧等的质量，kg；

P——制动钳和制动盘表面的正压力，Pa；

p_w——轮缸压力，Pa；

A_w——轮缸活塞面积，m^2。

由于活塞和弹簧等的运动质量非常小，因此可以忽略上式中 $m \cdot \ddot{x}$ 的值，制动钳和制动盘表面的正压力力学公式为：

$$P = p_w \cdot A_w \tag{4-9}$$

式中：$A_w = \frac{1}{4} \cdot \pi \cdot d^2$；

d——轮缸活塞直径，m。

因为制动摩擦面为双向的，故制动盘上产生的实际制动力矩为：

$$T = 2 \cdot p_w \cdot A_w \cdot \mu \cdot R_m \tag{4-10}$$

式中：μ——制动衬片摩擦系数；

R_m——制动鼓有效摩擦半径，m。

（2）鼓式制动器制动力矩。

制动气室的动力学模型如图4-5所示，忽略推杆的质量以及弹簧阻力和摩擦力等，简化模型得到制动气室输出的推杆推力为：

$$F = A \times P \tag{4-11}$$

式中：F——制动气室推杆推力，N；

A——制动气室面积，m^2；

P——制动气室压力，Pa。

如图4-6所示，凸轮的受力主要是来自于制动蹄的正压力和摩擦力，假设领蹄和从蹄的正压力分别为 F_{n1}、F_{n2}，摩擦力分别为 F_{f1}、F_{f2}，根据凸轮轴所受力矩平衡，忽略其所受的摩擦力，计算正压力 F_{n1}、F_{n2}分别为：

$$F_{n1} = \frac{F \times R}{r \times (1 + m\cos\alpha / \cos\lambda)} \tag{4-12}$$

$$F_{n2} = \frac{F \times R \times m\cos\alpha}{r \times (\cos\lambda + m\cos\alpha)} \tag{4-13}$$

式中：F——制动气室推杆推力，N；

R——调整臂半径，m；

r——凸轮基圆半径，m；

α——领蹄对凸轮轴法向力的压力角，度；

λ——从蹄对凸轮轴法向力的压力角，度；

m——从蹄促动力与领蹄促动力之比。

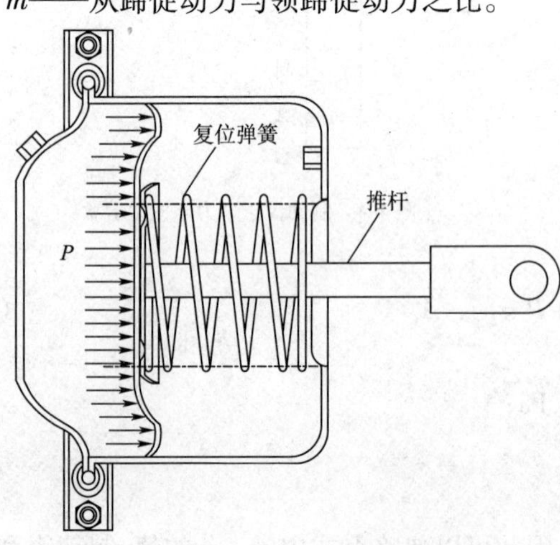

图4-5　制动气室的动力学模型

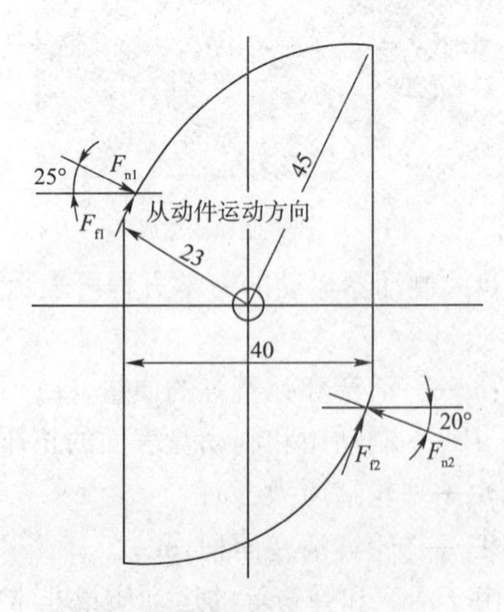

图4-6　制动器凸轮受力（单位：mm）

对支撑销点 H 取力矩平衡得：

$$P_{促动力}\cdot l=F_{合}\cdot MH \tag{4-14}$$

则：$F_{合}=\dfrac{P_{促动力}\cdot l}{MH}$制动力矩就是合力与中心点到力臂的距离的乘积，即：

$$M=F_{合}\cdot ON=\frac{P_{促动力}\cdot l}{MH}\cdot ON\cdot\mu=P_{促动力}\cdot l\cdot\frac{OL}{LH}\cdot\mu=P_{促动力}\cdot l\cdot\frac{OL}{OH-OL}\cdot\mu \tag{4-15}$$

因为促动力在实际制动当中很难直接求出，可以近似等于凸轮对领蹄的正压力的分力，即

$$P_{促动力}=F_{n1}\cdot\cos\alpha \tag{4-16}$$

因为是领从蹄两个的制动力矩，最终求得制动力矩为：

$$M=2\cdot F_{n1}\cdot\cos\alpha\cdot l\cdot\frac{OL}{OH-OL}\cdot\mu \tag{4-17}$$

从图 4-7、图 4-8 中可以看出 $OL=ON/\cos\theta$，$ON=OA\cdot\sin\delta=OZ\cdot\sin\delta\cdot\cos\gamma$，$\theta$ 为合力作用线与最大面压线的夹角，所以 $OL=\dfrac{OZ\times\sin\delta\times\cos\gamma}{\cos[\delta-(\omega-\gamma)]}$，将各公式带入到制动力矩公式(4-17)中，得到制动力矩的最终表达式为：

$$M=2\cdot\frac{A\times P\times R}{r\times(1+\cos\alpha\times m/\cos\lambda)}\cdot\cos\alpha\cdot l\cdot\frac{\dfrac{OZ\times\sin\delta\times\cos\gamma}{\cos[\delta-(\omega-\gamma)]}}{OH-\dfrac{OZ\times\sin\delta\times\cos\gamma}{\cos[\delta-(\omega-\gamma)]}}\cdot\mu\cdot\eta \tag{4-18}$$

式中：$P_{促动力}$——领蹄促动力，N；

l——制动蹄片（靠凸轮处）到制动蹄支撑销的距离，m；

OH——制动鼓圆心到制动蹄支撑销的距离，m；

OZ——制动蹄压力中心圆直径，m；

ω——最大面压力线和包角平分线的夹角，度；

γ——合力作用线和包角平分线的夹角，度；

δ——摩擦角，度；

β——摩擦片包角，度；

μ——摩擦片摩擦系数；

η——制动系统效率。

图 4-7　鼓式制动器总成

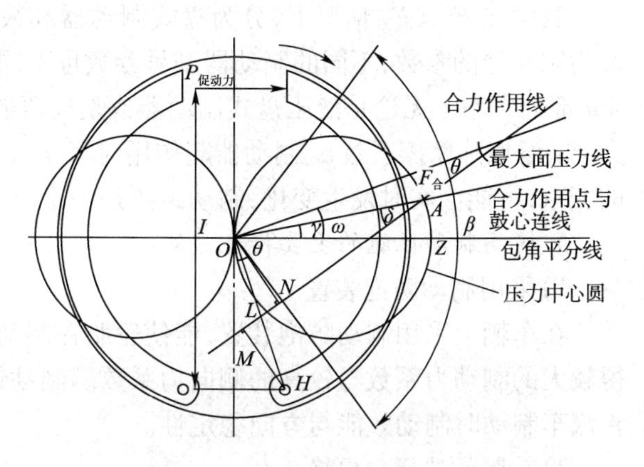

图 4-8　鼓式制动器受力分析模型

液压盘式制动力矩 $T=2\cdot p_w\cdot A_w\cdot\mu\cdot R_m$，故得到液压盘式的制动力为：

$$F_\mu=\frac{p_w\cdot A_w\cdot\mu\cdot R_m}{r} \tag{4-19}$$

气压鼓式制动力矩为：

$$M=2\times\frac{F\times R}{r\times(1+m\cos\alpha/\cos\lambda)}\cdot\cos\alpha\cdot l\cdot\frac{\dfrac{OZ\times\sin\delta\times\cos\gamma}{\cos[\delta-(\omega-\gamma)]}}{OH-\dfrac{OZ\times\sin\delta\times\cos\gamma}{\cos[\delta-(\omega-\gamma)]}}\cdot\mu\cdot\eta \tag{4-20}$$

故得到制动力为：

$$F_\mu=2\times\frac{F\times R}{r\times(1+m\cos\alpha/\cos\lambda)}\cdot\cos\alpha\cdot l\cdot\frac{\dfrac{OZ\times\sin\delta\times\cos\gamma}{\cos[\delta-(\omega-\gamma)]}}{OH-\dfrac{OZ\times\sin\delta\times\cos\gamma}{\cos[\delta-(\omega-\gamma)]}}\cdot\frac{\mu}{r}\cdot\eta \tag{4-21}$$

并考虑道路坡度对制动距离的影响，则制动距离的公式综合整理为：

$$\begin{cases} s=\dfrac{1}{3.6}\left(t_1+t_2'+\dfrac{t_2''}{2}\right)v_0+\dfrac{{v_0}^2}{25.92\,\dfrac{4\times\dfrac{2\times P_w\cdot A_w\cdot\mu\cdot R}{r}\pm G\sin i+\overline{F}_w+\overline{F}_f}{(m_0+m_1)\cdot\delta}} & F_\mu<F_\varphi \\ s=\dfrac{1}{3.6}\left(t_1+t_2'+\dfrac{t_2''}{2}\right)v_0+\dfrac{{u_{a0}}^2}{25.92\,\dfrac{4M\dfrac{\mu}{r}\pm G\sin i+\overline{F}_w+\overline{F}_f}{(m_0+m_1)\cdot\delta}} & F_\mu<F_\varphi \\ s=\dfrac{1}{3.6}\left(t_1+t_2'+\dfrac{t_2''}{2}\right)v_0+\dfrac{{u_{a0}}^2}{25.92\,\dfrac{(\varphi\pm\sin i)\cdot G+\overline{F}_w+\overline{F}_f}{(m_0+m_1)\cdot\delta}} & F_\mu\geqslant F_\varphi \end{cases} \tag{4-22}$$

式中：G——车辆总重力，N；

m_0——车辆整备质量，kg；

m_1——装载质量，kg；

i——道路坡度，度；

A_w——滚动阻力和传动系阻力引起的减速度，m/s^2。

其中在 $F_\mu<F_\phi$ 情况下，分为盘式制动器和鼓式制动器两种模型。模型中的未知参数都为制动器的参数，不同的制动器型号参数也不同。当道路坡度很小时，可以将式中的 $G\cdot\sin i$ 部分省略。无论是液压盘式制动器或是气压鼓式制动器的制动距离模型中制动管路压力 P_w、摩擦片摩擦系数 μ、制动器起作用时间 τ'_2、道路坡度 i、车速 u_{a0}、装载质量 m_1 为动态的变量，可能会实时发生变化，制动距离是关于以上 6 个参数的多变量函数。

5. 提高制动性能的主要措施

1）采用制动防抱装置

在车辆上采用制动防抱装置，能使轮胎在制动过程中的滑移率保持在较低值，这样可获得较大的制动力系数与较高的侧向力系数。制动性能与侧向稳定性也很好，从而显著地改善汽车制动时制动效能与方向稳定性。

2）轮胎的选择与更换

由于附着系数的数值与轮胎有着紧密的联系，在良好、平整的沥青路面上，对于有胎面花纹的轮胎,其附着性能比无胎面花纹光整的轮胎要好得多;另外,增大轮胎与地面的接触面也会提高附着能力。因此,低气压、宽断面和子午线轮胎的附着系数要较一般轮胎为高。随着轮胎的磨损,其胎面花纹深度减小,附着系数将有显著下降,故在行驶一定时间后,要及时更换轮胎。

3)改进制动系结构

汽车制动器起作用时间对制动距离的影响很大,而制动器起作用时间与制动系的结构形式有着密切的关系。改进制动系结构,减少制动器起作用时间,是缩短制动距离的一项有效措施。如"红旗"CA770 轿车采用压缩空气—液压制动系后,制动距离缩短了 32%,制动时间减少 31.6%;"解放"货车采用新型制动阀(总泵),使进气时间缩短了 40% ~50%,因此,也使制动距离有一定的缩短。

4)装备辅助制动器

汽车在长下坡时,制动器就要较长时间连续地进行较大强度的制动,制动器温度上升,摩擦力矩会有显著下降,高速制动时也会出现此情况。这种热衰退会导致制动距离增长,对行车安全十分不利。故对于山区行驶的大型货车和高速行驶的轿车,对抗热衰退性能有很高的要求,一些国家规定,大型货车必须装备辅助制动器,以保持山区行驶的制动效能。

5)降低车速

车辆制动的初始车速对制动距离有很大影响,因此,在弯道、湿滑路面以及其他复杂路况时,要主动降低车速,以保证行车安全。

6)提高路面抗滑性

当道路表面的抗滑能力小于要求的最小限度时,车辆行驶中稍一制动就可能产生侧滑而失去控制。特别是道路表面潮湿或覆盖冰雪时,发生侧滑的危险性增大,在弯道、坡路和环形交叉处,尤其容易发生滑溜事故。在这种情况下,可采用压力预涂沥青石屑、路面打槽、设置合适的排水系统、限制车速、设置警告标志等方法保障交通安全。

二、汽车的操纵稳定性

汽车的操纵稳定性是指在驾驶人不感到过分紧张、疲劳的条件下,汽车能遵循驾驶人通过转向系及转向车轮给定的方向行驶,且当遭遇外界干扰时,汽车能抵抗干扰而保持稳定行驶的能力。

汽车的操纵稳定性与交通安全有直接关系。操纵稳定性不好的汽车使驾驶人难以控制,严重时还可能发生侧倾或侧滑而造成交通事故。因此,应深入了解影响操纵稳定性的因素,以确保行车安全。

1.影响汽车操纵稳定性的主要因素

影响汽车操纵稳定性的因素有很多,除汽车本身结构参数的影响外,还有地面不平、纵向和横向的坡度、左右车轮附着差异、横向风、弯道离心力以及驾驶人操纵技能等使用因素的影响。如果驾驶人反应快、技术熟练、动作敏捷、体力好就能及时准确地采取措施,从而使汽车的运动状态趋于稳定;反之,如果驾驶人的反应迟钝、判断错误,就可能导致稳定性的破坏、操纵性的丧失。

影响汽车操纵稳定性的因素,主要表现为以下几个方面:

①轮胎侧偏。轮胎侧偏会改变汽车的既定行驶路线,产生一个不由驾驶人控制的附加转向输入,从而影响汽车的操纵稳定性。一般而言,最大侧偏力越大,汽车的极限性能越好,

如按圆周行驶的极限侧向加速度就越高。

②转向悬架系统的弹性。在汽车转弯时路面横向反力的作用下，由于悬架系统的弹性，使车轮会发生附加变形。这种变形往往构成相应车轮附加转向角，会影响有效转向输入。

③侧倾转向效应。汽车转弯时车身产生侧倾，由于悬架系统与转向系统的导向运动特性关系，车身的侧倾可能造成车轮或整个车轴在水平面内转动，成为可能改变有转向输入的附加输入。

④车轮倾斜效应。对于独立悬架汽车，车身侧倾会引起车轮的侧倾，而车轮侧倾则会造成轮胎侧偏角的变换。

⑤空气动力影响。这种影响是通过高速行驶状态下空气对汽车3个方向的力和3个方向的力矩表现出来，一方面它直接影响前后车轮的横向力，从而影响相应的侧偏角；另一方面，空气对汽车的升力影响前后车轮的垂直负荷，通过改变轮胎侧偏刚度而间接影响侧偏角。

2. 汽车的稳态转向特性

汽车的等速圆周行驶，即汽车在转向盘角阶跃输入下，进入了稳态响应阶段，虽然在实际行驶中不常出现，却是表征汽车操纵稳定性的一个重要的时域响应，一般也称为稳态转向特性。汽车的稳态转向特性分为三种类型：不足转向、中性转向和过多转向，如图4-9所示。

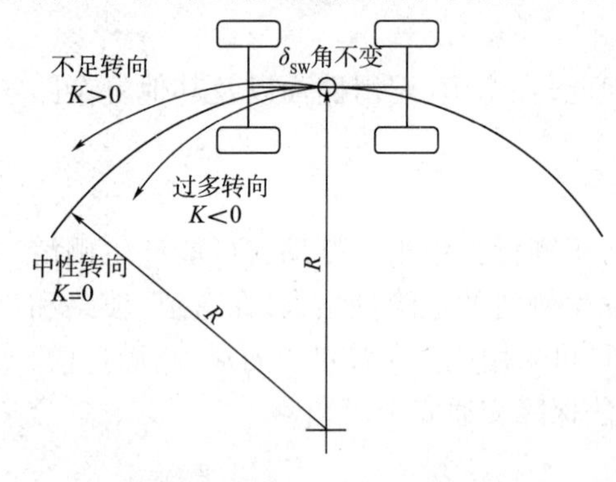

图4-9 汽车的三种稳态转向特性

这三种不同转向特性的汽车具有如下行驶特点：在转向盘保持一固定转角 δ_{sw} 下，缓慢加速或以不同车速等速行驶时，随着车速的增加，不足转向汽车的转向半径 R 增大；中性转向汽车的转向半径维持不变；而过多转向汽车的转向半径则越来越小。过多转向汽车达到临界车速时将失去稳定性，此时只要有极其微小的前轮转角就会导致极大的横摆角速度，使汽车发生急转而侧滑或翻车。

由于过多转向汽车有失去稳定性的危险，故操纵稳定性良好的汽车应具有适度的不足转向特性。一般汽车不应具有过多转向特性，也不应具有中性转向特性，因为中性转向汽车在使用条件变动时，有可能转变为过多转向特性。

3. 汽车行驶稳定性的极限

汽车保持稳定行驶的能力是有一定限度的，如果驾驶人对汽车的操纵动作使汽车的运动状态超过了这一限度，汽车的运动就会失去稳定，发生侧滑或翻倾，从而危及行车安全。这一限度称为汽车行驶稳定性极限。

1）汽车抗侧滑稳定性界限

汽车在曲线上行驶时，受到侧向力的作用，当车轮上的侧向反作用力达到车轮与路面间附着极限时，汽车便将因车轮滑移而失去控制。根据前后轮上侧向反力达到附着极限的先后，汽车的侧滑分为“跑偏”和“甩尾”两种情况。

当前轮上的侧向反力先达到附着极限时，因前轮发生侧滑，汽车的横摆角速度减小，转向半径增大，汽车将向外侧甩出，发生“跑偏”现象。严重时，汽车会被甩出路外，导致交通事故。

如果后轮上的侧向反力先达到附着极限，后轮将先于前轮向外侧侧滑，汽车的横摆角速度增加，转向半径减小，发生“甩尾”现象。由于转向半径减小，使离心力继续增加，这又进一步加剧了甩尾，所以容易诱发汽车打转，甚至翻倾。

汽车在曲线坡道上行驶时一般受力如图4-10所示。

不发生侧滑的极限稳定车速可近似求得。设汽车转向的极限稳定车速为 v_{max}，横向作用力为：

$$F_1 = C \cdot \cos\beta - G \cdot \sin\beta = m \cdot \frac{v_{max}^2}{R} \cdot \cos\beta - mg \cdot \sin\beta \tag{4-23}$$

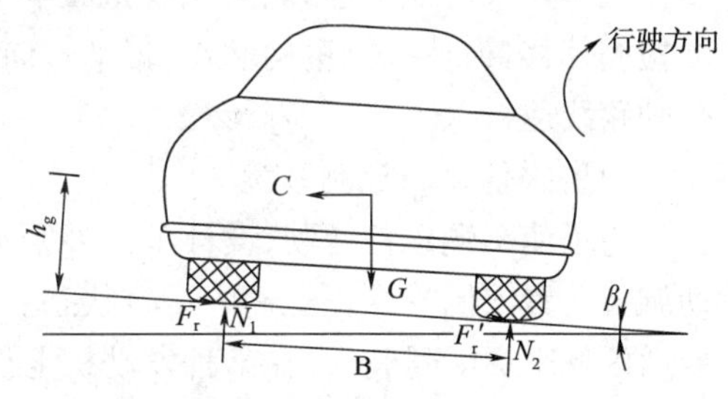

图4-10　汽车在横坡道上曲线行驶时的受力图

式中：m——汽车质量，kg；

C——离心力，N；

R——汽车转弯半径，m；

β——路面横坡度，度；

G——汽车的重力，N；

v_{max}——不发生侧滑的极限稳定车速，m/s。

设车轮与地面的附着力为：

$$F_2 = (C \cdot \sin\beta + G \cdot \cos\beta) \cdot \varphi = (m\frac{v_{max}^2}{R} \cdot \sin\beta + mg \cdot \cos\beta) \cdot \varphi \tag{4-24}$$

式中：g——重力加速度，9.8m/s^2；

φ——轮胎与路面间的横向附着系数。

当 $F_1 = F_2$ 时，为极限稳定行驶状态，所以有：

$$m \cdot \frac{v_{max}^2}{R} \cdot \cos\beta - mg \cdot \sin\beta = (m\frac{v_{max}^2}{R} \cdot \sin\beta + mg \cdot \cos\beta) \cdot \varphi \tag{4-25}$$

即

$$v_{max} = \sqrt{\frac{Rg(\varphi \cdot \cos\beta + \sin\beta)}{\cos\beta - \varphi \cdot \sin\beta}} \tag{4-26}$$

2）汽车抗横向倾覆稳定性界限

在倾斜的横坡面上作曲线运动的汽车，由于横向力的作用，当位于曲线左侧车轮上的法向反作用力为零时，汽车将发生横向倾覆。对图4-10中所示车辆，$N_2 = 0$ 为汽车发生倾覆的临界状态。

不发生横向倾覆的极限车速可近似地用下述方法求得。

由图4-10可得：

$$C \cdot \cos\beta \cdot h_g = G \cdot \sin\beta \cdot h_g + (C \cdot \sin\beta + G \cdot \cos\beta)\frac{B}{2} \tag{4-27}$$

即可得出 R 为定值时，为保证不发生横向倾覆，汽车行驶的最大速度 v_{max} 为：

$$v_{max} = \sqrt{\frac{Rg(\cos\beta \cdot \frac{B}{2} + \sin\beta \cdot h_g)}{\cos\beta \cdot h_g - \sin\beta \cdot \frac{B}{2}}} \tag{4-28}$$

式中：v_{max}——汽车不发生横向倾覆的极限车速，m/s；

B——轮距，m；

h_g——汽车重心高度，m；

其余符号意义同前。

4. 提高操纵稳定性的主要措施

1）动力转向

随着车速的提高、长途运输车载质量的增加以及驾驶人操纵舒适程度要求的提高，对转

向轻便性的要求也越来越高。由于操纵转向盘既要做到动作灵活、轻便,还要有适当的路感,特别是低速转弯或紧急避让时能按驾驶人的意愿正确运行。其解决措施,一是靠转向器结构、形式来改善原有性能;二是借助动力转向机构。

2)自适应感应器

汽车正常行驶中,当侧向风或路面不平产生的外力使车辆偏离行驶路线时,检测仪器自动检测偏移量,使执行机构动作,带动转向联动机构自动进行方向修正,以保持汽车按照原行驶路线运行。

3)警报信号与控制系统

为了使车辆正常行驶,设计了许多警报控制系统,以提醒驾驶人注意操纵车辆或利用自动调节装置限制或修正车辆的运行状态。如在车辆的信号装置中设置车辆超速警告灯或设警示区域来提醒驾驶人;在某种发动机上设置一个速度控制开关,当车速超过限制时,停止供油;一些科研机构研制出车间距控制系统,使用微波雷达测量车距,对危险状态发出警告。

4)四轮转向系统

四轮转向系统是由前后轮两套转向器组成,二者用中间轴连接,由前轮转角与车速或前轮转向力与车速作为后轮转向的控制信号。

5)制动转向控制系统

减少事故率及其损失的方法中,制动加转向回避的效果要比单纯制动回避、单纯打转向回避好得多。为此研究人员研制出汽车旋转稳定装置(VSC),其原理就是在转弯过程中,如车轮出现侧滑趋势,自动调整各轮的制动力,同时控制发动机输出功率,从而控制车辆旋转的可能性。

6)驱动力自动调节系统

为了提高和改善车辆的转向性能,以及车辆在复杂路面上直线行驶的稳定性,美国、欧洲和日本等国家先后开发了不同形式的驱动力自动调节系统。其原理就是改变了普通车辆在任何运行情况下左右两侧驱动力都一样的情况,根据具体情况使内侧车轮驱动力向外侧车轮转移,从而产生转向力矩,同时使内外轮转速不一致。

第二节　车辆安全结构设计与安全装置

车辆安全性设计可从两个方面考虑:一是从结构上进行安全设计,根据驾驶人心理与生理特点设计汽车结构,同时发生碰撞事故后,车体结构应有缓解和吸收冲击能量的措施;二是针对安全性增设主动或被动的安全装置,进而保障车辆在道路上安全运行。

一、车辆安全结构设计

1. 车辆结构的主动安全性设计

1)汽车的驾驶视野

汽车的驾驶视野是行车过程中驾驶人的视野。受驾驶室结构的限制,一般汽车的驾驶视野比驾驶人的视野小。驾驶人在行车过程中,80%的信息是靠视觉得到的,因此确保良好的驾驶视野是预防交通事故、保证道路交通安全的必要条件。

(1)驾驶视野的种类及要求。

按汽车行驶方向,可将驾驶视野分为前方视野、后方视野和侧方视野。

前方驾驶视野是驾驶人在正常驾驶位置,透过前风窗玻璃和侧面的门窗玻璃所能看到的视力范围,是与安全最为密切的驾驶视野。

后方驾驶视野是通过车内后视镜和车外后视镜看到车辆后方的视力范围。通过车内后视镜看到的为内后驾驶视野,通过外后视镜看到的为外后驾驶视野。后方驾驶视野对超车、制动、转弯、倒车等影响较大。

侧方驾驶视野是通过车辆两侧门窗玻璃看到的区域,对保证汽车转弯、会车、起步、停车和低速行驶时的安全有重要作用。

(2)前上方视区界限。

汽车前方视区的上限是前窗上部窗框。根据图4-11,并参考表4-1,前上方视区界限可由下式确定:

$$\alpha = \arctan\left(\frac{H-h}{S+L}\right) \tag{4-29}$$

式中:α——前上方最小视角,度;

h——驾驶人眼睛距离地面的高度,m;

S——可能的制动距离(该值可用人的反应时间为0.65s,制动减速度0.3g,并根据车速求出),m;

L——驾驶人眼睛与车头之间的距离,m;

H——信号灯的安装高度,m。

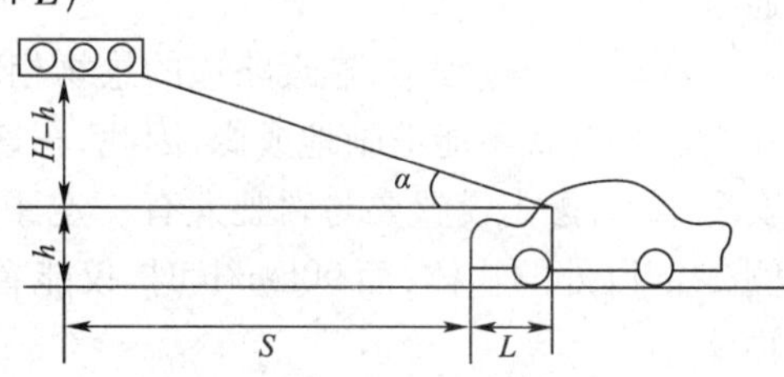

图4-11 汽车前上方视区界限

为看清信号必需的前上方最小视角 表4-1

速度(km/h)	20	40	60	80
前上方最小视角	18°30′	6°10′	3°22′	2°

前方视区上限应能保证驾驶人及时观测交叉口信号控制灯,但视区上限过大会导致阳光直射驾驶人,致使其发生炫目。因此,为保证车辆安全运行,要把前上方视区界限控制在适当范围内。

(3)汽车前下方视区界限。

汽车前下方视区界限取决于前窗下部窗框的位置。对于长头型汽车,则取决于发动机罩的位置和形状,如图4-12所示。一般来讲,降低前下方视区界限可扩大前方视区,有利于驾驶人观察前方情况。但如果过分向下方扩大前方视区,则会对驾驶人产生不良心理影响,不利于安全行车。

图4-12 汽车前下方视区界限

研究发现随着车速提高,驾驶人的注视点会逐渐移向远方。汽车前下方视区界限过低,会使驾驶人感到精神紧张,甚至产生恐惧感,加速驾驶人的疲劳过程。

汽车前下方视区界限过高会使驾驶视野变小,前方盲区扩大,不利于驾驶人对前方障碍物的观察,且会使驾驶人的速度感变差,容易不自觉提高行车速度。在实际确定汽车前下方视区界限时,要综合考虑各方面的影响因素。

(4)汽车左右视野。

驾驶人双眼注视某一目标,注视点两侧可以观测的范围叫汽车左右视野。在静态时,人的双眼左右方视野约为 160°,但受挡风玻璃框架的限制有所缩小,缩小的程度取决于驾驶室的结构。

随着行车速度的提高,驾驶人注视距离加大,汽车左右视野逐渐变窄。行车速度越高,驾驶人越注视远方,视野越窄,注意力随之引向景像的中心,结果形成"隧道视"。因此,在道路设计时,应限制直线段的长度,强制驾驶人变换注视点的方向,以避免因隧道视导致交通事故。

汽车行驶过程中,靠近路边的景物相对于驾驶人眼睛的回转角速度大于 72°/s 时,景物在视网膜上就不能清晰地成像,因此,车速越高,看路边近处景物越模糊。为保证道路交通安全,交通标志设置要与驾驶人有一定距离。根据试验,车速为 64km/h 时,能看清车辆两侧 24m 以外的物体;而 90km/h 时,仅能看清 33m 以外的物体,小于这个距离时就无法识别物体。

(5)扩展汽车驾驶视野的技术。

①福特 Edge 的消除盲区技术。

2009 款福特 Edge 是汽车行业首次采用 BlindSpotMirror(消除盲区后视镜)技术的车型。消除盲区后视镜是在传统后视镜的外侧上角加装一小的凸镜,让驾驶人的后视角度更加开阔,如图 4-13 所示。

②丰田和奔驰的夜视辅助系统。

丰田皇冠混合动力版配备的 NightView 夜视系统,在夜间行车时,不仅可对道路上的车辆进行识别,还可对行人进行检测,并利用屏幕右下端不断闪烁的行人图标提醒驾驶人,最大限度地避免行人交通事故的发生。

奔驰 S500 车型配备的 NightViewAssist 夜视系统较成熟。该系统利用大功率的红外前大灯,将近光时驾驶人视野扩展至 150m 以上,且不会令对向车道的车辆驾驶人感觉不适。此外,利用前车窗内部安装的红外摄像机,记录前方道路上行人、停驻车辆等的反射影像,并将影像在仪表板中显示出来,降低了车辆在夜间行车时的事故风险。夜视辅助系统效果如图 4-14 所示。

图 4-13　福特盲区消除后视镜

图 4-14　夜视辅助系统效果图

2)驾驶人的工作环境

驾驶室内的环境应保证驾驶人工作舒适，且有必要的活动空间，使驾驶人能保持良好的情绪和状态，确保道路行车安全。

(1)减少噪声和振动的措施。

车内噪声是指车辆行驶过程中，驾驶室内存在的各种噪声。车内噪声按噪声产生机理可分为空气声和固体声两大类。两类噪声在驾驶室内部经壁面多次反射形成混响声进一步提高噪声级。

空气声主要是由外部声源(发动机和底盘)穿透驾驶室壁板以及通过各种孔洞、缝隙进入驾驶室内部而形成的；固体声是由于驾驶室壁板本身在受到发动机、传动系、路面等传来的激励作用产生结构振动而在驾驶室内部形成的。驾驶人长时间在噪声条件下工作，除听觉受到影响外，还会出现中枢神经系统功能失调、加速疲劳、注意力下降等现象。

目前减弱驾驶室噪声的方法主要有：对发声部件采用消声器，对振动部件采用减振器；通过结构设计使固有频率相互错开并避开激励频率；采用改进的密封元件，增加密封压力，消除泄漏气流的间隙；通过改变车身的形状和尺寸，避开产生空腔共鸣的频率等来降低空腔共鸣噪声；增加隔声结构。隔声结构的选择应考虑所隔噪声的特点、隔声材料、结构性能和成本。通常采用双层壁结构，并在两层壁之间填充黄麻纤维、毛毡、聚氧脂泡沫、玻璃棉等吸声材料，进一步提高隔声效果；选择与悬架振动特性相协调的座椅系统以减轻驾驶人受到的振动。

(2)驾驶室的空气调节。

驾驶室的空气调节是对驾驶室内的空气温度、湿度、流速和清洁度进行调节和控制，从而满足驾驶人和乘客的乘坐舒适性要求，使驾驶人工作时能集中注意力，保证行车安全。现代汽车内常采用加热器和制冷机与换气装置相组合而成的空气调节系统，使驾驶室内空气的温度、湿度和流速等指标保持在一定范围之内。

(3)驾驶室的活动空间。

驾驶室是驾驶人工作和临时休息的场所。驾驶室过分狭小会使驾驶人感到压抑不快，影响驾驶人的情绪，也易于疲劳。因此，驾驶室内的座椅、操纵机构等的布置及空间尺寸均应以驾驶人的活动为中心，从操纵性、舒适性和安全性的角度进行与车辆总体布置相适应的设计。合理的布置和空间尺寸，能使驾驶人乘坐舒适，操纵轻便，视线良好，对行车安全大有好处。

2. 车辆结构的被动安全性设计

1)减轻乘员伤害的结构

汽车和外部事物之间的碰撞，称为一次碰撞。在发生一次碰撞后乘员与汽车内部结构的碰撞称为二次碰撞。汽车发生碰撞时乘员受到伤害的原因包括：

①碰撞时，因汽车结构发生变形，车上构件侵入乘员生存空间，使其受到伤害。

②碰撞时，由于汽车结构破坏等原因，致使乘员的部分或全部身体暴露在汽车外部而受伤。

③在碰撞作用下，汽车速度急剧降低，使乘员由于惯性与汽车内部结构发生碰撞而造成伤害。

为减轻乘员伤害，可从以下几个方面进行车辆安全结构设计：

①为确保乘员在车辆碰撞时尽可能安全，应提高车身的强度设计。

②车辆发生碰撞时，对乘员危害最大的是正面相撞。这种情况对乘员造成的伤害是其

他碰撞情况的 3 ~5 倍,因而,减少正面碰撞对乘员的伤害尤为重要。

③车辆碰撞时,对冲击能量吸收性能的好坏直接决定车身安全性的高与低。对小轿车而言,其车身多采用承载式结构,正面碰撞时产生的能量主要靠前纵梁及地板边梁来吸收。

④由于轿车大部分采用发动机前置、前轮驱动的形式,车前部没有传动轴,不能向车身后部传递碰撞能量,因此,研究车身前部的零件配置和构造很有必要。具有代表性的车身前部结构如图 4-15 所示。

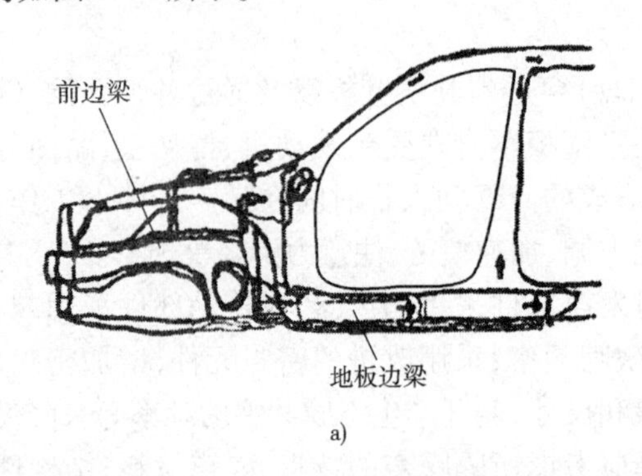

a)

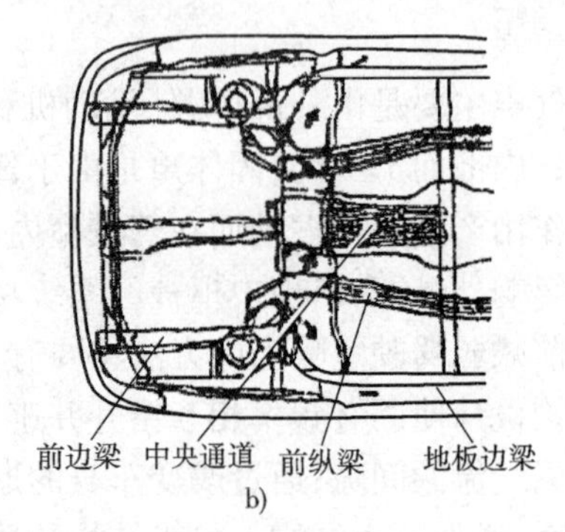

b)

图 4-15　典型的车身前部结构

2)减轻行人伤害的结构

在我国汽车交通事故中,车辆与行人相撞的比例较高,约占汽车交通事故总数的 27% 左右。事故中头颈部和下肢的损伤又占损伤总数的 70% 以上。头颈部损伤是造成人员死亡的主要原因,而下肢创伤往往是交通事故中人员致残的主要因素。因此,碰撞后行人保护成为被动安全性研究的一个主要方向,它包括一切旨在减轻事故中汽车对外部人员的伤害,而专门设计与汽车有关的结构措施。

根据模拟人与汽车相撞试验可知,汽车与行人相撞过程中,行人将受到三次严重碰撞。一次碰撞是汽车的保险杠撞击行人的腿部,发动机罩撞击行人的腰部。对于成年人,人体受到的冲击力作用在人体重心以下,所以碰撞后人体围绕重心发生回转运动而被抛上发动机罩,并在其上滑动,头部碰触前风窗玻璃。在这个过程中,行人受到二次碰撞。最后,行人从发动机罩上落下,与路面三次碰撞或受到车轮辗轧。为了减轻被撞行人的伤害程度,在设计车身时,应采取相应的结构措施:

①多采用能量吸收式保险杠,低速碰撞时,它能够对行人起到保护作用,并能避免汽车重要部位的损坏。

②前风窗玻璃周围及发动机上部布置弹性材料,缓解对行人的伤害。

③车前部设置防止行人摔到路面的救护网等接收装置。

此外,行人保护措施中,防止车外的凸出物对行人的伤害也很重要。内凹式门把手、采用具有缓冲机构的后视镜等措施,有利于减轻对行人的伤害。

二、车辆安全装置

1. 车辆主动安全装置

车辆主动安全性是指汽车本身防止或减少道路交通事故发生的性能。为预防汽车事故,避免人员受伤而增设的安全装置称为车辆主动安全装置,如 ABS、ASR、ESP 等。它们的作用是提高汽车行驶稳定性,尽量防止车祸发生。本书选取了 5 种典型装置予以介绍。

1)防抱死制动系统(ABS)

防抱死制动系统(Anti-lock Braking System,简称 ABS),是罗伯特·博世有限公司开发的,在摩托车和汽车中使用,能够避免车辆失控,并在一般情况下能减少制动距离,以提高车辆安全性的技术。

装备 ABS 的汽车具有以下优势:

①加强对车辆控制。装备有 ABS 的汽车,驾驶人在紧急制动过程中仍能保持很大程度的操控性,可以及时调整方向,对前面的障碍或险情做出及时、必要的躲避。

②减少浮滑现象。没有配备 ABS 的车辆在潮湿、光滑的道路上紧急制动,车轮抱死后会出现车辆在路面上保持惯性继续向前滑动的情况,而 ABS 减少了车轮抱死的机会,因此也减少了制动过程中出现浮滑的机会。

③特定路况下有效缩短制动距离。在紧急制动状态下,ABS 能使车轮处于既滚动又拖动的状况,拖动的比例占 20% 左右,这时轮胎与地面的摩擦力最大,即所谓的最佳制动点区域。此时刹车性能提高,制动距离缩短。

④减轻轮胎磨损。使用 ABS 消除了在紧急制动过程中抱死的车轮使轮胎遭受不能修复的损伤,即在轮胎表面形成平斑的可能性。装备 ABS 的车辆,只会留下轻微的刹车痕迹,明显减轻轮胎和地面的磨损程度。

现代汽车上大量装备防抱死制动系统,ABS 既有普通制动系统的制动功能,又能防止车轮锁死,使汽车在制动状态下仍能转向,保证汽车制动方向的稳定性,防止产生侧滑和跑偏,是目前汽车上最先进、制动效果最佳的制动装置。

2)电子防滑转系统(ASR)

汽车电子防滑转系统(Anti-Slip Regulation,简称 ASR),有些公司或资料称之为牵引力控制系统(Traction Control,简称 TRC),是继制动防抱死系统之后应用于车轮防滑的电子控制系统。ASR 是 ABS 的完善和补充。

目前在汽车上广泛使用的 ASR 多为发动机输出功率和驱动轮制动综合控制型。ASR 工作时,车轮转速传感器将驱动轮转速及非驱动轮转速转变为电信号,输送给控制器。控制器根据车轮转速传感器的信号计算驱动车轮的滑转率,如果滑转率超出目标范围,控制器再综合参考节气门开度信号、发动机转速信号、转向信号等确定控制方式,输出控制信号。执行器将驱动车轮的滑转率控制在目标范围之内。

由于防滑转控制装置可使车轮保持最大附着力,与不装备 ASR 的汽车相比,具有如下优点:

①汽车在起步、行驶过程中可获得最佳驱动力,提高汽车的动力性。尤其在附着系数小的路面,汽车的起步、加速及爬坡能力显著提高。

②提高车辆行驶稳定性,改善前轮驱动汽车的方向控制能力。路面附着系数越低,其行驶稳定性能提高就越明显。

③减少轮胎磨损,降低汽车燃油消耗。

此外,ASR 起作用时,仪表板上的 ASR 指示灯或蜂鸣器向驾驶人提醒,提示不要踩制动过猛(紧急制动)、注意转向盘操作、不要猛踩加速踏板等,以确保道路行车安全。

3)车身电子稳定系统(ESP)

车身电子稳定系统(Electronic Stability Program,简称 ESP)是一种可以控制驱动轮,也可以控制从动轮,包含 ABS 及 ASR 的汽车防滑装置。ESP 可以使车辆在各种状况下保持最佳稳定性，在转向过度或转向不足情形下效果更加明显。如图4-16所示。

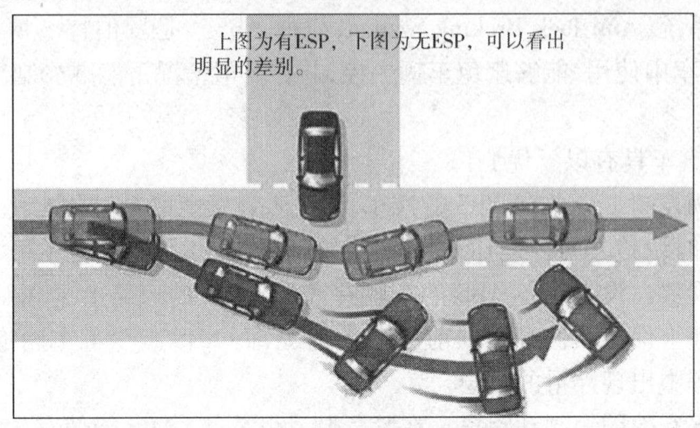

图4-16 ESP功能展示图

ESP的作用就是当驾驶人操纵汽车超过极限值后电脑自动介入修正驾驶。电脑控制车辆运动的手段有两种：一是控制节气门开度，衰减汽车动力，使速度降低；二是对某些车轮进行制动，让汽车速度能够减小到极限值以内。

方向盘转向角度传感器检测到驾驶人的转向角度后，就会通知ESP的ECU，各个车轮转速传感器测得的车轮转速信息也会传递到ESP的ECU。ECU可以根据各个车轮的转速计算出车辆实际运动轨迹，而与理论运动轨迹进行对比，然后通知制动系统对某个车轮进行制动，来修正运动轨迹。

ESP被多家世界著名汽车厂商和研究机构称为"能拯救生命的ESP"。德国的一项研究表明：其中25%造成严重伤害的交通事故和60%引起死亡的交通事故都是因为车辆侧滑所致。而装配有车身电子稳定系统ESP的车辆对过度转向或不足转向特别敏感，能够迅速识别这种危险情况，精确干预制动方式，使车辆安全行驶在正确轨迹上并防止车辆侧滑。所以，与只有ABS+ASR配置的汽车相比，ESP不只是在事故发生时为驾乘人员提供保护，而且可以有效避免事故的发生。

4）缓速器

缓速器是应用于大型车辆（货车、客车）的辅助制动装置，其作用能使质量较大的车辆平稳持续减速，以降低行车制动器的负担，避免在行车过程中长时间制动而引起制动器过热。目前使用较多的是电磁缓速器和液力缓速器。

车辆使用缓速器的优点主要有：

①提高车辆行驶安全性。减少坡道行驶时行车制动器热衰退引发的安全事故，在平路行驶时，可以比较容易控制车速和保持车间距离。

②减少频繁缓速和制动，提高车辆舒适性和操纵灵活性，降低驾驶人的疲劳强度，减少制动噪声。

③提高车辆运输经济性。行车制动次数减少，制动器和轮胎的磨损减少，从而延长了制动器和轮胎维修更换的周期，由此带来的经济效益非常明显。

车辆在安装缓速器后可以有效提高驾驶安全性、乘坐舒适性和路面适应性，它的应用和研究必将越来越广泛。

5）电子驻车制动系统（EPB）

电子驻车制动系统（Electrical Park Brake，简称EPB）是指将行车过程中临时性制动和停车后长时制动功能整合在一起,并由电子控制方式实现停车制动的技术。

该系统可保证车辆在30%的斜坡上稳定驻车。另外,该系统自动实现热补偿,即车辆经过强制动后驻车,制动盘会因为温度下降与摩擦片产生间隙,此时电机会自动启动,驱动压紧螺母补偿温度下降产生的间隙,以保证可靠的驻车效果。

电子驻车制动系统比传统的拉杆式驻车装置更安全,不会因驾驶者的力度而改变制动效果,从而减轻驾驶人操作负担,提高道路行驶安全性。

2. 车辆被动安全装置

车辆被动安全性是指汽车发生事故后,车辆本身减轻人员受伤和货物受损的性能。因为汽车交通事故往往是意外发生的,人们来不及主动保护自己,所以必须采取有效的被动安全装置减少事故损失。常见的车辆被动安全装置有安全带、安全气囊、安全座椅和头枕等。以下是两种典型装置。

1)安全带

安全带作为汽车发生碰撞过程中保护驾乘人员的基本防护装置,其诞生早于汽车。早在1885年,安全带出现并使用在马车上,目的是防止乘客从马车上摔下去。1968年,美国规定轿车面向前方的座位均要安装安全带。欧洲和日本等发达国家也相继制定了汽车乘员必须要佩带安全带的规定。我国公安部于1992年11月15日颁布通告,规定从1993年7月1日起,所有小客车(包括轿车、吉普车、面包车、微型车)驾驶人和前排座乘车人必须使用安全带。

汽车安全带基本结构一般包括软带、带扣、长度调整机构、卷带装置和固定部分,大致可分为:预紧式安全带和三点式安全带两类,如图4-17和图4-18所示。

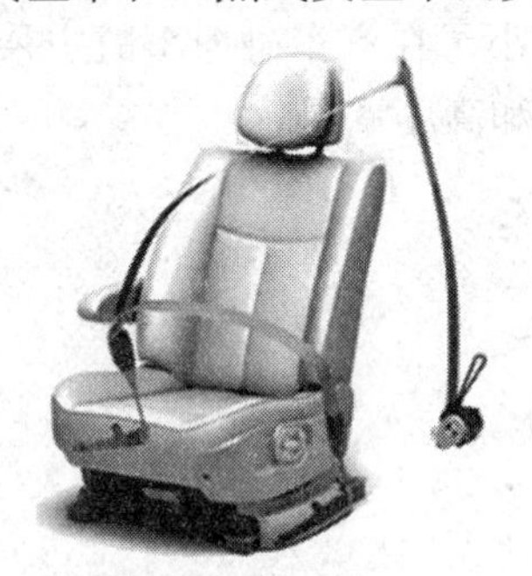

图4-17 预紧式安全带

图4-18 三点式安全带

预紧式安全带的特点是汽车发生碰撞事故的一瞬间,乘员尚未向前移动时会首先拉紧织带,立即将乘员紧紧绑在座椅上,然后锁止织带防止乘员身体前倾,有效保护乘员安全。

三点式安全带的带子由合成纤维织成,包括斜跨前胸的肩带,绕过人体胯部的腰带。在座椅外侧和内侧地板上各有一个固定点,第三个固定点位于座椅外侧车身支柱的上方。带子绕过上方固定点的环状导向板,伸入车身支柱内腔并卷在支柱下端的收卷器内。乘员胯部内侧附近有一个插扣,插扣由插板和锁扣两部分组成,两部分插合后即可将乘员约束在座椅上。按下插扣的红色按钮就能解除约束。

目前,世界上安全带标准形式是尼尔斯发明的三点式安全带,这种安全带开始为人接受始于1967年。尼尔斯在美国发表了《28000宗意外报告》,当中记录了1966年瑞典国内所有牵涉沃尔沃汽车的交通事故。数字显示,在过半的案例中,三点式安全带可降低,甚至避免乘客受伤的机会,更能保住性命。

2012年5月31日,我国交通运输部下发通知,开展“安全带—生命带”专项行动,要求从2012年6月1日起,客运站要检查出站的高速公路客运车辆是否安装安全带,司乘人员要提醒、检查旅客佩戴安全带;7月1日起,高速公路客车旅客不系安全带的禁止出站。如今客运企业安全意识明显增强,管理手段更加科学;乘客则从质疑、观望到逐渐养成习惯,佩戴安全带比率大幅提升,进一步改善了我国的道路交通安全状况。

2)安全气囊装置(SRS)

为在车辆发生碰撞事故时最大限度保护驾乘人员,尽量减小撞车对驾乘人员的伤害程度,现代汽车广泛装备了辅助约束系统(Supplemental Restraint System,简称SRS),也称辅助乘员保护系统。由于安全气囊是SRS系统的核心保护部件,故国内也习惯将辅助乘员保护系统称为安全气囊系统。

汽车行驶过程中,安全气囊传感器系统不断向控制装置发送速度变化(或加速度变化)信息,由控制装置对这些信息加以分析判断,如果所测的加速度、速度变化量或其他指标超过预定值,则控制装置向气体发生器发出点火命令或传感器直接控制点火,点火后发生爆炸反应,产生氮气或将储气罐中压缩氮气释放出来充满气袋。乘员与气袋接触时,通过气袋上排气孔的阻尼吸收碰撞能量,达到保护乘员的目的。

新一代智能安全气囊是在普通安全气囊的基础上增加传感器,以探测出座椅上的乘员是儿童还是成年人,是否系好安全带,以及乘员所处的位置、高度,通过采集这些数据,由电子计算机软件分析和处理控制安全气囊的起爆和膨胀,使其发挥最佳作用,避免安全气囊出现不必要的起爆,极大地提高其安全保护作用。

20世纪90年代后期,美国、欧共体、日本已正式立法在汽车上配置安全气囊,双气囊已成为绝大多数主流轿车的标准件。安全气囊有效减小了在汽车碰撞事故中乘员的伤亡,它的保护效果在道路交通安全研究领域得到广泛认识和高度重视。

第五章　道路交通环境与运营安全

在人、车、路、环境构成的道路交通系统中，道路及环境是交通活动的基础条件和关键要素，对交通安全有明显的影响。掌握道路交通环境影响车辆运行安全的相关因素，通过改善道路与交通条件、完善交通设施、加强恶劣气候条件下的交通管理以及道路景观和安全教育等，能够有效地减少交通事故的发生。

第一节　概　　述

道路交通环境是指车辆在运行过程中，所处的道路条件、交通条件、道路交通设施、恶劣气候和道路景观等相互作用的关系。了解影响交通安全的道路及环境因素，目的在于掌握这些主要因素构成及特性，以提高汽车使用和道路运输的安全性。

一、道路条件

道路是交通的基础和载体，道路条件对交通安全有着重要影响，与安全相关的道路特性一般由几何线形和道路结构两大部分组成。道路线形包括平面、纵断面、横断面、交叉口等，道路结构包括路基、路面、桥梁、涵洞、隧道等工程实体。

由于道路形态的复杂性和状态的动态性，使得道路因素对交通安全的影响呈多样化趋势，主要反映在不能满足正常行驶时驾驶人视觉、心理、反应等方面需要。道路条件的改善，应主要依据人和车对道路安全的需要。

二、交通条件

交通流特性、交通密度、交通流速度及车型构成比例等是交通条件中的典型要素，它决定了机动车、非机动车、行人之间的相互作用方式以及发生冲突的可能性与强度，对交通运行的安全性有明显的影响。同时道路交通安全保障措施的制定也要充分考虑路段的交通运行情况。

三、交通设施

交通设施能够警示或提示和引导驾驶人合理操作、及时避险，可以有效地分离交通冲突，规范交通秩序，引导车辆运行轨迹，防止车辆冲出车道，从而使驾驶人保持安全的行驶状态。交通设施的缺乏、误导或者信息过载都会造成安全隐患。

四、交通环境

车辆行驶的交通环境主要包括道路景观、气候环境和人文社会环境。

良好的道路景观可为驾驶人、乘客及各种道路使用者提供一个舒适优美的道路环境，使道路使用者心情愉快，处于最佳精神状态，减少驾驶疲劳，保证行车安全，并能与自然环境和社会环境相协调，体现社会文化内涵和文化价值。

气候条件与交通安全有着密切的关系。不良的气候，如雨、雾和冰雪天气等恶劣的气候条件一是会减小道路的摩擦力，二是带来驾驶人视线受阻、心理变化较大等影响，行车安全系数会随之下降。

第二节　道路几何线形与行车安全

道路是供各种车辆和行人等通行的工程设施，是一种带状的三维空间人工构造物。线形是指立体描述道路中心线的形状，如图 5-1 所示。

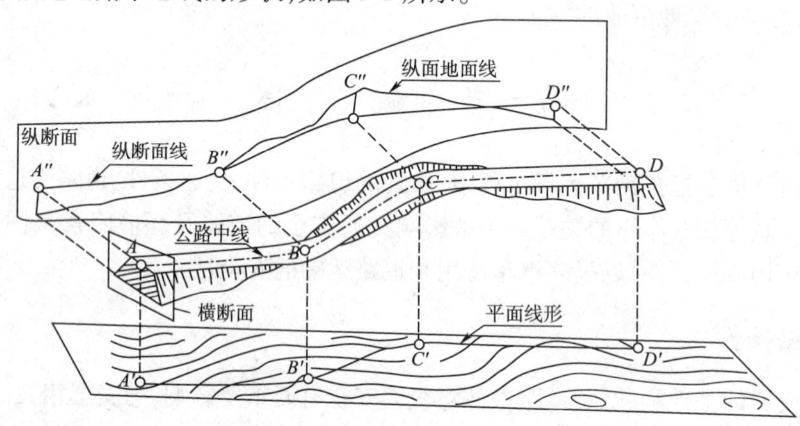

图 5-1　道路立体线形示意图

道路线形主要包括平面、纵断面和横断面。道路中心线在水平面上的投影称为平面图，其反映的是道路的平面线形；道路中心线的竖向剖面图为纵断面图，反映出道路的纵断面线形；横断面是道路中心线法线方向的切面。

道路因受自然条件或地形的限制，在平面上有转折，在纵断面上有起伏。在平面线形的转折点和纵断面的起伏处（变坡点）两侧相邻直线处，为了满足车辆行驶顺畅、安全和速度的要求，必须用合适的曲线连接，因此，道路的平面和纵断面均由直线和曲线组成。

道路几何线形要考虑与地形、地物及土地使用，同时要使线形连续，并和平面、纵断面两种线形以及横断面的组成相协调，更要从施工、维护管理、经济、交通运营等角度来确定。线形的好坏，对交通流安全畅通具有极其重要的作用。如果线形不合理，不仅会造成道路使用者时间和经济上的损失、降低通行能力，而且可能诱发交通事故。

道路设计车速是线形设计的重要指标，一般由道路等级及所处的地形决定。在我国《公路工程技术标准》（JTG B01—2003）中规定，公路根据交通量、使用任务和性质划分为高速公路、一级公路、二级公路、三级公路和四级公路 5 个等级。我国《城市道路工程设计规范》（CJJ 37—1990）按照道路在城市路网中的地位、交通功能以及对沿线建筑物的服务功能，将我国城市道路分为快速路、主干路、次干路和支路 4 类。我国公路和城市道路等级及其设计车速，见表5-1和表5-2。

公路等级及设计车速　　表5-1

公路等级	高速公路			一级公路			二级公路		三级公路		四级公路
设计车速(km/h)	120	100	80	100	80	60	80	60	40	30	20

城市道路等级及设计车速　　表5-2

公路等级	快速路			主干路			次干路			支路		
设计车速(km/h)	100	80	60	60	50	40	50	40	30	40	30	20

一、道路平面线形

道路平面线形是根据规划确定的路线大致走向，在满足车辆行驶技术要求的前提下，结合地形、地质水文条件，确定其具体方向。平面线形可分为直线和平曲线，其中平曲线包括圆曲线和缓和曲线。因此，直线、圆曲线和缓和曲线是平面线形的三种要素，如图5-2所示。

1. 直线

1)长直线

直线是平面线形设计最常用的一种线形，具有现场勘测简单、前进方向明确、距离短捷等优点。直线长度的选择及设置对交通安全有较大的影响。对于公路来说，汽车沿长直线行驶时，如果道路环境缺乏变化，易形成单调的驾驶环境。驾驶行为单一，持续时间过长，驾驶人会麻痹、打瞌睡、注意力分散，致使其反应迟缓，一旦发生突然情况，则会措手不及而发生交通事故。

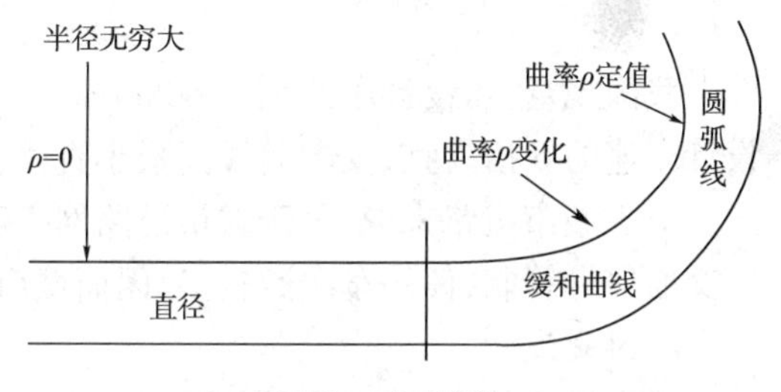

图5-2　平面线形

从驾驶心理学的角度来看，过长的单一线形使人感到乏味，驱使人尽快通过该段区域，从而引发高速驾驶。当直线长度大于2000m时，发生交通事故的几率明显增大，因此，直线的最大长度(以m计)不宜过长，一般情况下，在景色单调的地点最好控制在20V(V为设计车速，单位km/h)以内。

在平原地区，由于横向干扰较多，车速相对较低，直线长度的控制根据地形及工程经济性进行了适当放宽；尤其是对于设计车速较高的高速公路等高等级公路，设计时则尽量避免采用长直线。当道路不可避免地采用长直线时，要求必须进行路侧装饰性的景观绿化，或采用人工构造物，或沿线设置交通安全设施以提高驾驶人的注意力，消除长直线造成的单调驾驶环境，以避免疲劳驾驶。

2)短直线

平曲线之间一般以直线过渡。当直线过短时，驾驶人在短时间内会频繁地转动方向盘。当车辆行驶状态与方向盘转向协调性不良时，发生交通事故的潜在危险将明显提高。

(1)反向曲线间直线的最小长度

反向曲线是指两个转弯方向相反的圆曲线之间以直线和缓和曲线或径相连接而成的平面线形，如图5-3a)所示。图中的a表示圆曲线转角，m表示两个曲线间直线的长度，是指前一曲线终点到后一曲线起点之间的距离，T表示曲线的切线长。反向曲线之间直线段过短，将不能提供足够的时间使驾驶人调整转向盘，使驾驶人在进入下一个反向曲线时不能及时把握车辆方向，从而会产生反应不及时、车辆轨迹突变等现象，就会危及行车安全。

(2)同向曲线间直线的最小长度

同向曲线是指两个转向相同的圆曲线中间以直线和缓和曲线或径相连接而成的平面线形,如图5-3b)所示。同向曲线间直线较短时,在视觉上容易形成直线与两端曲线构成反弯的错觉;当直线过短,甚至把两个曲线看成是一个曲线,破坏了线形的连续性,形成了所谓的"断背曲线",对车辆运行安全很不利。

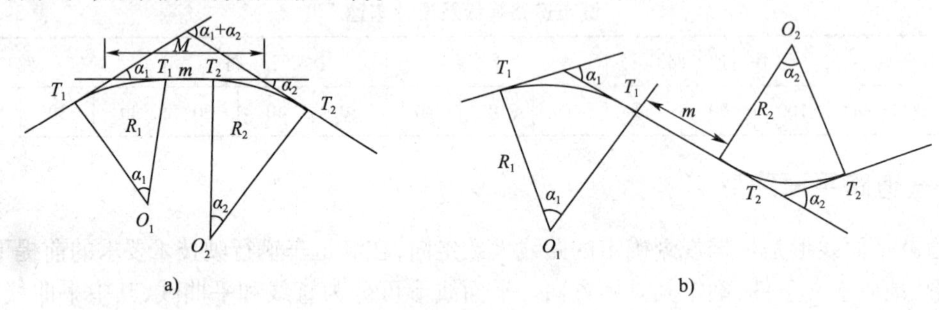

图5-3 曲线间的直线

a)反向曲线;b)同向曲线

我国规定:当设计车速大于60km/h时,同向曲线间最小直线长度(以m计)以不小于设计车速的6倍为宜;反向曲线间最小直线长度(以m计)以不小于设计车速的2倍为宜。

对于城市道路来说,由于城市道路网一般呈方格、放射环形等形式,设计车速较低且常有交通信号管制,使停车次数较多,因而城市道路采用通视良好的直线,对驾驶人比较有利。

2. 圆曲线

受自然条件、村镇以及其他因素的影响,道路平面走向会出现转折点,即道路会出现许多弯道,此时,应选择合适的圆曲线半径,适应转折点处的曲线衔接。适当半径的圆曲线,可以使得道路线形流畅,摆脱直线的单调感,给驾驶人适当的紧张感,避免长时间不需要改变驾驶行为而造成的困倦与麻木。

1)圆曲线半径

对于交通安全产生负面影响的是半径过小的圆曲线。车辆在圆曲线上行驶会受到离心力的作用,如果车速很快且弯道半径小时,驾驶人偶尔疏忽以致不能及时地转动转向盘,行驶的车辆就有可能发生危险,导致横向翻车或滑移。

根据汽车的横向稳定性,在某一设计车速v(km/h)下,曲线半径按下列关系式求算:

$$R = \frac{v^2}{127(\mu + i_c)} \tag{5-1}$$

式中:μ——横向力系数;

i_c——超高横坡度。

(1)曲线半径对行车安全的影响,更明显地表现在曲线与其他因素的组合作用上。据统计,平曲线半径太小、超高不适、视距不足都容易造成交通事故。过小的曲线半径会降低驾驶人的停车视距,使其不能提前观察到前方转弯处,这时一旦发生意外情况,驾驶人稍有疏忽大意则会发生事故。因此,为保证行车安全,现行的路线设计规范中对不同设计速度规定了圆曲线的最小值,见表5-3。

平曲线的半径R是弯道的一个重要数据,平曲线半径R的倒数$1/R$称作平曲线的曲率ρ,表示曲线弯曲的程度。半径越小,曲率越大,曲线弯曲的程度越大,发生的事故就越多;相反,半径越大,曲线弯曲的程度越小,则事故也会降低。

圆曲线最小半径　表5-3

设计车速(km/h)		120	100	80	60	40	30	20
平曲线半径(m)	一般值	1000	700	400	200	100	65	30
	极限值	650	400	250	125	60	30	15
不设超高最小半径(m)	$i_c \leqslant 2\%$	5500	4000	2500	1500	600	350	150
	$i_c > 2\%$	7500	5250	3350	1900	800	450	200

(2)横向力系数对于行车安全等的影响。横向力系数是指单位车重所受的横向力,μ 值越大,汽车在曲线上行驶的稳定性就越差。一般情况下只要保证横向力系数 μ 小于横向摩擦系数 f,就保证了汽车在曲线上行驶的横向稳定性。

横向力的存在对行车产生种种不利影响,μ 越大对行车稳定性越不利。μ 值较大时,增加了驾驶操纵的困难,使车辆的燃油消耗和轮胎磨损增加。μ 值过大时则影响行车的舒适性甚至危及行车安全。对乘客来说,μ 值的增大,同样感到不舒适,据试验,乘客随 μ 的变化其心理反应如下。

当 $\mu<0.10$ 时,不感到有曲线存在,很平稳;

当 $\mu=0.15$ 时,稍感到有曲线存在,尚平稳;

当 $\mu=0.20$ 时,已感到有曲线存在,稍感不稳定;

当 $\mu=0.35$ 时,感到有曲线存在,不稳定;

当 $\mu\geqslant0.40$ 时,非常不稳定,有倾车的危险感。

因此,μ 值的采用关系到行车安全、经济与舒适。为计算最小平曲线半径,应考虑各方面因素采用一个舒适的 μ 值。有研究指出:μ 的舒适界限,由 0.11 ~ 0.16 随行车速度而变化,设计中对高、低速道路可取不同的数值。

2)曲线转角

研究证明,当曲线转角过小时,设置常规半径的平曲线会使驾驶人产生错觉,认为平曲线长度比实际值小,对道路产生急转弯的错觉,从而产生过度的减速与转弯行为,危及行车安全。而平曲线转角越大,行车就越困难,在平曲线路段上,在许多情况下,转角对事故的影响,要比平曲线半径的影响大。图5-4为某高速公路亿车事故率与路线转角的散点图。

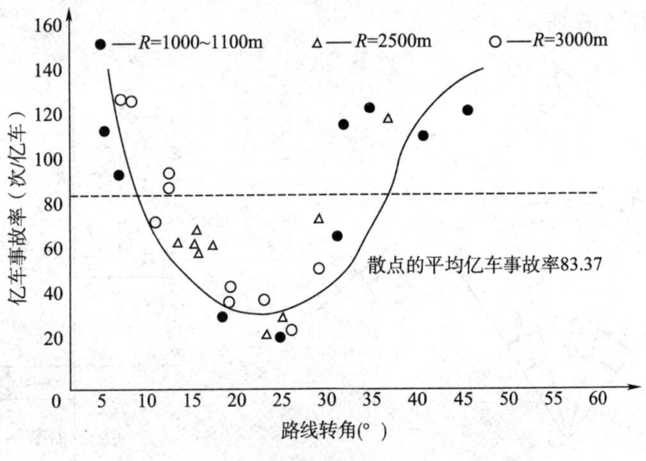

图5-4　某高速公路亿车事故率与路线转角的关系

可以看出,当转角值在15°~25°之间时,事故率最低,安全状况最好。这是因为转角在20°左右时,驾驶人看到的曲线恰好落于其视点范围内,从而在20°左右时不需要移动视线或转动头部的情况下,即可充分了解道路及交通情况,同时可提高行车舒适性,减少行车疲劳和紧张感。

事故率与路线转角关系的统计结果表明,合理的路线转角对保证行车安全、提高服务水平具有十分重要的意义。

3. 缓和曲线

缓和曲线是设置在直线与圆曲线之间或圆曲线与圆曲线之间的一种曲率连续变化的曲线。汽车由直线驶向曲线段时,其曲线半径由无限大变为某一定值,驾驶人突然受到离心力的影响而产生不舒适感和危险感,为了缓和这种曲率的突然变化,保证行车安全平顺,需要在其间设置缓和曲线,增强道路交通的安全性。

此外,在路线的曲线段存在超高或加宽时,都应将其设置在缓和曲线段上。这种情况下,由直线的路拱、定宽路面改变为超高、加宽路面也需要缓和段来实现其间的过渡。

缓和曲线按线形分为三次抛物线、双扭曲线和回旋曲线等。驾驶人按一定速度转动转向盘,则曲率半径按曲线长度缓和地增大或减少,轮迹顺滑的轨迹刚好符合回旋曲线,因而回旋曲线是适合汽车行驶的良好曲线形式。

回旋曲线就是曲率 ρ 按曲线长度 L_s 成相同比例增大的曲线,其关系为:

$$\rho = \frac{1}{R} = A^2 \cdot L_s \tag{5-2}$$

式中:A——表征回旋线曲率变化的缓急程度。

道路平面线形几何元素的组成如图5-5所示。

在图5-5中,α 为平曲线的转角,β_0 为缓和曲线角,ab、ef 为直线段,bc、de 为缓和曲线段,cd 为圆曲线段,L_s 为缓和曲线长度,L_Y 为圆曲线长度,L' 为未设置缓和曲线时的圆曲线长度。

4. 平面线形的组合设计

由直线、圆曲线、缓和曲线三个几何要素可得到多种平面线形的组合形式。对于道路平面线形,主要有简单型、基本型、凸型、S型、C型、复合型、卵型和回头曲线等形式。

1)简单型曲线

(1)定义:当一个弯道由直线与圆曲线组合时称为简单形曲线,即按直线—圆曲线—直线的顺序组合,如图5-6所示。

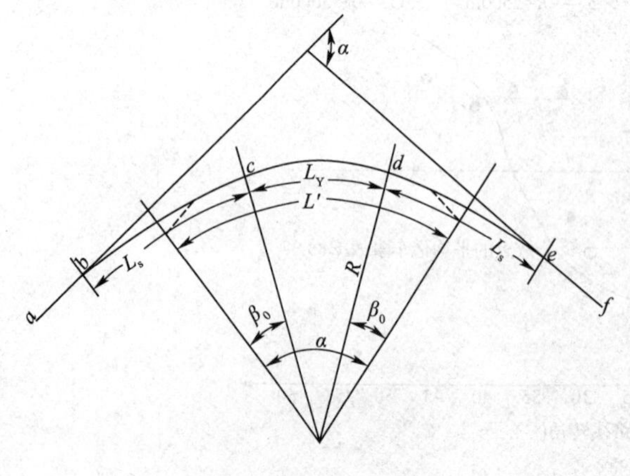

图5-5 平面线形几何元素

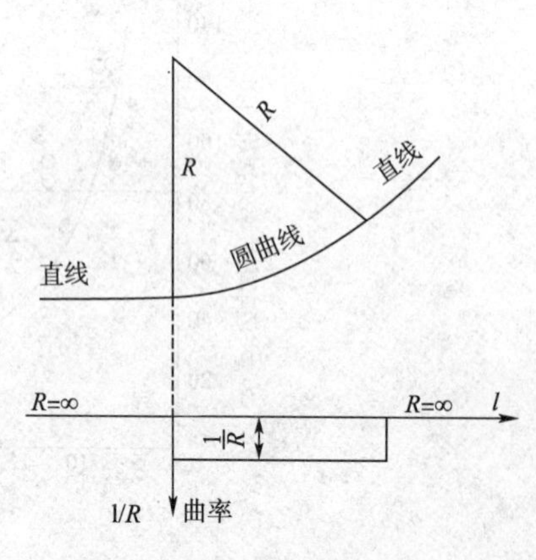

图5-6 简单型曲线

（2）特征及运用：简单形组合曲线在直线与圆曲线衔接处有曲率突变点，对行车不利。当半径较小时该处线形也不顺适，一般限于四级公路采用。其他等级公路当平曲线半径大于不设超高半径时，缓和曲线也可以省略。

2）基本型曲线

（1）定义：按直线—回旋线—圆曲线—回旋线—直线的顺序组合的曲线称为基本形曲线，如图5-7所示。

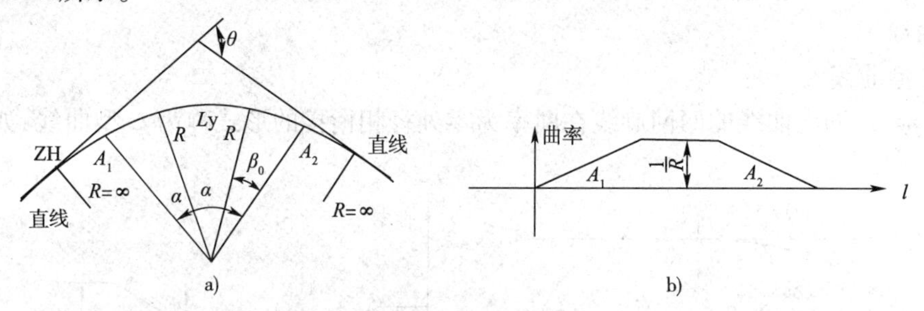

图5-7　基本型曲线

（2）特征及运用：基本形曲线可以设计成对称基本形和非对称基本形两种，当 $A_1=A_2$ 时为对称基本形，这是经常采用的。非对称型是根据线形、地形变化的需要在圆曲线两侧采用 $A_1 \neq A_2$ 的回旋线。为使线形连续协调，回旋线—圆曲线—回旋线的长度之比宜为1∶1∶1，并注意满足如下设置基本形的几何条件为 $\alpha>2\beta_0$。

3）凸型曲线

（1）定义：两同向回旋曲线间不插入圆曲线而径相连接的组合形式称为凸型曲线，如图5-8所示。

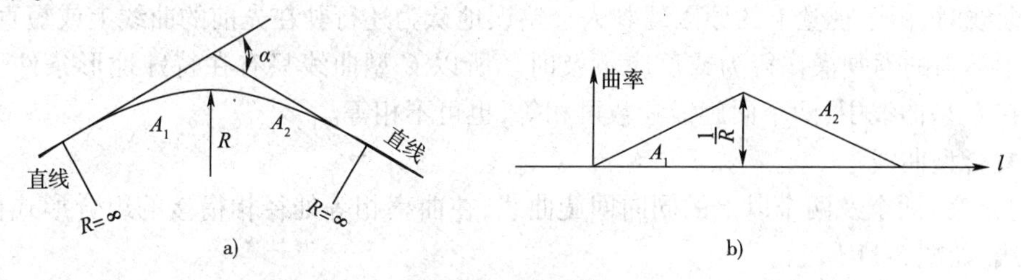

图5-8　凸型曲线

（2）特征及运用：设置凸型曲线的几何条件是 $\alpha=2\beta_0$。凸型曲线在两回旋曲线衔接处曲率发生突变，驾驶操作不利，所以只有在地形、地物受限制的路段方可考虑采用。

4）*S*型曲线

（1）定义：两个反向圆曲线间用两个反向回旋线连接的组合形式，称为*S*型曲线，如图5-9所示。

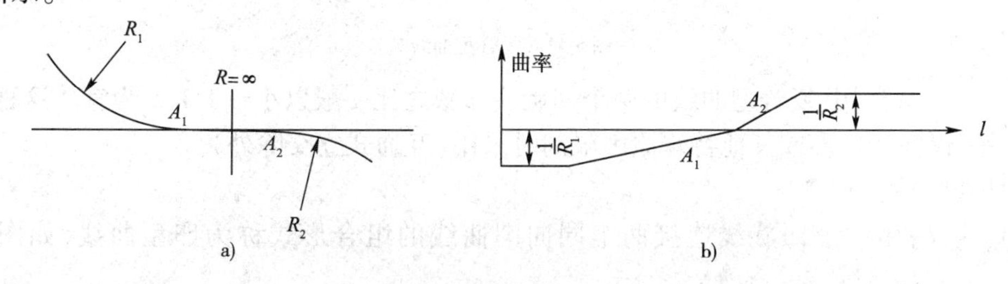

图5-9　*S*型曲线

（2）特征及运用：从行驶力学和线形协调，以及超高缓和上考虑，*S*型曲线相邻两个回旋

线参数 A_1 和 A_2 之比应小于2.0,有条件时以小于1.5为宜。

S 型的两个反向回旋线以径相衔接为宜。当由于地形条件限制必须插入短直线或当两个圆曲线的回旋线相互重合时,短直线或重合段的长度都应符合以下规定:

$$l \leqslant \frac{A_1 + A_2}{40} \tag{5-3}$$

如果中间直线超过公式(5-3)计算长度很多,则认为该曲线不是 S 型曲线而是两个基本型的曲线了。

5)C 型曲线

(1)定义:同向曲线的两回旋线在曲率为零处径相衔接的形式称为 C 型曲线,如图5-10所示。

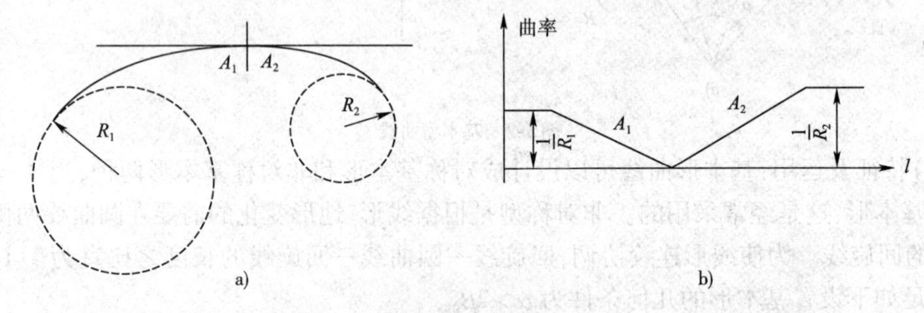

图5-10　C 型曲线

(2)特征及运用:C 型曲线连接处的曲率为0,即 $R=\infty$,相当于两个基本型的同向曲线中间直线长度为0,对行车和视觉均不利,易形成“断背曲线”,即当车辆驶入不同半径的下一个同曲线时,由于视觉上的原因驾驶人会错误地认为还行驶在先前的曲线上或短直线上,而采取了不当的驾驶操作行为或反应不及时。所以 C 型曲线只有在特殊地形条件下方可采用。在 C 型曲线中,两个回旋线参数可相等,也可不相等。

6)复合型曲线

(1)定义:两个及两个以上的同向回旋曲线,在曲率相等处径相衔接的组合形式称为复合型曲线,如图5-11所示。

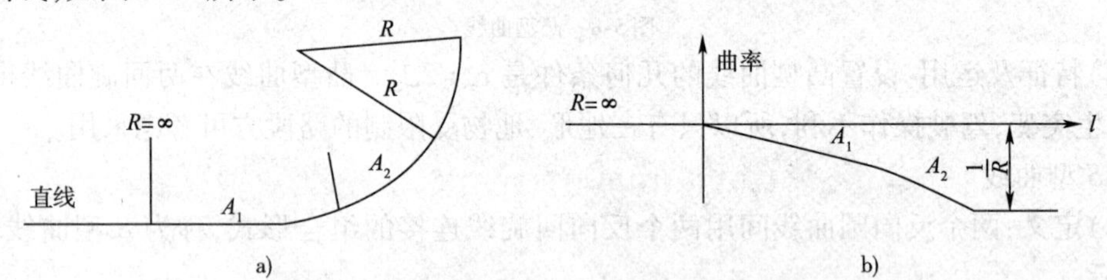

图5-11　复合型曲线

(2)特征及运用:复合型曲线的两个回旋线参数之比一般以小于1∶1.5为宜。这种形式很少采用,仅在受地形或其他特殊原因限制时采用(互通式立交除外)。

7)卵型曲线

(1)定义:用一个回旋线连接两个同向圆曲线的组合形式称为卵型曲线,如图5-12所示。

(2)特征及运用:卵型曲线要求大圆能完全包住小圆,如果大圆半径为无穷大,那么它就是直线,而回到基本型。所以,卵型曲线可以认为是具有基本型的一般线形。不过卵型回旋曲线的曲率不是从零开始，应是回旋线的首尾曲率与其衔接圆曲线的曲率相当。在图5-12中，l_f为两圆曲线的最小间距。

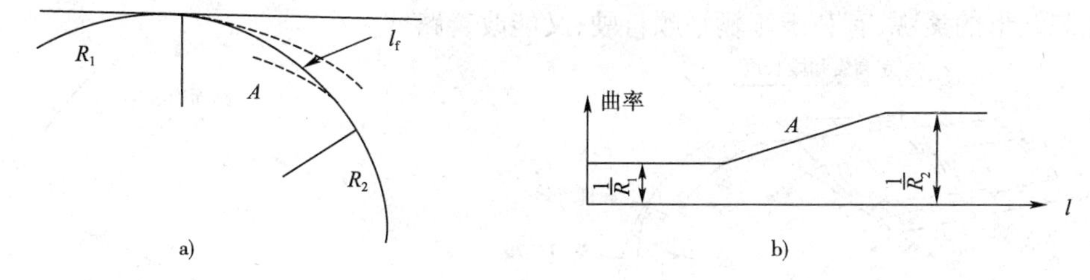

图5-12　卵型曲线

8）回头曲线

（1）定义：回头曲线指在山区公路为克服高差在同一坡面上展线时所采用的、其圆心角一般接近或大于180°的曲线，如图5-13所示。

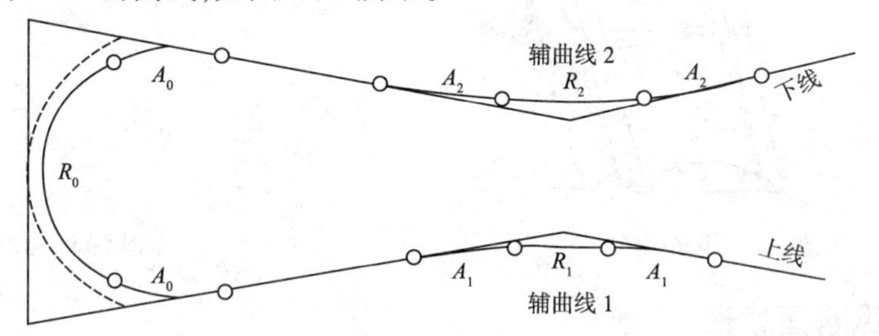

图5-13　回头曲线

（2）特征及运用：越岭线应尽量利用有利地形自然展线，避免设置回头曲线。三、四级公路在自然展线无法争取需要的距离以克服高差，或因地形、地质条件所限不能采取自然展线而必须在同一山坡采取回头展线时，才采用回头曲线。回头曲线的前后线形应有连续性，两头宜布设过渡性曲线，此外还应设置限速标志，并采取保证通视良好的技术措施。

5.超高

汽车在弯道上行进时，由于受离心力的作用，汽车会向圆弧外侧推移。离心力的大小与行车速度的平方成正比，与平曲线的半径成反比。所以，车辆在较小半径的弯道上行驶时，车速越快，车身受离心力推向弯道外侧的危险就越大。为预防这种危险情况的发生，驾驶人必须小心谨慎，降低车速。因此，为抵消车辆在曲线路段上行驶时所产生的离心力，把弯道的外侧提高，将路面做成外侧高于内侧的单项横坡形式，称为曲线超高，如图5-14所示。道路的超高值规定为2%～6%。

在曲线部分，除曲率半径非常大和有特殊理由等情况外，都要根据道路的类别和所在地区的寒冷积雪程度，以及设计车速、曲率半径、地形情况等设置适当的超高。实际设计中还应考虑到驾驶人和乘客的心理反应。

6.加宽

汽车在曲线路段上行驶时，靠近曲线内侧后轮行驶的曲线半径最小，靠近曲线外侧的前轮行驶的曲线半径最大。为适应汽车在平曲线上行驶时后轮轨迹偏向曲线内侧的需要，平曲线内侧应相应增加的宽度称为曲线加宽，如图5-15所示。

一般情况下，当圆曲线的半径R小于等于250m时，应在曲线的内侧设置加宽。设加宽值为e，则内侧车道的加宽值一般为（1/2～2/3）e。加宽可以采用比例过渡、抛物线过渡和回旋线过渡的方式来处理，如图 5-16 所示，具体可分为不设缓和曲线和设置缓和曲线两种情况。根据不同的情况，采用合适的方式进行过渡，使其既符合汽车的行驶轨迹，保证行车的顺适与线形的美观，有利于车辆平顺行驶，又能改善路容。

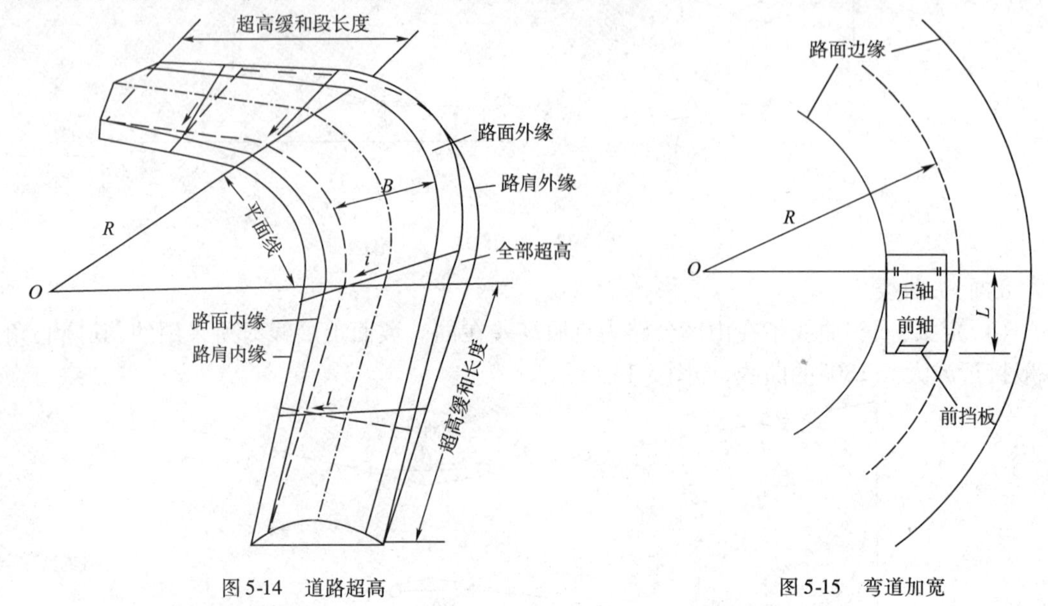

图 5-14　道路超高　　　　图 5-15　弯道加宽

二、道路纵断面线形

由于道路经过的地形是起伏不平的，纵断面线形反映了道路中线地面起伏和设计路线的坡度情况。纵断面线形要素主要包括表示道路前进方向上坡、下坡的纵向坡度和在两个坡段的转折处插入的两类竖曲线类型，纵断面线形要素构成如图 5-17 所示。

纵坡与竖曲线的设计，既要满足汽车行驶力学和安全的需要，又要满足人视觉上的舒适性，因此，纵断面线形的连续性非常重要。

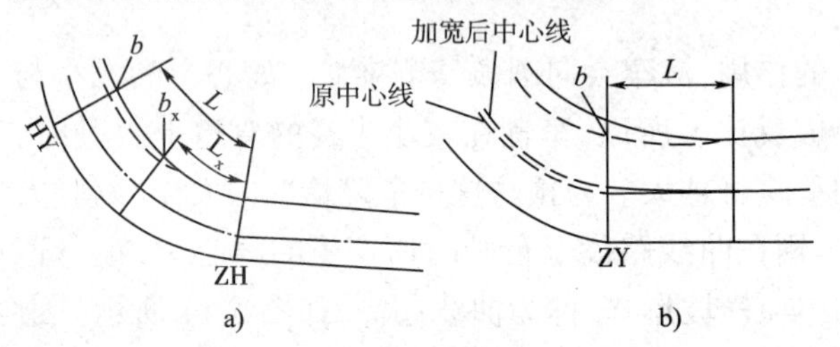

图 5-16　加宽的过渡

a）设缓和曲线的弯道比例过渡；b）不设缓和曲线的弯道比例过渡

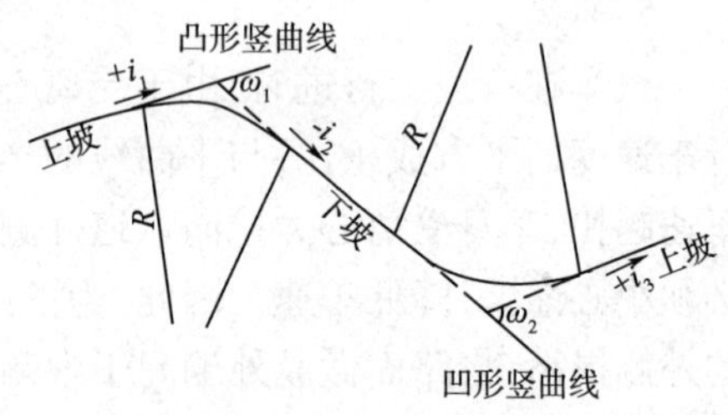

图 5-17　纵断面线形要素

$+i$-表示上坡；$-i$-表示下坡；ω-纵断面的变坡角；R-竖曲线半径

1. 最大纵坡和坡长

汽车的爬坡能力是限定纵坡大小的主要因素之一。由于各种汽车的构造、性能、功率不同，其爬坡能力也不一样，在陡坡上行驶，必然导致车速降低，纵坡大小对载重汽车的影响比小汽车显著得多。若陡坡太长，汽车在爬坡上行时会使水箱出现沸腾、汽阻，以致行车缓慢无力，机件磨损增大，甚至导致发动机熄火；或由于汽车轮胎与道路表面摩擦力不够而引起空转打滑，甚至有向后滑溜的危险。另外，汽车沿长陡坡下行时，由于需长时间减速、制动，也会造成制动器发热失效或烧坏，从而导致交通事故。因此，对于较大纵坡的坡度及坡长必须加以必要的限制和改造。

纵向坡度的标准值,要在经济容许的范围内,按尽可能较少地降低车辆速度的原则来确定。具体地说,纵向坡度的一般值,按小客车大致以平均行车速度可以爬坡,普通载货车大致按设计车速的1/2 速度能够爬坡的原则来确定。我国规定各级公路的最大纵坡见表 5-4。

最大纵坡 表 5-4

设计车速(km/h)	120	100	80	60	40	30	20
最大纵坡(%)	3	4	5	6	7	8	9

高速公路受地形条件或其他特殊情况限制时,经技术经济认证合理,最大纵坡可增加1%。

在翻山越岭连续上坡的路段,机动车在较长的坡道上行驶,发动机容易过热,引起故障。在连续下坡时,车速越来越快,存在不安全因素,特别是在雨天或有冰雪时,更有滑溜的危险。我国规定各级公路最大纵坡限制的坡长见表 5-5。

高速公路、一级公路当连续陡坡由几个不同坡度值的坡段组合而成时,应对纵坡长度受限制的路段采用平均坡度法进行验算。

各级公路纵坡最大坡长(m) 表 5-5

设计车速(km/h)		120	100	80	60	40	30	20
纵坡最大坡长	3	900	1000	1100	1200			
	4	700	800	900	1000	1100	1100	1200
	5		600	700	800	900	900	1000
	6			500	600	700	700	800
	7					500	500	600
	8					300	300	400
	9						200	300
	10							200

2. 竖曲线

车辆在纵坡发生转折的地方行驶时,为了缓和在转为凹曲线行驶时的冲击,或在凸曲线的地方要保证一定的视距,必须在两个坡段之间插入一段曲线,这种曲线称为竖曲线,通常采用二次抛物线。图 5-18 为竖曲线要素示意图。

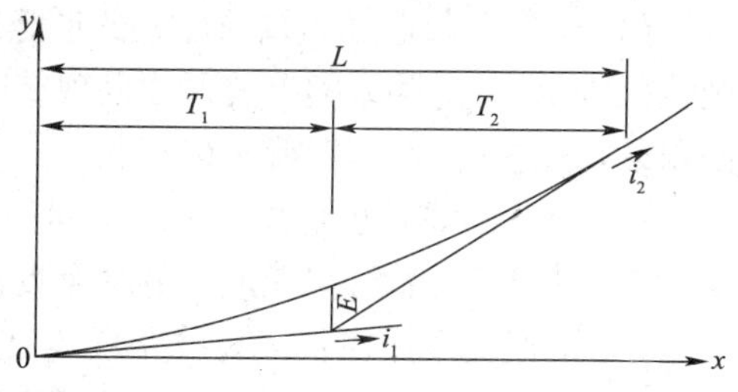

图 5-18 竖曲线要素

在图 5-18 中,L 为竖曲线长度,T 为竖曲线切线长度,E 为外距。严格地说,二次抛物线的曲率在曲线上各点不相同,但作为竖曲线应用的范围内其差别很小,所以实际应用中,不妨将其作为曲率一定的圆弧曲线。

我国公路标准规定竖曲线最小半径见表 5-6。

一般来说,凸形竖曲线路段的交通事故率要比水平路段高。竖曲线的频繁交换会影响行车视距,严重降低道路安全性能,尤其在凸形竖曲线路段,因视距受限大大增加交通事故率,如在凸形竖曲线后面存在一个急弯,由于凸形竖曲线遮挡视线,驾驶人往往来不及反应,

容易造成交通事故。

竖曲线最小半径 表5-6

设计车速(km/h)		120	100	80	60	40	30	20
凸形竖曲线半径(m)	一般值	17000	10000	4500	2000	700	400	200
	极限值	11000	6500	3000	1400	450	250	100
凹形竖曲线半径(m)	一般值	6000	4500	3000	1500	700	400	200
	极限值	4000	3000	2000	1000	450	250	100

在白天或夜晚照明充分的情况下,凹形竖曲线的视距并不是影响道路交通安全的关键因素,但是在夜晚没有照明的道路上,凹形竖曲线必须考虑视距问题,因为道路线形的水平曲率会使车头灯光不能沿路线线形的前进方向,仅能侧向照射路面,这种情况即使将凹形竖曲线展平也不会有明显改善。另外,凹形竖曲线上方的跨线结构物,往往会造成视距障碍,形成安全隐患。

另外,纵断面线形设计应在视觉上获得圆顺的效果。视觉上的缺陷会给驾驶人的心理或知觉反应带来不利影响。如果纵坡坡度差相差过大,竖曲线半径较小,容易造成驾驶人视觉上的中断而无法预见来车,进而引起驾驶人心理紧张,甚至危及行车安全,因此,在纵坡设计中应综合考虑平纵曲线,避免纵断面凹凸反复、波浪起伏、中间暗凹的不利线形。一般小半径竖曲线的始末点不应设置在桥梁、立交、隧道的起终点以及较大的平面交叉口上,以利于行车安全。

三、道路平、纵线形协调

道路线形是由直线和各种曲线连接而成的。在行车时,驾驶人需要观察了解前方的道路交通情况,以适应新的行车条件。由于驾驶人顺着直线或某种曲线扫视时,习惯于使视线平顺地向前,因此,为保证行车安全,道路几何线形的组合应该自然流畅。如果道路几何线形组合部分的尺寸变化过大,驾驶人就会在驾驶汽车过程中缺乏足够的思想准备,容易造成交通事故。我国《公路路线设计规范》(JTG D20)规定,设计速度大于或等于60km/h的公路线形设计,必须注重平、纵断面的合理组合,以及驾驶者对视觉和心理方面的要求。

线形连接与驾驶人行车心理、生理特征有密切关系。若行车速度变化幅度大,容易诱发交通事故。根据驾驶人行车特征,线形连接应协调以下几点:

(1)避免在凸形竖曲线顶部或凹形竖曲线底部设小半径平曲线起点。前者会使驾驶人视线失去引导,驾驶人爬上坡顶才发现转变,来不及采取措施;后者会造成视觉误差,形成不必要的加速行驶,对车辆行驶很不利。

(2)断背曲线。短直线介于两个同向曲线之间会形成“断背曲线”,在该路段上行驶时驾驶人容易产生错觉,把线形看成两个反向曲线,从而产生操作失误,甚至导致行车事故。

(3)应避免采用由很多短坡路段连在一起的线形。因为在这种线形的道路上行驶,驾驶人只能看见突出的部分,看不见凹下隐藏的地方,视线断断续续,行车不畅通,发生事故的可能性大。

(4)在一个平曲线内有几个变坡点,或一个竖曲线内有几个平曲线时,会使视线不平衡,驾驶人容易发生判断错误。

(5)在城市道路上,线形的连接和平竖曲线的组合问题并不突出,但对于郊区公路,尤其是山区公路有重要意义,必须对这类路段加以改造。对暂时不能改造的路段,应采取相应的交通管制措施，保证交通安全，防事故于未然。

道路线形协调问题，对道路交通安全和畅通影响较大。平纵线形协调的好坏对人心理有很大的影响，好的线形会给人连贯流畅之感，通过视觉刺激人体，给以新鲜感，减少驾驶人和乘客的疲劳，集中驾驶人的注意力，使人感到艺术与美的享受。平纵组合不当会使驾驶人总是处于精神高度紧张的应急状态，不利于安全和舒适行车。因此，要综合考虑驾驶人行车特性及环境与线形之间的关系，使道路线形能够顺畅、平缓，为车辆行驶创造良好的条件。

四、视距

车辆运行时，应使驾驶人能够清楚地看到前方一定距离的道路，以便当发现路上的障碍物或迎面来车时，能在一定车速下及时停止或避让，避免发生事故，这一段必须的行车最短距离称为行车视距。不良的视距是导致交通事故的一个因素，有足够的视距和清晰的视野，是保证车辆安全、快速的重要因素。

视距是道路几何设计的重要因素。行车视距分为道路平面上和纵断面上两种，如图5-19所示。在平曲线弯道内侧有挖方边坡、障碍物以及纵断面上凸形竖曲线处、路线交叉口附近、下穿式立体交叉的凹形竖曲线上，均有可能存在视距不良的可能。

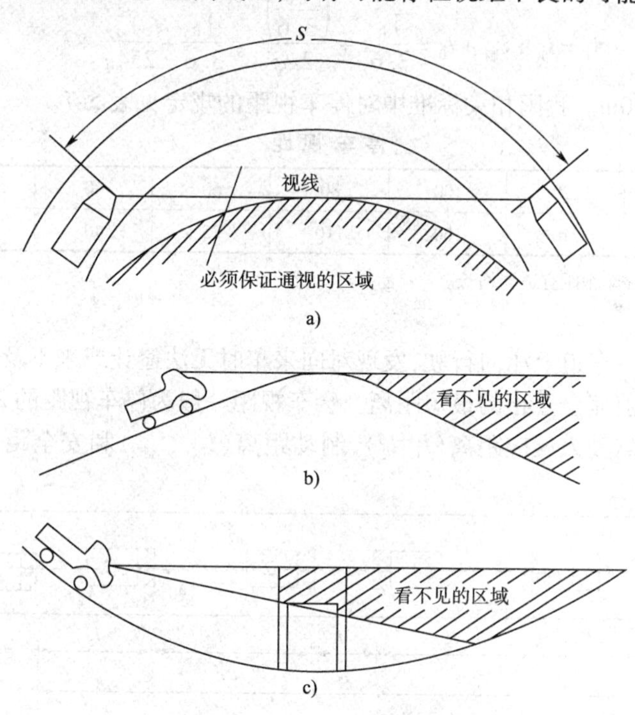

图5-19　影响行车视距的地点

a)平面视距；b)纵断面视距；c)桥下视距

道路平面上的视距可分为停车视距、会车视距、超车视距和错车视距。

1. 停车视距

停车视距是指驾驶人在离地面1.2m高处，看到前方路面上的障碍物开始制动至到达障碍物前完全停止所需的最短距离。一般在公路设计中，停车视距由三部分组成，即驾驶人在反应时间内行驶的距离 l_1、开始制动至停车的制动距离 $l_{制}$ 和安全距离 l_0，如图5-20所示。

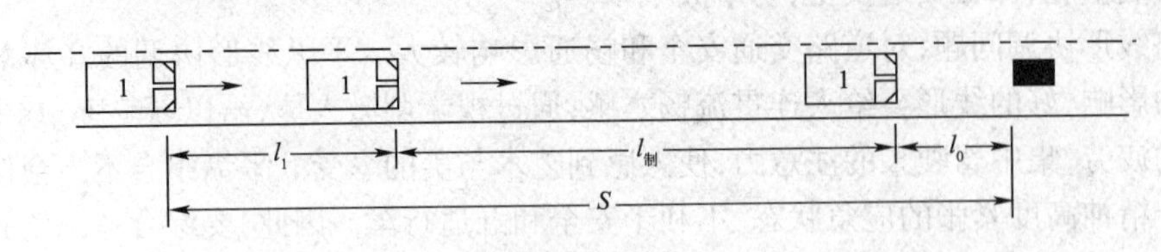

图5-20　停车视距

反应距离是当驾驶人员发现前方的阻碍物，经过判断决定采取制动措施的那一瞬间到制动器真正开始起作用的那一瞬间汽车所行驶的距离。在这段时间过程中，也可分为“感觉时间”和“反应时间”来分析并可用实验测定。感觉时间在很大程度上取决于物体的外形、颜色、驾驶人的视力和机敏度以及大气的可见度等。在高速行车时的感觉时间要比低速时短一些，这是由于高速行驶时警惕性会更高的缘故。根据测定的资料，公路设计上采用感觉时间为1.5s，制动反应时间取1.0s是较适当的。感觉和制动反应的总时间一般在公路设计中取 $t=2.5$s。

设 V_0(km/h)为汽车的行驶速度，车轮在道路上的附着系数为 φ，则停车视距为：

$$S_T = l_1 + l_{制} + l_0 = \frac{V_0}{3.6}t + \frac{\left(\frac{V_0}{3.6}\right)^2}{2g\varphi} = \frac{V_0}{3.6} + \frac{V_0^2}{254\varphi} + l_0 \tag{5-4}$$

式中，l_0一般取5～10m。我国相关标准中对停车视距的规定见表5-7。

停车视距　　表5-7

设计车速(km/h)	120	100	80	60	40	30	20
停车视距(m)	210	160	110	75	40	30	20

注：积雪冰冻路段的停车视距宜适当增长。

2. 会车视距

两辆汽车在同一车道上相向行驶，发现对向来车时无法避让或来不及错车，则只能采取制动使车辆在碰撞前完全停止的最短距离。会车视距一般为停车视距的2倍。会车视距由两相向行驶车辆的驾驶人反应距离(l_1、l_2)、制动距离($l_{制1}$、$l_{制2}$)和安全距离(l_0)组成，如图5-21所示。

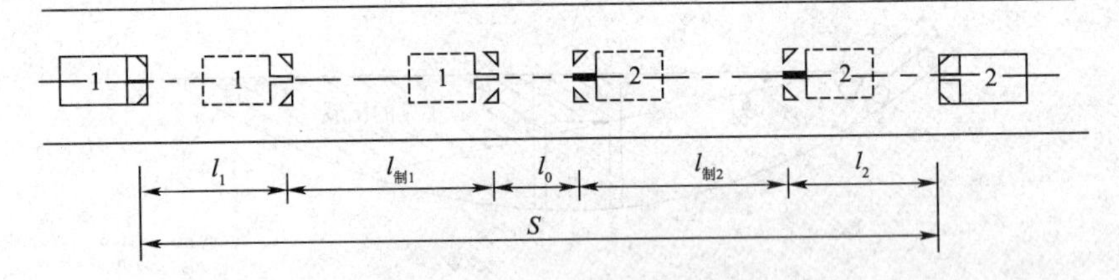

图5-21　会车视距

3. 超车视距

汽车越线到相邻车道超车时，驾驶人在开始离开原行车路线能看到相邻车道上对向驶来的汽车，以便在碰到对向驶来车辆之前能超越前车，并驶回原来车道所需的最短距离，称为超车视距，如图5-22所示。

超车视距由4个阶段组成，即后车加速进入对向车道的行驶距离 S_1；后车进入对向车道进行超车至超过前车又回到原车道上行驶的距离 S_2；超车完成后与对向来车的距离 S_3，一般取30～100m；在超车过程中对向来车行驶的距离 S_4。

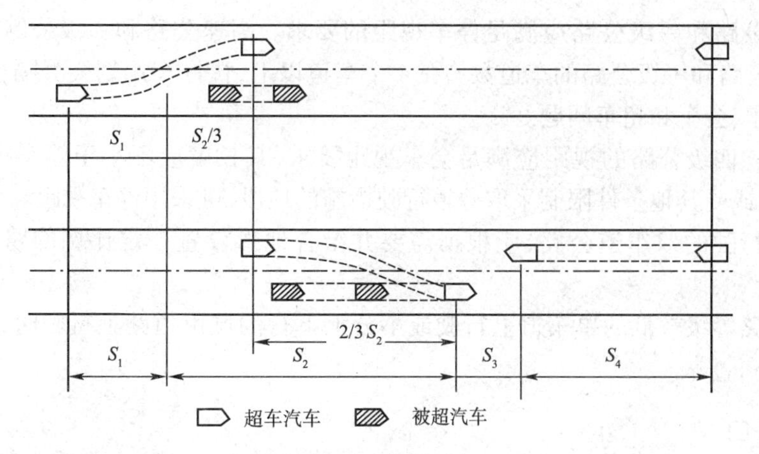

图 5-22　超车视距

以上 4 个距离之和是比较理想的全超车过程,但距离较长,在地形比较复杂的地点很难实现。实际上所需的时间只考虑超车的汽车从完全进入对向车道,到超车完了所行驶的时间就可保证安全了。因为,尾随在慢车后面的快车驾驶人往往在未看到前面的安全区段就开始了超车操作,如果进入对向车道之后,发现迎面有汽车开来而超车距离不足时还来得及返回自己的车道。因此,对向汽车行驶时间大致为 t_2 的 2/3 就足够了。超车视距的规定见表 5-8。

超 车 视 距　　表 5-8

超车汽车及对向汽车速度(km/h)	80	60	40	30	20
被超汽车速度(km/h)	60	45	30	20	15
全超车视距($S_1+S_2+S_3+S_4$)(m)	550	350	200	150	100
最小超车视距($2S_2/3+S_3+S_4$)(m)	350	250	150	110	70

4. 错车视距

汽车在行驶中同迎面车辆在同一条车道上行驶,而从来车左(右)边绕至另一车道并与对面来车平面上保持安全距离时,两车所行驶的最短距离,称为错车视距。如图 5-23 所示。错车视距包括第一辆车的反应距离(l_1)及让车绕行距离(l_2)、第二辆车在此时间内行驶的距离(l_3、l_4)和安全距离(l_0)。

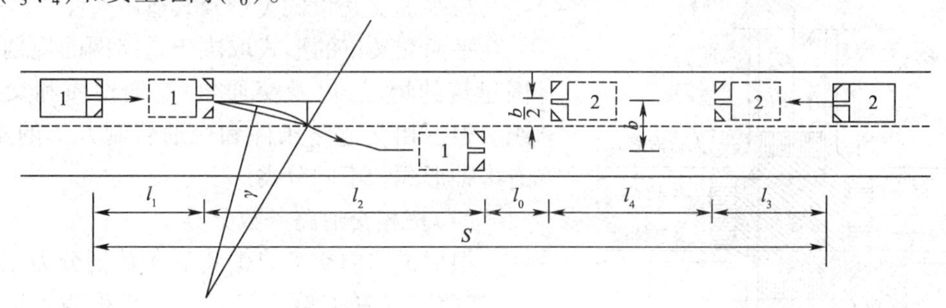

图 5-23　错车视距

5. 各级公路对视距的要求

在一条公路的车流中,经常会出现停车、会车和超车,特别是我国以混合交通为主的双车道公路上更是如此。在各种视距中,以超车视距为最长,如果所有暗弯和凸形变坡处都能保证超车视距的要求当然最好,但事实上是很难做到的,也是不经济的,故对于不同的公路按其实际需要作了不同的规定。

(1)高速公路和一级公路应满足停车视距的要求。高速公路和一级公路有中央分隔带,并且高速公路和一级公路的车道数均在 4 个车道以上,快慢车用划线分隔行驶,各行其道,不存在错车、会车和超车问题。

(2)二、三、四级公路的视距应满足会车视距要求,其长度应不小于停车视距的 2 倍。工程特殊困难或受其他条件限制采取分道行驶措施的地段,可采用停车视距。

(3)对向行驶的双车道公路,应根据需要并结合地形设置一定比例的路段保证超车视距。

(4)在公路等级较低的单车道上行驶或不分上下行的城市道路上行驶时,应满足错车视距。

五、交叉口

交叉口是道路网络中道路与道路、道路与铁路或道路与其他交通设施的交叉点,交叉路口和路段是道路的两个重要组成部分。由于相交道路上的各种车辆和行人均需汇集于交叉口后才能转向其他的道路,这时车辆和车辆之间、车辆和横过道路的行人之间相互干扰,降低行车速度,造成交通阻滞,容易产生交通事故。

1. 平面交叉口

在平面交叉口处,由于多个方向的交通流汇入,致使交通量大幅度增加,而且各方向行驶的车辆存在许多可能导致事故发生的潜在冲突点,在平面交叉口处,观察相交道路时,视线因建筑物遮挡等原因而受到影响,形成视线盲区;同样,相交道路上的车辆视线也受到阻碍,因此行车视距较低,这些原因都可能导致道路交通事故的增加。

1)平面交叉口的组成

如图 5-24 所示,平面交叉的基本组成包括:

(1)交叉口:相交道路的共同部分,一般为转角缘石切点以内部分。

(2)交叉连接段:与交叉口紧连的出入口道路。

(3)附加车道:为提高交叉口通行能力,改善其使用功能,在交叉口入口处增设的车道。

(4)交通岛、导流路。

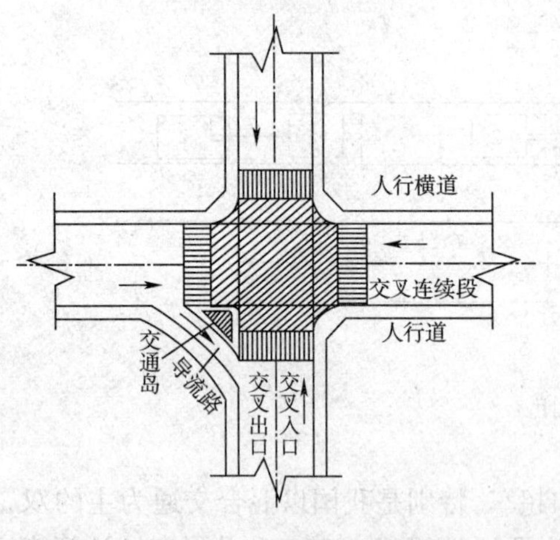

图 5-24 平面交叉的组成

2)平面交叉口的类型及其适用条件

平面交叉口的形式取决于道路网的规划和周围建筑的情况,以及交通量、交通性质和交通组织。根据相交道路条件和交通管制方式的不同,有多种形式和不同分类。

(1)按相交道路条数分类。

根据道路向交叉口汇集的条数划分为三路交叉、四路交叉和五路交叉等。一般称四条道路以上相交的交叉口为多路交叉,在设计和规划中应力求减少相交道路的条数,尽量避免五条或五条以上道路相交。

(2)按交叉口几何形状分类。

根据交叉口的几何形状,常见的形式有“十”字形、“T”字形及其演变而来的 X 形、Y 形、错位交叉和环形交叉等。

(3)按渠化交通的程度及类型分类。

①加铺转角式:交叉口用适当半径的圆曲线平顺连接相交道路,如图5-25所示。

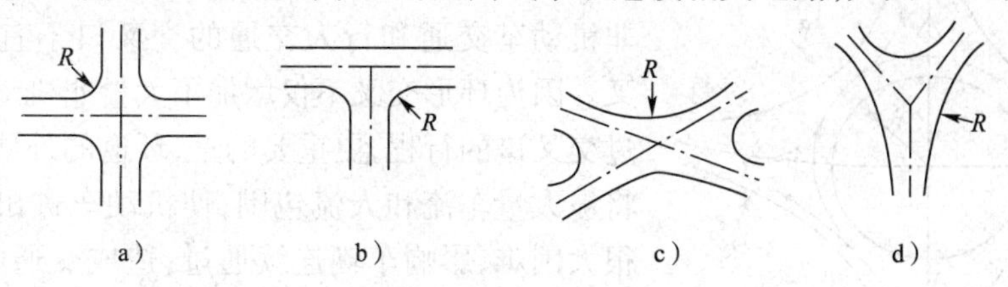

图5-25 加铺转角式交叉口

a)十字形;b)T形;c)X形;d)Y形

此类交叉口形式简单,占地少,造价低,设计方便,但行车速度低,通行能力小。适用于交通量小,车速低,转弯车辆少的三级、四级公路或地方道路,如果斜交不大时,也可用于转弯交通量较小的主要道路与次要道路交叉。

②扩宽路口式:为使转弯车辆不影响其他车辆的正常行驶,在交叉口连接部增设变速车道和转弯车道的平面交叉。

这种交叉可以单增右转或左转车道,也可以同时增设左、右转弯车道,如图5-26所示。此类交叉口可减少转弯交通对直行交通的干扰,车速较高,事故率低,通行能力大,但占地多,投资较大。适用于交通量较大、转弯车辆较多的二级公路和城市主干路。

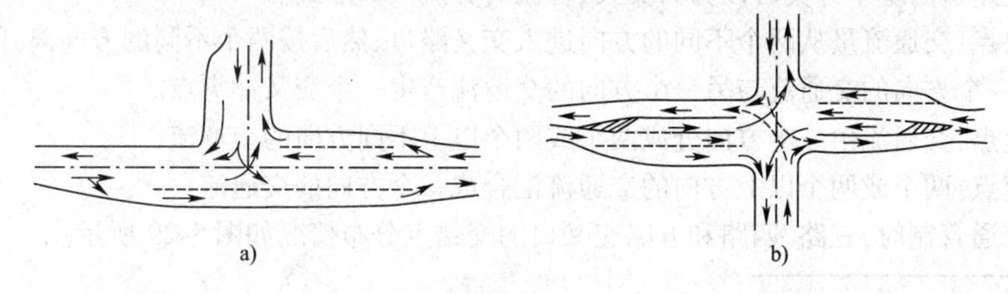

图5-26 扩宽路口式交叉口

③分道转弯式:通过设置分隔岛、导流岛、划分车道等措施,使单向右转或双向左、右转车流以较大半径分道行驶的平面交叉,如图5-27所示。

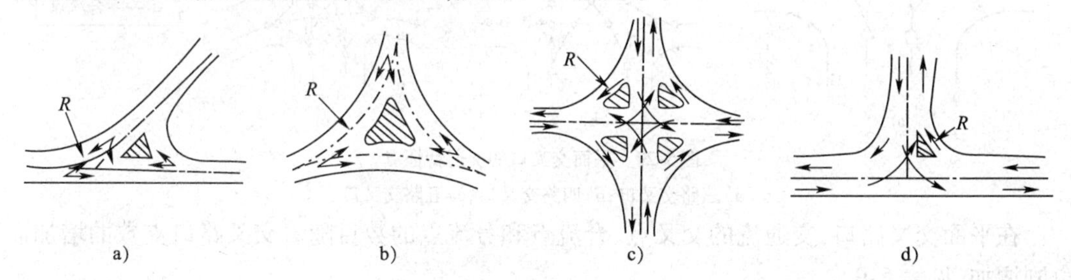

图5-27 分道转弯式交叉口

此类交叉口转弯车辆,尤其是右转弯车辆行驶速度和通行能力都较高。适用于车速较高,转弯车辆较多的一般道路。

④环形交叉:环形交叉中央设置中心岛,用环道组织渠化交通,使进入环道的所有车辆都按逆时针方向绕岛单向行驶,直至所要去的路口离岛驶出的平面交叉,俗称转盘。

环形交叉适用于交通量适中,转弯车辆较多且地形较平坦时的3~5路交叉。环形交叉的主要优点是驶入交叉口的各种车辆,按照逆时针方向环绕中心岛单向行驶,可连续不断地通行,避免了周期性的交叉阻滞。图5-28为环形交叉口示意图。

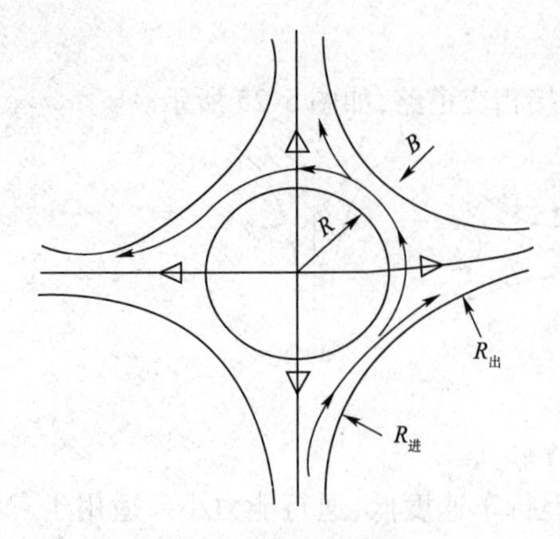

图5-28　环形交叉口

环形交叉路口对左转弯车辆不利，由于受环道上交织能力的限制，其通行能力不高。特别是具有大量非机动车交通和行人交通的交叉口不宜采用环形交叉。因为环形交叉不仅增加了大量非机动车和行人通过交叉口的行程，更重要的是，环道的外侧和进出口处将被大量车流和人流包围，使机动车进出环岛时遇到很大困难，影响车辆连续通过，造成交通阻塞，甚至发生交通事故。

(4)按交通控制方式分类。

①无信号控制交叉：又分为主路优先交叉和无优先交叉两类。当主次道路相交时，次要道路在交叉口入口处设置"让"或"停"交通标志；当相同等级的道路相交时，也可在各路口均设置"让"或"停"交通标志。

②有信号控制交叉：一般当交叉口相交道路等级较高或交通量较大时，设置交通信号指挥车辆通过。

3)平交路口的交通冲突

平交路口的基本冲突可以分为交叉、合流与分流三种形式。

冲突点：交通流量从两个不同的方向进入交叉路口，然后按两个不同的方向离开交叉路口，这时一个方向的交通流与另一个方向的交通流产生一个交叉冲突点。

分流点：交通流由一个方向分成两个或两个以上不同方向的交通流。

合流点：两个或两个以上方向的交通流汇合成一个方向的交通流。

无交通管制时，三路、四路和五路交叉口的交错点分布情况如图5-29所示。

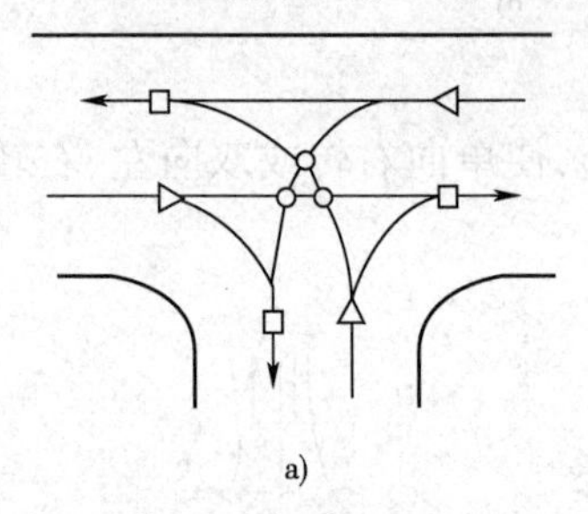

a)

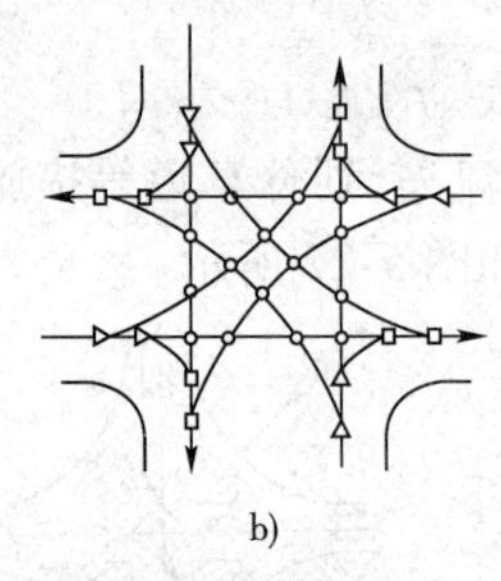

b)

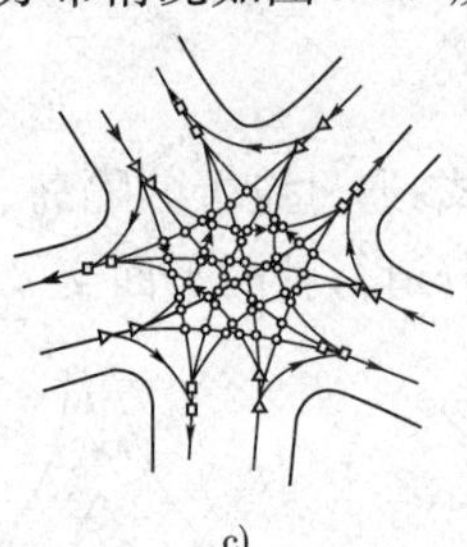

c)

图5-29　平面交叉口的交通特征点

a)三路交叉口；b)四路交叉口；c)五路交叉口

在平面交叉路口，交通流的交叉点、合流点和分流点的数目随着交叉路口支数的增加而急剧增加，见表5-9。

平面交叉口交错点数量　　表5-9

交叉口类型	交错点数量(个)			
	冲突点	分流点	合流点	总数
三路交叉口	3	3	3	9
四路交叉口	16	8	8	32
五路交叉口	49	15	15	79
六路交叉口	124	24	24	172

在表 5-9 中仅考虑了机动车交通流的交叉、合流与分流，未考虑非机动车与非机动车、非机动车与机动车以及非机动车与行人、机动车与行人的交叉、合流与分流。如考虑后者，则冲突点增多的幅度更大。

冲突车辆交通流的相对速度是引起冲突的主要因素。两个同方向、同速度的车辆，在交通流中发生冲突的可能性最小；两个反方向的车辆，在交通流中发生冲突的可能性最大。

4）交叉口的视距

为了保证交叉口上行车安全，驾驶人在进入交叉口前的一段距离内，应能看到相交道路上车辆的行驶情况，以便能及时采取措施顺利驶过交叉口或安全停车。这段必要的距离应该大于或等于停车视距 $S_{停}$。由相交道路上的停车视距所构成的三角形称为视距三角形。我国《城市道路设计规范》规定，平面交叉口视距三角形范围内妨碍驾驶人视线的障碍物应清除，如图 5-30 所示阴影部分。此时要移除影响视距的各种因素，包括树木、广告牌、交通标志灯，对于不断生长的树木等植物要及时定期清理，保证视距三角形。

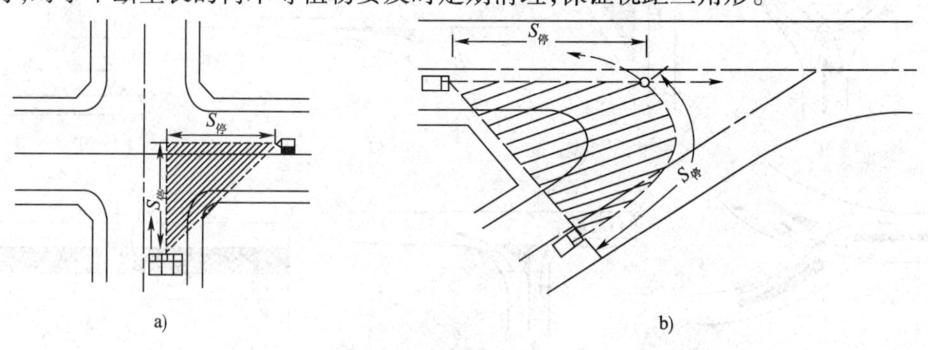

图 5-30　视距三角形

a）十字形路口；b）Y 形交叉口

另外对于城郊公路，其两侧存在多个低等级道路（农耕道路）的接入口，由于农耕道路上的机动车和非机动车等交通行为不规范，极易与城郊公路上的车辆发生冲突，因此，该交叉口也常是交通事故的多发点，各类车辆行驶到此处时，一定要注意观察。

对于此类交叉口，也要注意接入口的视距不良问题。同时，由于该交叉口处相交的低等级道路纵坡较大，为了保证交通安全，一般建议在临近交叉口的低等级道路设置变坡段（L_{bp}），变坡段长度一般为 6～8m，该段纵坡设置为 0～3%。如图 5-31 所示。

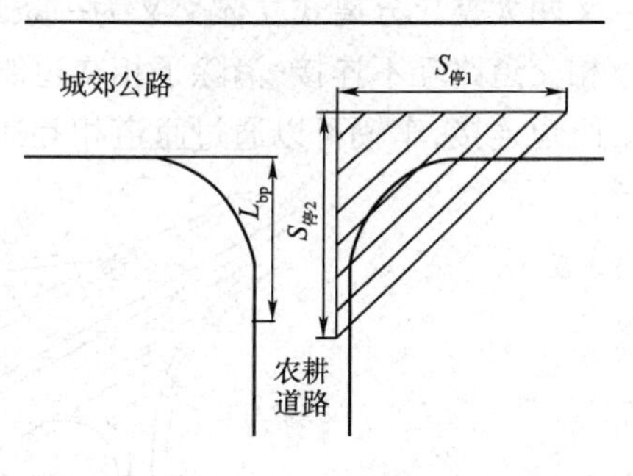

图 5-31　城郊公路与低等级道路交叉

5）交叉口的渠化

通过在车道上划线，或用绿化带和交通岛来分隔车流以及行人和非机动车，使各种不同类型和不同速度的车辆沿规定的方向互不干扰地行驶，这种交通组织称为渠化交通。

渠化交通在一定条件下可以有效地提高道路通行能力，减少交通事故。它对解决畸形交叉口的交通问题尤为有效。在具体进行交叉口渠化时应注意：

（1）应尽量减少交叉口车辆可能产生冲突的路面面积，如图 5-32a）所示。

（2）加大交通流的交叉角，越接近直角越有利，如图 5-32b）所示。

（3）减小车流的分合流角度，一般控制在 10°～15°，如图 5-32c）所示。

(4)应有利于车流进入交叉口时减速、驶出时加速,如图5-32d)所示。

(5)当交叉位于曲线时,渠化交通应能促使次要道路进入交叉时减速缓行,如图5-32e)所示。

(6)渠化交通用的交通岛的位置及形状应能配合交通组织、指示或强制车辆按正确路径行驶,而不致误入禁行方向,如图5-32f)所示。

(7)应有利于车辆及行人横穿对方交通流的安全如图5-32g)所示。在交通量较大,车速较高的交叉口利用交通岛组织渠化交通时,还需考虑设置变速车道和候驶车道,以利左转弯车辆转向行驶和变速行驶的需要。

(8)交通岛的布设,除满足交通需求外,还应为交通设施安放提供空间。

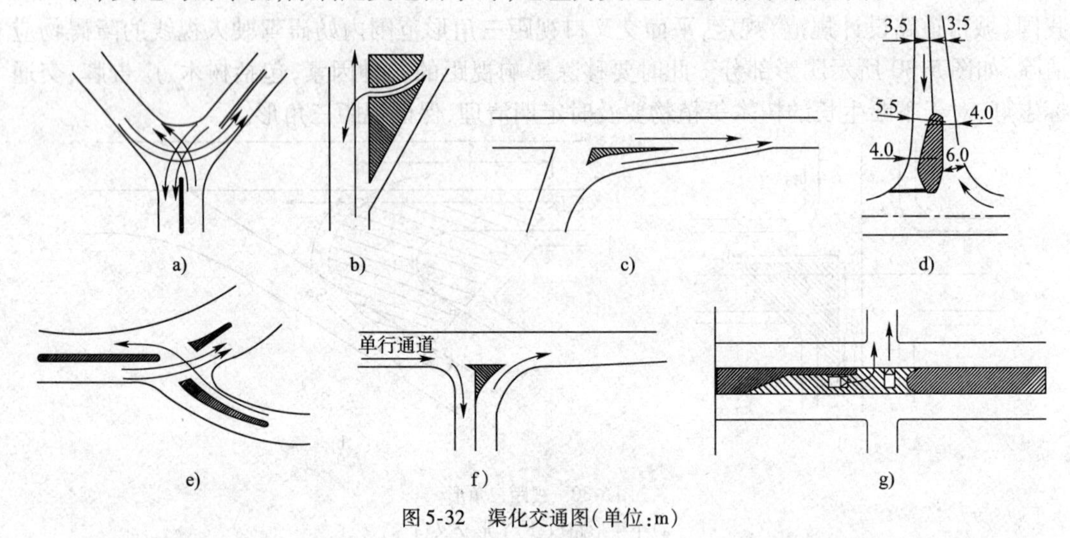

图5-32 渠化交通图(单位:m)

2. 立体交叉口

立体交叉是两条道路在不同平面上的交叉。通过空间分离使两条道路交通互不干扰,各自保持原有的行车速度通过交叉口。

立体交叉按交通方式和交叉口道路的相互关系,分为分离式立体交叉和互通式立体交叉两大类。分离式立体交叉为一条道路直接跨越(或穿越)另一条道路所形成的立体交叉,相交道路互不连接,消除了相交道路间车辆的冲突和交织;互通式立体交叉则将相交道路用匝道连接,车辆可以通过匝道相互通行。典型互通式立体交叉组成如图5-33所示。

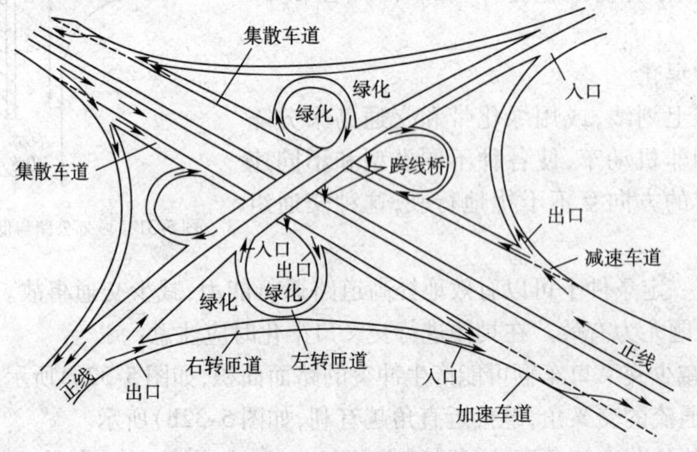

图5-33 立体交叉的组成

1)跨线构造物

跨线构造物是实现车流空间分离的主体构造物,包括设于地面以上的跨线桥(上跨式)以及设于地面以下的地道(下穿式)。

2)正线

它是组成立交的主体,指相交道路的直行车行道,主要包括连接跨线构造物两端到地坪高程的引道和交叉范围内引道以外的直行路段。

3)匝道

是立交的重要组成部分,是指供上、下相交道路转弯车辆行驶的连接道,有时包括匝道与正线以及匝道与匝道之间的跨线桥或地道。

4)出口与入口

由正线驶出进入匝道的道口为出口,由匝道驶入正线的道口为入口。

5)变速车道

为适应车辆变速行驶的需要,而在正线右侧的出入口附近设置的附加车道称为变速车道。正线出口端为减速车道,正线入口端为加速车道。

6)集散车道

集散车道是与高速干道平行且与之分隔的单向辅助性干道。

尽管设置立体交叉的目的是尽可能提高交通安全及各交通流的运行效率,但是立交范围内出现的关于驾驶人、车辆、道路、交通和环境条件的任何突变都会造成安全隐患。使道路上原本未经干扰的交通流在立交范围内产生突变的原因有:驾驶人需要进行必要的决策、车辆组成发生变化、道路几何线形变化、车速变化以及行驶条件和环境的变化。表5-10示出了某高速公路立体交叉各组成部分、收费站及连接道路上的交通事故的分布情况。

某高速公路立体交叉各组成部分上的事故分布 表5-10

组成部分	驶出匝道			驶入匝道			加减速车道	驶出匝道与干道分叉口	其他
	左转匝道	右转匝道	合计	左转匝道	右转匝道	合计			
事故次数	23	20	43	4	2	6	42	27	3
占总数百分比(%)	17.6	15.2	32.8	3.1	1.5	4.6	32.1	28.2	2.3

由表5-10可以看出,驶出匝道的事故明显多于驶入匝道,其主要原因是进入匝道前后车速不同所致。对驶出匝道而言,事故多发原因多数是由于在减速车道上没有充分减速,因车速高于匝道的限制车速,而在离心力的作用下发生翻车事故。图5-34示出了该高速公路上立体交叉各组成部分、收费站及连接道路上的交通事故的事故形态分布特点。

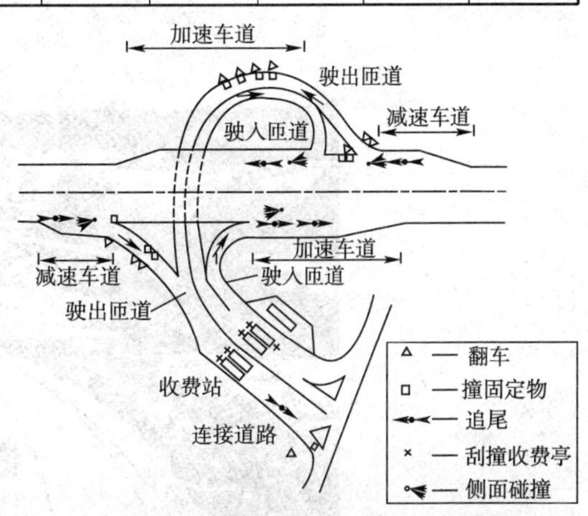

图5-34 某高速公路立体交叉、收费站及连接道路事故形态分布

立体交叉发生交通事故的可能性与匝道的交通量及其主线交通量之比有密切关系。发生在匝道上的交通事故主要有:追尾碰撞、擦边碰撞、碰撞固定物体、失控、倾斜和碰撞行人,其中82%的交通事故为追尾碰撞。我

国各城市平面交叉口超负荷现象日趋严重,有的路口高峰时堵塞时间长达半小时,排队长度可达1km,时间与经济损失较大,近年各大城市修建了各类型的立交,对缓解交通拥塞与减少交通肇事起了良好的作用,但尚未满足经济与交通发展的需要。

第三节　道路结构物与交通安全

一、横断面

道路的横断面是指沿道路宽度方向,垂直于道路中心线的断面。公路横断面一般包括行车道、路肩、分隔带、路缘带等;城市道路横断面的组成包括道路建筑红线范围内的各种人工结构物,如机动车道、非机动车道、人行道、分隔带和绿化带等。道路横断面的有效设置,对于满足交通需要,保证交通运输的通畅和安全具有十分重要的意义。

1.道路横断面形式

1)公路横断面形式

公路横断面分为单幅双车道和双幅多车道两种类型。

(1)单幅双车道。

单幅双车道公路是指整体式的供双向行车的双车道公路。这类公路在我国里程中占有比重最大,二级、三级和一部分四级公路均属这一类。在这种公路上行车,只要各行其道、视距良好,车速一般都不会受影响。但当交通量很大,非机动车混入率高、视距条件又差时,其车速和通行能力则大大降低。所以对混合行驶相互干扰较大的路段,可专设非机动车道和人行道,将汽车和其他车辆分开。

(2)双幅多车道。

对于四车道、六车道和更多车道的公路,中间一般都设分隔带或做成分离式路基而构成"双幅"路,前者是用分隔带将上、下行车辆分开,后者是将上下行车道放在不同的平面上加以分隔。有些分离式路基为了利用地形或处于风景区等原因,可做成两条独立的单向双车道的道路,如图5-35所示。

图5-35　两条独立的单向行车的道路

双幅多车道公路的设计车速高、通行能力大，每条车道能担负的交通量比一条双车道公路的还多，而且行车舒适、事故率低。我国的高速公路和一级公路即属此种类型。高速公路和一级公路的主要差别在于是否全立交和全封闭，以及各种服务设施、安全设施、环境美化等方面的完备程度。图 5-36 为公路典型横断面布置图。

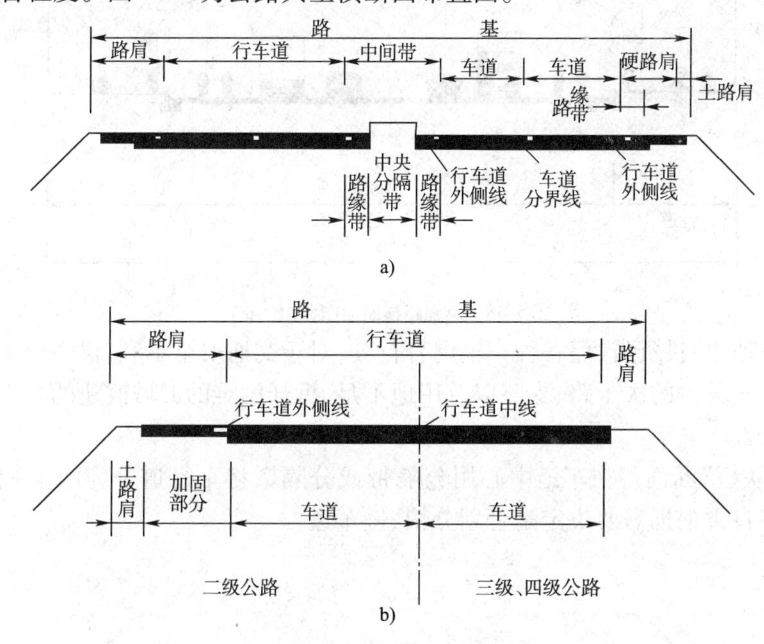

图 5-36 公路横断面布置图

a）高速、一级公路横断面组成；b）二级、三级、四级公路横断面组成

（3）单车道。

对交通量小、地形复杂、工程艰巨的山区公路或地方性道路，可采用单车道，我国相关标准中的山区四级公路路基宽度为 4.50m，路面宽度为 3.50m 者就属于此类。此类公路虽然交通量很小，但仍然会出现错车和超车。为此，应在不大于 300m 的距离内选择有利地点设置错车道，使驾驶人能够看到相邻两错车道驶来的车辆。错车道处的路基宽度≥6.5m，有效长度≥20m，错车道的尺寸规定一般如图 5-37 所示。

2）城市道路横断面形式

城市道路的交通性质和组成比较复杂，尤其表现在行人和各种非机动车较多，各种交通工具和行人的交通问题都需要在横断面设置中综合考虑予以解决。

城市道路横断面常见的形式有单幅路、双幅路、三幅路和四幅路等，城市道路横断面形式如图 5-38 ~图 5-41 所示。

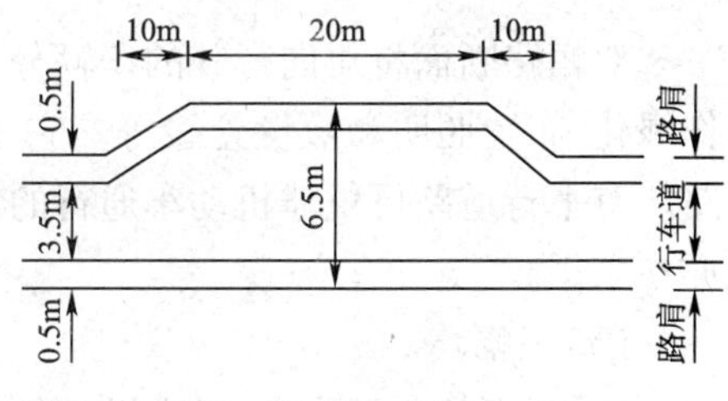

图 5-37 错车道布置

（1）单幅路。

俗称“一块板”断面，各种车辆在车道上混合行驶。在交通组织上可以有两种方式：一是划出快、慢车行驶分车线，快车和机动车辆在中间行驶，慢车和非机动车靠两侧行驶；二是不划分车道线，车道的使用可以在不影响安全的条件下予以调整。如只允许机动车辆沿同一方向行驶的“单行道”；限制载重汽车和非机动车行驶，只允许小客车和公共汽车通行的

街道;限制各种机动车辆、只允许行人通行的“步行道”等。上述措施可以是相对不变的,也可以是按规定的周期进行变换。

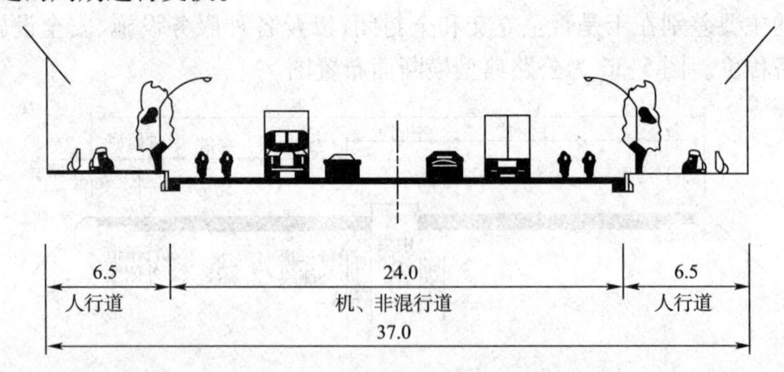

图 5-38 单幅路横断面图(单位:m)

单幅路占地少,投资省,但各种车辆混合行驶,对于交通安全不利,仅适用于机动车交通量不大非机动车较少的次干路、支路以及用地不足、拆迁困难的旧城改建的城市道路。

(2)双幅路。

俗称“两块板”断面。在车道中心用分隔带或分隔墩将车行道分为两半,上、下行车辆分向行驶。各自再根据需要决定是否划分快、慢车道。

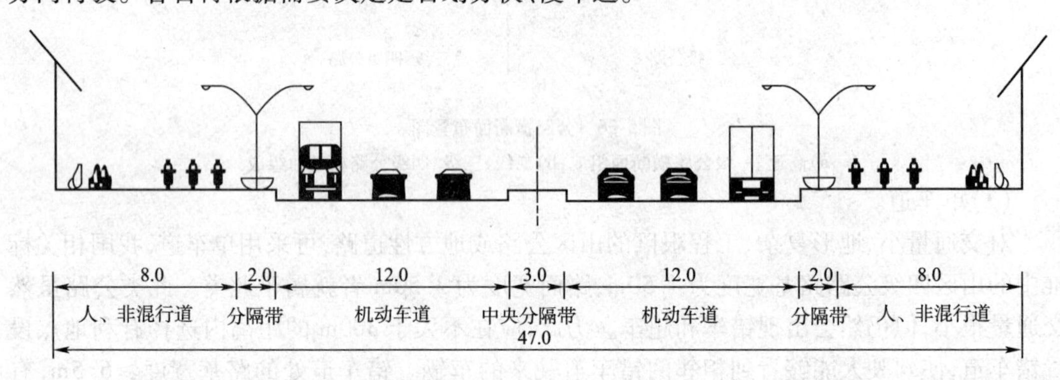

图 5-39 双幅路横断面图(单位:m)

双幅路断面将对向行驶的车辆分开,减少了行车干扰,提高了车速,分隔带上还可以用作绿化、布置照明和敷设管线等。它主要用于各向两条机动车道以上,非机动车较少的道路。有平行道路可供非机动车通行的快速路和郊区道路以及横向高差大或地形特殊的路段亦在采用。

(3)三幅路。

俗称“三块板”断面。中间为双向行驶的机动车车道,两侧为靠右侧行驶的非机动车车道。

三幅路将机动车与非机动车分开,对交通安全有利;在分隔带上布置绿化带,有利于夏天遮阴防晒,减少噪音和布置照明等。对于机动车交通量大、非机动车多的城市道路上一般优先考虑采用。但三幅式断面占地较多,一般只有当红线宽度等于或大于40m时才能满足车道布置的要求。

(4)四幅路。

俗称“四块板”断面,在三幅路的基础上,再将中间机动车车道分隔为二,分向行驶。

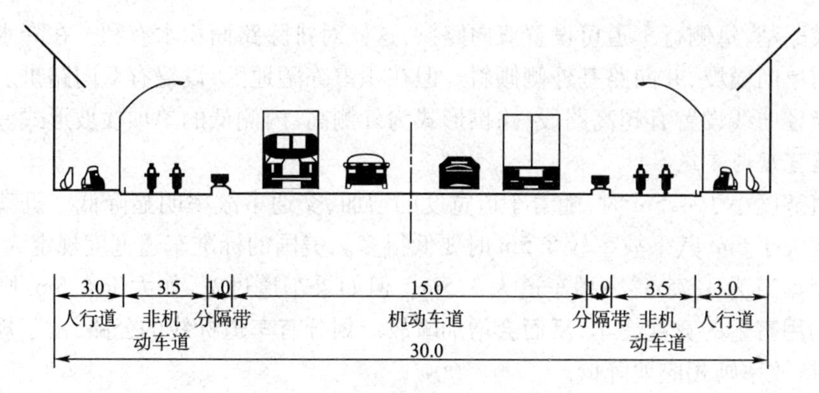

图 5-40　三幅路横断面图(单位:m)

四幅路不但将机动车和非机动车分开,还将对向行驶的机动车分开,从安全和车速方面比较,其比三幅路更为有利。设置于机动车辆车速较高,各向两条机动车道以上,非机动车多的快速路与主干路。

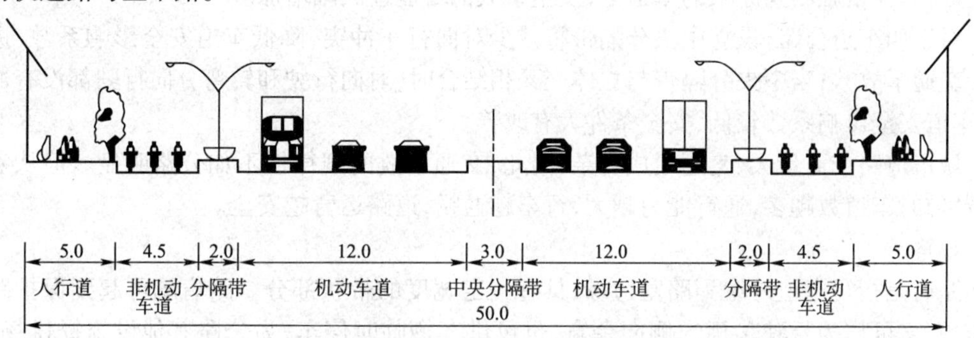

图 5-41　四幅路横断面图(单位:m)

2. 路拱

为了利于路面横向排水,将路面做成由中央向两侧倾斜的拱形称为路拱。路拱对排水有利但对行车不利。路拱坡度所产生的水平分力增加上了行车的不平稳性,同时也给乘客以不舒适的感觉。当车辆在有水或者潮湿的路面上制动时还会增加侧向滑移的危险。对于不同类型的路面,由于其表面的平整度和透水性不同,再考虑当地的自然条件,选用不同的路拱坡度,见表 5-11 规定的数值。

路拱横坡度　　表 5-11

路面类型	路拱横坡度(%)
水泥混凝土路面、沥青混凝土路面	1.0~2.0
其他黑色路面、整齐石块	1.5~2.5
半整齐石块、不整齐石块	2.0~3.0
碎、砾石等粒料路面	2.5~3.5
低级路面	3.0~4.0

高速公路和一级公路由于其路面较宽,迅速排除路面降水尤为重要,所以当此种公路处于降雨强度较大的地区时应采用高值,在强降雨地区,路拱坡度一般较大;而干旱、积雪、浮冰的地方,路拱坡度较小;纵坡大、路面宽、车速高、交通量大、拖挂车多时一般设计采用低值。

分离式路基，每侧行车道可设置双向路拱，这样对排除路面积水有利。在降水量不大的地区也采用单向横坡，并向路基外侧倾斜。但在积雪冻融地区，设置有双向路拱。

在小半径曲线设置有超高路段，路拱形式为外侧高、内侧低的单项横坡形式。

3. 车道宽度与车道数

当车道宽度小于4.5m时，随着车道宽度的增加，交通事故率明显降低。机动车双车道路面若宽度大于6m，其事故率较5.5m时要低得多。美国的标准车道宽度规定为3.65m，我国规定大型车道为3.75m，小型车道为3.5m。但如果车道过宽，如大于4.5m，则由于有些车辆试图利用富余的宽度超车，反而会增加事故。划分有车道标线的公路，由于规定车辆各行其道，其事故率则相应地降低。

一般情况下，事故率随车道数的增加而降低。但是，三车道公路对行车安全最不利，当交通量相对较小时，发生事故的可能性还不算太高；而当交通量增加时，交通事故相对数也会随着交通量的增加而迅速提高。因为此时车辆往往冒险利用中间车道实现超车，一旦超车失败，车辆很难回到原来的车道上，发生事故的可能性大幅增加。

对于四车道公路，设立中央分隔带将减少对向行车冲突，降低车道安全影响系数，进而减少交通事故数；当中央分隔带与立体交叉相结合时，对向行驶和转弯分向行驶都没有冲突点，车道安全影响系数较低，安全条件大有改善。

城市道路交通量大，交通组成复杂，因此，交通事故的规律性不如公路明显。但从宏观分析可知，车道数越多，通行能力越大，行车越通畅，道路运营越安全。

4. 路肩

路肩是指行车道外缘到路基边缘，具有一定宽度的带状部分。路肩既可起到保护路面的作用，又可作为行驶车辆的侧向余宽，也可供车辆临时停车，为公路其他设施提供场地。在我国混合交通条件下，路肩还可供行人、自行车、助力车等通行使用。

路肩通常包括硬路肩、土路肩。硬路肩是指进行了铺装的路肩，常用于高速公路和一级公路，硬路肩宽度一般为2.50m、3.00m或3.50m。土路肩是指不加铺装的路肩，宽度一般为0.5m、0.75m，四级公路双车道土路肩宽度采用0.25m。

一般来说，交通事故率随路肩的宽度增加而减少。我国是混合交通最严重的国家之一，目前规范规定的二级公路路肩宽度，尽管满足汽车行驶的要求，但对于通过城镇路段，路肩宽度还应留足非机动车行驶宽度的要求。

另外，在路侧种植的树木、设置公共设施标杆和交通标志等情况后，一定要保证路肩规定的宽度，而且在临水、临崖路段，在路肩外侧应设置安全护栏，以保证交通安全。

5. 分隔带

分隔带是在道路行车上纵向分离不同类型、不同车速或不同行驶方向车辆的设施，以保证行车速度和行车安全。分隔带常用水泥混凝土路缘石围砌，也可用水泥混凝土隔离墩或铁栅栏，还可以在路面上滑出白色或黄色标线，以分隔车辆行驶。

分隔带对解决机动车与机动车、机动车与非机动车的分离，提高道路通行能力，保证交通安全具有十分重要的作用。按其在横断面上的不同位置与功能，分隔带分为中央分隔带及两侧分隔带。

1）中央分隔带

中央分隔带指高速公路、一级公路及城市二、四块板断面道路中间设置的分隔上下行驶交通的设施。

分离式断面中央分隔带宽度一般大于4.5m。此时中央分隔带宽度随地形变化而灵活运用,不一定等宽,且两侧行车道也不一定等高,而与地形、景观相配合;中央分隔带一般做成向中央倾斜的凹形;行车道左侧设置左侧路缘带。

中央分隔带是公路的主要附属设施之一,其主要作用是隔离对向交通,使之不能随意穿越。道路中央分隔带对道路的运营和安全及通向毗邻建筑物的左转出入口都有重要影响。

从交通安全的角度看,能起到分隔对向车流并对车辆及弱势群体有保护作用的设施,一般作为中央分隔带进行处理。在此基础上,中央分隔带除一般意义的绿化带,还包括设置在道路中线位置的安全防护措施及行人过街保护设施。

2)两侧分隔带

两侧分隔带是布置在横断面两侧的分隔带,其作用与中央分隔带相同,两侧分隔带常用于城市道路的横断面设计中,它可以分隔快车道与慢车道、机动车道与非机动车道、车行道与人行道等。

6. 爬坡车道与避险车道

爬坡车道是陡坡路段正线行车道上坡方向右侧增设的供载重汽车行驶的专用车道。避险车道是在长陡坡路段正线行车道下坡方向右侧为失控车辆增设的专用车道。

一般来讲,通过精选路线,最理想的路线纵断面本身应按不需要设置爬坡车道或避险车道,但这样往往会造成路线迂回或路基高填深挖而增大工程费用,在某些情况下采用稍大的坡度值而增设爬坡车道或避险车道会产生既经济又安全的效果。

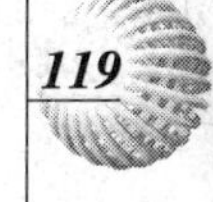

1)爬坡车道

在道路纵坡较大的路段上,载重车辆爬坡时需要克服较大的坡度阻力,使输出功率与车重之比值降低,车速下降,载重车与小汽车的速度差变大,超车频率增加,事故率加大,对行车安全不利。速度差较大的车辆混合行驶,必将减小快车的行驶自由度,导致通行能力降低。为了消除上述不利影响,在陡坡段正线车道旁边加设有一个辅助车道,即为爬坡车道,将速度慢的载重车从正线道路分离出来,以分流的形式维持正线车辆的正常行驶速度,各种大型车辆应注意使用爬坡车道。

爬坡车道横断面组成如图5-42所示,平面布置如图5-43所示。爬坡车道的宽度一般为3.5m,包括设于其左侧路缘带的宽度0.5m。总长度由分流渐变段长度、爬坡车道长度和合流渐变段长度组成。

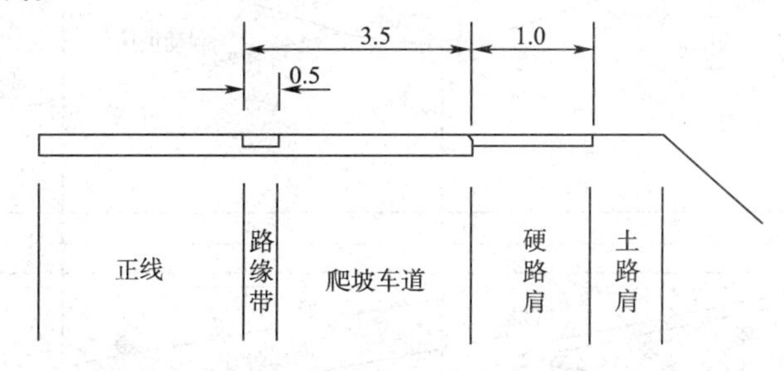

图5-42　爬坡车道横断面图组成(单位:m)

高速公路的爬坡车道可以占用原有的硬路肩宽度,爬坡车道的外侧一般只设土路肩。一级公路、二级公路的爬坡车道紧靠行车道外侧设置,原来的硬路肩部分移至爬坡车道的外侧,供混合车辆行驶。

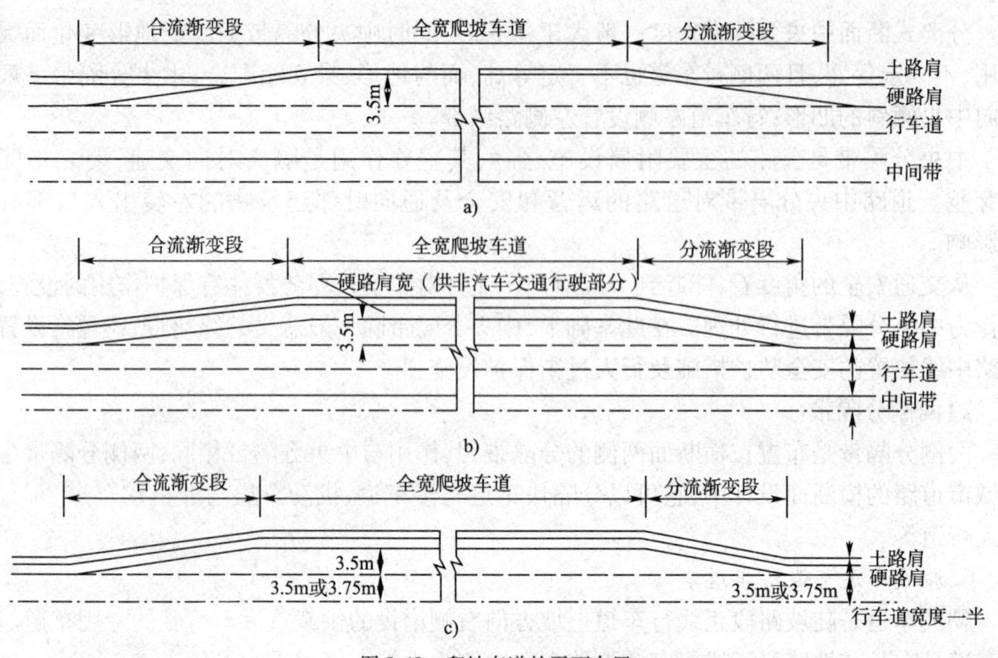

图 5-43　爬坡车道的平面布置

a)高速公路；b)一级公路；c)二级公路

2)避险车道

在连续长陡下坡路段，重型车辆下坡时行驶速度较快，使制动次数增加，车辆制动器温度上升较快、较高，易发生制动效能严重降低而引起速度失控；另外，在长下坡路段较小半径平曲线前，重型车辆会因速度过高导致减速不及而使速度失控。在公路长陡下坡车辆速度若失控，易发生侧翻、冲出路基、撞击前方车辆等恶性交通事故，甚至造成车毁人亡。

若在长陡下坡路段适当位置设置避险车道，可以供速度失控车辆驶入，利用制动坡床的滚动阻力和坡度阻力迫使汽车减速停车，以避免或减轻车辆和人员损伤。避险车道主要由引道、制动车道、服务车道及辅助设施组成，如图 5-44 所示。

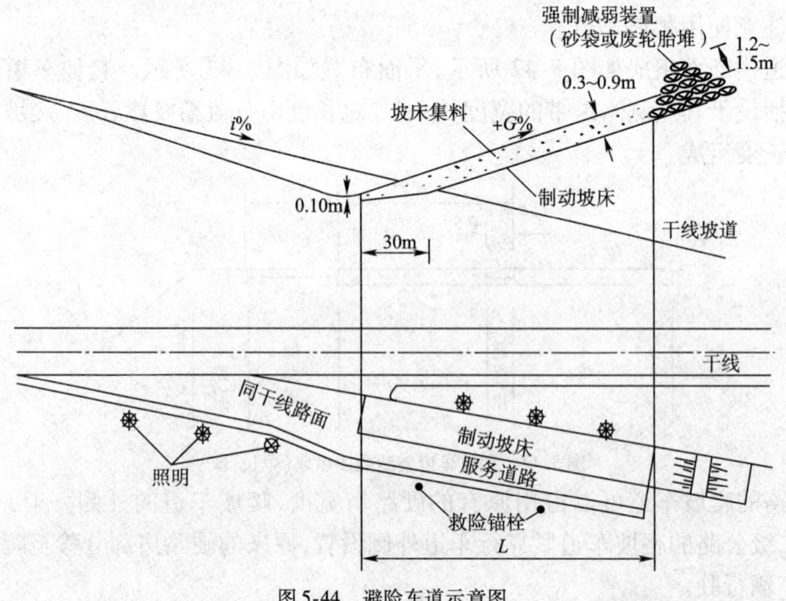

图 5-44　避险车道示意图

公路避险车道应合理的利用地形地物，一般布置在直线上，为使车辆能安全高速驶入，入口前要求视距良好，利于驾驶人准确驶入避险车道；若为平曲线路段，应设置在失控车辆不能安全转弯的平曲线之前，确保安全、顺适驶出正线，避免急转向引起侧翻或从避险车道侧向冲出。

二、路基

路基是行车部分的基础，它由土、石按照一定尺寸和结构要求建筑成带状的土工结构物。路基必须具有一定的力学强度和稳定性，以保证行车部分的稳定性和防止自然破坏力的损害。路基的横断面一般有路堤、路堑和半填半挖等三种形式，如图5-45所示。

路堤是指在地面上全部用岩土填筑而成的路基。路堑是指全部在天然地面开挖而成的路基。当天然地面横坡较大，需要一侧开挖而另一侧填筑时，为填挖结合路基，也称为半填半挖路基。在丘陵或山区公路上，填挖结合是路基横断面的主要形式。

路基的几何尺寸由宽度 B、高度 h 和边坡 $m(n)$ 组成，路堤的边坡用 m 表示，路堑的边坡用 n 表示，一般路基的横断面组成如图5-46所示。

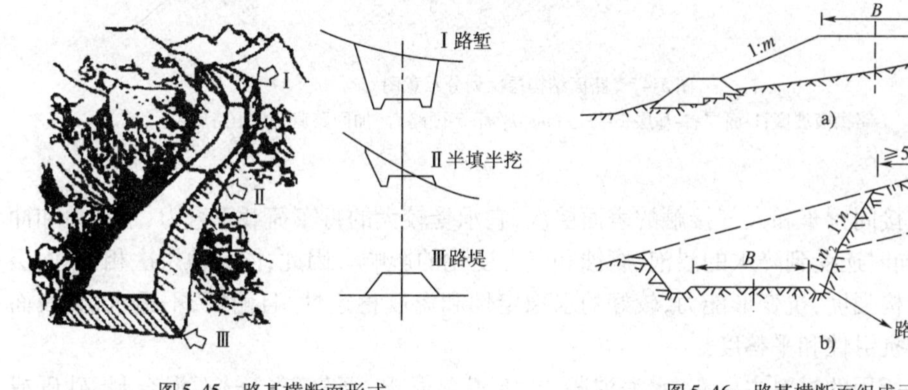

图5-45　路基横断面形式

图5-46　路基横断面组成示意图

a）路堤；b）路堑

路基宽度根据设计交通量和道路等级而定，具体内容见道路横断面章节。路基高度由路线纵断面设计确定，是指路堤的填筑高度和路堑的开挖深度。在公路上，由于路基较高，容易发生翻车事故，翻车事故所造成的死亡率高于道路交通事故的平均死亡率。

道路在设计中，为了尽量避免翻车事故发生的潜在可能性，慎重考虑高路基的选取问题。因此在满足排水、防洪要求和最小路基高度规定时，尽量选择矮路堤，道路在山区穿行时也尽量走低线，以免发生车辆不慎冲出路基造成重大伤亡事故。在高路堤处和路线爬高后，在弯道、陡坡、交通量大的路段而采用了加宽、错车和防护措施以策安全。

路基边坡是为了保证路基稳定，在路基两侧做成的具有一定坡度的坡面。过陡的路基边坡是导致事故急剧增加的另一因素。对于路堤边坡，车辆在坡度大的陡坡上发生意外时，事故类型接近于坠车。如果减小坡度，使路基边坡变缓，发生事故的车辆可以沿缓坡行驶一段距离，减小冲击程度，从而减轻事故的严重性。如果采用矮路基或缓边坡，失去控制的车辆一般不会因为驶出路外而造成翻车，则事故的严重性也会降低。

路堑边坡一般因地制宜设置碎落台，为滚落的岩石提供安全净区，使其有利于车辆安全行驶，边坡的形状与边坡岩土的自然属性相一致，使公路尽可能融入自然环境，提高道路美感，减轻驾驶人心理压力，创造一个舒适、优美的行车环境。

三、路面

路面是在路基顶面的行车部分,是用各种混合料铺筑而成的层状结构物。路面结构长期承受汽车荷载、环境因素的直接作用,因此具有较高的要求。

1. *路面结构分层及层位功能*

行车荷载和自然因素对路面的影响,随深度的增加而逐渐减弱。因此,对路面材料的强度、抗变形能力和稳定性的要求也随深度的增加而逐渐降低。为了适应这一特点,路面结构通常是分层铺筑,按照使用要求、受力状况、土基支撑条件和自然因素影响程度的不同,分成若干层次。按照各个层位功能的不同,划分为三个层次,即面层、基层和垫层,如图5-47所示。

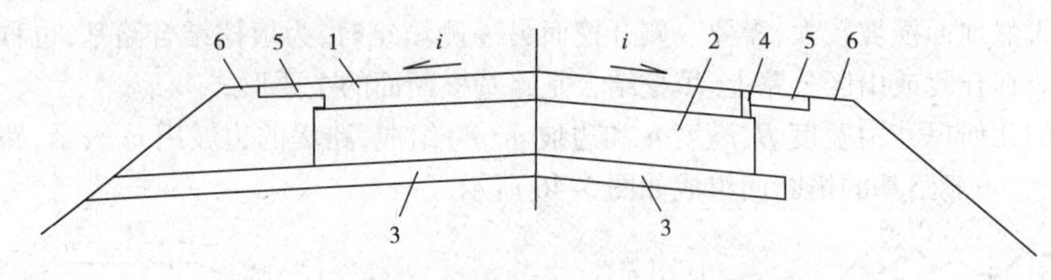

图5-47 路面结构层次划分示意图

i-路拱横坡度;1-面层;2-基层;3-垫层;4-路缘石;5-硬路肩(加固路肩);6-土路肩

1)面层

面层是直接同行车和大气接触的表面层次,它承受较大的行车荷载垂直力、水平力和冲击力的作用,同时还受到降水的浸泡、腐蚀和气温变化的影响。因此,同其他层次相比,面层具备较高的结构强度,抗变形能力,较好的水稳定性和温度稳定性,且耐磨,不透水;其表面还应有良好的抗滑性和平整度。

修筑面层所用的材料主要有:水泥混凝土、沥青混凝土、沥青碎(砾)石混合料、砂砾或碎石掺土或不掺土的混合料以及块料等。面层有时分两层或三层铺筑。

2)基层

基层主要承受由面层传来的车辆荷载的垂直力,并扩散到下面的垫层和土基中去。实际上基层是路面结构中的承重层,它具有足够的强度和刚度,并具有良好的扩散应力的能力。基层表面虽不直接供车辆行驶,但仍然要求有较好的平整度,这是保证面层平整度的基本条件。

修筑基层的材料主要有各种结合料(如石灰、水泥或沥青等)稳定土或稳定碎(砾)石、贫水泥混凝土、天然砂砾、各种碎石或砾石、片石、块石,各种工业废渣(如煤渣、粉煤灰、矿渣、石灰渣等)和土、砂、石所组成的混合料等。当采用不同材料修筑基层时,基层的最下层称为底基层。

3)垫层

垫层介于土基与基层之间,它的功能是改善土基的湿度和温度状况,以保证面层和基层的强度、刚度和稳定性不受土基水温状况变化所造成的不良影响。另一方面的功能是将基层传下的车辆荷载应力加以扩散,以减小土基产生的应力和变形。同时也能阻止路基土挤入基层中,影响基层结构的性能。

修筑垫层的材料,强度要求不一定高,但水稳定性和隔温性能要好。常用的垫层材料分为两类:一类是由松散粒料,如砂、砾石、炉渣等组成的透水性垫层;另一类是用水泥或石灰稳定土等修筑的稳定类垫层。

2. 路面分类

按路面结构的力学特性出发,将路面划分为柔性路面、刚性路面两大类。

1)柔性路面

柔性路面的总体结构刚度较小,在车辆荷载作用之下产生较大的弯沉变形,路面结构本身的抗弯拉强度较低,它通过各结构层将车辆荷载传递给土基,使土基承受较大的单位压力。柔性路面主要包括各种未经处理的粒料基层和各类沥青面层、碎(砾)石面层或块石面层组成的路面结构。

2)刚性路面

刚性路面主要指用水泥混凝土作面层或基层的路面结构。水泥混凝土的强度高,与其他筑路材料比较,它的抗弯拉强度高,并且有较高的弹性模量,故呈现出较大的刚性。在车辆荷载作用下,水泥混凝土结构层处于板体工作状态,路面结构主要靠水泥混凝土板的抗弯拉强度承受车辆荷载,通过板体的扩散分布作用,传递给基础上的单位压力较柔性路面小得多。

3. 路面表面性能

现代化道路运输,不仅要求道路能全天候通行车辆,而且要求车辆能以一定的速度,安全、舒适而经济地在道路上运行,要求路面应具有良好的使用性能,提供良好的行驶条件和服务水平。为了保证公路与城市道路最大限度地满足车辆运行的要求,提高车速、增强安全性和舒适性、降低运输成本和延长道路使用年限,要求路面具有较高的平整度和抗滑性。

1)路面平整度

平整度是路面表面相对于真正平面的竖向偏差,是影响行车安全、行车舒适性以及运输效益的重要指标。当路面平整度较差时,行车阻力加大,车辆颠簸震动,直接影响行车平稳性、乘客舒适性、降低行车速度,容易导致事故的发生。

路面不平整主要表现在两个方面:一是形成波浪或搓板;二是有坑槽或凸起。车辆在形成波浪或搓板的路面上行驶时,会出现上下起伏、摆动,造成驾驶人心理紧张,身体疲劳,容易出现操纵失误,车辆偏离正常轨迹,造成交通事故。车辆在通过有坑槽、凸起路段时,极易造成轮胎和钢板的突然损坏,导致车辆失控而诱发事故。

2)路面抗滑性

路面表面要求平整,但不宜光滑。为保证汽车安全行驶,路面必须具有较大的摩擦系数。干燥路面的摩擦系数比潮湿路面的摩擦系数高。汽车在光滑的路面上行驶,车轮与路面之间会缺乏足够的附着力和摩擦力,特别是道路表面潮湿或覆盖冰雪时,致使行车速度降低,燃料消耗增多,发生侧滑的危险性增大,在弯道、坡路和环形交叉处,容易发生滑溜事故。

四、桥梁和隧道

1. 桥梁

桥梁是路线跨越江河湖泊、山谷深沟以及其他线路等障碍的人工构造物,它是道路的重要组成部分,大中桥梁往往是道路的控制工程。

1)桥梁的基本组成和分类

桥梁由上部结构(桥跨结构)、下部结构(桥墩、桥台、桥梁基础)组成。桥跨结构是在线路中断时跨越障碍的主要承重结构,桥墩和桥台是支撑桥跨结构并将车辆荷载等传至地基的建筑物,桥墩和桥台中使全部荷载传至地基的底部奠基部分称为基础。常见的梁式桥组成如图 5-48 所示。

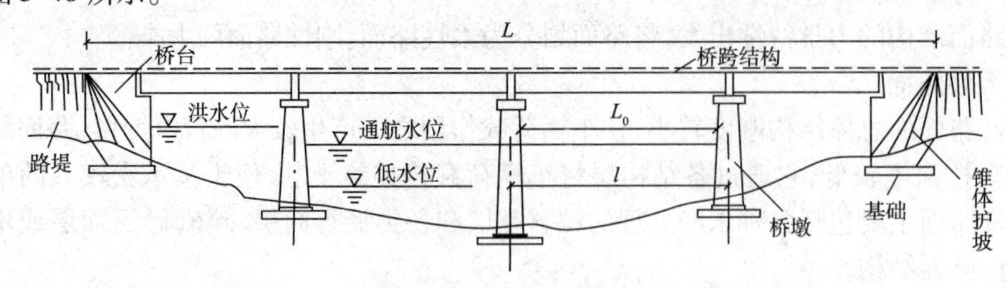

图 5-48　梁式桥组成

桥梁全长:是桥梁两岸桥台侧墙或八字翼后端点之间的距离 L。

净跨径:设计洪水位上相邻两个桥墩或桥台之间的净距 L_0。

标准跨径:两相邻桥墩中线之间的距离 l。

桥梁按跨径大小和多跨总长分为小桥、中桥、大桥和特大桥,见表 5-12。

公路桥梁分类　　表 5-12

桥梁分类	多孔跨径总长 L(m)	单孔跨径 l(m)
特大桥	$L \geqslant 500$	$l \geqslant 100$
大桥	$L \geqslant 100$	$l \geqslant 40$
中桥	$30 < L < 100$	$20 \leqslant l < 40$
小桥	$8 < L < 30$	$5 \leqslant l < 20$

按行车道位置,分为上承式桥、中承式桥和下承式桥。

按承重构件受力情况,可分为梁桥、板桥、拱桥、钢结构桥、吊桥、组合体系桥(斜拉桥、悬索桥)。

按材料类型,分为木桥、圬工桥、钢筋混凝土桥和钢桥等。

2)桥址的选择对交通安全的影响

桥址选择为保证与道路线形搭配良好,满足平、纵配合,上跨桥梁的位置和弯道末端的桥梁不会出现视线盲区或视线诱导不畅等现象。确保在正常的运营状态下,满足设计洪水通过和平时安全通航的要求。在桥位选择和设计桥梁时注意了是否会压缩河床,改变河道或航道;是否有如断层、塌陷、流沙、岩溶等不良地质问题;洪水期间的漂浮物或冲积物是否会撞击桥墩,堵塞水流;否则就有可能造成桥梁损坏、影响通航、冲坏路基桥梁,危及交通安全。

3)桥型、桥面宽度、布置和桥梁防护对交通安全的影响

路线设计时,为了美观和方便施工以及节约开支,会选择不同的桥型。有些桥型如中、下承式拱桥、斜拉挢、悬索桥的宽度、布置以及采用不当防护的桥梁和窄桥对交通安全影响明显。

桥梁的行车道宽度不足时,设置在临近行车道两边人工构造物的栏杆与人行道就会限制道路畅通,高速行车时,就会引起驾驶人害怕触及障碍物的反应,从而使其靠近路中心行驶,车速也会显著降低,有时还会导致汽车相互碰撞。弗里兹(Fritts)等人调查了桥宽与交通事故的关系,资料表明桥面宽度比桥头宽度宽时,事故率明显减少。

窄桥对交通安全的影响尤其突出,因此应当设置明显的限速、单行、夜间反光标志,提醒

来车注意；中、下承式拱桥、斜拉桥、悬索桥常常把桥面一分为三，高速行驶的汽车容易撞上吊(拉)索。因此应当合理划分车道，在桥两端设置明显标志及防撞设施。桥上设置足够刚度和预防车辆翻滚的防撞措施，确保大桥和行车安全。

桥梁大多位于山区沟谷、横跨河流上方和海上，往往风速较大，一般设置有风速、风向标志，提醒过往车辆行人注意行车安全。

高速公路、一级公路桥梁上设置有刚度较大的中间分隔带，有效隔离双向交通。存在混合交通(特别是城镇附近)的桥梁，除了设置足够的人行道外，人行道路缘石的高度也要符合要求，防止车辆驶出人行道，掉入河中；最好采用机动车道和非机动车道分隔(设防撞墙)的方法以保障安全。

4)高架桥路段的交通安全

高架桥路段景观单调，驾驶人视野里长时间存在的是天空的浅白色，而在路基路段驾驶人视野里山丘、交通标志、上跨桥梁和路侧景观随着车辆行进依次变化，景观较为丰富。特别是高架桥路段两侧的护栏和防眩板在高速行车下形成了一个封闭的视觉隧道，再加之长直线路段，驾驶人极易产生疲劳，注意力不集中，速度感缺失，不由自主加速行驶，在遇到突发情况时往往会引发交通事故。

5)桥头跳车对交通安全的影响

桥梁、涵洞、通道等构造物本身及台背填土在自重及行车荷载作用下产生工后沉降，但台背沉降与构造物沉降通常不一致而产生差异，致使路桥过渡段连接处形成台阶，从而导致车辆通过路桥过渡段产生颠簸跳跃的现象，即为桥头跳车。

桥头跳车现象不仅一直是影响行车舒适性和交通安全的重要问题，还大大降低了车辆的行驶速度和道路的通行能力。由于桥头跳车的存在，当车辆驶入桥梁时，常常产生剧烈跳跃，降低车辆行驶稳定性的同时，也给驾驶人心理和生理带来不利的影响。

当车辆通过路桥过渡段时，桥头的台阶使得车辆发生颠簸跳跃，车辆受到冲击而使乘客感到晃动，影响其心理感受。高速行驶的车辆跳跃时不仅乘车舒适性不能得到保证，而且行车安全性大大降低，冲击的产生也影响了驾驶人员驾驶行为和对车辆的控制能力，严重时甚至导致车辆失去控制，极易引发追尾、侧翻、断轴，甚至引发车辆冲出路基等事件。

2. 隧道

隧道是道路从地层内部或水层下通过而修建的结构物，隧道在特定条件下具有其他路线方案难以替代的优势和作用。隧道路段不仅是交通事故的易发路段，而且隧道内交通事故往往后果严重，并且较难处理。其中隧道线形及隧道与洞外路段的连接、宽度、通风、消防、照明、标志和隧道本身的稳定性对交通安全的影响尤为突出。

1)隧道的分类及结构

隧道分类方法很多，按照施工方法可分为矿山法、明挖法、盾构法和沉管法等。明挖法是从地表面向下开挖，在预定位置修筑结构物方法的总称。盾构法是使用盾构机械，在围岩中推进、开挖作业修建隧道的方法。沉管法是在水底预先挖好沟槽，把在陆上预制的适当长度的管体，然后经水中浮运到现场，进行沟槽回填后建成整体贯通的隧道。按所处位置分为山岭隧道、水底隧道和城市隧道。

按断面形式可分为圆形、马蹄形和矩形隧道，按其长度可分为特长隧道、长隧道、中隧道和短隧道，具体见表5-13。

隧道结构由主体构造物和附属构造物两大类组成。前者是为了保持隧道岩体的稳定和行车安全而修建的人工构造物,由洞身衬砌结构及洞门组成。附属构造物是指保证隧道正常使用所需的各种辅助设施,是为了运营管理、维修养护、给水排水、供蓄发电、通风与照明、通信、安全等而修建的各种构造物。公路隧道横断面如图5-49所示。

公路隧道分类 表5-13

隧道分类	隧道长度(m)	隧道分类	隧道长度(m)
特长隧道	$L > 3000$	中隧道	$500 < L \leqslant 1000$
长隧道	$1000 < L \leqslant 3000$	短隧道	$L \leqslant 500$

2)隧道线形对交通安全的影响

隧道应尽量设置于直线上;平曲线上的隧道有许多不利于行车安全的隐患,如增大通风阻力,不利于自然通风,汽车驶入洞口时驾驶人视野受到限制,分不清方向,极易发生安全事故。确实无法避免的曲线隧道,应尽量加大曲线半径,不可设置超高,且不能设置成"S"形的线形,以免留下安全隐患。洞外线形配合要有利于诱导驾驶人的视线,提供开阔的视野。从洞外进入洞内应尽量保持行车方向不变,洞口两端一定距离路段的纵坡应与洞内保持一致。隧道宽度大于洞外路基宽度时,工程上要求应设置不短于50m的加宽段,并有过渡段衔接。

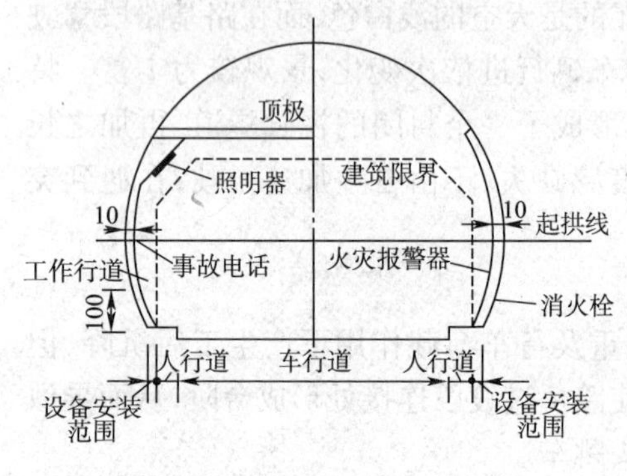

图5-49 公路隧道横断面(单位:cm)

3)隧道通风、消防对交通安全的影响

隧道洞内地层易产生的有害气体侵入洞中,汽车产生大量废气,加上洞内相对狭窄排气不畅,洞内空气污蚀,严重危害人体健康和行车及消防安全。改善洞内通风条件,主要通过缩短隧道长度,合理设置隧道平面线形,有效设置纵坡以及通过机械通风等方式解决。隧道内纵坡应不小于0.3%。纵坡超过2%时,汽车排出的有害物增长较快,故一般洞内纵坡控制在2%以下为宜,并最好采用单面坡。

隧道还必须考虑到消防要求,由于洞内空间狭小,救援、交通疏导和灭火难度均较大。因此,隧道洞内的混凝土应具备一定的耐火性。其次隧道通风要考虑有对洞内火灾的防患措施,当洞中发生火灾时,要能限制通风风速,防止火势蔓延(一般洞中风速不大于6m/s);通风机还要有反转装置,随时调整送风方向,及时疏导洞内的烟雾。对于长隧道,只有在通风及消防工作做好的基础上,才能保证行车安全。

4)隧道环境下驾驶人视觉适应性

汽车进入隧道的明、暗适应基本概念在第三章已经述及。在白天驶入隧道最初的几秒钟内,驾驶人就感到视觉障碍。不设照明的隧道洞内比洞外要黑,车辆驶入隧道时,驾驶人眼睛感受的光线由强到弱突然变化,产生"黑洞效应",造成驾驶人短暂的视觉失控,无法辨认障碍物和方向;而汽车由洞内驶向洞外时,外部亮度突然极强,驾驶人在极强的眩光下产生不舒服的感觉,即产生"白洞效应"。在上述情况下,如果驾驶人不能很好地调整视觉适应,就会极易引发道路交通事故。

5)隧道照明对交通安全的影响

隧道照明与道路照明相同,都是保证为驾驶人提供视觉信息。但隧道的两侧是封闭的,构造比较特殊,会产生特有的视觉问题。隧道照明针对特有的问题,除了保证提供必要的视觉信息外,更重要的是要保证具有改善视觉环境的功能。

一般情况下,白天在有照明设施的情况下,隧道内驾驶人普遍感觉较为舒适,压抑感较小,安全性较高;在无照明的情况下,驾驶人感觉则相反。当照明设施良好时,在隧道内的紧张感、烦躁感等不良情绪都有所缓解,有助于安全行车。因此,隧道内良好的照明设施是增强行车安全性的重要措施。

第四节　交通条件与交通安全

一、交通流特性

1. 交通量

交通流是指一定时间内连续通过某一个断面的车辆或行人所组成的车流或人流的统称,一般在交通工程学中讨论的交通流主要指车流。交通流是整体的、宏观的概念,交通流特性是指交通流运行状态的定性、定量特征。用来描述和反应交通流特性的物理量称为交通流参数。其中交通量、速度和交通流密度是用于描述交通流的宏观参数。

交通量又称为流量,是指单位时间内通过道路(或道路上某一条车道)指定地点或断面的车辆数,是描述交通流特性的最重要参数之一。随着指定的单位时间的不同,交通量的数值是不同的,一般来说交通量有年交通量、日交通量和小时交通量等几种表达方式。在交通流的宏观分析中,通常以观测到的日交通量为基础,它是以一天为计量单位的交通量,单位是 veh/d。

2. 速度

速度是描述交通流状态的第二个基本参数,它是指车辆在单位时间内通过的距离。在交通流中,每辆车的速度都不尽相同。因此,交通流本身不可能用一个精确的速度值来表示,只能对单个车辆的速度分布进行讨论。对离散型的车辆速度分布,可用统计学的处理方法,即用平均的或有代表性的数值来近似地代表特定的交通流整体。

3. 交通流密度

交通流密度 K 是指在某一瞬间,单位长度道路上存在的车辆数。

$$K = \frac{N}{L} \tag{5-5}$$

式中:N——车辆数;

L——观测路段长度。

密度在这三个交通流参数中是最重要的,因为其直接反映了交通需求量,它还可以近似地用来衡量驾驶人操纵车辆的舒适性和灵活性。

由交通流密度的概念可知,密度是个瞬间值,它随观测的时刻和观测的路段长度而变化,通常用观测的总计时间内的平均值表示。

4. 交通流模型

反应交通流特性的三个基本参数交通量、车流速度、车流密度的关系式可表示为:

$$Q = K \cdot V \tag{5-6}$$

式中:Q——流量,veh/h;

V——车速,km/h;

K——密度,veh/km。

以上各参数之间的关系是由格林希尔治假设提出的最简单、最实用的数学模型。根据该假设首先得出速度和密度的线性关系式,由此可推导出速度—流量和密度—流量的抛物线关系。

交通流参数关系如图 5-50 所示。

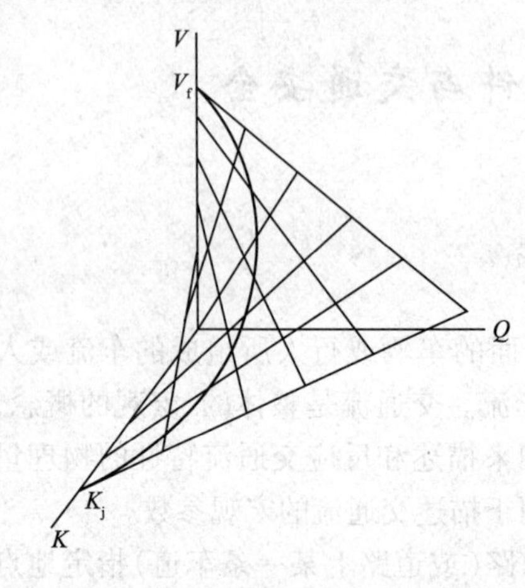

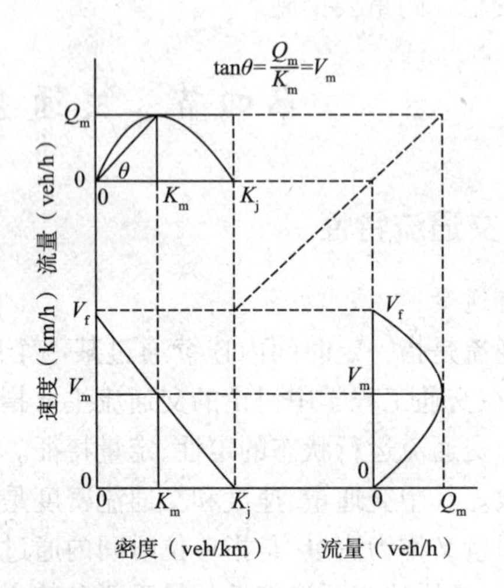

图 5-50 交通流参数关系

在图 5-50 中交通流特性参数意义如下:

自由流速度 V_f:一辆车在无其他车辆干扰下通过某一区段的最高车速,又称为畅行车速。

阻塞密度 K_j:密度持续增加使流量趋近于零时的密度。

临界密度 K_m:流量逐渐增大,接近或达到道路通行能力时密度。

临界速度 V_m:流量逐渐增大,接近或达到道路通行能力时的速度。

最大流量 Q_m:路段上能够通行的最大流量。

该模型中,交通量为"0"有两种情况:第一种为道路上没有车辆通过,此时的密度为"0",车辆可以以"自由流速度"行驶;第二种情况是交通出现了阻塞,所有车辆都被迫停了下来,所以没有车辆通过观察点,此时的密度为阻塞密度。

二、道路通行能力与服务水平

1. 通行能力

通行能力是指在一定的时段和道路、交通、管制条件下,通过道路(或道路上某一条车道)某一断面的最大小时交通量,也称为道路容量。通行能力按作用性质分为以下三种:

(1)基本通行能力:是指在理想的道路、交通、控制和环境条件下,某一条车道或某个断面上,单位时间内所能通过小客车的最大数量。

(2)可能通行能力:是在实际道路和交通条件下,单位时间内道路某一点所能通过的最大交通量。计算时以基本通行能力为基础,考虑道路和交通实际状况,选定相应修正系数,再乘以基本通行能力得到可能通行能力。

(3)设计通行能力:是道路交通运行状态保持在某一设计的服务水平时,单位时间内道路上某一断面可以通过的最大车辆数。

2. 服务水平

服务水平是指道路在某种交通条件下所提供的运行服务的质量水平。美国将服务水平分为A至F六级,各级服务水平的表述如下。

服务水平A:交通量很小,交通为自由流,使用者不受或基本不受交通流中其他车辆的影响,有非常高的自由度来选择所期望的速度,为驾驶人和乘客提供的舒适和便利程度极高。

服务水平B:交通量较前增加,交通处在稳定流范围内的较好部分。在交通流中,开始易受其他车辆的干扰,但选择速度的自由度相对来说还未受影响,只是驾驶自由度比服务水平A稍有所下降。由于其他车辆开始对少数驾驶人的驾驶行为产生影响,因此,所提供的舒适和便利程度较服务水平A低一些。

服务水平C:交通量大于服务水平B,交通处在稳定流范围的中间部分,车辆间的相互作用变得大起来,选择速度受到其他车辆的制约,驾驶时需特别注意其他车辆的动态,舒适和便利程度有明显下降。

服务水平D:交通量再增大,交通处在稳定交通流范围的较差部分。速度和驾驶自由度均受到严格约束,舒适和便利程度低下。当接近这一服务水平的下限时,交通量有少量增加就会在运行方面出现问题。

服务水平E:此服务水平下的交通常处于不稳定流范围内,接近或达到该水平最大交通量时,交通量稍有增加,或交通流内部有小的扰动就将产生较大的运行障碍,甚至发生交通中断。此服务水平下所有车速均降到一个较低的但相对均匀的值,驾驶自由度极低,舒适和便利程度也非常低,驾驶人受到的限制通常很大。此服务水平下限制的最大交通量,即为基本通行能力或可能通行能力。

服务水平F:交通处于强制流状态,车辆经常排成队,跟着前面的车辆停停走走,极不稳定。在此服务水平下,交通量与速度同时由大变小,直到零为止,而交通密度随交通量的减少而增大。

我国公路服务水平分为四级,一级相当于美国的A、B两级,二、三级分别相当于美国的C、D级,四级相当于美国的E、F级。

三、交通流状态

交通流从自由到阻塞状态是一个非常复杂的过程,大致可以分为:自由流、非自由流和阻塞流三个阶段,其中非自由流可以分为稳定流、不稳定流和饱和流。不同的交通流状态下,对应不同的交通安全水平,其关系如图5-51所示。

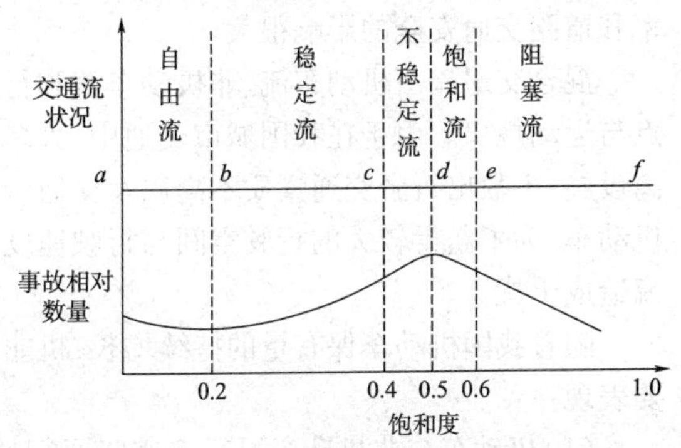

图5-51 交通流状态与交通事故相对数量关系

在图5-51中,交通流饱和度是指描述道路或交叉口的交通负荷程度的指标,由道路或交叉口的交通流量除以该道路或交叉口的通行能力而得。

交通量与交通流饱和度直接相关,而交通流饱和度影响交通事故发生的频率和严重程度,因此,交通事故与交通量的大小有密切关系。一般认为,交通量越小,事故率越低;交通量越大,事故率越高。但实际情况并不完全符合这种规律,从图5-51中可以看出,交通量对事故率的影响分为以下几种情况:

(1)a点表示交通量很小时,车辆之间的间距较大,驾驶人基本上不受同向行驶车辆的干扰,可以根据个人习惯选择行车速度。绝大多数驾驶人能保持符合车辆动力性、经济性、制动性和安全性的行驶车速,只有当个别驾驶人忽视行驶安全而冒险高速行车,遇到视距不足、车道狭窄或其他紧急情况时,来不及采取措施才会发生交通事故。

(2)a至b段表示当道路上的交通流量逐渐增加时,驾驶人不再单凭个人习惯驾车,必须同时考虑与其他车辆的关系,由于对向来车增多,使驾驶人行为更加谨慎,因而交通事故相对数量有所下降。

(3)b至c段表示当道路上的交通量继续增大时,在道路上行驶的车辆大部分尾随前车行驶,形成稳定流。这种情况下,超车变得比较困难,因而与超车有关的事故也有所增加。

(4)c至d段表示当交通量进一步增大,形成不稳定流。此时,超车的危险越来越大,交通事故相对数量也随交通量的增加而增大。

(5)d至e段表示当交通量增加到车辆间距已大大减小,不能够超车时,交通流密度增大,形成饱和交通流。由于饱和交通流的平均车速低,因此事故相对数量也降低。

(6)e至f段表示如果交通量进一步增加,则产生交通阻塞。这时,车辆只能尾随前车缓慢行驶,在道路服务水平大幅度下降的同时,交通事故也大为减少。

由此可以看出,交通流处于自由流状态或稳定流状态前期时,其交通安全水平和道路服务水平较高;随着饱和度增大,交通流进入稳定流后期,超车危险性越来越大,行车安全性较差,事故率迅速增长,在接近饱和状态前达到最高峰;交通流处于阻塞状态时,车辆的轨迹、行驶自由度被限制,没有任何超车机会,车速缓慢,事故率迅速降低。

从驾驶人角度而言,畅通的交通状况有利于驾驶人保持良好的心态和稳定的情绪,而拥挤和堵塞的交通状况则易造成驾驶人焦躁心理使心态变坏,且随着拥挤和堵塞时间的增加其情绪变得急躁而不稳定,驾驶人驾车过程中的不良情绪更容易引发交通事故。

四、交通组成

我国道路交通组成比较复杂,混合交通是我国道路交通的显著特点。混合交通是指多种交通工具或各种交通工具与行人共同用一单幅道路的交通现象。由于混合交通的存在,致使交通流运行复杂化。尤其是在城市道路中,交通信号多,机动车、非机动车及行人互相影响,车辆很难以最佳状态行驶,交通事故时有发生。因此,混合交通的交通组成对出行效率和道路交通安全的影响很大。

混合交通流由机动车流、非机动车流和行人流三部分组成,三种交通流都具有不同的特点与运动规律。由于在我国城市交通中,大多数道路在机动车和非机动车之间没有物理隔离设施,少数出行者交通素质不高以及交通管理较落后等多方面原因,不论是机动车还是非机动车,为了获得较大的行驶空间与行驶速度,经常借用附近车道的空间,从而对附近的车流造成干扰。

随着我国机动车保有量的持续增长,机非冲突越来越严重,所带来的问题日益突出,主要表现在:

(1)机动车与非机动车混行使道路通行效率下降。在路段上,当机动车与非机动车交通量均较大时,经常出现机动车在非机动车道上频繁停靠,而非机动车也经常越线占用机动车道行驶,降低了道路的通行效率;在交叉口,机动车与非机动车争先抢行、相互干扰的情况也很严重,造成交叉口交通秩序混乱,影响了交叉口的通行效率。

(2)安全意识差,交通安全隐患严重。由于非机动车交通方式安全性较差,而非机动车的骑乘者交通法规意识不强,机动车与非机动车容易发生交通事故。以交叉口为例,在没有特殊交通管理措施的情况下,当红灯时间过长时,经常出现机动车与非机动车抢行,堵塞交叉口的尴尬局面,不仅造成交叉口通行能力下降,而且带来很大的安全隐患。

(3)机动车停车设施严重短缺。我国城市机动车交通当前面临着停车难的问题。由于机动车停车问题始终未引起有关规划、管理部门和社会的重视,导致目前普遍存在机动车停车场不足,停车困难,机动车占路停车等现象,严重影响了道路交通功能的正常发挥,致使交通拥挤阻塞现象频繁发生。

五、车速

1. 车速与线形连续性

1)设计车速

设计速度是指当气候条件良好、交通密度小、汽车运行只受道路本身条件的影响时,中等驾驶技术的驾驶人能保持安全行驶的最大行驶速度。

对一条道路来说,设计车速是一个固定值,设计速度对极限指标的选用,如最小半径、最大纵坡等,具有控制作用,但对非极限值指标无控制作用。在道路设计中,只要自然条件允许,设计人员尽量采用对提高车速有利的指标值,比如曲线半径很大、坡度很缓,汽车实际行驶速度比设计速度高出很多;相反,受自然条件限制时,不得不采用小的半径、陡的坡度,使大型载重汽车上坡行驶速度降低很多,甚至远低于设计车速。在这种道路上汽车的实际速度变化很大,其往往与设计速度这一固定值不一致,当车速由高到低没有足够的路段过渡时,便产生速度的突变,就容易发生交通事故。

2)运行车速

运行速度是指中等技术水平的驾驶人在良好的气候条件、实际道路状况和交通条件下,所能保持的安全速度。

线形设计要素与车辆速度密切相关,线形要素的任何突变,都将出现不连续的运行速度,造成驾驶人的不适应和操作匆忙,并使该位置发生的交通事故具有聚集性。

运行速度作为道路几何线形、道路环境、汽车性能以及驾驶人心理行为等多方面综合作用于汽车的最终结果,通常采用自由交通流状态下各类小汽车在车速累积分布曲线上第85位百分点的车辆行驶速度作为运行车速,简称 v_{85}。

3)期望车速

期望车速是指车辆在行驶过程中,在不受或基本不受其他车辆约束的条件下,驾驶人所希望达到的最高“安全”车速。

期望速度是特定道路几何要素所对应的运行速度,该速度以设计速度为中心上下变化,形成沿线运行速度分布曲线,反映了道路几何要素的变化情况。

当驾驶人以期望速度行驶时,有充足的反应时间,其判断失误较少。但是,当实际出现的道路特征与期望特征有偏差时,路线几何要素与期望不一致时,驾驶人仍习惯性地按所期望的速度行驶,当在这种路段上出现意外情况时,如线形要素指标变小,驾驶人反应时间不足,不能从容采取措施,发生事故的几率增大。

2. 车速与交通安全

驾驶人必须时刻都能获得周围环境的信息,从而估计交通情况,决定下一步应采取的措施并付诸行动,所有这些过程都需要一定的时间。但是随着车速的提高,驾驶人可以支配的时间明显较少。当观察和判断的时间减少时,驾驶人作出错误决定的可能性就会相应增加,从而导致交通事故发生的可能性变大。而且车速的提高会缩短驾驶人采取避让措施的时间和距离,汽车发生碰撞的速度通常比较高,事故要更为严重。

事故的严重程度取决于碰撞时车速的变化 dv(尤其在 0.1 ~ 0.2s 的范围内)。当 dv 超过 20 ~ 30km/h 时,发生严重事故的可能性开始增加;当 dv 超过 80 ~ 100km/h 时,事故中便会有人死亡。如果车辆发生正面碰撞,由于两辆车的制动距离都有限,行驶速度对 dv 和事故严重性的影响是最大的。在有行人的事故当中,当车辆与行人发生碰撞时的车速从 40km/h 增加到 50km/h 时,行人死亡的概率会增加 2.5 倍。即使驾驶人在发生碰撞之前采取制动措施,dv 也会随着碰撞速度增加而增加,而碰撞速度是随着初始速度的增加而增加的。

在高速公路车流中,车速的离散性对交通事故也有重大影响。个别车辆与车流的平均车速相差越大,其发生交通事故的概率就越大,如图 5-52 所示。

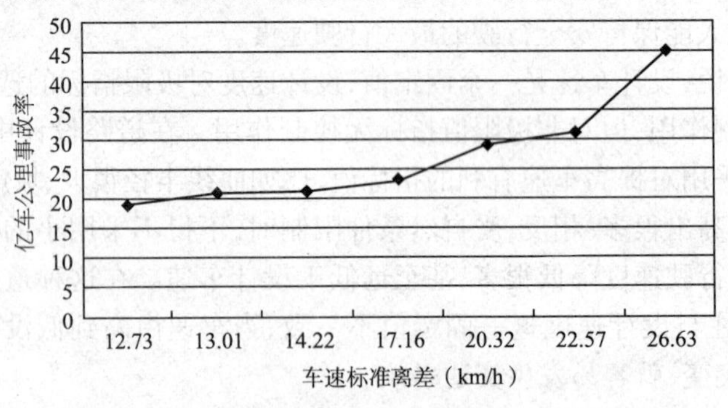

图 5-52　车速标准离差与亿车公路事故率关系图

由图 5-52 可以看出,事故率随着车速标准离差的增大而成指数增长,即车速分布的越离散,事故率越高。该模型为车速管理提供了有利的依据,对车辆进行高速和低速限制,而且是二者的差值尽可能小,降低车速分布的离散性,从而可以降低事故的发生率。

第五节　道路交通设施与交通安全

道路交通设施属于道路的基础设施,是道路交通系统不可缺少的重要组成部分。功能齐全的道路交通设施是保证行车安全、防止交通事故、减轻事故后果的重要手段。

交通设施主要包括交通标志标线、交通信号灯、道路照明设施、防眩设施、安全护栏和道路绿化等,这些交通设施中,大部分设置在路侧,因此,路侧安全是提高道路安全性能的一个重要手段。

一、交通标志与标线

所谓交通标志就是将交通指示、警告、禁令和指路等交通管理和控制法规用文字、图形或符号形象化地表示出来,设置于路侧或道路上方的交通管理设施。

合理设置交通标志可以改善路网交通运行效率,提高交通安全性。交通标志必须要为道路使用者提供清晰和准确的信息,让他们能很快、很容易地理解信息。很多国家交通标志与交通法规、特定的标准相一致,整个国家交通标志都保持一致。

1. 交通标志的分类

交通标志分为主标志和辅助标志两大类,是道路交通的向导。主标志分为指示标志、警告标志、禁令标志、指路标志、旅游区标志、道路施工安全标志和告示标志 7 种;而辅助标志是附设在主标志下,起辅助说明作用的标志。

在这些标志中,各自的功能为:指示标志是指示车辆、行人行进的标志;警告标志是警告车辆、行人注意危险地点的标志;禁令标志是禁止或限制车辆、行人交通行为的标志;指路标志是传递道路方向、地点、距离信息的标志;旅游区标志是提供旅游景点方向、距离的标志;道路施工安全标志是通告道路施工区通行的标志;告示标志是指告知路外设施、安全行驶信息以及其他信息的标志。

道路上设置齐全的交通标志,能有效地保护路桥,保障交通秩序,提高运输效率和减少交通事故,它是道路沿线设施不可缺少的组成部分。

2. 交通标志的要素

国内外人体工程学和交通心理学家通过研究驾驶人受到人、车、路、环境的刺激与其反应间的关系,证实在一般情况下,大多数人首先注意颜色的变化,其次是形状,再次则是图符,此三者亦称为交通标志的三要素。

1)颜色

人从远处能够看清楚颜色的顺序是红→黄→绿→白,容易看清的牌面是(表面颜色/底色)黑/黄、红/白、绿/白、蓝/白、白/黑等。

因此,我国道路交通标志的标准规定指示标志采用蓝色底、白色图符;警告标志采用黑色边、黄色底和黑色图符;禁令标志采用红色边、白色底和黑色图符;指路标志一般道路采用蓝色底、白色图符,高速公路采用绿色底、白色图符;旅游区标志采用棕色底、白色图符;而道路施工安全标志有多种:路栏采用黑黄相间的斜杠符号;锥形交通路标和道口标柱采用红白相间的条纹符号;施工区标志采用蓝色底、白色字,图案部分为黄色底、黑色图案;移动性施工标志采用黑色边、黄色底、黑色图案。而辅助标志采用黑色边、白色底、黑色图符。

2)形状

将颜色和特殊的几何形状配合作为道路标志,对于视认性和快速识别相当重要。道路标志的几何形状主要有长方形、三角形、圆形、菱形,还有六边形、八角形等。我国的指示标志采用圆形、长方形和正方形;警告标志采用正三角形,顶角向上;禁令标志采用圆形、顶角向下的正三角形;指路标志除地点识别标志、里程碑、分合流标志外,采用长方形和正方形;旅游区标志采用长方形和正方形;道路施工安全标志一般采用锥形、柱形和长方形。特殊指示标志中的"让路标志",采用了国际通用的倒三角形。

3)图符

交通标志应使用强制标准规定的图形。除另有规定外,图形可以单独以及组合使用于不同标志中。除地名用文字表达以外,交通标志的图案和符号都尽量采用形象的图案,而不用文字,其目的是为了在认清标志的基础上,尽量缩短视认时间。

道路交通标志的字符应规范、正确、工整。按从左到右、从上到下的顺序排列。一般一个地名不写成两行或两列。根据需要,可并用汉子和其他文字。标志上的汉字应使用规范汉字,如果标志上同时使用汉字和其他文字,除有特殊规定外,汉子应排在其他文字上方。而且道路交通标志尺寸的选用一般与设计车速存在一定的关系。

3. 道路交通标线

道路交通标线与交通标志具有相同的作用,它是将交通的指示、警告、禁令和指路等用画线、符号、文字标示或嵌画在路面、缘石和路边的建筑物上,这是与道路交通标志配合的一种交通管理设施。

1)道路交通标线的分类

(1)按设置位置分类。道路交通标线按设置方式可分为纵向标线、横向标线和其他标线。沿道路行车方向设置的标线为纵向标线;与道路行车方向交叉设置的标线为横向标线;其他标线是指字符标记或其他形式标线。

(2)按形态分类。按形态可分为线条、字符标记、突起路标和路边线轮廓标。其中线条为施画与路面、缘石或立面上的实线或虚线;字符为施画于路面上的文字、数字及各种图形、符号。突起路标为安装于路面上用于标示车道分界、边缘、分合流、弯道、危险路段、路宽变化、路面障碍物位置等的反光或不反光体。轮廓标指的是安装于道路两侧,用以指示道路的方向、车行道边界轮廓的反光柱。

(3)按功能分类。具体为:

①指示标线:指示行车道、行车方向、路面边缘、人行道、停车位、停靠站及减速丘等的标线。具体见表5-14。

指示标线具体分类 表5-14

分类	含义
纵向标线	可跨越对向车道分界线、可跨越同向车道分界线、潮汐车道线、行车道边缘线、左弯待转区线、路口导向线
横向标线	人行横道线、车距确认线
其他标线	道路出入口标线、可变导向车道线、停车位标线、停靠站标线、减速丘标线、导向箭头、路面文字标记、路面图形标记

②禁止标志:告示道路交通的遵行、禁止、限制等特殊规定的标线。具体分类见表5-15。

禁止标线具体分类 表5-15

分类	含义
纵向标线	禁止跨越对向车道分界线、禁止跨越同向车道分界线、禁止停车线
横向标线	停车线、停车让行线、减速让行线
其他标线	非机动车禁驶区域线、导流线、网状线、专用车道线、禁止掉头(转弯)线

③警告标线:促使道路使用者了解道路上的特殊情况,提高警觉准备防范应变措施的标线。具体分类见表5-16。

警告标线具体分类 表5-16

分类	含义
纵向标线	路面(车行道)宽度渐变段标线、接近障碍物标线、近铁路平交道口标线
横向标线	减速标线
其他标线	立面标记、实体标记

2)道路交通标线的颜色

道路交通标线的颜色为白色、黄色、蓝色或橙色,路面图形标记中可出现红色或黑色的图案或文字。道路交通标线的形式、颜色及含义见表5-17。

道路交通标线的形式、颜色及含义　　表5-17

分　类	含　　义
白色虚线	画于路段中时,用以分隔同向行驶的交通流;画于路口时,用以指导车辆行进
白色实线	画于路段中时,用以分隔同向行驶的机动车、机动车和非机动车,或指示行车道的边缘;画于路口时,用作导向车道线或停止线或用以引导车辆行驶轨迹;画为停车位标线时,指示收费停车位
黄色虚线	画于路段中时,用以分隔同向行驶的交通流或作为公交专用车道线;画于交叉口时,用以告示非机动车禁止驶入的范围或用于连接相邻道路中心线的路口导向线;画于路侧或缘石上时,表示禁止路边长时停放车辆
黄色实线	画于路段中时,用以分隔同向行驶的交通流或作为公交车、校车专用停靠站标线;画于路侧或缘石上时,表示禁止路边停放车辆;画于网格线时,标示禁止停车的区域;画为停车位标线时,表示专属停车位
双白虚线	画于路口,作为减速标线
双白实线	画于路口,作为停车让位线
白色虚实线	用于指示车辆可临时跨线行驶的车行道边缘,虚线侧允许车辆临时跨越,实线侧禁止车辆跨越
双黄实线	画于路段中,用以分隔对向车流
双黄虚线	画于城市道路路段中,用于指示潮汐车道
黄色虚实线	画于路段中时,用以分隔对向行驶的交通流,实线侧禁止车辆跨线,虚线侧准许车辆临时越线
橙色虚实线	用于作业区标线
蓝色虚实线	作为非机动车专用车道标线;画为停车位标线时,指示免费停车位

二、交通信号灯

世界各国交通管理的经验表明,道路交叉口交通管理最有效的方法之一就是交通信号控制。

交通信号是在平面交叉口这种道路空间上无法实现分离原则的地方,用来在时间上给交通流分配通行权的一种交通指挥措施。交通信号灯可以有效地分离各流向的交通流,减少交通冲突,提高交通安全性。因此,交通信号控制也是道路交叉口最普遍的交通管理形式。为了保障交叉口的车辆行驶安全性,信号灯设置必须有良好的可见性,信号相位应尽可能简单。

1. 信号灯种类

在道路上用来传送具有法定意义指挥交通流通行或停止的光、声、手势等,都是交通信号。交通信号是在道路交叉口分配车辆通行权的设施,其作用是在时间上将互相冲突的交通流进行分离,使之能安全、迅速地通过交叉口。道路上常用的交通信号有灯光信号和手势信号。灯光信号通过手动、电动或电子计算机操作,以信号灯光指挥交通;手势信号则由交

通管理人员通过法定的手臂动作姿势或指挥棒的指向来指挥交通。手势信号仅在交通信号灯出现故障或无交通信号灯的地方使用。

信号灯由红、绿和黄三色变换,指示车辆行驶或停止。1979 年我国公安部规定:绿灯亮时,准许机动车直行、右转,在不妨碍直行的前提下也允许车辆左转。红灯亮时,禁止车辆通行,但在不妨碍绿灯放行车辆行驶时,准许左转。黄灯亮时,禁止车辆通行,但已越过停车线时可以继续前进。

随着交通控制技术的发展,现代信号灯在原来红、黄、绿三色基本信号灯外,又增加了两种信号灯:

(1)箭头信号灯。箭头信号灯是在灯头上加一个指示方向的箭头,可以有左、直、右三个方向。它是专为分离各种不同方向的交通流,并对其提供专用通行时间的信号灯。这种信号灯只在专用转弯车道的交叉口上使用才能有效。在一组灯具上,具备左、直、右三个箭头信号灯时,就可以取代普通的绿色信号灯。

(2)闪烁灯。普通红、黄、绿或绿色箭头灯在点亮时,按一定的频率闪烁,可以补充特定的交通指挥意义。

2. 设置交通信号控制的利弊

合理设计信号控制的交叉口,通行能力比没有通车或让路标志的交叉口大。设有停车或让路标志的交叉口的交通量接近其通行能力时,车流就会不畅,这会大大增加车辆的停车与延误,特别是次要道路上的车辆,停车、延误更加严重。这时,把设有停车标志的交叉口改为信号控制的交叉口可改善次要道路上的通行状况,减少其停车与延误。如果交通量没有达到需要设置信号灯时,不合理地将停车标志交叉口改为信号控制交叉口,结果就可能适得其反。

如果在交叉口盲目设置交通控制信号,由于主要道路驾驶人遇到红灯而停车,但他在相当长的时间内并未看到次要道路上有车辆通行,就往往会引起故意或无意的闯红灯。因此,信号控制交叉口的交通事故,往往多发在交通量较低的交叉口,或是交通量较低的时间段内。不少事故记录表明,最惊人的和最危险的事故往往发生在这种交叉口上。因此,研究制定合理设置交通信号灯的依据是十分重要的。

三、道路照明设施

夜间交通事故中重伤、死亡等重大事故所占比例较大,事故的主要原因是提供给驾驶人安全行车所必需的视觉信息不足。而道路照明是防止夜间交通事故最有效的手段之一。合理的道路照明布局,可以给驾驶人提供前方道路方向、线形等视觉信息,使照明设施具有良好的诱导性。合理的照明设计,还具有美化环境、改善景观的作用。

随着夜间交通量的日益增加,为避免交通事故的发生,保持夜间交通的通畅,提高道路服务水平,必须让驾驶人和行人得到障碍物的状况、信号、标志等视觉信息,以减少和防止交通事故的发生,道路照明必须满足交通的要求,具有明视的功能、正常的显色,并要保持相对稳定性。

道路照明质量是在人的视觉要求条件下确定其相应的技术标准。路段、交叉口、场站、桥梁和隧道等道路工程设施以及所有的交通管理设施和服务设施,在夜间或光线不足的情况下,都需要借助道路照明来保障夜间的交通安全。交通管制的信号和标志也离不开光和色彩,因此道路照明在交通系统中,起着便于各种信息进行传递的作用。

为了保证驾驶人和行人在运动中反应和判断不会失误，必须保证其视野范围内有足够的亮度。视觉对象识别的基本因素为背景的亮度对比度、视对象的大小及环境亮度。对道路的状况及障碍物等所能控制的，仅仅是其亮度，为了保证驾驶人能清楚的识别前方的道路状况以及障碍物，则应给予路面亮度所需的照度。

为了顺利地传递视觉信息，除了必要的照度外，还要求在一定范围内形成的视野内的亮度是均匀的。视野内的亮度如果极不均匀，对于驾驶人识别对象是非常不利的，特别是眩光问题。如果视野内经常出现高亮度的光源，则会因为感受到眩光而随之产生不适和疲劳，容易造成交通事故。

四、防眩设施

由于驾驶人在驾驶途中所获得的信息绝大多数是通过视觉获得的，因此，在行车过程中，能见度的大小直接影响到驾驶人对外界信息的感知，影响其做出正确的判断。眩光是视野内由于远大于眼睛可适应的照明而引起的烦恼、不适或丧失视觉的感觉。夜间在公路上行驶的车辆会车时，其前照灯的强光会引起驾驶人炫目，致使驾驶人获得视觉信息的质量显著下降，造成视觉机能的伤害和心理的不适，使驾驶人产生紧张和疲劳感，诱发交通事故。

防眩设施是在夜间行车时，为防止驾驶人收到对面来车的前照灯炫目，而在道路上设置的一种保证行车安全并提高行车舒适性的人工构造物，是一种安全防护设施。防眩设施既要有效地遮挡对向车辆前照灯的眩光，又要满足横向通视性好，能看到斜前方，并对驾驶人心理影响小的要求。如采用完全遮光，反而缩小了驾驶人的视野，且对驾驶产生压迫感。同时，无论白天或黑夜，对向车道的交通情况是行车的重要参照系，其中很重要的一点是驾驶人在夜间能通过对向车辆前照灯的光线判断两车的纵向距离，使其注意调整行驶状态。另外防眩设施不需要很大的遮光角也可获得良好的遮光效果。所以，防眩设施不一定把对向车灯的光线全部遮挡，而采用部分遮挡，即允许部分车灯光穿过防眩设施。

道路上设置的防眩设施形式主要有植树防眩、网格状的或栅栏式的防眩网、扇面式的防眩（栅）板或板条式的防眩板等。

1. 植树防护

中央分隔带植树原则上不属于防眩设施，但植树除了具有美化路容的功能外，也有防眩的作用，故植树也可以作为防眩设施的一种类型。所以，当中央分隔带的宽度满足植树需要时，可采用植树作为防眩设施，一般有间距型和密集型两种栽植方式。

2. 防眩栅（网）

防眩栅是将以条状板材两端固定于横梁上，排列如百叶窗状，板条面倾斜迎向行车方向。根据有关实验测定，与道路成45°时遮光效果较好。防眩网是以金属薄板切拉成具有菱形格状的网片，四角固定于边框上。

防眩栅（网）设置于分隔带中心位置，应装饰为深色，以利于吸收汽车前灯灯光。为防止汽车冲撞，在起止两端的立柱上应贴敷红色或银白色反光标志，中间立柱顶上也需有银白色反光标志。中央分隔带很窄时，应防止防眩栅（网）倾倒对行车的影响，故应考虑立柱间隔、采用的形式等，保证稳定安全。设有防护栏的分隔带防眩栅（网）可与护栏结合设计，上部为防眩设施，下部为防护栏，护栏部分须装饰为明显的颜色，以引起驾驶人的注意。

3. 防眩板

防眩板是以方形型钢作为纵向骨架，把一定厚度、宽度的板条按一定间隔固定在方形型钢上而形成的一种防眩结构。其主要优点为对风阻挡小、不易引起积雪、美观经济和对驾驶人心理影响小等。

五、护栏

护栏是防止车辆驶出路外或闯入对向车道而沿着道路路基边缘或中央隔离带设置的一种安全防护设施，在高等级公路和城市道路上有着广泛的应用，是一种重要的交通安全设施。

护栏的防撞机理是通过护栏和车辆的弹塑性变形、摩擦、车体变位来吸收车辆碰撞能量，从而达到保护车内人员生命安全的目的。因此，从某种程度上说，护栏是一种“被动”的交通安全设施。同时护栏还具有诱导驾驶人视线、限制行人横穿等功能。护栏形式的选择应经济合理、安全可靠和美观大方。而且，不同形式、不同刚度的护栏之间应进行过渡处理，以保持护栏强度的连续性，防止事故车辆在护栏不连续的地方穿过。

1. 路侧护栏

路侧护栏是设置在道路两侧路肩上的护栏，用于防止失控车辆越出路外，碰撞路边障碍物和其他设施。护栏的形式应针对道路的具体情况，一般采用波形梁护栏、管梁护栏、箱梁护栏、绳索护栏及混凝土护栏等。现在往往由于投资建设期资金短缺等原因，路侧护栏设置数量较少，尤其是三级、四级公路在一些需要设置护栏的路段却没有设置护栏，带来一定的事故隐患。

2. 中央分隔带护栏

中央分隔带护栏是设置于道路中间带内的护栏，具有分隔车流、引导车辆行驶、保证行车安全的作用。中央分隔带护栏应能满足防撞（即车辆碰撞）、防跨（即行人跨越）的功能，通常采用较高的栏式缘石形式、混凝土隔离墩式或金属材料栅栏式。护栏式中央分隔带常见的设置方法有两种：一种沿道路中线设置在高等级公路中线两侧，以波形梁为主；另一种设置在道路中心线的中间位置，以混凝土护栏为主。比如，当中央分隔带较窄时，将护栏设置于中央分隔带内，以阻止车辆闯入对向行车道。

3. 人行道护栏

人行道护栏是设置在危险路段（如城市道路上交通量大、人车需要严格分流、车辆驶出行车道将严重威胁行人安全、防止行人跌落等）用以保护行人安全的一种护栏形式。也可以控制行人任意横穿道路，以及防止行人走上行车道。一般情况下，行人护栏在结构上不考虑车辆碰撞问题，多采用管或网材等制成。

4. 桥梁护栏

桥梁护栏或栏杆是设置于桥梁上的一种安全设施。桥梁上的安全设施，要求坚固，适当注意美观，并注意做好桥梁和路基之间过渡段的协调。桥梁护栏的主要性能是可防止车辆突破、下穿或翻越桥梁，而桥梁栏杆是一种可防止行人和非机动车掉入桥下的装饰性结构物。桥梁护栏或栏杆常采用钢筋混凝土或钢管、花岗岩石料等制成。

5. 墙式护栏

在地形险峻路段的路肩挡土墙顶或岩石路基边缘上设置的整体式安全墙，是用片（块）石（干）砌或混凝土浇筑而成的安全设施，其作用是引起驾驶人警惕，防止车辆驶出路肩。若墙身为间断式，则称为墩柱式护栏或护栏墩；若墙顶有柱，则称横式护栏柱。

6. 护柱

护柱也称为警示墩，是在急坡、陡坡、悬崖、桥头、高路基处，靠近道路边缘设置的诱导视线的安全设施，以诱导驾驶人的视线，引起其警惕。护柱一般用木、石或钢筋混凝土制成，外表涂以红白相间的颜色。

六、道路绿化

道路绿化是指路侧带、中间分隔带、两侧分隔带、立体交叉路口、环形交叉路口、停车场以及道路用地范围内的边角空地等处的绿化。道路绿化是道路景观整体结构的需要，要坚持“以人为本”的原则，以满足交通安全为前提，应服从交通组织的要求。进行道路绿化时，应处理好与道路照明、交通设施、地上杆线、地下管线等的关系，要综合考虑，协调配合。根据具体位置，可考虑乔木、灌木、草皮、花卉等综合种植。其主要作用如下：

1）视线引导及线形预告作用

利用植物挺拔的形体和绚丽多姿的色彩，合理的绿化设计可以使驾驶人预知道路线形和标示方向，起到保持驾驶人良好视距和诱导视线的作用。

2）预防和减少交通事故

道路景观绿化不仅能够美化环境，而且是一条生命的防护线，许多事故发生后由于路侧行道树的遮挡，车辆避免翻入路旁深沟，保护了驾驶人的生命安全，减小了交通事故损失，例如，隧道出入口的明暗过渡栽植、路侧隔离栅的刺篱式栽植等都起到了降低事故的作用。

七、路侧交通安全

路侧作为道路交通环境的一部分，相对于线形等其他因素更为复杂。保证路侧安全的目的是为驶离路面的车辆提供合理的机会，使其重新找到并返回路面，或找到相对安全的停靠点。因此，科学地进行路侧安全设计，对于减少由于车辆冲出路外引起的路侧交通事故具有重要意义。

1. 路侧净区的概念

路侧安全设计是指对道路行车道以外空间的安全设计，即路侧安全净区为路面边缘以外到路权界限的区域。要求路侧区域内不得有任何危险物，该区域能确保驶出路外的车辆不发生翻车与碰撞的危险，驶出车辆能够在净区内无障碍行驶并返回行车道。

路侧净区是一种理想的路侧安全环境，是路侧安全设计的一种追求，进行路侧净区设计是减少路侧事故次数，特别是降低二次事故的危害程度的有效方法，也是降低路侧事故严重程度最为理想的对策，路侧安全净区的设置如图5-53所示。

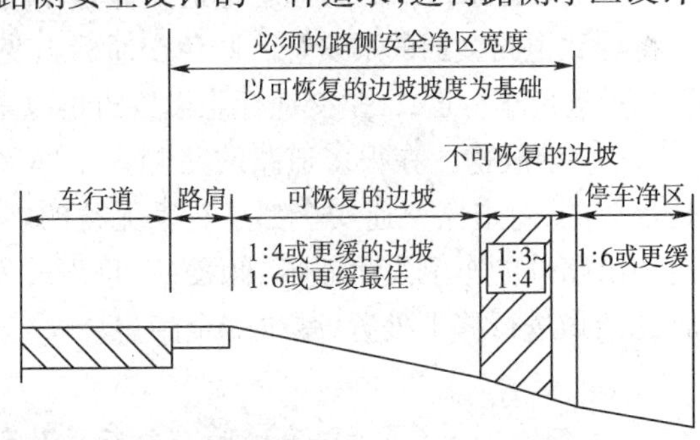

图5-53　路侧安全净区示意图

2. 路侧安全设计理念和方法

路侧安全设计应从保障路侧安全净区，合理设置护栏，对保证路肩、边坡、边沟及路侧危险物的妥善处理等来对路侧进行安全设计，提高路侧安全。

（1）路肩。合理的路肩设计能够降低路侧的交通事故。路肩包括硬路肩和土路肩，硬路肩应具有足够的宽度保证其功能的充分发挥，设置一定宽度的硬路肩能有效降低单车冲

出行车道的交通事故和车辆正面碰撞事故;土路肩除保护路面和路基的作用外,还提供侧向余宽,对路侧安全有着重要影响。土路肩表面应采用植草、空心混凝土预制块加植草等方式进行适当加固,以防止表面产生冲刷。

(2)边坡。路侧安全净区设计理念要求边坡在设计时,应尽量使其有利于车辆的安全行驶。当路侧有一定的宽度净区、填土高度较低时,可适当放缓边坡,使车辆驶出路外时顺着坡面下滑,翻车的可能性变小。

(3)边沟。边沟设置于低矮填方路堤的坡脚处或挖方路堑的路肩边(图5-46),是公路的重要排水结构物,它对于及时排除路面积水、保障雨天行车安全具有重要意义。

边沟位于路侧净区内,不合理的边沟设计很可能使注意力不集中的驾驶人和疲劳驾车的驾驶人掉入沟内,引起车辆侧翻,造成严重后果。因此,预防或减少的措施为宽容性的边沟设计。

宽容性边沟形式是相对于传统梯形边沟、矩形边沟而言,如浅碟形边沟。浅碟形边沟汇水能力相对较小,但其坡度较缓,能使失控车辆安全地逾越。在某些浅挖路段,可以采用预制的混凝土蝶形边沟,这样车辆不会陷入其内,增大了路侧空间。图5-54为浅碟形边沟示意图。

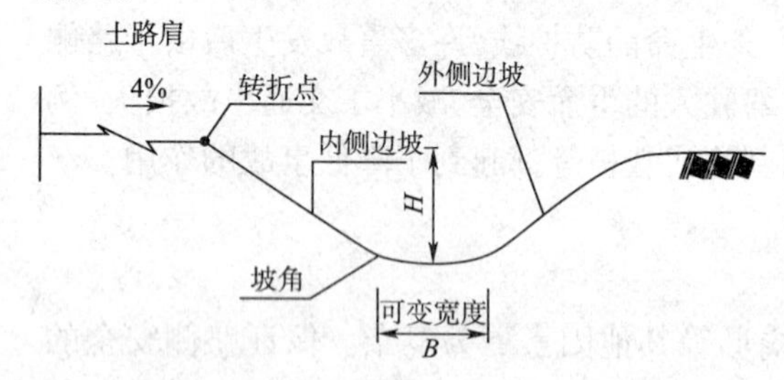

图5-54　浅碟形边沟设计示意图

(4)路侧危险物。它是指处于路侧净区内的对驶入车辆构成威胁的物体。路侧危险物的范围很广,通常情况下包括路侧树木、公共设施标杆、交通标志及各种堆放物等。对路侧危险物的安全处理主要是通过去除或移位来进行的。

路侧绿化设施的目的是为了美化环境,但是路侧树木一定程度上又将给车辆带来威胁。树木离行车道越近,车辆驾驶越容易擦碰到。从保护行车安全与环境和谐的角度出发,紧邻车道一定区域内的路侧树木适宜整体移植到确保不会影响行车安全的区域内。

(5)公共设施标杆。公共设施标杆通常有电线杆、通信线缆杆、照明灯柱等,各种标杆材料不同,一般有木质、混凝土、钢材等。这些设施标杆与路侧树木一样,当距离行车道过近时,将严重影响到行车安全,而且标杆材料比树木坚硬,造成的危害将更大。

(6)交通标志。交通标志是道路旁边不可缺少的一种安全设施。但是交通标志设置不当将导致道路交通的不安全。避免交通标志变成不安全的设施,一是在不影响视认性的前提下尽量远离车行道,二是交通标志设置时可以采用新型材料,以便减轻自重、提高机械性能。

(7)堆放物。在很多道路的路侧安全净区内都存在堆放杂物的现象,不管是临时的还是永久的,对道路交通安全都是有害无益的。这些堆放物不仅可能影响到行车视距,更可能使冲出路外的车辆发生碰撞、倾覆,一旦事故发生后果将极其严重。因此,应及时对已经堆放的杂物进行移走处置,减少安全隐患。

第六节　交通环境与运行安全

影响道路交通安全的环境因素包括道路景观、气候条件、交通管理的法律法规以及交通安全教育等,本节主要阐述道路景观和气候条件与运行安全问题。

一、道路景观

现代道路景观包含的内容较多，道路不单纯地仅仅具有承载交通运输功能，而且要求能够为人们提供美好、舒适的视觉效果，并能与自然环境和社会环境相协调，体现社会文化内涵和文化价值。

具体来讲，它主要是指由道路、附属设施、周边自然环境及人的活动等因素所构成的一个总的空间概念，它表示道路与其周边环境共同构成的一条带状的大地环境，它反映了路域环境特征，是人文与自然环境相结合的建筑艺术。

以路权为界，道路景观可分为自身景观和沿线景观。自身景观包括道路线形、道路构造物、服务设施以及道路绿化等。沿线景观是指道路所处的外部行驶环境，是构成道路整体景观的主体，同时也是乘客在车辆行驶过程中的主要观赏对象。道路自身景观可以通过景观设计等加以修饰，道路沿线景观只能在规划和设计阶段，通过选择与周围景观协调的路线来实现。

按照不同的结合方式，可以将道路景观分为道路线形要素的景观协调、道路与道路沿线的景观协调、道路与自然环境及社会环境的协调。道路景观所包括的具体内容见表5-18。

道路景观构成要素　　表5-18

类　型	具体形式	内　容
道路线形要素的景观协调	视觉上协调	视觉上，平面线形与纵断面线形各自协调、连续
	立体上协调	平面线形与纵断面线形互相配合，形成立体线形
道路与道路沿线的景观协调	行车道旁边的环境	中央分隔带的绿化；路肩、边坡的整洁；标识清楚完整；广告招牌规则协调；商贩集中，不占道路
	构造物环境	对跨线桥、立体交叉、电线杆、护栏、隧道进出口、隔音墙等的设计有一定的艺术特色，体现一定的区域建筑特色
道路与自然环境及社会环境的协调	道路与自然环境及社会环境的协调	道路与沿线的地形、地质、古迹、名胜、绿化、地区风景间的协调；沿线与城市风光、格调的协调

道路景观与交通安全之间是相辅相成，既相互促进又相互制约的辩证关系。优美舒适、功能科学合理的道路景观设计不仅能起到美化道路交通环境、保护自然环境的目的，也能对良好的交通安全环境起到积极地营造和辅助作用。同时，由于功能要求的差异，道路景观和交通安全二者之间又存在相互制约的方面，不合理的道路景观设施或施工养护行为会对交通安全造成不利的影响。

二、气候条件

恶劣的天气环境可能降低车辆轮胎与地面的摩擦力，影响驾驶人视距，增加驾驶人紧张感，降低交通安全性。

1. 雨天行车的交通安全

降雨是最常见的天气现象之一，由降雨引发的交通事故也最为普遍。据国外研究所得出结论，雨中行车比在干燥路面上行车增大2～3倍的危险。

(1)雨天环境下，驾驶人视线容易受阻，给行车安全带来困难。下小雨时，空气能见度低；狂风骤雨时，驾驶人的视野受到刮水器运动范围的限制，前风窗玻璃和侧后视镜附着雨水，影响驾驶人清晰观察路侧环境，这种情况导致驾驶人不能及时发现障碍物而引发碰撞事故。在交叉口上，车辆左转弯时，驾驶人容易忽略前照灯照射范围外人横道上的行人，也可能诱发事故发生。

（2）雨水的作用导致路面摩擦系数降低是雨天道路交通安全性较低的关键，路面潮湿或积水都会影响路面摩擦系数。路面潮湿时，表面上有一层很薄的水膜，使轮胎与路面和路面材料之间隔着一层“润滑剂”，水膜将路面上的微小坑洼填平，使轮胎与地面的紧密接触受到严重影响。表5-19列出了不同车速在雨天条件下的制动距离。

不同车速在雨天条件下的制动距离（m） 表5-19

车速（km/h）	50	60	70	80	90	100	110
干燥沥青路面	12.3	17.8	24.0	31.5	39.9	49.2	59.5
湿润沥青路面	24.6	35.5	48.2	63.0	79.7	98.4	119.1

因此，雨天与干燥的路面相比汽车的制动距离更长，因此，遇到意外情况突然停车时，容易发生追尾事故；由于车辆轮胎的横向摩擦力减小，在弯道处，由于离心力的作用，导致车辆产生滑移而与对向车道上的车辆发生正面碰撞。

（3）阴雨绵绵比暴雨更具危险性。一方面是驾驶人对小雨不会引起足够的重视，而在暴雨中行车时，会本能地注意到危险而集中精神，进而控制车速；另一方面，小雨中轮胎与路面的摩擦系数比暴雨中的大，车辆在小雨中的路面上行驶更容易打滑。

2. 雾天行车的交通安全

在雾天条件下，车辆在高速行驶时容易发生追尾，酿成重大交通事故。雾天对行车产生的影响表现在以下几个方面：

（1）雾天环境下，能见度降低，视线障碍大，驾驶人可视距离大大缩短，同时，雾天会使光线散漫，并吸收光线，致使事物的亮度下降，可变情报板、标志标线及其他交通安全设施的辨别效果较差，无法保持前后车辆的最短安全距离，驾驶人的观察和判断能力受到严重影响，尤其是浓雾天气和雾带的出现，极易引发连锁追尾相撞事故。表5-20列出了高速公路上雾天状况与视距关系。

高速公路雾天状况与视距关系 表5-20

种　类	视距（m）	种　类	视距（m）
淡雾	300～500	特浓雾	<50
浓雾	50～150		

（2）雾天环境下，雾水与积灰、尘土混合，导致轮胎与路面的附着系数减小，特别是北方冬季，冰雾在道路表面形成一层薄冰，使附着系数下降更为明显，从而导致制动距离延长、行驶打滑、制动跑偏等现象发生。

（3）由于大雾影响，造成驾驶人心理紧张，而且在大雾中快速行驶的驾驶人常常认为车速很慢，一旦发生意外，驾驶人很难做出正确判断，采取措施不当就会引发交通事故。

3. 冰雪天行车的交通安全

冰雪天气给人们出行带来极大不便，积雪和冰冻严重危害桥梁等结构物，给交通带来安全隐患。

（1）积雪和低温易导致车辆零件冰冻，引发故障，冰雪堆积使路面变滑，汽车转向及制动的稳定性下降，使车辆控制难度增大，汽车操纵困难。据英国气象条件与交通事故资料统计,雪天高速公路事故发生率是干燥路面的5倍,结冰时事故发生率是干燥路面的8倍。

(2)在冰雪天气下,路面附着系数仅为正常干燥路面附着系数的1/8~1/4,车速越高,路面附着系数越小,车辆制动距离增大,制动困难,对行车安全威胁极大。表5-21列出了不同车速在冰、雪条件下的制动距离。

不同车速在冰、雪天条件下的制动距离(m) 表5-21

车速(km/h)	50	60	70	80	90	100	110
干燥沥青路面	12.3	17.8	24.0	31.5	39.9	49.2	59.5
冰雪沥青路面	49.2	71.0	95.5	126.0	150.0	196.9	238.2

(3)冰雪降低公路的通行能力,当冰雪厚度达到一定大小时,可阻碍车辆通行,严重时甚至发生雪崩、雪阻,使交通完全中断;飘雪导致能见度降低;雪花也会覆盖交通标志板面,则标志就会失去作用。

(4)当雪后天晴时,由于积雪对阳光的强烈反射作用,产生眩光,即雪盲现象,也会使驾驶人视力下降,成为安全行车的潜在危险。

第六章　道路交通运输安全管理

第一节　道路交通与运输安全立法

道路交通运输安全管理必须要在国家相关法律、法规及标准的前提下进行，这些法律、法规和标准是在许多血的教训下，由国内外专家学者经过大量周密细致地研究后制定的，而且随着时代的进步和使用环境的改变仍在不断完善，它对道路交通运输安全的有序推进有着巨大的帮助和促进作用。

道路交通运输安全管理法规是指国家各级立法机构和地方政府职能部门颁发实施的，旨在加强道路交通运输管理、维护交通秩序、保障人民生命财产和促进交通事业发展的一系列行政法规的总称，属于行政法范畴。关于机动车安全运行、驾驶人管理、道路交通秩序管理、道路交通事故调查与处理、道路交通安全监督、道路交通安全行政处罚等方面的法律、行政法规、规定、决定、条例、规则及标准等，都属于道路交通运输安全法规的范畴。它是国家行政法规的重要组成部分，具有一定的强制性和约束力。

一、道路交通运输安全立法的意义

1. 道路交通运输安全立法是国家管理道路运输的主要手段

安全问题是随着生产的产生而产生的，随着生产的发展而发展的，在当今科技进步和经济发展的情况下，安全生产管理工作逐步被更多的人所认识、理解和重视。道路运输安全管理是经济活动和社会活动中十分重要的内容之一，因此，道路运输安全管理法制建设也是市场经济条件下法制建设的重要内容之一。只有通过法律手段，建立和完善各项法律和法规，明确责、权、利三者的关系，加强执法检查和监督管理，才能保证在道路运输生产和其他社会活动中人们的生命健康安全和财产安全，保障经济快速稳定增长。

2. 道路交通运输安全立法是规范道路运输安全的主要措施

为了保障旅客、货主及其他人员在道路运输过程中的生命财产安全，就必须改善劳动条件，提高站场、车辆及各种设施、设备的安全可靠性，改善环境文明程度，降低劳动强度等有效措施。但采取这些措施不仅不能直接产生经济效益，而且还会加大企业的运营成本。因此，某些道路运输企业经营者容易心存侥幸，自觉不自觉地减少对安全生产的投入，降低安全生产条件，以牺牲生命财产和健康安全为代价，盲目追求产值和利润；另外由于监管人员的渎职或利益驱使，无视安全管理标准，随意降低安全管理质量，从而导致重大伤亡事故的发生。因此，只有用法律来做出相关规定，用法律来规范政府、行业管理部门、道路运输企业和个人等各方面的行为，才能保证道路运输安全、健康地发展。

3. 道路交通运输安全立法是促进交通安全管理水平和汽车技术进步的必要手段

安全管理是一门综合性科学,安全管理的法制化、标准化在协调这一科学技术发展中起着十分重要的作用。道路运输行业体现着科学技术的综合水平,整个道路运输服务系统存在着链式反应关系。道路运输安全生产既是一门科学技术,又是一项系统工程,需要用大量的法规、标准来规范人们的行为,规范作业场所的安全文明条件、各项管理制度和检测方法,以及车辆和机具设备的安全性能,从而保证道路运输安全生产的实现。

同时,严格的安全管理要求,进一步促使有关部门研究制造出更为坚固可靠,操作更为简单,科技含量更高的零部件和机械设备、电子检测和监控设施,用以更好保证安全管理法律、法规的实施。所以,道路交通运输安全立法有利于促进道路运输行业科学技术的发展。

4. 道路交通运输安全立法是促进经济全球化发展的重要内容

安全生产管理立法是全人类健康发展的共同需求,是衡量国家经济发展水平和社会文明程度的重要标志;也是国家形象的体现,是道路运输企业参与国际间市场竞争的必要条件。保障生命财产的安全是保持社会稳定和经济持续增长的重要条件。

随着经济全球化进程的不断发展和我国加入世界贸易组织,人才、自然资源及生产、生活、设施等在全世界广泛流动,由于各国的管理体制和安全标准不一致,产品安全性能及事故等造成的经济损失和经济纠纷不断增加,安全生产管理立法也成了协调国家之间利益和矛盾、促进经济全球化发展重要内容之一。

二、道路交通运输安全立法的原则

建立和完善法规体系,规范道路运输行业行为,真正做到有法可依、有法必依、执法必严、违法必究,是道路交通运输安全的必要保障。因此,道路运输安全立法必须坚持以下基本原则。

1)坚持"安全第一、预防为主"

"安全第一"就是当生产与安全发生矛盾时,生产必须服从安全;"预防为主"就是一定要做好事故防范工作,防患于未然,强化源头管理,这是实现"安全第一"的基础。道路运输安全立法就是要在道路运输生产过程中,规范道路运输经营者和从业人员经营行为,规范行业管理部门的执法行为,保护生命财产不受到任何危害。

2)坚持"以人为本,生命至上"

人是道路交通参与的主体,也是整个交通系统的核心组成部分,因此,在进行道路交通运输安全立法时,必须坚持"以人为本、生命至上"的原则。人的生命只有一次,一旦失去将永远不可能再得到恢复,所以说人的生命是最可宝贵的。因此,道路交通运输安全法律法规必须首先保证交通安全,其次才是交通畅通,交通安全中最为重要又是人的安全,特别是交通参与者的生命安全。

这里说的"以人为本",包括在法律法规制定过程中,必须充分考虑人的运动特性、伤害特性、感知特性和行为特性,使每个交通参与者都能无需经过特殊培训,即可实现严格遵守相关的法律法规,而不应使法律法规的要求超出普通人生理和心理的能力范围。

只有坚持"以人为本,生命至上"的原则,道路交通运输安全法律法规才能真正保障行人、非机动车驾驶人和机动车驾驶人等所有交通参与者的权益,真正促进我国道路交通安全形势的根本好转。

3)明确职责,强化管理

道路交通运输安全生产工作需要政府、行业主管部门、企业和个人各方共同努力才能做好。通过法规形式明确各自职责,不仅有利于安全操作,而且也利于监督检查和在事故发生后的调查处理,同时,可最大限度地保护被害人的利益,提高法律法规的可操作性。

4)鼓励科技进步,促进道路运输行业文明建设

道路运输中的安全设施,是保障安全生产的物质基础。在企业的建设中必须与生产设施同时设计、建设、配置和交付使用。在安全设施的建设及配置时,应当积极采用新的科学技术和电子产品,逐步采用和普及。如车辆行驶记录仪和全球卫星定位系统等车辆运行安全管理先进设备,逐步提高车辆维修、装卸以及其他运输服务项目的设施设备的科技含量,提高机械化、自动化和网络化程度,有条件的道路运输企业应积极建立或加入计算机信息网络,尽量消除道路交通运输生产中的不安全因素,增强交通事故预防能力,促进道路运输行业文明建设。

5)坚持积极慎重的方针

道路交通运输安全法规具有权威性。不成熟、没有把握的内容不能勉强制定,否则,必然影响法规的严肃性,甚至无法执行。这样不仅影响法规制定部门的形象,也影响道路交通运输行业的发展。同时,随着经济的不断发展和运输安全水平的变化,一些法规又常常跟不上形势变化的要求,需要根据当时的经济水平和科技能力,不断制定、修改和完善。因此,制定和修改道路运输安全法规时,一定要坚持积极慎审、实事求是的方针。

三、道路交通运输安全管理法规体系及内容

1. 道路交通运输安全管理法规体系

我国的交通安全法律法规体系主要由与道路交通安全有关的法律、行政法规、部门行政规章、地方性法规、地方性规章、技术标准以及其他法律法规中涉及道路交通安全的规范性条款组成。

1)法律

道路交通安全的法律规定是由全国人大及其常委会制定的在全国范围内普遍适用的道路交通安全管理规范性文件,由国家主席签署颁布。我国目前涉及道路交通安全的现行法律主要是《中华人民共和国道路交通安全法》。

2)行政法规

道路交通安全的行政法规是由国务院制定和发布的具有较高法律效力的规范性文件的总称。我国目前有关道路交通运输安全的行政法规主要包括《中华人民共和国道路交通安全法实施条例》、《中华人民共和国道路运输条例》、《危险化学品安全管理条例》、《放射性物品运输安全管理条例》等。

3)部门行政规章

道路交通运输安全的部门行政规章是由国务院所属职能部门依据法律和行政法规制定的,并不得与宪法、法律、行政法规相抵触的规范性文件,我国道路交通运输安全的部门行政规章主要由公安部、交通运输部等制定,包括:《道路交通安全违法行为处理程序的规定》、《交通事故处理程序规定》、《机动车驾驶证申领和使用规定》、《机动车登记规定》、《机动车维修管理规定》、《机动车驾驶人培训管理规定》、《机动车安全技术检验机构管理规定》、《道路危险货物运输管理规定》等。

4）地方性法规

道路交通运输安全的地方性法规是省、自治区、直辖市和经国务院批准的较大市的人民代表大会及其常委会，根据宪法、法律以及行政法规，结合本地区的实际情况制定的，不与宪法、法律以及行政法规抵触的规范性文件，如《北京市实施〈中华人民共和国道路交通安全法〉办法》、《江苏省道路交通安全法实施条例》等。

5）地方性规章

道路交通运输安全的地方性规章是地方国家行政机关根据法律、行政法规和本行政区的地方性法规的规定制定的规范性法律文件，如《北京市道路交通安全防范责任管理办法》等。

6）技术标准

涉及道路交通运输安全方面的技术标准是道路交通运输安全法规的延伸和具体化。

技术标准的种类可分为基础标准、产品标准、方法标准、安全卫生与环境保护标准4类。

①基础标准。对道路交通具有最基本、最广泛指导意义的标准，具有一般的共性，是通用性较广的标准，如名词、术语等。

②产品标准。对道路交通系统有关产品的形式、尺寸、主要性能参数、质量指标、使用、维修等所制定的标准。如《道路运输危险货物车辆标志》（GB 13392—2005）。

③方法标准。关于方法、程序、规程、性质的标准，如试验方法、检验方法、分析方法、测定方法、设计规程、工艺规程、操作方法等。如《营运车辆综合性能要求和检验方法》（GB 18565—2012）。

④安全、卫生与环境保护标准。这类标准是以保护人和物的安全、保护人类的健康、保护环境为目的而制定的标准。这类标准一般都要强制贯彻执行，如《机动车安全运行技术条件》（GB 7258—2012）等。

按照技术标准的适用范围，我国的标准分为国家标准、行业标准、地方标准和企业标准4个级别。

①国家标准。是指对全国经济技术发展有重大意义，需要在全国范围内统一的技术要求所制定的标准。国家标准在全国范围内适用，其他各级标准不得与之相抵触。如国家标准《道路运输爆炸品和剧毒化学品车辆安全技术条件》（GB 20300—2006）。

②行业标准。是指对没有国家标准而又需要在全国某个行业范围内统一的技术要求所制定的标准。行业标准是对国家标准的补充，是专业性、技术性较强的标准。行业标准的制定不得与国家标准相抵触，国家标准公布实施后，相应的行业标准即行废止。如交通行业标准《汽车运输危险货物规则》（JT 617—2004）。

③地方标准。是指对没有国家标准和行业标准而又需要在省、自治区、直辖市范围内统一工业产品的安全、卫生要求所制定的标准。地方标准在本行政区域内适用，不得与国家标准和标业标准相抵触。国家标准、行业标准公布实施后，相应的地方标准即行废止。

④企业标准。是指企业所制定的产品标准和在企业内需要协调、统一的技术要求和管理、工作要求所制定的标准。企业标准是企业组织生产、经营活动的依据。

其中国家标准、行业标准和地方标准的性质分为两类：一类是强制性标准，如强制性国家标准其代号为“GB”（“国标”汉语拼音的第一个字母）；另一类是推荐性标准，如推荐性国家标准其代号为“GB/T”（“T”为“推”的汉语拼音的第一个字母）。

强制性标准：是国家通过法律的形式明确要求对于一些标准所规定的技术内容和要求

必须执行，不允许以任何理由或方式加以违反、变更，这样的标准称为强制性标准，包括强制性的国家标准、行业标准和地方标准。对违反强制性标准的，国家将依法追究当事人法律责任。如《机动车安全技术检验项目和方法》(GB 21861—2008)。

推荐性标准：是指国家鼓励自愿采用的具有指导作用而又不宜强制执行的标准，即标准所规定的技术内容和要求具有普遍的指导作用，允许使用单位结合自己的实际情况，灵活加以选用。如《客车上部结构强度》(GB/T 17578—1998)。

在国家标准、行业标准以及地方标准中，涉及道路交通以及运输安全的技术标准，一般大多为强制性标准。国家标准是标准体系中的主体。

7)其他法律法规中涉及道路交通运输安全的规范性条款

在我国其他法律法规中，涉及道路交通运输安全的规范性条款主要包括《中华人民共和国刑法》中对交通肇事罪的规定等、《中华人民共和国公路法》中关于超限运输的规定等、《中华人民共和国安全生产法》中关于安全责任和事故救援规定等、《中华人民共和国大气污染防治法》中关于汽车尾气排放的规定等、《中华人民共和国突发事件应对法》中关于事故应急管理的规定等。

2.道路交通运输安全法规主要内容

1)道路通行主体的安全管理

道路通行主体一般包括车辆、驾驶人、骑车人、行人等几个组成部分。道路交通安全法规中关于车辆安全管理的内容，主要包括车辆的登记、检验、报废、保险和特种车辆的使用与管理；关于驾驶人安全管理的内容，主要包括驾驶人驾驶资格、培训、考试、记分和驾驶车辆上路行驶前的要求及驾驶人证件的审验等；对非机动车的规定，主要包括车辆行驶条件、车辆登记、通行权限等内容；对乘客和行人的规定主要是交通规则的管理规定。

《中华人民共和国道路交通安全法》作为国家大法，规范了道路通行主体的行为标准，明确了各自的权利和义务，《道路交通安全法实施条例》则辅助说明了实施的要点；《机动车登记规定》、《机动车维修管理规定》、《机动车修理业、报废机动车与回收业管理办法》、《机动车号牌生产管理办法》等规章、规范，为车辆管理规范的实施提供了具体的细则和标准依据；《中华人民共和国驾驶证管理办法》、《机动车驾驶证申领和使用规定》、《机动车驾驶人考试办法》、《机动车驾驶人培训学校管理办法》、《机动车驾驶人交通违章记分办法》等规章、规范则为驾驶人管理法规的实施提供了具体的细则和标准依据。

2)道路交通秩序管理

道路交通安全法规中交通秩序管理的内容，主要包括道路通行条件和道路通行规定。通行条件是指为保障道路交通安全、有序、畅通，而对道路、交通信号，交通标志、交通标线以及相关交通安全设施提出的基本要求，是保障"道路为车辆交通所用"的出发点；而《城市道路设计规范》(CJJ 37—2012)、《公路工程技术标准》(JTG B01—2003)、《道路交通标志和标线》(GB 5678—2009)、《公路养护安全作业规程》(JTG H30—2004)等技术标准为道路通行条件提供了相关标准要求。

3)道路交通事故调查与处理

交通事故调查与处理是公安机关交通管理部门依据有关规定，对发生的交通事故进行处理的过程，主要包括道路交通事故的现场勘查、收集证据、认定事故责任、开具处罚、调解赔偿等。道路交通安全法规对交通事故的认定、交通事故现场处理措施和责任、交通事故处理程序、交通事故责任认定、交通警察执法职责、交通事故赔偿方案调解、交通事故案件的解决等多方面有全面的规定。

《中华人民共和国道路交通安全法》对交通事故的调查和处理作了总体要求；《道路交通安全法实施条例》则对应将各条予以详细解释；《道路交通事故处理程序规定》和《关于道路交通事故现场勘查工作有关问题的通知》则对交通事故的调查取证、现场管理、责任认定、事故记录等作了具体的规定，也对交通事故的处理更具直接指导性；《道路交通安全违法行为处理程序规定》和《机动车驾驶人交通违章记分办法》则对交通事故中的违法行为作了相应的处理规定。

4）交通违法行为处理

道路交通安全法规对交通违章处理的规定一般属于行政处罚的范畴，是对违反道路交通安全法律、法规行为人应当承担法律责任的规定，但也有属于刑法范畴的，如醉酒驾驶等。道路交通安全法规对违章行为的处理规定，主要内容有处理主体的管辖范围、违法行为界定、处理程序、调查取证、行政处罚措施的使用等几个方面。

在《中华人民共和国道路交通安全法》和《道路交通安全法实施条例》中，对车辆和驾驶人管理、道路通行条件、通行规则、交通事故处理等，均有交通违法行为的描述；《道路交通安全违法行为处理程序规定》则对交通安全违法行为的处理过程及具体细节予以详细的解释和规定；《机动车驾驶人交通违章记分办法》、《公安机关办理行政案件程序规定》等法规、规章也有对交通安全违法行为相应的规定内容；《中华人民共和国刑法》则对醉酒驾驶、肇事逃逸等严重的交通安全违法行为作了相应的规定。

5）执法监督

道路交通安全的执法监督是指道路交通安全管理相关部门、新闻媒体以及广大民众对交通管理部门的执法行为、执法过程、执法效果、执法公平性等方面实施的监督制度。交通安全执法监督属于行政执法监督，我国主要的监督方式有各级人民代表大会及其常务委员会的权力机关监督、行政机关监督、司法机关监督、社会组织的监督、舆论监督和人民群众监督几种类型。关于公安机关交通管理部门执法要求的规范主要有：加强交通警察队伍建设；明确执法原则；规范警容风纪；严格执行收费、罚款规定；实行回避制度；行政监察、监督以及内部层级监督；社会和公民的监督及检举、控告制度，以及对交通执法行为的保障等规定。

第二节　道路运输车辆及驾驶人安全管理

道路交通作为动态的开放系统，其安全既受系统内部因素的制约，也受系统外部环境的干扰，与人、车、路、环境等因素密切相关，道路交通事故就是系统在运动过程中不协调或失衡造成的。在整个系统中道路环境具有相对的稳定性，一般不会随时间发生太大变化，而人和车却随着时间和空间的变化而不断变化。因此，人特别车辆驾驶人和车辆是影响道路交通安全的重要因素，必须对其进行有效管理。

一、道路运输车辆安全管理

1. 车辆技术状况安全管理

1）汽车安全技术装备的规范使用

根据轨迹交叉事故致因理论，生产安全事故之所以能够发生，除了人的不安全行为外，一定存在着某种不安全条件（即物的不安全状态）。在事故发展进程中，人的因素运动轨迹与物的因素运动轨迹的交点就是事故发生的时间和空间,即人的不安全行为和物的不安全状态发生于同一时间、同一空间,或者说人的不安全行为与物的不安全状态相通,则将在此时间、此空间发生事故。比如,汽车出现机械故障或性能减退等危险状态,而此时正好又遇上驾驶人实施了不安全的驾驶行为,使得车辆的危险状态和驾驶人的不安全行为发生某种"对接",事故就不可避免地发生了。因此,在事故发展过程中,人的因素和物的因素占有同等重要的地位。按照该理论,可以通过避免人与物两种因素运动轨迹交叉,即避免人的不安全行为和物的不安全状态同时、同地出现,以预防事故的发生。

为了提高汽车的安全性,可以通过采用可靠性高、结构完整性强的新技术、新设备,避免汽车在运行过程中出现危险状态,切断物的不安全事件发展链,排除人不安全行为发展链和物的不安全状态发展链在时间和空间上可能发生的交叉,从而避免事故的发生。

近年来,道路重特大交通事故多发,给人民群众生命财产造成巨大损失。从事故调查情况分析可知,其中大中型客货车自身存在的安全技术问题也是事故发生或加重事故严重程度的重要影响因素之一。部分大中型客车存在车身结构强度不高、乘员保护设施不完善、抗侧倾稳定性能不强等问题;部分卧铺客车存在车内易燃品多、逃生通道狭窄等安全隐患;大型货车及挂车存在超载、超长、超宽违规运输问题,违法改装商品运输车、低平板车等问题。

为进一步提高车辆安全技术性能,加强车辆注册登记管理,国家有关部委联合发文要求:公路客车、旅游客车均应装备限速装置,且限速装置设定的最高车速不得超过100km/h,所有座椅均应装置汽车安全带;Ⅱ、Ⅲ级客车车身结构强度应符合《客车上部结构强度》(GB/T 17578—1998)标准的规定,B级客车车身结构强度应符合《轻型客车结构安全要求》(GB 18986—2003)标准的规定;车长大于9m的公路客车、旅游客车应至少设置两个乘客门,车轮装用子午线轮胎,装备缓速器或其他辅助制动装置,至少前轮必须装备盘式制动器;车长大于11m的公路客车、旅游客车车身应为全承载整体式框架结构。

对于危险货物运输车辆、总质量大于12t的货车应装备缓速器或其他辅助制动装置,其中危险货物运输车应装备限速装置,限速装置设定的最高车速不得超过80km/h,前轮应装备盘式制动器;总质量大于12t的货车、车长大于8m的挂车应设置符合国家标准的车辆尾部标志板,厢式货车和厢式挂车应装备符合规定的反射器型车身反光标识;所有货车均应在驾驶室两侧喷涂总质量参数,半挂牵引车喷涂最大允许牵引质量参数,栏板货车和自卸货车还应喷涂栏板高度参数,罐式汽车和挂车还应在罐体上喷涂罐体容积及允许装运物品的种类,字体高度不小于80mm。

在道路运输过程中,小轿车和摩托车钻入或卷入大货车的事故时有发生,且由于该类事故中小轿车车身受到严重挤压,大大增加乘员的伤亡率。为了有效保护大货车对车外其他交通参与者的伤害,国家标准GB 11567—2001规定,汽车和挂车必须安装后下部和侧面防护装置,而且防护装置整个宽度上下边缘离地高度不得大于550mm。

统计表明,在发生的相关道路交通事故中,旅游包车、三类以上班线客车和运输危险化学品的道路专用车辆是恶性事故的主要肇事车型。为了对其进行有效监控,必须安装使用具有行驶记录功能的卫星定位装置。利用运输车辆卫星定位系统,加强道路运输安全管理,实时监控运输车辆驾驶人超速行驶、疲劳驾驶等违法行为,是有效遏制重特大道路交通事故、实现道路运输安全的有效手段。

目前,我国每年都有超过1.8万名14岁以下儿童死于道路交通事故,死亡率是欧洲的2.5倍、美国的2.6倍,交通事故已经成为14岁以下儿童的第一死因。为了更大限度地保护儿童在事故中受到伤害,国家标准《机动车儿童乘员用约束系统》(GB 27887—2011)于2012年7月1日正式实施。标准规定国产车辆必须装配符合标准的儿童安全座椅接口,并对儿童安全座椅的生产和销售做出规范。因儿童安全座椅是根据儿童的身高体重、骨骼发育特征进行研发设计,并安装在汽车上。在车辆发生碰撞或突然减速的情况下,可以减少对儿童的冲击力,减轻对他们的伤害。根据研究显示,当车体遭受突然撞击时,正确使用儿童安全座椅可使得婴儿潜在车祸伤亡率有效降低70%以上;对于1~4岁儿童的死亡率能降低54%以上;对于4~7岁儿童的死亡率也降低59%以上。

2)车辆安全检验管理

车辆在交通运输系统中一直处于运动状态,它的技术性能和技术状况是交通安全的重要基石,若技术状况良好,可有效切断物的不安全状态运动轨迹,防止因驾驶人操作失误而导致交通事故的发生;在某种情况下即使发生事故,亦有可能减轻事故的损失。对车辆进行安全检验是保障技术状况良好的有效途径。

①机动车安全技术检验及要求。

为保证行驶的车辆都能具有完好的技术状况,必须依据《中华人民共和国道路交通安全法》、《机动车安全技术检验机构监督管理办法》和《机动车运行安全技术条件》(GB 7258—2012)、《机动车安全技术检验项目和方法》(GB 21861—2008)等国家法律、法规和标准,对其进行定期技术检测。

《中华人民共和国道路交通安全法》规定,登记后上路行驶的机动车,应当依照法律、行政法规的规定,根据车辆用途、载客载货数量、使用年限等不同情况,定期进行安全技术检验:

a. 营运载客汽车5年以内每年检验1次;超过5年的,每6个月检验1次。

b. 载货汽车和大型、中型非营运汽车10年以内每年检验1次;超过10年的,每6个月检验1次。

c. 小型、微型非营运载客汽车6年以内每2年检验1次;超过6年的,每年检验1次;超过15年的,每6个月检验1次。

d. 摩托车4年以内每2年检验1次;超过4年的,每年检验1次。

e. 拖拉机和其他机动车每年检验1次。

根据《机动车安全技术检验项目和方法》(GB 21861—2008)的要求,对于无明显漏油、漏水、漏气现象,轮胎完好,气压正常且胎冠花纹中无异物,发动机怠速正常的车辆,分别对底盘动态检测、车速、排放、制动、侧滑、前照灯、车辆底盘、功率、行车制动、驻车制动等项目进行检验。

汽车安全检验项目按属性分为否决项和建议维护项,仪器设备检验项目中,车辆的排放、制动、前照灯远光光束发光强度、轮偏和底盘输出功率为否决项。只要有一项不符合标准,即为车辆检验不合格,其余为建议维护项。具体检测项目必须符合《机动车运行安全技术条件》(GB 7258—2012)国家标准的相关规定要求。机动车安全技术检验完毕后,机动车安全技术检验机构应签发《机动车安全技术检验报告》,并将安全技术检验的相关数据及图像传送给公安交通管理等相关部门。

为保护交通事故中第三方的利益,国家标准要求在用车检验时,送检人应提供送检机动车的行驶证和有效的第三者责任强制保险凭证,对不能提供以上证件、凭证的送检车辆,安全检验机构不应予以技术检验。

②机动车安全检验机构监督与管理。

为了打破垄断，提高机动车检验技术和服务水平，《中华人民共和国道路交通安全法》第十三条明确规定：机动车安全技术检验实行社会化，任何单位和个人都可以申办机动车安全技术检测机构，具备条件并依法成立的检测机构均可对机动车进行安全技术检测。

车辆安全检验的社会化并不代表要减弱对检验机构的管理，而是要更加强化管理。车辆安全检验机构要取资质，就必须依据《机动车安全技术检验机构监督管理办法》和《中华人民共和国道路交通安全法》的相关规定向地方质量技术监督管理部门提出申请，质量技术监督管理部门要对申请者的检验资格许可条件及从业人员上岗资格进行严格审查。对于符合条件的签发检验资格许可证书后，方可在许可的范围内从事相关机动车安全技术检验活动。对未取得资格许可，或者资格许可过期的，不能进行相关检验工作或责令暂停检验工作，限期申请办理。对检验机构未能严格执行国家法规和标准规定，或超范围检验的，要依法处罚并责令改正，情节严重的，依法撤销其检验资格。

在资质审查的同时，还必须加强对车辆检验机构的后期管理。各省级质量技术监督部门对辖区内车辆检验机构定期或不定期进行监督检查，重点检查检验设备计算机管理系统的参数设置、数据保存、日常维护等情况。对检验设备未检定或超出检定有效期的，设备老化导致检测数据不准确的，责令停止使用并依法处罚。对检测设备达不到《机动车安全技术检验项目和方法》（GB 21861—2008）要求的，责令限期整改或更新设备，对整改不合格的，依法撤销其检验资格。对检测过程中出具虚假报告的，要予以纠正，并依法处罚。

③营运车辆安全技术检验。

营运车辆是指向社会提供客货运输服务的车辆。因连续运行强度大、运距长、运行条件变化大等情况，交通行业管理部门为了把好道路运输车辆市场准入关，确保车辆技术状况良好，从源头保障道路运输的安全性，除按照国家规定对参与营运的载客和载货汽车进行定期检验外，还制定了强制二级维护制度。即各类营运车辆必须定期到具有二类以上维修资质的企业、汽车综合性能检测站进行二级维护保养及竣工的技术检测。

从事客货运输车辆的二级维护周期一般按每季度进行一次实施，并实行竣工技术检测要求。另外，每年遇到（如“五一”、“十一”等重大节假日）运输高峰期，还应增加营运车辆的检验频次，确保此类车辆技术状况的良好。根据《营运车辆综合性能要求和检验方法》（GB 18565—2012）的要求，营运车辆的检测必须对动力性、燃料经济性、制动性、转向操纵性、照明和信号装置及其他电气设备、排放与噪声控制、密封性、整车装备等进行检验。

3）车辆维修安全管理

①车辆维护安全管理。

汽车在使用过程中，由于受各种因素的影响，各机构和各零部件必然会随着行驶里程的增加而产生不同程度的自然松动、变形、磨损及机械损伤，如果不及时进行必要的技术维护，车辆的动力性、燃料经济性将会变坏，安全可靠性将会降低，甚至会发生意外。汽车维护是指在车辆行驶里程达到一定量值后，按照规定里程及相应的作业项目来进行的例行维修保养。它是以预防为主，根据各型车辆机械磨损和自然松动规律以及具体使用条件，进行技术维护作业，从而保证：

a. 汽车经常处于良好的技术状态，随时可以出车参加运输。

b. 在合理使用的前提下，不因中途机件损坏而影响行车安全和车辆停歇，使运输生产能够持续而正常的进行，以保证运输生产的连续性。

c. 汽车及其各总成,在两次修理期内能够达到最高的行驶里程。

d. 汽车在运行过程中,可以降低燃料、润料、零件和轮胎的消耗。

e. 汽车的噪声和废气排放不得超过标准要求,减小对环境的污染。

在汽车预防维护制度中,将汽车的维护按行驶里程归纳成组,并规定相应的维护作业内容,统称为汽车维护的分级。维护作业包括清洁、检查、补给、润滑、紧固、调整等,除主要总成发生故障必须解体外,一般不得对其解体。

汽车维护必须遵照交通运输管理部门规定的行驶里程,按期强制执行。各级维护作业项目和周期的规定,必须根据车辆结构性能、使用条件、故障规律、配件质量及经济效果等情况综合考虑。各级维护作业项目和周期一经确定后,不得任意更动,但随着运行条件的改善,新工艺、新技术和新材料的应用,维护作业项目和周期经交通运输管理部门同意后,可及时进行调整。

②车辆修理安全管理。

汽车在使用过程中因零部件和机构的自然磨损、变形、故障和其他损伤,会使动力性下降,燃料经济性变坏,安全可靠性变差,最终导致其工作能力全部或部分丧失。修理的目的就是恢复车辆在使用过程中已丧失的工作能力和性能,使之能重新安全、可靠、低耗地投入运输生产。按照不同的对象和作业范围,修理可分为车辆大修、总成大修、车辆小修和零件修理4类。

a. 车辆大修。是新车或经过大修后的车辆,在行驶一定里程(或时间)后,经过检测诊断和技术鉴定,用修理或更换车辆任何零部件的方法,恢复车辆的完好技术状况,完全或接近完全恢复车辆寿命的恢复性修理。

b. 总成大修。是车辆的总成经过一定使用里程(或时间)后,用修理或更换总成任何零件(含基础件)的方法,恢复其完好技术状况和寿命的恢复性修理。

c. 车辆小修。是用修理或更换个别零件的方法,保证或恢复车辆工作能力的运行性修理。它主要是消除车辆在运行或维护作业过程中发生的临时性故障或发现的隐患。

d. 零件修理。是对因磨损、变形、损伤等不能继续使用而可修的零件进行修理。零件修理是通过各种工艺手段,恢复其技术性能,以节约原材料,降低维修费用。

2. *道路运输企业车辆安全管理*

对于运输企业来说,车辆安全管理是指对车辆规划、选配、使用、检测、维修、改装、改造、更新与报废全过程的综合性管理。其中车辆规划、选配、新车接收以及车辆使用前准备方面的管理是车辆前期管理,车辆使用、检测、维护、修理方面的管理是车辆中期管理,车辆改装、改造、更新、报废方面的管理是车辆后期管理。

1)车辆使用前安全管理

①车辆的选配。

车辆是运输企业作业的物质基础和主要的生产设备。组织运输生产首先要有合适的运输车辆。因此,应根据运输市场情况,以及当地的社会运力,油料供应、运量、运距和道路、气候等社会和自然条件,制定车辆发展规划,择优选配车辆,并做好车辆的分配和投用前的技术准备工作。选择车型是一项技术性、专业性很强的工作,它包括择优选购和合理配置两个方面。

企业在选购车辆时,应对车辆的适应性、可靠性、经济性、维修和配件供应的方便性、产品质量的优劣和价格等诸因素进行择优选购,以提高车辆的投资效益。此外,企业还应根据自己的技术管理水平和维修能力来选择新的车型,避免盲目性和随意性,以充分发挥车辆的运效和使用性能。因此,选购车辆必须遵循"技术上先进、经济上合理、生产上适用、维修上方便"的基本原则。

在选购车辆时,应从车辆的售价、适应性、可靠性、维修和配件供应的方便性,使用寿命以及燃油经济性等因素综合考虑。择优选购车辆是关系到运输单位和个人主要生产设备优劣的关键问题,应进行技术经济论证,避免盲目购置。要从实际出发,按需选购、量力而行,讲究实用可靠,以及尽可能达到少投入多产出、综合经济效益好的目的。

车辆的合理配置是指运输企业根据其所承担运输任务的性质、运量、运距和道路、气候以及油料供应情况等条件,合理配置车辆,如大、中、小型车辆比例,汽、柴油车比例,通用、专用车比例等。通过合理规划,优化车辆构成,充分发挥车辆吨(座)位和客量的利用率,满足运输市场的需要。

车辆选配的目的就是择优选购合适的车辆,根据车辆用途、外界自然条件等要求而确定车型,而反映上述条件的车辆本身,是由车辆的基本性能体现出来的,总体上主要包括车辆的动力性、经济性、可靠性、安全性和使用方便性。

a. 动力性。车辆的动力性有如下三个指标,即最高车速、所能克服的最大坡度和加速能力。

车辆的最高车速是指车辆在水平良好的路面所能达到的最高行驶速度。一般购车者都希望自己所购的车速较大。但是在一定的行驶环境下,车辆都有一个经济运行速度,相应的最高车速大,经济运行速度就越大。所以,在选购车辆时,最高车速应与运行条件相适应。

车辆的加速能力就是克服车辆惯性阻力的能力,它直接与发动机的功率与变速操纵系统的性能有关。车辆单位质量功率越大,加速性就越好,但是选购车辆时对于加速性的要求也同样应考虑车辆要行驶的道路条件。

车辆的最大爬坡度是指车辆满载行驶在良好路面上,变速器一挡的最大爬坡度。载货车辆使用范围较广,其最大爬坡度一般在30%,即16.5°左右。越野车辆使用环境较差,对车辆的爬坡度要求较高,一般应达60%,即30°左右或更高。

b. 燃油经济性。燃油经济性是指单位燃油消耗量完成运输工作量的能力。在运输过程中,车辆的燃油费用约占车辆运输成本的30%左右。因此,提高燃油经济性可降低运输成本。燃油经济性可用在一定条件下行驶单位里程的燃料消耗量来表示,如100km油耗(L/100km),或用在一定道路条件下单位车辆总质量在单位车辆行驶里程下的平均燃油消耗,如百吨公里油耗(L/100t · km)。前一个指标较适于衡量客车燃油经济性;而后一个指标由于把行驶里程和车辆总质量两项指标都考虑进去,更能体现商业运输中的燃油成本,所以较适于货物运输车辆。

c. 可靠性。车辆的可靠性是指车辆在规定的条件下和在规定的时间内完成规定功能的能力。它表示车辆顺利工作不产生损坏和故障的性能,常用车辆行驶每1000km由于技术故障而进行修理的次数、车辆每行驶1000km由于技术故障而造成停歇待修的时间、车辆的总成、部件(组合件)和零件在规定使用期限内的损坏和损伤情况三个指标来衡量。

车辆的可靠性与其各零部件设计的合理性有关,与生产的工艺及技术水平有关,与使用的材料性能指标及表面处理方法有关;同时,还与规定的车辆运行条件及本车实际是否相符有关。

d. 安全性。安全性主要体现如下几点:车辆的制动性,车辆操纵的平稳及可靠性,车辆各部位的防撞性及内部安全防护设施的配置。其中最为主要的是车辆的制动性。

在选购车辆时,车辆各方面的安全性能在符合运行条件基本要求的同时,应在条件允许的情况下,尽量选择有较完备安全设施和安全水准较高的车辆,如车辆有良好的视野,前、后风挡玻璃及后视镜有电热除霜装置、卤素前照灯、室内防眩后视镜、选装ABS制动防抱死系统、安全气囊等。

②新车的检查与验收。

车辆在出厂时,虽然已按规定进行了检查、验收,但是,由于在运输过程中也有可能会造成意外的损伤。为了分清责任,确保车辆安全、可靠地行驶,在新车购置后应进行严格地检查与验收。检查和验收的主要内容有:

a. 车辆的外观是否良好,有无变形、损坏,有无脱焊、掉漆、锈蚀或刮碰痕迹。

b. 车辆各部的紧固情况。

c. 车辆有无漏水、漏电、漏油、漏气。

d. 散热器、风扇以及各连接件有无损伤、变形、掉漆等情况。

e. 灯光、喇叭、刮水器和空调等工作是否正常。

f. 车门窗玻璃升降是否平顺。

g. 轮胎气压是否符合要求,轮胎橡胶是否有老化现象。

h. 车辆起动后,应检查仪表工作是否正常、发动机运转是否正常、转向机构是否正常、制动系统工作是否可靠。

i. 随车附件是否齐全(包括随车工具、车轮罩、灭火器等)。

j. 随车资料是否齐全,进口车辆应包括进口商检证、说明书、货检单等资料。国产车辆应包括出厂证、合格证、说明书等资料。合格证上的发动机号、底盘号应与车相符,如果不符应拒绝提车。

若接收的是在用车辆,应注意检查车辆装备是否齐全,其技术状况是否良好,如有技术档案的要注意查收其车辆的技术档案和有关技术资料。并向交车单位或交车人了解车辆使用情况。车辆交接后,有时还需要办理车辆的转籍和行驶牌证手续。

2)车辆技术状况分级与评定

车辆经过一段时期的使用后,技术状况会发生变化。变化的程度随行驶里程的长短不同及运行条件、使用强度、维护质量的不同而各有差异。为了及时掌握车辆的技术状况,采取相应措施,合理组织安排运输能力,正确编制车辆维修计划,各运输企业应定期对车辆性能进行综合评定,核定其技术状况,并根据国家和行业有关标准将车辆技术状况划分等级,以便于车辆的合理运用和科学管理。

根据交通行业标准《营运车辆技术等级划分和评定要求》(JT/T198—2004),营运车辆按照技术状况可分为一级车、二级车和三级车,其中"三级车"是营运车辆技术等级中最低一级要求,是社会车辆进入道路运输业、从事营业性运输的门槛。

营运车辆在市场准入前,应当经综合性能检测并评定车辆技术等级,对于三级以上的所有车辆,进行等级评定时,检测的所有项目必须全部合格。具体评定方法参照《营运车辆技术等级划分和评定要求》(JT/T198—2004)规定的营运车辆技术等级评定项目和技术要求,该规定的评定项目共有10个大项42个小项,技术要求分为一级、二级和三级。

当受检车辆达到(JT/T 198—2004)标准中规定项目的一级车技术要求,且不分级的项目达到合格要求时,可以评定为一级车;当受检车辆除达到标准规定的3项二级车的技术要求外,还必须在8个一级车项目(整车装备与标识;车门、车窗;驱动轮输出功率;等速百公里油耗;车轮阻滞力;转向盘最大自由转动量;排放污染物控制;车速表示值误差)中,至少有3项达到一级车的技术要求,且不分级的项目达到合格要求时,方可评为二级车;受检车辆在分级的项目中应达到三级车的技术要求,且没有分级的项目都达到合格要求时,方可评为三级车。对达不到三级技术要求的车辆,不能参与道路营业性运输。

车辆平均技术等级是综合体现汽车运输企业的技术管理水平、技术装备素质和企业发展潜力的主要技术经济指标之一,它标志着汽车运输企业所有车辆的平均技术状况。车辆平均技术等级可用下式计算:

$$\text{车辆平均技术等级} = \frac{(1 \times S_1) + (2 \times S_2) + (3 \times S_3)}{\text{各级车辆数的总和}} \tag{6-1}$$

式中:S_1——一级车辆数;

S_2——二级车辆数;

S_3——三级车辆数。

3)车辆一般使用安全管理

①汽车装载安全管理。

车辆不按规定装载,不仅会降低使用寿命,还会影响到汽车的安全行驶特性,因此,在运营过程中必须按照规定进行装载。车辆的额定装载质量,要符合相关的规定(制造厂和行政主管部门的),在实际运营过程中不能超过额定装载质量;经过改造的汽车,要重新核定装载质量,并报有关管理部门备案;在进行轮胎更换时,轮胎负荷能力要符合要求。

运营车辆装载要均匀,若装载过于靠后,会使前轮发飘,上坡时出现翘头甚至后翻;装载过于靠前则会使转向沉重,前轮负荷过大,下坡制动时甚至使前轮胎爆破;装载若偏斜,会使两侧轮胎受力不均,行驶及制动时会产生跑偏,由于重心偏移使汽车难以操纵,也可能使车架、悬架部分发生弯扭,尤其转弯时易发生翻车事故;车辆在载运易散落、飞扬、污秽物品时,应注意封盖。

②拖挂运输安全管理。

由于拖挂运输具有运输效率高、运输成本低、道路资源利用率高的优点,因此是公路货物运输的趋势,但拖挂运输也必须符合相关的安全管理规定。根据有关规定,拖挂时应注意以下几点:

a. 拖带挂车时,只准许拖挂一辆,挂车的装载质量不超过拖车的装载质量,连接装置应牢固,防护网和挂车的制动器、标杆灯、制动灯、转向灯、尾灯等齐全。

b. 技术状况不良和走合期的汽车,不应拖挂。

c. 拖车空载不得拖带重载挂车。

d. 路况差的地方不宜拖挂。

e. 操作不熟练的驾驶人不得驾驶带挂的车辆。

③汽车在走合期的安全使用管理。

汽车的走合期,实质是使新车和大修车向正常使用阶段过渡,对相互配合运动副零件的摩擦表面进行走合加工的工艺过程。走合期的目的是使零件表面的不平部分,逐渐磨去,形成比较光滑、耐磨而可靠的工作表面,以承受正常的工作负荷。根据汽车走合期的工作特点,在走合期内必须严格遵守走合规定,以保证走合的质量。

汽车走合期必须遵循的主要规定,包括减载、限速、选择优质燃料、润料和正确驾驶等。

a. 减载。汽车载质量的大小直接影响机件寿命,载质量越大,机件受力越大,引起润滑条件变坏,影响磨合质量。所以,在走合期内必须适当减载。一般载货汽车按额定载质量减载20% ~25%,并禁止拖带挂车;半挂车按载质量标准减载30% ~50%。为保证走合质量,汽车在走合期的加载应随着走合里程的增加而逐步增加,最终在走合期结束时,达到额定载质量。

b. 限速。载质量一定的情况下,车速越高,发动机和传动机件的负荷也越大。因此,在走合期内不允许发动机转速过高。行驶中应按使用说明书的规定控制各挡位的车速。货车的最高车速一般不超过40 ~50km/h;轿车发动机的最高转速一般不超过4200 ~4500r/min。在实际行驶时,其车速一般限制在各挡最大车速的70% ~75%。

c. 选择优质燃料、润料。为了防止汽油机出现爆燃,加速机件的磨损,所以应采用抗爆性好的燃料。另外,由于各部分间隙较小,应选用黏度较低的优质润滑油使摩擦表面得到良好的润滑。同时应按走合期维护规定及时更换润滑油,行驶中应注意润滑油的压力和温度,有异常情况及时排除。

d. 正确驾驶。车辆走合期内,驾驶人必须严格按驾驶操作规程操作。发动机起动待水温达40 ~60℃时再用一挡起步;在行驶中,要保持发动机正常工作温度,转速不应过高,换挡要及时,车速要控制;加速、换挡不要过急,防止传动装置承受冲击负荷,影响磨合质量。同时要注意听、察各部分有无异响,检查有关部位是否过热,注意紧固各部外露螺栓、螺母。

e. 加强走合维护。走合期内,汽车不应在恶劣的道路上行驶,以减轻各总成的振动和冲击。走合期满,应按作业项目进行一次走合维护。只有达到了良好的技术状况后,方能投入正常使用。

4)车辆在特殊条件下的安全使用管理

①汽车在低温条件下的使用。

在低温条件下使用汽车时,存在着起动困难、磨损严重、通过性能变差等问题。为保证汽车的合理使用,应采取如下有效措施:

a. 在进入低温季节前,各企业根据具体情况,组织驾驶人和维修工学习汽车在低温条件下运行的有关基础知识,对所有的车辆安排换季维护,准备好防冻、防滑物资,检修预热水锅炉等设备。

b. 做好预热保温工作。每天出车前,根据地理环境等条件,寒冷地区事先要对发动机进行预热,在散热器和发动机罩上加装保温套、蓄电池加装保温装置等。

c. 更换油液,调整油电系统。柴油发动机要选用适合温度要求的低凝点柴油;换用低温季节制动液;选用合适防冻液;调整发动机调节器,增大发电机充电电流;适当增大蓄电池电解液密度。

d. 驾驶人要按照防冻防滑的规定进行操作。

车站要注意当地天气预报,及时公布防冻防滑规定;调度部门要根据具体情况,发布减载、摘挂和停止运行等通知。

②汽车在高温条件下的使用。

针对汽车在高温季节使用存在的问题,应采取发动机防热、轮胎防爆等技术措施。

a. 对车辆在进入高温季节前进行换季维护。汽油发动机供油系,要采取隔热、降温等有效措施,防止气阻;要加强对冷却系的维护,清除水垢,保持冷却效果;更换油液,调整油电系统。

b. 在行车途中注意控制轮胎的温度和气压，必要时应将车辆停于阴凉地点，待胎温降低后再继续行驶，严禁用放气或冷水浇泼方法来降低轮胎的气压和温度，防止轮胎的人为损坏。

③汽车在高原和山区条件下的使用。

汽车在高原地区行驶时，由于海拔高、气压低和空气稀薄，发动机充气量减少，致使动力性和燃料经济性下降；在山区行驶时，由于地形复杂，经常遇到上坡、下坡、转弯、窄路等问题，往往不能保证制动安全有效。为了避免发动机功率下降过多，燃料经济性变坏，常用的改善措施有：

a. 提高发动机的压缩比。

b. 采用增压技术措施。

汽车在高原、山区行驶时，由于行车制动器使用频繁，使得制动器温升过快，制动效能大幅下降，为了避免制动失效事故的发生，采取的主要措施有：

a. 加强维护，适当缩短维护周期，确保制动系工作正常、可靠。在行驶过程中，要防止制动鼓过热。下长坡过程中，严禁熄火空挡滑行。

b. 采用矿油型制动液。这种制动液系用低凝原油，经常压蒸馏，取出一定馏分用酸碱白土精制，再加添加剂而制成。它能消除制动管路中产生的"气阻"现象，经高原、山区使用较为理想。

c. 采用辅助制动器和改进摩擦片材料，提高摩擦片耐高温性能。

5）车辆更新与报废安全管理

①车辆的更新。

车辆更新是运输企业维持简单再生产和扩大再生产的基本手段之一，是提高车况、降低运行消耗、提高经济效益的重要措施，且车辆更新与其折旧资金的提取使用和车辆新度系数有密切关系。因此，车辆更新工作是运输企业领导、技术管理部门及其他有关部门的重要职责，必须认真做好。

车辆更新实际上是对运输单位车辆配置的调整。车辆更新不仅仅是以新换旧和原有车型的重复，更重要的是保持和提高运输单位的生产力，降低运行消耗和保障安全。至于更新的车辆是原车型还是新车型，要根据市场情况和货（客）源的变化情况来决定，同时还要考虑管理人员、驾驶人、修理工的培训、维修设备更换等相关因素的变化情况。车辆更新还应与改装、改造结合起来，使原有车辆具有以前不曾有的高效率、低能耗和先进的性能，这样做有时比购置全新车辆能更廉价的实现高效、低耗和安全。

因此，运输单位应把车辆更新工作提到重要议事日程上来，并组织有关人员进行研究和论证、提出车辆更新的最佳使用年限。运输单位可根据运输市场、汽车市场的动态以及本单位的车辆结构情况，结合最佳更新年限，编制车辆更新规划和年度计划，并积极组织落实，以保证运输车辆经常处于高效、低耗的良好技术状况。交通运输管理部门要根据具体情况，督促运输单位和个体运输业户的车辆及时更新。

②车辆的报废。

车辆经过长期使用后，技术性能变坏，小修频率增加，运输效率降低，物料消耗上升，维修费用增高，经济效益下滑，尤其是安全性能变差给企业带来很大事故隐患。因此，车辆使用后期必然导致报废。车辆报废应严格掌握报废的技术条件，提早报废必然造成运力的浪费，过迟报废则增高运输成本，影响运力更新，也不符合经济原则和运输安全的要求。

车辆或总成的报废,应符合经济合算、技术合理的原则。根据2012年商务部会议审议通过,并经国家发展改革委、公安部、环境保护部同意,自2013年5月1日起施行的《机动车强制报废标准规定》,制定了运输企业参与营运车辆的具体报废条件:

a. 达到规定使用年限的。《机动车强制报废标准规定》对不同使用用途和类型的车辆规定了其相应的最高使用年限,有关参与营运车辆的使用年限为:小、微型出租客运汽车使用8年,中型出租客运汽车使用10年,大型出租客运汽车使用12年;公交客运汽车使用13年;小、微型营运载客汽车使用10年,其他大、中型营运载客汽车使用15年;全挂车、危险品运输半挂车使用10年,集装箱半挂车20年,其他半挂车使用15年。

b. 达到规定行驶里程的。机动车达到《机动车强制报废标准规定》要求行驶里程的,企业必须将机动车交售给机动车回收拆解企业,由报废机动车回收拆解企业按规定登记、拆解、销毁,并将报废的机动车登记证书、号牌、行驶证交公安机关交通管理部门注销。营运车辆的报废里程规定为:小、微型出租客运汽车行驶60万km,中型出租客运汽车行驶50万km,大型出租客运汽车行驶60万km;公交客运汽车行驶40万km;小、微型及大型营运载客汽车行驶60万km,其他中型营运载客汽车行驶50万km;装用单缸以上发动机的低速货车行驶30万km,微型载货汽车行驶50万km,危险品运输载货汽车行驶40万km,其他载货汽车(包括半挂牵引车和全挂牵引车)行驶60万km。

c. 经修理和调整仍不符合机动车安全技术国家标准对在用车有关要求的。

d. 经修理和调整或者采用控制技术后,向大气排放污染物或者噪声仍不符合国家标准对在用车有关要求的。

e. 在检验有效期届满后连续3个机动车安全技术检验周期内未取得机动车检验合格标志的。

车队申请车辆报废时,由其主管部门鉴定、审批,并报交通运输管理部门备案。需要报废而尚未批准的车辆,应妥善保管,不得拆卸和更换总成、零件和附属装备。凡经批准报废的车辆,企业应及时办理吊销营运证,不准转让或挪作他用,总成和零件不得拼装车辆。

《中华人民共和国道路交通安全法》第十四条明确规定:机动车实行强制报废制度。达到报废条件的机动车不得上路行驶,报废的大型车、货车及其营运车辆应当在公安机关交通管理部门的监督下解体。

二、道路运输驾驶人安全管理

驾驶人是车辆的操纵者,道路的使用者,环境条件的感受者,在这个动态系统中位于主导和支配地位,对保证交通系统的稳定性具有关键作用,也是整个系统中最大的不确定因素,是影响道路交通安全的首要因素,对道路运输安全起着决定性的作用,在第三章做了较多阐述。随着人机工程学、认知心理学和系统工程学的发展,从事交通心理学研究的专家学者应用系统理论、信息加工理论,对驾驶人员以及人与车、人与路进行了全面协调的研究。

1. 驾驶人驾驶适宜性检测

为了证实驾驶人群体中存在着很少一部分较其他驾驶人更易发生事故,且发生过事故的驾驶人重复发生事故的概率较高的现象。在1990年,交通部驾驶人适宜性研究课题组对全国11个省12917名营运车辆驾驶人在3年间事故情况的调查中发现,发生两次以上事故的驾驶人只有6.86%,但事故次数却占到总次数的34.56%。由此说明事故倾向性驾驶人确实存在，该类人群将不适宜于从事职业驾驶工作，应当在职业驾驶人选拔时将其剔除在外。

既然存在事故倾向性驾驶人，则必然也存在驾驶适宜的驾驶人。驾驶适宜性是指准备从事或者已经从事汽车驾驶工作人员的心理、生理素质适宜于驾驶工作的程度。驾驶人的素质是由先天素质和后天学习技能构成的，二者相对稳定，而且又相互弥补，其中先天素质（心理和生理状态）起重要作用，影响着驾驶人的技能。

驾驶人，尤其是营运车辆的驾驶人，如果存在事故多发的倾向性，则会给道路交通安全埋下极大的隐患。因此，可以通过一定的心理和生理指标测试，对每个人的驾驶适宜性作出预测，其检测的结果可以反映驾驶适宜性的不同，并且可以作为管理、教育、指导驾驶人，甚至是淘汰不适合的驾驶人的依据。这样可以使驾驶人群体保持较高的素质，并起到事故预防的积极作用，从而使交通事故大幅度降低下来。

在"十一五"国家科技支撑计划项目的支持下，研究人员在前期研究基础上，总结影响驾驶人安全驾驶的相关因素，进一步分析了驾驶人驾驶过程中的操作特性，对行业标准《职业汽车驾驶人适宜性检测评价方法》（JT/T 442—2001）进行了修订，形成了修订的汽车驾驶适宜性检测体系。新标准通过对驾驶人动体视力、暗适应、夜视力、深度知觉、速度估计、周边风险感知、手脚反应时间和错误次数 9 项感知特性指标，选择反应、紧急反应/连续紧急反应、注意力 4 项判断特性指标和操作能力 1 项操作特性指标，从对驾驶人安全行车影响最大的感知、判断、操作三个方面来反映营运车辆驾驶人的适宜性。

通过对大量事故组和安全组驾驶人各项检测指标的对比分析，采用聚类分析的方法制定出各项指标单项标准，即可以对驾驶人的驾驶适宜性作出初步的评价，而且还可以指出驾驶人在驾驶适宜性方面的不足之处。

驾驶适宜性的单项指标标准虽然也可以对驾驶人的驾驶适宜性作出初步判断，但由于它只能衡量职业驾驶人单方面素质的水平，不能全面的衡量驾驶人的驾驶适宜性，为了对驾驶适宜性作出一个综合判断，还需要制定出驾驶适宜性的综合评判标准。

采用因子分析法得到相互独立的公因子，计算各个公因子与事故次数之间的相关系数，各相关系数的绝对值与各相关系数绝对值之和的比值即为各公因子反映适宜性的权系数，将各公因子乘以权系数并累加，即可得到驾驶人适宜性的综合评定模型如式(6-2)：

$$Y = 1.0123X_1 + 2.8111X_2 + 0.0390X_3 + 1.0040X_4 - 31.4284X_5 + 0.0243X_6 + 0.0483X_7 + 1.6790X_8 + 0.0595X_9 + 0.0058X_{10} + 0.0004X_{11} + 0.0982X_{12} + 0.0016X_{13} + 0.2680X_{14} + 22.7894 \tag{6-2}$$

式中：Y——综合评价指标；

X_1——速度估计误差均值；

X_2——选择反应错误次数；

X_3——选择反应时间变动率；

X_4——深度知觉判断误差均值；

X_5——动体视力均值；

X_6——暗适应时间；

X_7——处置判断错误次数；

X_8——夜间视力等级；

X_9——紧急反应时间变动率；

X_{10}——连续紧急反应时间极差值；

X_{11}——中心反应时间均值；

X_{12}——中心反应错误次数；

X_{13}——周边反应时间均值；

X_{14}——周边反应错误次数。

最后对综合标准数据进行聚类,形成4个级别的判定标准,基本可以用来衡量职业驾驶人的驾驶适宜性水平。如表6-1所示。

驾驶适宜性综合评价指标值 表6-1

级别	A	B	C	D
下限	—	19.5	28.6	38.2
上限	19.4	28.5	38.1	—

注:①综合评价为A、B的驾驶人适应性较好;综合评价为D的驾驶人适应性较差。

②综合评价为C的驾驶人适应性关键性指标—选择反应错误次数、动体视力、夜间视力和深度知觉至少有一项不适宜,企业用人时应注意回避使用不适宜项。

2.驾驶人培训

1)驾驶人培训的必要性

因驾驶人对道路交通安全有着非常重要的影响。为了彻底改变交通安全状况,最有效的措施就是把操纵车辆的职能完全交给机器来执行,但就目前的技术而言,在短期内实现汽车自动驾驶是不现实的。因此,不断提高驾驶人的安全可靠度是道路交通安全得到充分保证最根本、最有效的途径之一。一般对于优秀的驾驶人而言,必须具备以下安全素质:

①具备驾驶岗位应达到的最低标准的身体条件。

②具有安全驾驶所需的道路交通法规常识。

③具有良好的安全意识。

④具有熟练驾驶的操作技能。

⑤具有道路交通环境突变的应急能力。

⑥具有预防事故与安全急救的基本知识。

显然,这些标准素质不可能与生俱来,而是必须通过后天的培训而获得。后天的驾驶培训至少可以完成驾驶技能、驾驶心理、安全意识提高等培训目标。可见,驾驶人培训必须走素质培训之路,尽快从应试型培训向素质型培训转变,把受训者培训成为具有安全驾驶能力的驾驶人,这是预防驾驶人发生事故的一个重要方法,也是从源头预防事故的要求。

2)驾驶人培训内容及考核

经过驾驶培训的受训者是否能达到培训要求,必须要进行相应考核,否则,培训只是一种形式,无法实现安全驾驶、事故预防的功能。驾驶培训效果测评,实质上就是驾驶人考试,其考试内容非常重要,因为它对培训工作一定程度上起着导向作用。

根据国家2013年1月1日起施行最新的《机动车驾驶证申领和使用规定》要求:机动车驾驶人考试部分分为三个科目,考试由公安机关交通管理部门组织,考试顺序按照科目一、科目二、科目三依次进行,前一科目考试合格后,可以参加下一科目的考试;前一科目考试不合格的,继续该科目考试。

具体考试内容由以下三部分组成:

第一部分内容为道路交通安全法律、法规和相关知识的考核,要求学员了解机动车基本知识,掌握道路交通安全法律、法规及道路交通信号的规定,使驾驶人在今后驾车过程中能够做到心中有数,有的放矢。

第二部分内容为场内驾驶技能考核,学员应当熟练掌握基础的驾驶操作要领,具备对车辆控制的基本能力;熟练掌握场地和场内道路驾驶的基本方法,具备合理使用车辆操纵机件、正确控制车辆运动空间位置的能力,能够准确地控制车辆的行驶位置、速度和路线。本次修订简化了小型汽车的桩考线路,剔除了与安全驾驶关系不大的训练项目,增加了上路安全驾驶技能的培训时间,有利于驾驶培训质量的提高。

第三部分内容为道路驾驶技能和安全文明驾驶常识考核,学员必须掌握安全文明驾驶知识,具备对车辆综合控制能力;了解行人、非机动车的动态特点及险情的预测和分析方法;熟练掌握一般道路和夜间驾驶方法,能够根据不同的道路交通状况安全驾驶;形成自觉遵守交通法规、有效处置随机交通状况、合理操纵车辆的能力。

新规定最大的变革之处就是将原有的科目一理论考试被拆分为两部分,新增加了安全文明驾驶常识考试项目,并且在科目三考核合格后进行。主要考核安全文明驾驶操作要求、恶劣气象和复杂道路条件下的安全驾驶知识、爆胎等紧急情况下的临危处置方法以及发生交通事故后的处置知识等,加深驾驶人对文明驾驶安全常识的理解和记忆。

3)驾驶人心理素质培训

研究表明,交通事故发生与驾驶人的心理素质密切相关。与汽车驾驶有关的驾驶心理主要包括认知、注意、反应、安全态度、危险感受等,相关研究表明,事故驾驶人具有以下心理特征:

①反应能力差。

②注意集中能力低下。

③判断能力低下。

④动作协调性差。

⑤冲动性,自制力差。

⑥自我中心。

⑦喜欢冒险,争强好斗。

⑧危险感受性低下,法规意识淡薄。

由此说明在驾驶人培训过程中,不能忽视心理素质的训练,应该将技能训练与心理训练相结合,强化心理训练,提高驾驶人的安全技能,以减少交通事故的发生。

4)驾驶培训监督

对驾驶证获取的考试过程应当进行全程录音、录像。严肃考试纪律,规范考场秩序,对考场秩序混乱的,应当中止考试。若发现未经考试或者考试不合格人员核发机动车驾驶证等严重违规情形的,上级公安机关交通管理部门应严肃查处;对3年内驾龄驾驶人发生一次死亡3人以上交通事故且负主要以上责任的,省级公安机关交通管理部门应当倒查考试、发证情况,向社会公布倒查结果;对3年内驾龄驾驶人发生一次死亡1人或2人的交通事故且负主要以上责任的,直辖市、设区的市或者相当于同级的公安机关交通管理部门应当组织责任倒查。

3. 营运性道路运输驾驶人安全管理

1)运输企业驾驶人的选拔与淘汰

对于运输企业驾驶人属于职业驾驶者,尤其是大型客运车辆驾驶人应谨慎选择。由于企业驾驶人参与交通程度高,时间长,且往往会因驾驶人的个人因素导致整车人的生命安全得不到保障。所以,对于运输企业的职业驾驶人,除了要符合《中华人民共和国道路交通安全法》里面申请驾驶证的基本条件外,还应从心理、生理等各方面从严选择,以确保企业的运输安全。

对新驾驶人的心理、生理进行职业适宜性检查,以保证新上岗驾驶人和在职驾驶人都具有健康的心理、生理素质;并及时了解所聘人员的思想状态、身体状况、个人性格、家庭情况等,保证驾驶人具有健康的心理和身体素质,以适应岗位工作需要。为了确保管理措施和制度的落实,提高驾驶人安全认识,对责任心不强、安全意识淡薄、违章率高的驾驶人应给予严肃批评、教育,对于屡教不改的,应坚决予以辞退,以把好源头关。

2)企业驾驶人的培训与再教育

营运性驾驶人安全责任重大,操作技能要求更高,是驾驶人培训"重点中的重点"。第一,要加强对大中型客货车辆驾驶人的职业道德教育,强化操作技能训练和模拟道路驾驶,突出案例教育,切实提高客货车辆驾驶人的综合业务素质;第二,要引导建立集中的大中型客货车辆驾驶人培训基地,提高培训场地和设施设备利用效率,保障客货车驾驶人培训质量;第三,要会同有关部门积极推进将大中型客货车辆驾驶人培训纳入国家职业教育体系,依托具备条件的职业院校,培养高素质的大中型客货车辆专业驾驶人,鼓励客货运企业通过委托培训等形式,参与大中型客货车辆驾驶人职业教育,尽快解决目前大客车驾驶人量缺质低的突出问题。

营运性驾驶人的安全培训与教育是一个长期的过程,必须伴随其整个职业生涯,教育的内容包括技术教育、职业道德教育、法制教育、责任教育4个方面。通过系统学习交通法律、法规、服务规范等,进一步提高员工们的思想认识,克服麻痹思想、侥幸心理。通过组织收看安全教育录像片,以实例进行深刻的剖析,要求广大司乘人员认真反省,从自身做起,努力提高安全意识,杜绝事故隐患。通过对驾驶人的定期培训,以提高驾驶人应对复杂情况的能力,消除由于驾驶技能问题导致的道路交通事故。

安全教育是驾驶人安全管理的一项经常性、十分重要的工作,安全教育落实了,"安全第一、预防为主"的方针在贯彻中就有了思想基础。对职业驾驶人的安全教育,一定要注意方式与方法,切记空泛的口号和教条死板的"一贯制"做法。

3)企业驾驶人的安全技术档案管理

驾驶人的安全技术档案是每一个驾驶人安全行车和参加其他安全活动的真实记录;是考核和奖惩驾驶人以及年度审验、安全教育的重要依据;是分析交通事故规律、采取有效防范措施的有益材料,它在驾驶人安全管理工作中具有重要作用。

驾驶人安全技术档案主要应填写以下内容:

①驾驶人登记资料。

②驾驶人参加安全活动记录。

③驾驶人违章、肇事记录。

④驾驶人安全行车里程记录。

⑤驾驶人奖励和惩罚记录。

⑥驾驶人审验记录。

⑦驾驶人心理、生理检测(包括生物节律)及健康状况检查记录。

⑧对驾驶人个人和所驾车辆安全检查记录。

驾驶人安全技术档案的格式应由企业安全管理委托会统一印制,并逐人装订成册。年初应将其下发车场(队),由车场(队)安全技术人员负责保管和填写,年终收回,由安全技术管理部门统一保管。车场(队)安全技术人员在填写安全技术档案时一定要做到及时、准确和连续、完整,只有这样,才能使驾驶人的安全技术档案起到应有的作用。

第三节 道路旅客及货物运输安全管理

一、道路旅客运输安全管理

1.道路旅客运输开业的安全条件

明确道路运输企业的开业安全条件,不仅可以使申请从事道路客运经营者事先了解到开业所必须具备的条件,使开业筹备工作做到有的放矢,而且也便于运政管理部门对申请者进行审查,以确保旅客的正当权益和人身安全。根据交通运输部颁布的《道路旅客运输及客运站管理规定》,申请从事道路客运经营的企业必须具备以下条件:

1)车辆技术条件

申请从事道路客运经营的企业必须有与其经营业务相适应并经检测合格的客车,并符合以下技术条件和等级条件:

①技术性能符合国家标准《营运车辆综合性能要求和检验方法》(GB 18565—2012)的要求。

②外廓尺寸、轴荷及质量符合国家标准《道路车辆外廓尺寸、轴荷及质量限值》(GB 1589—2004)的要求。

③从事高速公路客运或者营运线路长度在800km以上的客运车辆,其技术等级应当达到行业标准《营运车辆技术等级划分和评定要求》(JT/T 198—2004)规定的一级技术等级;营运线路长度在400km以上的客运车辆,其技术等级应当达到二级以上;其他客运车辆的技术等级应当达到三级以上。

④从事高速公路客运、旅游客运和营运线路长度在800km以上的客运车辆,其车辆类型等级应当达到行业标准《营运客车类型划分及等级评定》(JT/T 325—2006)规定的中级以上。

2)车辆数量条件

①经营一类客运班线的班车客运经营者应当自有营运客车100辆以上、客位3000个以上,其中高级客车在30辆以上、客位900个以上;或者自有高级营运客车40辆以上、客位1200个以上。

②经营二类客运班线的班车客运经营者应当自有营运客车50辆以上、客位1500个以上,其中中高级客车在15辆以上、客位450个以上;或者自有高级营运客车20辆以上、客位600个以上。

③经营三类客运班线的班车客运经营者应当自有营运客车10辆以上、客位200个以上。

④经营四类客运班线的班车客运经营者应当自有营运客车1辆以上。

⑤经营省际包车客运的经营者,应当自有中高级营运客车20辆以上、客位600个以上。

⑥经营省内包车客运的经营者,应当自有营运客车5辆以上、客位100个以上。

3）驾驶人员条件

①取得相应的机动车驾驶证。

②年龄不超过60周岁。

③3年内无重大以上交通责任事故记录。

④经设区的市级道路运输管理机构对有关客运法规、机动车维修和旅客急救基本知识考试合格而取得相应从业资格证。

除了上述车辆和人员条件外，申请从事道路客运班线经营者，还应当有明确的线路和站点方案以及健全的安全生产管理制度。安全生产管理制度包括安全生产操作规程、安全生产责任制、安全生产监督检查、驾驶人员和车辆安全生产管理的制度。

4）申请延续客运经营的条件

①经营者仍然符合上述①、②、③的规定。

②经营者在经营该客运班线过程中，无特大运输安全责任事故。

③经营者在经营该客运班线过程中，无情节恶劣的服务质量事件。

④经营者在经营该客运班线过程中，无严重违法经营行为。

⑤按规定履行了普遍服务的义务。

2. 道路旅客运输安全管理机构与职责

1）安全管理机构的组成

道路旅客运输企业除了应当依法设置包括企业主要负责人在内的安全生产领导机构之外，还应当设置具体的安全管理机构，配备相应的专职安全管理人员。原则上应按照每20辆车1人的标准配备专职安全管理人员，最低不少于1人。

安全管理人员应当具有高中以上文化程度，具有在道路客运行业3年以上从业经历，掌握道路旅客运输安全生产相关政策和法规，经相关部门统一培训且考核合格，持证上岗，上岗后还应当定期参加相关管理部门组织的培训，且每年参加脱产培训的时间不少于24学时。

2）道路旅客运输安全管理职责

道路旅客运输企业应当定期召开安全生产工作会议和例会，分析安全形势，安排各项安全生产工作，研究解决安全生产中的重大问题。安全工作会议至少每季度召开一次，安全例会至少每月召开一次。特别是发生较大及以上事故后，应及时召开安全分析通报会。

道路旅客运输企业的主要负责人是安全生产的第一责任人，负有安全生产的全面责任；分管安全生产的负责人协助主要负责人履行安全生产职责，对安全生产工作负组织实施和综合管理及监督的责任；其他负责人对各自职责范围内的安全生产工作负直接管理责任。企业各职能部门、各岗位人员在职责范围内承担相应的安全生产职责。

道路旅客运输企业应当建立安全生产事故责任倒查制度。按照“事故原因不查清不放过、事故责任者得不到处理不放过、整改措施不落实不放过、教训不吸取不放过”的原则，对相关责任人进行严肃处理。

3）道路旅客运输的安全管理经费

道路旅客运输企业应当保障安全生产投入，按照《高危行业企业安全生产费用财务管理暂行办法》或地方政府的有关规定，按不低于营业收入的0.5%的比例提取、设立安全生产专项资金。

安全生产专项资金主要用于完善、改造、维护安全运营设施和设备，配备应急救援器材、设备和人员安全防护用品，开展安全宣传教育、安全培训，进行安全检查与隐患治理，开展应急救援演练等各项工作的费用支出。安全生产专项资金的使用应建立独立的台账。

3. 道路旅客运输组织安全管理

1）驾驶人及运输车辆的工作时间要求

道路旅客运输企业在安排运输任务时应当严格要求客运驾驶人在24h内累计驾驶时间不得超过8h（特殊情况下可延长2h，但每月延长的总时间不超过36h），连续驾驶时间不得超过4h，每次停车休息时间不少于20min。对于单程运行里程超过400km（高速公路直达客运600km）的客运车辆，企业应当配备2名以上客运驾驶人。当运输线路为三级（包含三级）以下山区公路时，不得安排客车夜间（晚22时至早6时）运行。

2）规范运输企业的经营行为

班线客车要严格按照许可的线路、班次、站点运行，在规定的停靠站点上下旅客，不得随意站外上客或揽客，不得超员运输。驾乘人员要对途中上车的旅客进行危险品检查，行李堆放区和乘客区要隔离，不得在行李堆放区内载客。驾乘人员要对旅客携带物品进行安全检查。

道路旅客运输企业应当对途经高速公路的营运客车乘客座椅安装符合标准的安全带。驾乘人员负责做好宣传工作，发车前、行驶中要督促乘客系好安全带。

3）客运驾驶人在行车过程中的职责

道路旅客运输企业应当要求驾驶人在“出车前、行车中、收车后”都要进行车辆技术状况检查，开车前还应向旅客进行安全告知，另外驾驶人还必须谨记高速公路及特殊路段行车注意事项、恶劣天气下行车注意事项、夜间行车注意事项、应急驾驶操作程序、进出客运站注意事项等。

对于在旅客运输过程中发生的行车安全事故，客运驾驶人应及时向事发地的公安部门以及所属的道路旅客运输企业报告。

4）道路旅客运输车辆的日常维护

在每日出车前、行车中、收车后，客运驾驶人或专门人员必须对车辆进行日常安全检查，内容包括轮胎、制动、转向、灯光等安全部件的检查，安检不合格车辆应立即返修。

另外，道路旅客运输企业还应当定期检查车内安全带、安全锤、灭火器、故障车警告标志的配备是否齐全有效，确保安全出口通道畅通，应急门、应急顶窗开启装置有效，开启顺畅，并在车内明显位置标示客运车辆行驶区间和线路、经批准的停靠站点。

4. 道路旅客运输动态监控管理

动态监控是维护道路旅客运输安全、降低安全隐患的一种重要的技术手段。为实现对于道路运输车辆的实时动态监控，交通运输部《道路旅客运输企业安全管理规范》要求道路旅客运输企业应当为其营运客车安装符合标准的卫星定位装置（卧铺客车应安装符合标准且具有视频功能的卫星定位装置），接入符合标准的监控平台或监控终端，并有效接入全国重点营运车辆联网联控系统。

道路旅客运输企业应当建立卫星定位装置及监控平台的安装、使用管理制度，建立动态监控工作台账，规范卫星定位装置及监控平台的安装、管理、使用工作。而且还应配备专人负责实时监控车辆行驶动态，记录分析处理动态信息，及时提醒、提示违规行为。对于故意遮挡车载卫星定位装置信号、破坏车载卫星定位装置的驾驶人员，以及不严格监控车辆行驶动态的值守人员，道路旅客运输企业应对其给予处罚，严重的应调离相应岗位，直至辞退。

道路旅客运输企业应当按照法律规定设置的道路通行最高车速限值以及车辆行驶道路的实际情况,合理设置相应路段的车辆行驶速度限速标准。对异常停车、超速行驶、疲劳驾驶,逆向行驶、不按规定线路行驶等违法、违规行为及时给予警告和纠正,并事后进行处理。

二、道路货运安全管理

1. 零担货物运输的安全管理

1)零担贵重货物运输安全管理

由于贵重货物,本身价值昂贵,在运输过程中承运人须承担较大责任。如贵重金属、精密仪器、高档电器、珍贵艺术品等。这些年来,随着社会发展和人们生活水平的提高,零担货物的品质普遍在升值。所以,必须在零担贵重货物运输过程中,加强对仓储、理货和运输的安全管理。

2)零担危险货物运输安全管理

在有资格受理零担危险货物运输时,其受理、仓储、搬运、装卸、运输等全过程各个环节都应严格遵守交通运输部颁发的《汽车危险货物运输规则》,严禁与普通零担货物混存、混装。

3)禁运、限运零担货物运输安全管理

凡属法规禁运或限运的零担货物,受理时应检验有效证明,而且担负经营与运输作业的相关业户在具备处理能力和经营特种货物运输资格的条件下,方可受理与承运。

4)长距离零担货物运输驾驶人的安全管理

零担货物运输运距超过300km的,须配两名驾驶人,超长运距的零担货物运输,还要求保证驾驶人能离车休息。

2. 整批货物运输安全管理

1)货厢的安全管理

货车车厢是运送货物的容器,货厢安全直接影响货运的质量与安全。货厢必须坚固无破损。对装运过有毒、易污染以及危险货物、流质货物的,应对车辆进行清洗和消毒。如货物性质特殊,还需对车辆进行特殊清洗和消毒。

2)装载安全

货物要堆码整齐,捆扎牢固,关好车门,不超宽、超高、超重,保证运输全过程安全。

装载时防止货物混杂、撒漏、破损,严禁有毒、易污染物品与食品混装,危险货物与普通货物混装。整批货物装载完毕后,敞篷车辆如需遮篷布时必须遮盖严密,绑扎牢固,关好车门,严防车辆行驶途中松动和甩物伤人。

3. 集装箱货物运输安全管理

1)集装箱货物运输车辆的安全要求

集装箱货物运输车辆应技术状况良好,带有转锁装置,与所载集装箱要求相适应,能满足所运载集装箱总质量的要求。

集装箱货物运输车辆通常采用单车型式或牵引车加半挂车的列车组合型式。半挂车分为框架式、板式和自装自卸式等。

2)装载货物要求

集装箱货物运输应配备集装箱专用装卸机械和装拆箱作业机械,装卸机械应有装箱专用吊具,装卸机械的额定起重量要满足集装箱总质量的要求,装拆箱作业机械要能适应进箱作业，以保证集装箱装卸的安全作业。在装箱作业进行之前，应对集装箱的卫生条件和技术条件进行认真的目测检查。集装箱内进行货物装卸作业时，应严格按照有关的操作规程，并应尽可能采用相应的装卸搬运机械作业，例如手推搬运车、输送式装箱机、叉车等，以减轻劳动强度，提高装卸作业效率和安全。

4. 大型特型笨重物件运输安全管理

1）受理大型特型笨重物件运输时的安全管理

承运和装卸大型特型笨重物件，承运人提供的车辆和装卸机械，必须能保证货物在长度、高度和单件重量方面安全作业的要求。

受理大型特型笨重物件托运时，承运人除了按照特种货物办理承运手续外，还应再派对大型特型笨重物件装卸、运载操作有相当经验的人员，会同托运人到货物现场，对货物与装车场地及装卸方式方法等进行实地勘察，核对落实，决定能否受理或采取一定的安全加固措施后方可受理。若遇畸形的大型特型笨重物件，应向托运方索取货物说明书，同时应随附货物外形尺寸的三面视图（侧视、正视、俯视），以"+"表示重心位置，要事先拟订周密的装运方案和运行路线，必要时应让托运方报请公安机关或其他有关部门审查后再予受理。

2）勘察现场时的安全要求

承运单位对大型特型笨重物件的装卸场地进行现场勘察核实时，要坚持安全第一、防范为主的原则。一般应注意以下几点：

①认真核实货物长度、宽度、高度、实际毛重、体形、重心、包装与标志，应用皮尺度量货物最高、最长、最宽部位，细致查看货物包装或底座的牢固程度是否符合机械吊装要求。

②仔细勘察装卸现场及周围环境，上下、前后、左右有无装卸障碍物与其他设置。如车辆能否靠近货物、能否适应装卸机械操作，机械设施是否良好，装车场地土质是否松软或地面是否平坦，是否需要辅垫木板、钢板或方木等。

③车辆通过的路面、桥涵、港口、码头等的载重负荷能力及弯道、坡道等能否适应。

3）装卸大型特型笨重物件时的安全操作

装卸大型特型笨重物件时，不论采用机械装卸或人工装卸，都要严格按照装卸安全操作规程进行，还应特别注意检查装卸工具，装卸工人要明确分工，密切配合，专人发号，统一步调进行操作。如需机械操作，应先确认起吊跨度，检查机械负荷能力是否适应，并应留有一定的安全保险系数，严禁超跨度、超重作业和违章操作。配备司索、发号人员，司索人员要做到索套绑吊稳固、慢起稳落，不得将手脚伸入已吊起的货物下方，直接去取垫衬物；发号人员负责作业现场监督指挥，确保装卸货物安全。

装载不可解体的成组笨重货物时，应使货物全部支重面均衡地、平衡地放置在车厢底板或平板上，使其重心尽量位于车辆纵横中心线的交叉点。如不能达到此要求，则应对货物重心的横向移动，加以严格控制。一些特殊集重或畸形偏重的货物，下面应垫以一定厚度的木板，使其在运行中保持稳定。

大型物件装车后必须用垫木、蚂蝗攀、铁丝或钢丝绳固定牢固，以防滑动。特别对一些圆柱体及易于滚动的货物（如卷筒、轧辊等），必须使用座架或凹木加固；装运钢板长度超过车身时，应在后栏板用坚固木垫高成前低后高状，严禁用砖头、石块、朽木作垫隔。

4）运输大型特型笨重物件时的安全操作

承运人运输大型特型笨重物件，应携带大型特型笨重物件运输标志牌和核准证，以备路检。须按有关部门核定的路线行车，白天行车时，悬挂标志旗；夜间行车和停车休息时装设标志灯。

车辆运行应按有关部门指定的时间、路线行驶。为保证所载货物的稳定，须低速行驶。必要时应邀请有关部门在通过有关路段和桥梁、涵洞时作技术指导。

5. 甩挂运输安全管理

车辆因素是甩挂运输安全的重要影响因素，因此，对参与甩挂运输的车辆进行必要的技术要求，是保证甩挂运输安全的有效手段。

1）车辆结构设计的匹配

规定牵引座与牵引销的安装位置（前后）、承载面高度（上下）、车轴布置与安装位置等要求，保证质量分配合理、运动不干涉并满足列车的设计与使用性能要求。采用标准化的车厢/货箱结构与尺寸，适应标准货物托盘的使用、固定，提高货物装载量。

2）安全连接的匹配

要求牵引座、牵引销的机械连接件型号尺寸统一；牵引车与半挂车电器连接型式与规格统一、协调；气制动连接器型式与规格统一、协调、可靠；ABS 接口型式协调适用；各种连接件的安装位置耦合顺畅、操作便利。保证组成列车后，各种连接的性能优良、安全可靠，确保行车安全。

3）牵引车与半挂车性能的优化匹配

通过优化设计确保组成的列车有充足的动力储备和良好的燃油经济性，并在列车的制动协调性、行车稳定性、通过性等方面满足行车安全要求。

4）辅助装备的适应性

半挂车支撑装置应安全可靠、操作方便；快速接驳辅助工具应使用方便、快捷，通用性好；货物装卸装备应与货物及其包装方式、设施条件相适应且性能优良；采用涵盖车辆、货物、驾驶人以及行车计划在内的，便于甩挂运输调度和货运行业统计管理的电子标签和信息采集、传输技术，满足甩挂运输管理系统的统一要求，且有高度的信息安全性、通信有效性、数据准确性等。

6. 超限货物运输安全管理

超限货物运输管理涉及交通安全、车辆生产、运输市场、收费管理和群众利益等诸多问题。加强超限货物运输的安全管理措施主要包括：

1）设立超限运输组织权威机构

鉴于超限货物运输的特殊性，超限运输车辆行驶公路的管理工作实行“统一管理、分级负责、方便运输、保障畅通”的原则。国务院交通主管部门主管全国超限运输车辆行驶公路的管理工作。县级以上地方人民政府交通主管部门主管本行政区域内超限运输车辆行驶公路的管理工作。超限运输车辆行驶公路的具体行政管理工作，由县级以上地方人民政府交通主管部门设置的公路管理机构负责。

2）综合规划道路建设

在公路上行驶的车辆的轴载质量应当符合《公路工程技术标准》的要求，但对有限定荷载要求的公路和桥梁，超限运输车辆不得行驶。在道路建设规划中，要为超限货物运输留有余地，特别是一些与大型厂矿企业连接的线路，在资金允许的情况下，尽可能提高一些桥梁等级，建设一至二条特殊超限货物运输通道。

3）完善制度，制订相应的法律法规

各地政府应加强对运输市场的宏观调控；及时制定一些规范性法律文件，建立健全法律制度,规范超限货物运输市场的管理程序。

①申请与审批。超限运输车辆行驶公路前,其承运人应按有关规定向公路管理机构提出书面申请。公路管理机构在接到承运人的书面申请后,应在15日内进行审查并提出书面答复意见。公路管理机构在审批超限运输时,应根据实际情况,对需经路线进行勘测,制订通行方案,并与承运人签订有关协议,同时应签发《超限运输车辆通行证》。

②通行管理。通过审批的超限运输车辆,应严格按照通行管理规定组织运输,未经公路管理机构批准,不得在公路上行驶。公路管理机构应加强对超限运输车辆行驶公路的现场管理,并可根据实际情况派员护送。在公路上进行超限运输的承运人,应当接受公路管理人员依法实施的监督检查,并为其提供方便。

4)加强监督和查处力度,强化管理手段

政府相关职能部门应合理调控运力,规范运输行为,促进运输市场运力和运量的供求平衡;推广集装箱化运输方式,规范公路货运车辆类型,特别是特殊货物运输车辆的类型;加大查处违规企业力度,加强汽车生产环节的控制管理,禁止生产违规超限车辆的类型;公安交警部门要加强车辆落户的源头管理,严惩违规擅自改装车辆的单位和个体业主;公路部门应对公路承载能力重新检查并做出明显标志。

5)推广IT等新技术的应用,加强超限流动检测治理工作

建立超限运输线路的桥涵、市政基础设施等主要信息数据库,逐步建立超限货物运输信息平台,为企业运输提供信息服务。同时,应用现代信息管理技术手段,在关键路段设置轴重检测设备,对过往车辆进行自动检测并对恶意或严重超限的车辆收取补偿费等方式,对超限车辆形成一种有形的威慑。

第四节　危险货物运输安全管理

据世界卫生组织统计,目前仅用于工农业的化工物质就达60多万种,并且每年还要增加3000余种,在这些物质中,有明显或潜在危险的就达3万余种。近几年我国每年通过公路运输的危险货物超过5亿吨。除运输量上升以外,道路运输危险货物的品种越来越多,危险特性越来越复杂,危险程度也越来越高。

危险货物运输与管理实用性很强,运输行政管理人员、运输企业人员以及从事危险货物生产储存与销售供应的人员都必须熟知这方面的知识。

一、危险货物的定义及分类

1.危险货物的定义

在国家标准《危险货物分类和品名编号》(GB 6944—2012)中,将危险货物定义为:具有爆炸、易燃、毒害、感染、腐蚀、放射性等危险特性,在运输、储存、生产、经营、使用和处置中,容易造成人身伤亡、财产损毁或环境污染而需要特别防护的物质和物品。

危险货物的定义包含性质、危险后果及特别防护三方面的要求,三者缺其一则不能称为危险货物。

①具有爆炸、易燃、毒害、感染、腐蚀、放射性等危险特性。非常具体地指明了危险货物本身所具有的特殊的性质,是造成火灾、灼伤、中毒等事故的先决条件。

②容易造成人身伤亡、财产损毁或环境污染。指出了危险货物在一定条件下:由于受

热、明火、摩擦、振动、撞击、洒漏或与性质相抵触物品接触等,发生化学变化所产生的危险效应。不仅是货物本身遭到损失,更严重的是危及人身安全、破坏周围环境。

③在运输、储存、生产、经营、使用和处置中需要特别防护。这里所说的特别防护,不仅是一般运输普通货物必须做到的轻拿轻放、谨防明火,而且是要针对各种危险货物本身的特性所必须采取的"特别"防护措施。例如,有的爆炸品需添加抑制剂;有的有机过氧化物需控制环境温度。大多数危险品的包装和配载都有特定的要求。

2. 危险货物的分类

《危险货物分类和品名编号》(GB 12268—2012)将危险货物按其主要特性和运输要求分为9类(各类可分为若干项,并规定了各类危险货物的定义或划分标准):

第1类　爆炸品;

第2类　气体;

第3类　易燃液体;

第4类　易燃固体、易于自燃的物质、遇水放出易燃气体的物质;

第5类　氧化性物质和有机过氧化物;

第6类　毒性物质和感染性物质;

第7类　放射性物质;

第8类　腐蚀性物质;

第9类　杂项危险物质和物品。

二、危险货物的运输包装与标识

1. 危险货物运输包装的基本要求

根据危险货物的性质和运输特点以及包装应起的作用,危险货物的运输包装必须具备以下基本要求:

①包装材质应与所包装的危险货物理化性质相适应。危险货物对包装材料有腐蚀作用,要求相应的包装材质必须耐腐蚀。危险货物包装容器与所装货物直接接触的部分,不应受该物质的化学或其他作用的影响。包装与内装物直接接触部分,必要时应有内涂层或进行相应处理,以使包装材质能适应内装物的物理、化学性质,不使包装与内装物发生化学反应,而形成危险产物或导致包装强度削弱等。

②危险货物运输包装应结构合理,具有一定强度,防护性能好。其构造和封闭形式应能承受正常运输条件下的各种作业风险,不应因温度、湿度或压力的变化而发生任何渗(撒)漏,包装表面应清洁,不允许粘附有害的危险物质。

③包装的封口应与所装危险货物的性质相适应。一般来说,危险货物包装的封口应严密不漏。特别是挥发性强或腐蚀性强的危险货物,封口更应严密,但对有些危险货物不要求封口严密,甚至还要求设有排气孔。应如何对待某种危险货物包装封口,要根据所装危险货物的性质来决定。

④内、外包装之间应有适当的衬垫。衬垫材料应具备一定的缓冲、吸附和缓解作用。

⑤运输危险货物包装应能适应一定范围的温度和湿度变化。

⑥包装货物的件重、规格和形式应满足运输要求,以便于装卸、积载、搬运和储存。

⑦包装的外表应按规定标明各种包装标志。危险货物运输包装必须具备国家规定的《危险货物包装标志》(GB 190—2009)。标志应正确、明显和牢固、清晰。一种危险货物同

时具有两种以上危险性质的，应分别具有表明该货物主次特性的主次标志。一个集合包件内具有几种不同性质的货物，所有这些货物的危险性质标志都应在集合包件的表面标示出来。

⑧危险货物运输包装必须按规定进行性能试验，经试验合格后并在包装表面标注上持久、清晰、统一的合格标记后方可使用。

⑨盛装爆炸品包装的附加要求：

a. 盛装液体爆炸品容器的封闭形式，应具有防止渗漏的双重保护。

b. 除内包装能充分防止爆炸品与金属物接触外，铁钉和其他没有防护涂料的金属部件不得穿透外包装。

c. 双重卷边接合的钢桶，金属桶或以金属做衬里的包装箱，应能防止爆炸物进入隙缝。钢桶或铝桶的封闭装置必须有合适的垫圈。

d. 包装内的爆炸物质和物品(包括内容器)，必须衬垫踏实，在运输中不得发生危险性移动。

e. 盛装有对外部电磁辐射敏感的电引发装置的爆炸物品，包装应具备防止所装物品受外部电磁辐射源影响的功能。

2. 危险货物运输包装标志

1)运输包装标志的作用

货物运输包装标志的基本含义，是指用图形或者文字(文字说明、字母标记或阿拉伯数字)在货物运输包装上制作的特定记号和说明事项。运输包装标志有3个方面的内涵：一是运输包装标志是在收货、装卸、搬运、储存保管、送达，直至交付的运输全过程中区别与辨认货物的重要基础；二是运输包装标志是一般贸易合同、发货单据和运输保险文件中，记载有关事项的基本组成部分；三是运输包装标志还是包装货物正确交接、安全运输、完整交付的基本保证。

货物运输包装标志对每个环节都起着决定性作用。主要表现在以下3个方面：

①直接表明了货物的主要特性和发货人的要求与意图。

②在流通过程中，运输包装标志一般要在单证、货物上同时表现出来。它是核对单证、货物并使单货相符，以便正确、快速地辨认货物，高效率地进行装卸搬运作业，安全顺利完成流通全过程，准确无误地交付货物等环节的关键。

③运输包装标志还可以节省制作大量单据的手续与时间，而且易于称呼。

2)危险货物运输包装标志内容

危险货物运输包装标志，也称为危险性能标志。危险性能标志的制定，是以危险货物的分类为基础，以便于根据货物或包件所贴标志的一般形式(标志图案、颜色、形状等)，识别出危险货物及其特性，并为装卸、搬运、储存提供基本指南。

我国国家标准《危险货物包装标志》(GB 190—2009)规定主标志15个，副标志6个，使用方法与联合国危险货物专家委员会推荐的规定相似。标志的图案有：炸弹开花(表示爆炸)、火焰(表示易燃)、骷髅和交叉的大腿骨(表示毒害)、三圈形(表示传染)、三叶形(表示放射性)、从两个玻璃器皿中溢出的酸碱腐蚀着一只手和一块金属(表示腐蚀)、一个圆圈上面有一团火焰(表示氧化性)和一个气瓶等。

危险货物包装件外表面可贴1个主标志，说明该危险货物的类别和特性；也可贴2个或2个以上的标志，按货物标志粘贴的位置顺序可确定主、副标志。如自上而下贴3个标志，说明最上边的为主标志，下边2个为副标志；自左而右的贴法，说明左边是主标志，其余为副标志。主标志说明是最应注意的危险性,副标志说明该货物兼有其他危险性,是多种危害兼备的危险货物。

需要说明的是:航空运输危险货物除采用上述的联合国推荐的标志外,还有2种危险货物包装标志:即磁化材料和仅限货机标志。

三、危险货物运输企业安全管理

道路运输危险货物是技术性、专业性很强的运输种类,对运输企业(单位)的资质、技术条件、车辆设施、安全管理、从业人员素质等均有严格的要求。由于道路运输危险货物的高危险性,企业(单位)内部必须制定健全的管理制度和科学的技术规范,建立完善的安全管理体系,确保运输生产的安全。

1.车辆技术管理

由于危险货物运输的特殊性,根据需要车辆须装设相关装备,如:

①危险货物运输车辆应安装符合《道路运输危险货物车辆标志》(GB 13392—2005)规定的车辆三角顶灯、标志和标牌。

②根据国家有关规定,车辆应配置运行状态记录装置。

③运输易燃易爆危险货物车辆的排气管应安装隔热和熄灭火星装置,并配备导静电橡胶拖地带装置。

④车辆应有切断总电源和隔离电火花装置,切断总电源装置应安装在驾驶室内。

⑤在装运易燃易爆危险货物时,应使用木质底板等防护衬垫措施。

⑥装载液体危险货物的罐车,其装备条件应符合《汽车运输液体危险货物常压容器(罐体)通用技术条件》(GB 18564—2001)的规定。

2.危险货物运输从业人员管理

1)从业人员条件

由于危险货物运输的特殊性,从事危险货物运输的作业人员,包括驾驶人员、押运人员及装卸管理人员,必须具备一定的条件方可从业。

①从业人员均应具备一定的文化程度。

②驾驶人员取得相应机动车驾驶证,年龄不超过60周岁。

③从业人员必须熟悉有关安全生产的法律法规、标准和安全生产规章制度、安全操作规程,了解所装运危险货物的性质、危害特性、包装物(容器)的使用要求和发生意外事故时的处置措施。

④驾驶人员、押运人员、装卸管理人员须经设区的市级人民政府交通主管部门考试合格,取得相应道路运输危险货物从业资格证,持证上岗。

2)从业人员的安全教育和培训

在《中华人民共和国安全生产法》第二十一条规定"生产经营单位应当对从业人员进行安全生产教育和培训";国务院《危险化学品安全管理条例》第三十七条规定"危险化学品运输企业,应当对其驾驶人员、船员、装卸管理人员、押运人员进行有关安全知识培训"。安全教育、培训是危险货物运输单位确保安全生产、取得最佳经济效益和培养劳动后备力量的重要措施,是运输单位的一项重要职责。

3)危险货物运输企业管理人员要求

作为企业(单位)的管理人员,应具备以下一些基本条件:

①不得有犯罪记录。

②须具备初中以上学历。

③须有从事道路货物运输业经营管理工作 3 年以上的经历,或从事经济管理工作 5 年以上的经历。

④管理人员应该掌握运输企业管理及危险货物运输安全管理等业务知识,必须了解所运的危险货物性质、危害特性、包装容器使用特性和发生意外时的应急措施。

3. 危险货物运输管理

1)定车

运输危险货物的车辆应相对固定,且不能在完成危险货物运输任务后,不经必要处理和清洗就运输其他物质,以防止危险货物泄漏、污染而造成事故,尤其注意罐体车辆的使用。

2)定人

要求驾驶人员固定,以使其既能熟悉和钻研所运危险货物的特性及防范措施,又能掌握所驾驶的车辆性能。

3)定任务

要求运输单位根据货源或生产企业的生产任务核定车数,没有危险货物运输任务不予定车。

4)定防护用品清洗点

作业人员从事危险货物运输装卸货物后,其防护用品应集中清洗、集中存放,依据危险物品种类,使用相应的防护用品,防止中毒等事故的发生。

5)定车辆清洗消毒点

在危险货物运输完毕应及时清洗、消毒。运输毒性物质、放射性物质、腐蚀性物质及具有毒害、腐蚀及放射性的易燃易爆品的运输单位,应具有清洗、消毒设施,所产生的污水处理应符合国家环保法规定。尚不具备消毒设施的单位,应到环保局指定的危险货物处理厂进行车辆、容器的清洗和消毒。

四、危险货物运输线路的最优化

道路运输危险货物过程中,运输路线与一般货物运输最大的区别就在于运输路线的限制。危险货物运输路线必须在确保安全的前提下,选择一条路径短的线路。所谓道路运输危险货物路线优化是指从运输任务起讫点之间存在的一系列可供选择的路线中,选出合理的运输路线,使危险货物运输车辆有序通过,在满足一定的约束条件(如运输量、时速、周期以及可接受风险标准等)下,达到一定的目标(如影响人口风险最小、路程最短、费用最低等)。

1. 静态多目标危险货物运输路线优化

静态多目标危险货物运输路线优化,是指在路段或节点的目标变量不随时间变化而发生改变的前提下,选择出能够满足决策者所感兴趣的目标最优路线,其模型一般可简化为:

假设 $G=(N,A)$ 为一个有向道路运输危险货物网络图,其中 N 为节点集合,A 为有向弧集合,网络中每条弧段均由一个有序对 (i,j),$i,j\in N$ 来表示。任意两节点间的运输路线 S_{ij} 可由一个点、弧交错的序列来表示,即 $S_{ij}=\{i=i_1,(i_1,i_2),\cdots,(i_{k-1},i_k),i_k=j\}$。假设弧段 $(i,j)\in A$ 上赋有 L 维目标向量 $\mu_{ij}=(\mu_{ij}^1,\mu_{ij}^2,\cdots,\mu_{ij}^L)$,其中 $\mu_{ij}^1(\mu_{ij}^1\geqslant 0)$ 表示弧段 (i,j) 的第 l 个目标变量值。则一条从起点 o 到终点 d 的道路运输危险货物路线 S_{OD} 的优劣程度可由 L 维

目标向量 $\mu_{S_{OD}}=(\mu_{S_{OD}}^1,\mu_{S_{OD}}^2,\cdots,\mu_{S_{OD}}^L)$ 来评价，由此可得，从起点 o 到终点 d 间，考虑 L 维目标的道路运输危险货物路线优化问题的数学模型为：

$$\min\begin{bmatrix}\mu^1\\ \mu^2\\ \vdots\\ \mu^L\end{bmatrix}=\min\sum_{(i,j)\in A}y_{ij}\cdot\mu_{ij}^l\quad(l=1,2,\cdots,L)\tag{6-3}$$

$$s.t\quad \sum_j y_{ij}-\sum_j y_{ji}=\begin{cases}1 & 若\ i=0\\ -1 & 若\ i=d\\ 0 & 否则\end{cases}\quad\forall i\in N$$

$$\sum_j y_{ij}\leqslant 1\qquad\qquad \forall i\in N\tag{6-4}$$

$$y_{ij}\in\{0,1\}\qquad\qquad \forall(i,j)\in A$$

$$y_{ij}=\begin{cases}1 & 节点\ i\ 与节点\ j\ 之间存在运输任务\\ 0 & 否则\end{cases}\tag{6-5}$$

式(6-3)表示寻找满足 L 维目标向量非劣的道路运输危险货物路线；式(6-4)则是确保危险货物运输的流向是从起点到终点；式(6-5)则是限定判断变量 y_{ij} 的取值范围，当 $y_{ij}=1$ 时则表示节点 i 和节点 j 间存在运输任务，当 $y_{ij}=0$ 时则表示节点 i 和节点 j 间不存在运输任务。

2. 时变多目标道路运输危险货物路线优化

在静态条件下，各路段或节点的目标变量值(包括运输风险、运输成本等)是固定的，即不随时间的变化而改变，然而，在实际道路运输危险货物过程中，由于交通管制、交通事故、交通流量以及天气变化等因素影响，车辆的行驶速度总是处在不断变化之中，从而导致运输网络中各个路段的运行时间、运输成本以及运输风险等也相应的发生变化，呈现出不确定、随机等特性。因此，道路运输危险货物网络是一个典型的动态、随机运输网络，伴生的道路运输危险货物路线优化问题也变成一个具有动态、时变特性的多目标路线优化问题。

一条从起点 o 到终点 d 的时变多目标道路运输危险货物路线包括 3 个方面要素：一条实际的地理路线；路线起点的出发时间；路线中间节点的等待时间。因此，带时间窗的时变多目标道路运输危险货物路线优化的数学模型为：

$$\min\begin{bmatrix}\mu^1\\ \mu^2\\ \vdots\\ \mu^L\end{bmatrix}=\min\{\sum_{(i,j)\in A}y_{ij}\cdot c_{ij}^l(\Phi(i))+\sum_{i\in N}x_i\lambda_i^l(w_i(\Lambda(i)))\}\quad(l=1,2,\cdots,L)\tag{6-6}$$

$$s.t\quad \sum_{j\in N}y_{ij}-\sum_{j\in N}y_{ji}=\begin{cases}1 & 若\ i=0\\ -1 & 若\ i=d\\ 0 & 否则\end{cases}\quad\forall i\in N\tag{6-7}$$

$$y_{ij}\in\{0,1\}\qquad\qquad \forall(i,j)\in A$$

$$y_{ij}=\begin{cases}1 & 节点\ i\ 与节点\ j\ 之间存在运输任务\\ 0 & 否则\end{cases}\tag{6-8}$$

$$x_i\in\{0,1\},i\in N/\{o,d\}$$

$$x_i=\begin{cases}1 & 节点\ i\ 允许车辆等待\\ 0 & 否则\end{cases}\tag{6-9}$$

$$t_0 \leqslant \tilde{S}_i \leqslant \tilde{W}_i \leqslant \Lambda(i) \leqslant \Phi(i) \leqslant \bar{W}_i \leqslant \bar{S}_i \leqslant t_0 + T, i \in N/\{o,d\} \tag{6-10}$$

$$t_0 \leqslant \Phi(o)_i \leqslant t_0 + T \tag{6-11}$$

$$t_0 < \Lambda(d) \leqslant t_0 + T \tag{6-12}$$

式(6-6)表示寻找满足多个目标变量值最优的时变运输路线；式(6-7)则是确保危险货物必须从起点 o 运往终点 d；式(6-8)表示当弧段(i,j)上存在运输任务时取值为1，否则取0；式(6-9)表示当节点 i 处允许车辆等待时取值为1，不允许等待时则取0，并且起点和终点处均不允许等待；式(6-10)表示车辆达到除起点和终点之外，节点的时间和离开该节点的时间均应满足该节点的允许服务时间窗和允许等待时间窗限制；式(6-11)和式(6-12)则规定起点的出发时间和终点的达到时间均应符合允许运输时间窗限制。

在大多数情况下，寻找出能同时满足 L 维目标变量"绝对最优路线"几乎是不可能的，一般只能找到一个或多个能最大程度近似于"绝对最优"的"次优"可行路线，即所谓的 Pareto 最优路线或称非劣路线。

在确定路线以后，根据所运货物的危险性大小，依据国家有关规定，对爆炸品、剧毒品，以及放射性等危险性大的货物还需到公安部门办理相关手续，按照指定的路线和时间进行运输。

第五节　道路运输事故应急与管理

《中华人民共和国突发事件应对法》、《中华人民共和国安全生产法》、《中华人民共和国道路交通安全法》等相关法律明确规定，道路运输企业都必须组织制定并实施道路运输事故应急救援预案，并配合地方政府进行应急运输管理，保障应急物资和人员的运输通畅，以最大限度地降低道路运输事故造成的人员伤亡和财产损失。

一、道路运输事故风险评估

风险评价是在进行风险识别的基础上，对识别出的风险采用定性分析和定量分析相结合的方法，估计风险发生的频率、风险范围、风险严重程度（大小）、变化幅度、分布情况、持续时间和频度，从而找到影响安全的主要风险源和关键风险因素，确定风险区域、风险排序和可接受的风险基准。

通过风险评价，把风险发生的概率、损失严重程度以及其他因素综合起来考虑，就可得出发生各种风险的可能性及其危害程度，再与风险的判别标准、组织目标相比较，就可确定危险等级，从而决定采取什么样的措施以及控制措施应采取到什么程度。

例如，对于危险品运输而言，风险应该是运输过程中突发事件发生的概率与突发事件所造成的后果的乘积，其数学表达式为：

$$F = K \cdot S \tag{6-13}$$

式中：F——为危险品运输风险；

K——危险品运输发生突发事件的概率；

S——危险品运输突发事件造成的后果。

危险品运输面临的风险主要包括人、设施、环境、管理4个方面因素。危险品运输设施主要包括车辆和防护设施。防护设施主要是指运输过程中用于安全防范的物理保护系统，如烟探测器、传感器、屏蔽门等。有效的物理保护系统能够监测事故，并能延缓时间，以便部署应急响应力量,将突发事件消灭在萌芽状态中。其他方面出现问题,如果相应的防护措施仍然有效,突发事件也可能不会发生。因此,危险品运输的风险为:

$$K=\sum_{i=1}^{p}(k_i+r_i+h_i+g_i)(1-s_i)h_i \tag{6-14}$$

式中:K——危险品运输的风险;

k_i——由车辆因素导致第 i 种突发事件发生的概率;

s_i——防护措施防止第 i 种突发事件发生的概率,如果没有防护措施,概率为 0;

r_i——人员因素导致第 i 种突发事件发生的概率;

h_i——环境因素导致第 i 种突发事件发生的概率;

g_i——管理因素导致第 i 种突发事件发生的概率;

i——危险品运输突发事件的种类;

s_i——第 i 种突发事件产生后果的严重性。

二、道路运输事故应急管理

1. 道路运输事故应急预案

道路运输事故应急预案是应急管理工作的前提和基础,是为了正确应对处置道路运输过程中,由于设备故障、操作失误或不可抗力等因素可能引起的各种灾害事故以及其他事故,而预先制定应急行动方案。应急预案是应急响应过程中的指导性文件,是有效组织应急救援行动的必要条件。为了有效组织道路运输事故的应急救援行动,需建立宏观综合预案到微观重大危险源企业现场应急预案相结合的预案,并通过定期组织应急演练和采用相应的应急预案绩效评估方法进行应急预案绩效水平的评估,以指导应急预案的更新。

我国交通运输部发布的《公路交通突发事件应急预案》,规定道路交通突发事件应急预案体系包括以下 4 个部分。

①道路交通突发事件应急预案。公路交通突发事件应急预案是全国公路交通突发事件应急预案体系的总纲及总体预案,是交通运输部应对特别重大公路交通突发事件的规范性文件,由交通运输部制定并公布实施,报国务院备案。

②道路交通突发事件应急专项预案。交通突发事件应急专项预案是交通运输部为应对某一类型或某几种类型公路交通突发事件而制定的专项应急预案,由交通运输部制定并公布实施。主要涉及公路气象灾害、水灾与地质灾害、地震灾害、重点物资运输、危险货物运输、重点交通枢纽的人员疏散、施工安全、特大桥梁安全事故、特长隧道安全事故、公共卫生事件、社会安全事件等方面。

③地方道路交通突发事件应急预案。地方公路交通突发事件应急预案是由省级、地市级、县级交通运输主管部门按照交通运输部制定的公路交通突发事件应急预案的要求,在上级交通运输主管部门的指导下,为及时应对辖区内发生的公路交通突发事件而制订的应急预案(包括专项预案)。由地方交通运输主管部门制订并公布实施,报上级交通运输主管部门备案。

④道路交通运输企业突发事件预案。由各公路交通运输企业根据国家及地方的公路交通突发事件应急预案的要求,结合自身实际,为及时应对企业范围内可能发生的各类突发事件而制订的应急预案。由各公路交通运输企业组织制订并实施。

2. 道路运输事故分类分级

交通运输部发布的《公路交通突发事件应急预案》中,将公路突发事件归为 4 类

(表6-2),其分类方法对我国公路运输行业的突发事件分级具有总体指导作用,公路运输企业的突发事件分级也需和该分级方案相匹配和衔接。

公路交通突发事件预警级别 表6-2

预警级别	级别描述	颜色标示	事件情形
Ⅰ级	特别严重	红色	(1)因突发事件可能导致国家干线公路交通毁坏、中断、阻塞或者大量车辆积压、人员滞留,通行能力影响周边省份,抢修、处置时间预计在24小时以上时; (2)因突发事件可能导致重要客运枢纽运行中断,造成大量旅客滞留,恢复运行及人员疏散预计在48小时以上时; (3)发生因重要物资缺乏、价格大幅波动可能严重影响全国或者大片区经济整体运行和人民正常生活,超出省级交通运输主管部门运力组织能力时; (4)其他可能需要由交通运输部提供应急保障时
Ⅱ级	严重	橙色	(1)因突发事件可能导致国家干线公路交通毁坏、中断、阻塞或者大量车辆积压、人员滞留,抢修、处置时间预计在12小时以上时; (2)因突发事件可能导致重要客运枢纽运行中断,造成大量旅客滞留,恢复运行及人员疏散预计在24小时以上时; (3)发生因重要物资缺乏、价格大幅波动可能严重影响省域内经济整体运行和人民正常生活时; (4)其他可能需要由省级交通运输主管部门提供应急保障时
Ⅲ级	较重	黄色	Ⅲ级预警分级条件由省级交通运输主管部门负责参照Ⅰ级和Ⅱ级预警等级,结合地方特点确定
Ⅳ级	一般	蓝色	Ⅳ级预警分级条件由省级交通运输主管部门负责参照Ⅰ级、Ⅱ级和Ⅲ级预警等级,结合地方特点确定

3. 道路运输事故应急管理组织机构及职责

道路交通运输组织必须明确突发事件应急管理的组织机构和机构内成员的具体职责,以保证所有相关人员在发生突发事件后能够快速投入应急工作。道路运输事故应急管理组织机构通用模式总体组织架构,包括指挥部和各执行部门。在规模较小的突发事件中,指挥部和各执行部门可能集中在一个人身上,但当突发事件扩大时,总指挥需要在指挥部中指派各类专职岗位(包括副总指挥、公共信息官员、安全官员以及联络官员等),并建立各执行部门(包括策划部、行动部、后勤部及财务管理部)协助处理突发事件。如图6-1所示。

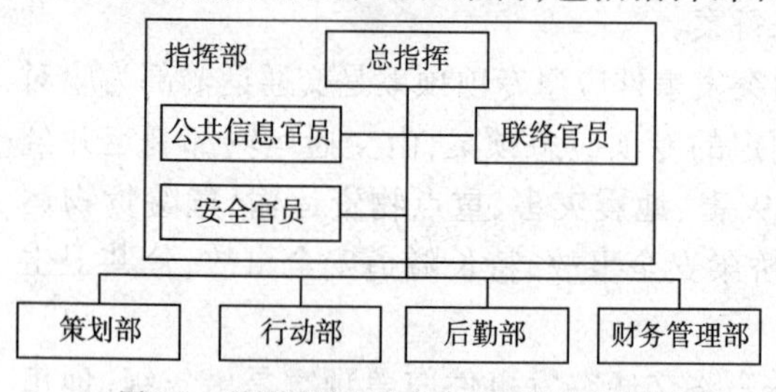

图6-1 道路运输事故应急组织机构总体框架

三、道路运输事故应急响应及恢复

1. 道路运输事故应急响应程序

道路运输事故发生之后,应根据突发事件分类分级,迅速判定事故的类型和级别,启动对应的应急预案和与之相关的保障预案,调动应急资源对突发事件进行处置。响应程序可划分为应急启动、正式行动、基本恢复和应急响应结束4个过程。

1)应急启动

道路运输事故一旦发生,应迅速开展以下工作:成立临时应对小组,迅速收集相关信息,向上级部门报告，尽最大努力阻止事态的蔓延；对事故的类型、影响范围、严重性、紧迫性和变动趋势做出快速评估，启动应急预案和配套支持预案；选定报警形式，向社会报警；及时向国家、部门、周边等有关政府部门进行信息通报；启动正式应急机构的工作。

2）正式行动

应急预案启动后，应急机构应迅速做出具体工作安排和各种资源与应急力量部署，依靠权威人士，快速对突发事件做出判断，制定突发事件处置方案，开展突发事件处置工作。同时，要实时跟踪、监测事态的发展，及时调整应急力量，做好相应的扩大应急准备。向社会及时发布事态进展信息，让公众了解事实真相，遏制流言蜚语的传播。

3）基本恢复

道路运输事故得到控制后，进入临时应急恢复阶段，该阶段包括现场清理、人员清点和撤离、警戒解除等。

4）应急响应结束

当道路运输事故得到有效控制之后，应及时向社会和各应急机构宣布应急响应工作结束。

2. 道路运输事故应急恢复

1）心理干预机制

事故（无论是自然的灾难，还是人为的灾祸）对于人们造成的伤害有时常常是毁灭性的，它除了给事故当事人带来身体上的伤害以外，更重要的是会给当事人心理和精神上带来更大、更严重的伤害，以及由此造成当事人的思维方式、情感表达、价值取向、生活信念以及对生命价值的看法等许多人格上远期的变化。对创伤性事故可能产生的影响和心理影响及时的评估和预测，对于受害者进行不同时期的援助可以减轻急性应激反应的程度，对那些比较严重的受害者进行早期的心理干预能够阻止或减轻远期心理伤害和心理障碍的发生率，对已经出现远期严重心理障碍的受害者进行心理治疗可以减轻他们的痛苦程度，帮助他们适应社会和工作环境。所以，对于可能产生的事故和在事故发生时和发生后，有组织、有计划地为受害人提供心理援助和干预是非常必要的，对于和谐社会的构建和安定的企业氛围局面也是非常必要和有意义的。

2）监督审查机制

应急结束后，现场应急指挥中心应深入调查突发事件发生原因，分析应急过程中应急管理措施的得失，确定突发事件发生的初步原因，取得的经验和吸取的教训，提出对预案的修改建议。

3）奖惩责任机制

奖惩责任机制是与监督审查等机制相配套的机制。这里的奖惩责任也是针对突发事件应急管理体系内部的应急活动管理而言。奖惩责任机制是激励机制的一种，既有正激励也有负激励，既有精神激励也有物质激励，以此推动突发事件应急活动向着系统化、体制化、长期化、法制化的方向发展。

第七章　道路交通事故分析与处理

按照我国现行道路交通安全管理过程中交通事故处理的基本情况，在第一章给出了道路交通事故的定义及相关分类，后续几章则从交通事故预防的不同角度和层次进行了阐述。但是，交通事故发生以后，如何科学地处理最有成效是摆在我们面前的基础课题。本章主要从技术的角度简述道路交通事故的分析及处理。

第一节　交通事故分析与处理基础知识

一、道路交通事故现场勘查

道路交通事故发生后，车辆驾驶人应当立即停车，保护好事故现场，并迅速向公安交通管理部门报警。造成人员伤亡的，车辆驾驶人应当立即向急救机关请求抢救受伤人员。我国规定交通事故报警电话为122，请求急救电话为120。

公安交通管理部门接到报警后，必须尽快奔赴事故现场进行现场勘查。现场勘查是用科学方法和手段将交通事故现场内的相关信息完整、准确地记录下来的工作过程。现场勘查得到的相关信息和数据是进行交通事故分析和处理的唯一依据，所以是一项十分重要的基础性工作。现场勘查的结果主要以现场图、现场勘查笔录和现场摄影照片与录像视频进行记录。

1. 交通事故现场图

交通事故现场图是一种特殊的专业技术图，是使用规定的符号按照一定比例绘制的事故现场示意图。交通事故现场图要能够反映出事故现场内道路、事故车辆及伤亡人员的最终位置、路面上各种痕迹及散落物的状态、特征和位置，现场内有关固定物上的痕迹位置以及相互之间的尺寸关系。因不需要准确地表现现场内物体的形状特征，所以，交通事故现场图使用规定的图例符号进行绘制。

交通事故现场图是道路交通事故现场的客观反映，是现场勘查记录的主要方式之一，也是认定事故事实、分析事故原因、确定事故责任的重要依据。必要时可以根据现场图重现和恢复交通事故现场。

1）现场记录图和现场比例图

常用的道路交通事故现场图按照成图过程可分为现场记录图和现场比例图。现场记录图是指勘查交通事故现场时，对现场环境、事故形态和有关车辆、人员、物体、痕迹等的位置及相互关系所作的图形记录。现场记录图是在交通事故现场徒手绘制，要求在现场当场迅速绘制完成，所以现场记录图的工整程度要求不是很高，但必须记录全面、数据准确。在满足上述基本要求的情况下，应力争提高现场记录图的工整程度。现场记录图示例如图 7-1 所示。

现场比例图是指根据现场记录图，按规范图形符号和一定比例绘制的交通事故现场全部或局部的平面图。现场比例图由现场记录图整理得到。在绘制现场比例图时，不允许改动现场记录图上的记录内容（如尺寸、痕迹、现场物体等内容）。现场比例图是使用计算机或者绘图工具，按一定的比例绘制的，因此，对绘图工整程度要求较高。如果使用现代化仪器设备，也有可能在交通事故现场直接绘制出现场比例图。图 7-2 是使用绘图工具手工绘制的现场比例图。

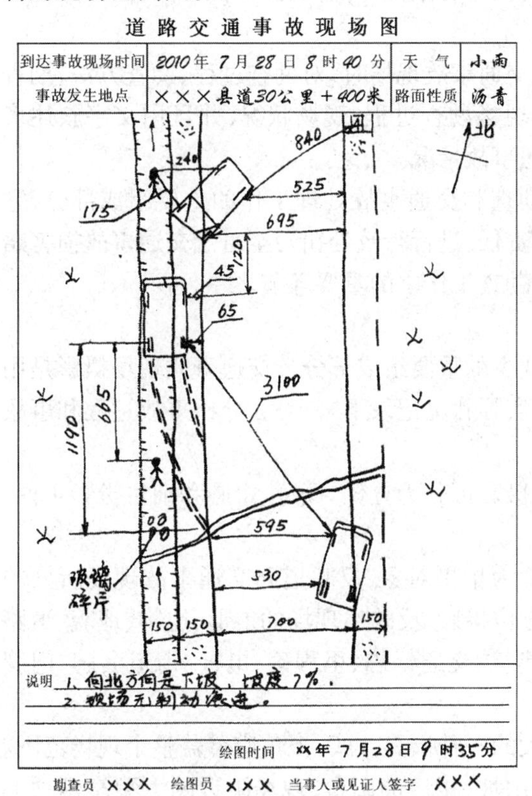

图 7-1 道路交通事故现场记录图

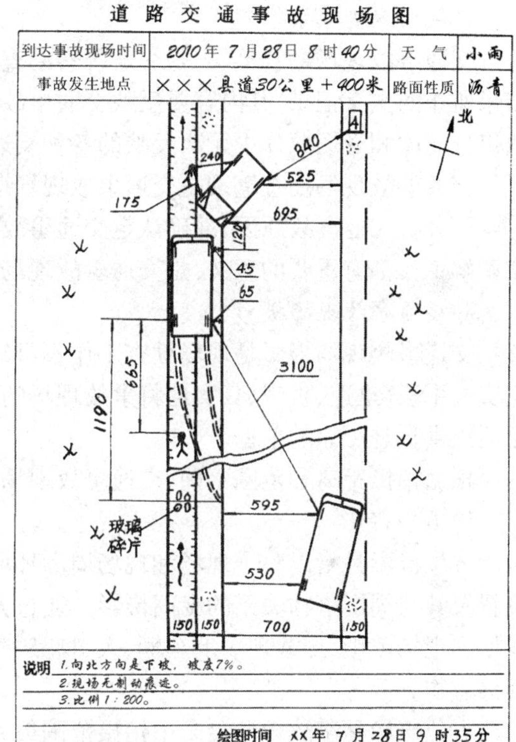

图 7-2 道路交通事故现场比例图

2）现场定位与测量

为描绘交通事故现场图，需要确定现场内道路、物体以及痕迹等的空间位置，这一过程称为现场定位。现场定位首先要确定事故现场的方位，其次要通过实地测量确定现场内各物体、痕迹等的位置。

①现场方位的确定。道路交通事故现场一般是在道路上和周围地面上，所以，确定道路交通事故现场方位就是确定事故地点道路的方向，并在现场图右上角用方向标与道路中心线或中心线切线的夹角表示出来。

②选择基准点与基准线。为确定一个物体的位置必须把该物体置于一个参考系中。这个参考系就是利用某个参考点，固定一个适当的坐标系统。用来固定交通事故现场位置的参考点称为基准点，也就是坐标原点。通常选择事故现场内某个固定不动的特殊点作为基准点，如里程碑、电杆、消火栓等。

除基准点外，还需要有基准线。一般选择一侧道路边缘或道路标线等作为基准线，用以确定现场物体、痕迹等的横向位置。用沿基准线纵向距基准点的距离来确定现场物体、痕迹等纵向位置。

③测量方法。用尺寸数据来固定现场上的道路、物体、痕迹等的具体位置是现场勘查的重要内容，也是现场图的主要组成部分。现场测量是取得各种尺寸数据的重要手段。

按照是否使用仪器设备，现场测量方法可分为人工测量法和仪器测量法两种。人工测量法一般采用卷尺等测量工具手工测量。仪器测量法可准确地记录各种现场数据，但因有的仪器操作过程繁琐、有的仪器又过于昂贵，所以仪器测量法目前在交通事故现场勘查实践中尚未获得普遍应用。可用来进行现场测量的仪器有激光扫描仪、全站仪等。

2. 现场勘查笔录

交通事故现场勘查笔录，是交通警察勘查交通事故现场时，对勘查过程、勘查方法、勘查结果所作的文字记录，其内容要反映交通事故现场勘查过程、现场状况，并且用文字叙述表达出现场图和现场照片中无法反映的各种交通事故情况。

交通事故现场勘查笔录是交通事故现场勘查和交通事故处理工作的重要组成部分，它对全面分析交通事故原因，准确认定交通事故责任，进行行政处罚乃至对于交通事故损害赔偿调解工作都有重要的意义，是交通事故现场勘查工作中的重要环节之一。

3. 交通事故现场摄影

交通事故现场摄影是现场勘查工作不可缺少的重要组成部分。交通事故现场摄影是用纪实的手法，迅速、直观、真实地将事故现场的实际状况记录下来，可为分析事故过程和事故原因提供直观可靠的依据。

根据拍摄距离和范围不同，交通事故现场摄影可分为方位、概览、中心和细目摄影 4 种。

1）方位摄影

方位摄影是指以整个现场和现场周围环境为拍摄对象，反映道路交通事故现场所处的位置及其与周围事物关系的专门摄影。通过方位摄影，反映出现场的地形、地物、地貌、道路线形和现场范围，记载现场上车辆、人、物品、建筑、交通标志、里程碑、电杆、街道名牌、门牌等标志物。

方位摄影是事故现场摄影中拍摄范围最大的一种摄影方式，视角应覆盖整个现场范围。因此，一般都要选择较高、较远的拍摄位置，如山坡、楼房的阳台、现场附近的大型车辆顶部位置等。如果一张照片无法涵盖整个现场范围，可以使用回转连续拍摄法或者平行连续拍摄法进行拍摄。

2）概览摄影

概览摄影是指以整个现场或现场中心地段为拍摄内容，反映现场的全貌以及现场有关车辆、尸体、物品、痕迹的位置及相互间关系的专门摄影。概览摄影是从中远距离采用平视角度拍摄道路交通事故现场的摄影方式，拍摄范围小于方位摄影，它以现场内部状况为拍摄对象，拍摄的内容应具体反映事故形态、现场物体的概况、痕迹、散落物的分布，以及其他与事故有关的事物。拍摄时要特别注意拍摄位置，防止前景遮挡后景，避免物与物的重叠；注意拍摄现场的全貌和原始状态防止遗漏，因此概览摄影拍摄的内容宁多勿少。

概览摄影以现场中心物体为基点，沿现场道路走向的相对两向位或者多向位分别拍摄。各向位拍摄的概览摄影，其成像中各物体间的相对位置应当基本一致；上一个视角的结束部分与下一个视角的开始部分应有联系。

3）中心摄影

中心摄影是在较近距离拍摄交通事故现场中心、重要部位、痕迹的位置及其与有关物体之间联系的专门摄影。中心摄影是一种在较近距离拍摄道路交通事故现场的摄影方式，主要反映现场重要部分的特征及相互关系。概览摄影是从中远距离，从整体出发，反映与事故有关的各种物体之间的相互关系，而中心摄影则是从较近距离，具体反映某一种关系。

事故现场一般以碰撞接触点为中心。重要部位一般是指肇事车辆、尸体、接触部位、地面痕迹等。要求中心摄影能够反映它们在道路上的具体位置以及相互之间的关系。

中心摄影一般在较近距离进行，要注意选取拍摄位置。拍摄事故车辆要注意拍摄角度，如两车相撞的事故现场，除把两车在一定距离内拍照清楚外，还要突出相撞部位。要正确反映接触点、停车位置和道路之间的位置关系，必须注意选取合适的拍摄位置和角度，以防变形。

4）细目摄影

细目摄影是指采用近距或微距拍摄道路交通事故现场路面、车辆、人体上的痕迹及有关物体特征的专门摄影。细目摄影是固定、记录痕迹、物证的有效手段，主要用以反映各种痕迹、物证的大小、形状、特征等。使用方位摄影、概览摄影、中心摄影能表示细目摄影拍摄对象的位置，而使用细目摄影能清楚地表示方位摄影、概览摄影、中心摄影的细节内容，做到相互印证，相互补充，完整地表达出事故现场的原始状态。

使用细目摄影反映的内容，主要有车辆与其他物体接触部位的痕迹、路面痕迹、人体痕迹、现场散落物、毛发或油漆等微小物证、轮胎花纹特征、车辆号牌、车门上的文字、尸体等等。进行细目摄影时，要求摄影机镜头主光轴与被摄痕迹面相互垂直。视角应当覆盖整个痕迹，一张照片无法覆盖的，可以分段拍摄。

二、道路交通事故处理

道路交通事故处理是指从接到报警到最后结案的全部工作过程，主要包括现场勘查、责任认定、处罚、损害赔偿等几个阶段。其中现场勘查阶段的工作已如前述。根据《中华人民共和国道路交通安全法》的规定，公安机关交通管理部门是处理道路交通事故的主管机关。道路交通事故处理工作按照 2004 年 5 月 1 日起施行的《交通事故处理程序规定》执行。

1. 事故责任认定

道路交通事故认定工作的主要内容是认定事故事实、分析事故成因、确定当事人的事故责任和制作交通事故认定书。以上 4 项工作内容性质上都属于运用证据，在运用证据之前必须首先对证据进行审查，所以交通事故认定还应包括审查证据。

1）审查交通事故证据

在交通事故处理工作中，事故办案民警收集来的证据中往往有真有假，有相关的也有不相关的，有相互一致的也有相互矛盾的。因此，这些证据必须在经过认真的查证与核实之后才能用作认定事故事实、分析事故成因、确定事故责任的依据，以保证所用证据的客观性、关联性和合法性，提高道路交通事故认定的工作质量。

2）认定交通事故事实

“以事实为根据，以法律为准绳”是交通事故处理的基本原则。也就是说，必须在交通事故事实清楚、证据确凿的基础上，才能依法追究当事人的行政责任、刑事责任或损害赔偿责任。

认定交通事故事实的过程就是运用证据证明交通事故事实的过程。

3)分析交通事故成因

在事故事实清楚,特别是要在事故发生过程清楚、当事人的过错行为清楚的基础上,运用证据,分析事故发生的原因,认定当事人的过错行为与发生事故之间的因果关系,明确事故发生的客观原因,分析事故发生的主要原因和次要原因。

4)确定当事人的事故责任

道路交通事故责任属于过错责任。因当事人的过错引发的交通事故都要认定当事人的事故责任,表示当事人的过错对交通事故的发生所起作用大小。

因意外原因引发的道路交通事故不确定当事人的事故责任,因为当事人在事故发生中没有过错。

5)制作交通事故认定书

道路交通事故认定书是公安交通管理部门运用证据,认定事故事实,分析事故成因,确定当事人的事故责任的专业结论,是交通事故认定工作成果的载体,也是交通事故调查取证工作的总结。交通事故认定书作为事故处理的证据,为追究当事人的刑事责任、行政责任和民事责任提供依据。

以上交通事故认定5项工作内容的顺序依次就是交通事故认定的工作步骤。审查证据是交通事故认定的基础性工作,在运用证据之前必须首先对证据进行审查,未经查证属实的证据不能作为定案的依据。认定事故事实必须在分析事故成因之前。只有事故的基本事实清楚,特别是事故发生过程清楚,才能分析事故形成原因。最后在事实清楚,证据确凿,事故成因明确的基础上,根据交通事故当事人的行为对发生交通事故所起的作用以及过错的严重程度,正确地使用法律和法规,确定当事人的事故责任。

根据《道路交通安全法实施条例》第九十一条、第九十二条和《道路交通事故处理程序规定》第四十六条的规定,道路交通事故责任分为全部责任、主要责任、同等责任、次要责任和无责任。

①全部责任。全部责任是指由交通事故某一方当事人承担事故发生的全部过错,其他当事人不承担事故发生的过错。

②主要责任。主要责任是指某当事人的过错是交通事故发生的主要原因,其过错对交通事故发生起的作用较大,其过错比较严重,由该当事人承担交通事故发生的主要过错。

③同等责任。同等责任是指各当事人的过错均是交通事故发生的原因,其过错对事故发生起的作用和过错严重程度相当,由各当事人平均承担交通事故发生的过错。

④次要责任。次要责任是指某当事人的过错是交通事故发生的次要原因,其过错对事故发生起的作用较小,其过错程度较轻,由该当事人承担交通事故发生的次要责任。

⑤无责任。无责任是指当事人不承担交通事故发生的过错。在交通事故当事人中,只要有一方当事人承担全部责任,则其他当事人无责任。无责任表示当事人在事故中无过错;或者虽有过错但其过错与事故发生没有因果关系;或者虽有过错,但根据我国《道路交通安全法实施条例》的规定,不承担事故责任。

⑥责任组合。确定当事人的事故责任时,无论是涉及两方当事人,还是涉及三方以上当事人,都必须按照下列组合确定当事人的事故责任:全部责任对无责任;主要责任对次要责任;同等责任对同等责任。不应当出现没有主要责任,只有次要责任;次要责任对同等责任;没有次要责任,只有主要责任等情况。在进行责任组合时注意:

第一，虽然事故责任是针对当事人的，但是，是以当事人的过错行为为评价对象的。因此，当某一方过错行为涉及两个或两个以上当事人时，可以确定该两个或两个以上当事人共同承担与该过错行为相对应的事故责任，不可将分别实施了各自过错行为的两个或两个以上当事人生硬地捏在一起，共同承担某一事故责任。

第二，当事人的事故责任是对当事人的过错行为在造成事故中所起作用及过错严重程度的评价，是各方当事人相互比较后给出的模糊评价，不是严格数学意义上的定量分析。主要责任的责任量超过50%；次要责任的责任量低于50%；同等责任的责任量等于50%的认识是错误的。所以，在涉及三方当事人事故责任的组合中，允许出现两方负主要责任，一方负次要责任：或者一方负主要责任，两方负次要责任；或者三方各负同等责任的的情况。“两方负主要责任，一方负次要责任”说明负主要责任的两方当事人各自的过错行为对事故发生所起作用和过错严重程度大于次要责任一方当事人。“一方负主要责任，两方负次要责任”表示负主要责任的当事人的过错行为对事故发生所起作用和过错严重程度大于负次要责任的两方当事人。“三方各负同等责任”的意义是各方当事人的过错行为对事故发生所起作用和过错严重程度相当。

2. 道路交通事故处罚

道路交通事故处罚，是根据事故当事人的交通安全违法行为，对正常的交通秩序和交通安全的危害程度，依法分别追究其行政责任或者刑事责任。

1）行政处罚

对道路交通安全违法行为的行政处罚种类包括警告、罚款、暂扣或者吊销机动车驾驶证、拘留5种。

①警告是指公安交通管理部门对道路交通安全违法行为人的谴责和告诫，指出其危害性，告诫其不要再犯，是行政处罚中最轻的一种处罚。警告应当制作行政处罚决定书以书面的形式送达当事人。口头警告不属于道路交通事故行政处罚，不用制作行政处罚决定书，只由交通警察口头对违法行为人进行批评教育。

②罚款是指公安交通管理部门依照道路交通安全法律、法规、规章的规定，限令交通安全违法行为人在一定的期限内向国家交纳一定数额金钱，在经济上给予制裁，是道路交通事故行政处罚中最常见的一种处罚方式。

③暂扣机动车驾驶证是指公安交通管理部门依法对道路交通安全违法行为人（机动车驾驶人）在一定时间内暂时剥夺其机动车驾驶资格的处罚方式。暂扣机动车驾驶证，可以单独适用，也可以与警告、罚款、行政拘留的处罚方式并处。

④吊销机动车驾驶证是指对实施了严重道路交通安全违法行为的机动车驾驶人剥夺其驾驶资格的处罚方式。吊销机动车驾驶证是对当事人驾驶资格最严厉的一种处罚。被吊销机动车驾驶证后两年内不得重新申领；而对于构成犯罪、肇事后逃逸，被吊销机动车驾驶证的，则行为人终生不得再次申领机动车驾驶证。

⑤行政拘留是指公安机关依法对道路交通安全违法行为人在一定时间内剥夺其人身自由，羁押于一定场所的处罚方式。行政拘留是道路交通事故行政处罚中最为严厉的一种。

2）刑事处罚

道路交通事故刑事处罚是指对构成犯罪的交通事故当事人，依法追究其刑事责任进行刑事处罚。构成交通事故犯罪的罪名有交通肇事罪和危险驾驶罪。交通肇事罪是指从事交通运输人员或者非交通运输人员，违反交通运输管理法规发生重大交通事故，致人重伤、死亡或者使公私财产遭受重大损失且负有同等以上责任的,以及交通运输肇事后逃逸或者有其他特别恶劣情节的犯罪行为。危险驾驶罪包括两种危险驾驶行为:在道路上驾驶机动车追逐竞驶,情节恶劣或在道路上醉酒驾驶机动车。

道路交通事故刑事处罚的各个阶段由公安机关、检察院和人民法院分别负责。

3. 道路交通事故损害赔偿

由于事故责任者的过错或者意外发生道路交通事故,造成人员伤亡和财产损失,依照国家《侵权责任法》的规定,侵权人应当承担损害赔偿义务,即追究其侵权责任。

我国《道路交通安全法》第七十六条规定:机动车发生交通事故造成人身伤亡、财产损失的,由保险公司在机动车第三者责任强制保险责任限额范围内予以赔偿;不足的部分,按照下列规定承担赔偿责任:

①机动车之间发生交通事故的,由有过错的一方承担赔偿责任;双方都有过错的,按照各自过错的比例分担责任。

②机动车与非机动车驾驶人、行人之间发生交通事故,非机动车驾驶人、行人没有过错的,由机动车一方承担赔偿责任;有证据证明非机动车驾驶人、行人有过错的,根据过错程度适当减轻机动车一方的赔偿责任;机动车一方没有过错的,承担不超过10%的赔偿责任。交通事故的损失是由非机动车驾驶人、行人故意碰撞机动车造成的,机动车一方不承担赔偿责任。

道路交通事故损害赔偿项目分为三部分:第一部分是人身损害赔偿项目;第二部分是财产损失赔偿项目;第三部分是精神损害赔偿项目。

①人身损害赔偿项目。国家《侵权责任法》第十六条规定:侵害他人造成人身损害的,应当赔偿医疗费、护理费、交通费等为治疗和康复支出的合理费用,以及因误工减少的收入。造成残疾的,还应当赔偿残疾生活辅助费和残疾赔偿金。造成死亡的,还应当赔偿丧葬费和死亡赔偿金。

②财产损失赔偿项目。财产损失是指因道路交通事故导致受害人的车辆等财产毁损、灭失的损失。

③精神损害赔偿项目。国家《侵权责任法》第二十二条规定:“侵害他人人身权益,造成他人严重精神损害的,被侵权人可以请求精神损害赔偿。”

我国《道路交通安全法》第七十四条规定:“对交通事故损害赔偿的争议,当事人可以请求公安机关交通管理部门调解,也可以直接向人民法院提起民事诉讼。”

第二节 交通事故统计分析

一、交通事故统计分析的意义与步骤

1. 交通事故统计分析的意义

交通事故统计分析是对交通事故总体进行的宏观调查研究活动,目的是查明交通事故总体现状、发展动向及各种影响因素对事故总体的作用和相互关系等,以便从宏观上定量地认识事故现象的内在规律性。交通事故是涉及多种因素的复杂事件,一起交通事故的发生既有其特定的、偶然的原因,同时又受总体共同性因素的支配。调查个别交通事故难以把握事故总体的规律性,只有了解足够多的交通事故之后,才有可能消除偶然因素的影响,对事

故总体情况有所认识。所以事故统计分析的性质是总体性的。

此外,事故统计分析需要有明确的数量概念。主要通过具体数据而不是文字叙述,来揭示事故现象的本质和内在规律。所以,事故统计分析又必须是定量的。

交通事故统计分析的范围包括地域性事故统计分析和线路事故统计分析。地域性统计分析主要针对全国或省、市等特定地区进行,为制定安全性法规和政策服务。线路统计是针对某一条线路进行调查,目的是找出道路的事故多发路段,为道路交通状况的改善和安全设施的设置提供依据。

事故统计分析对于把握交通事故总体动向,科学地做好道路交通管理,保证交通安全具有非常重要的意义。

2. 交通事故统计分析步骤

交通事故统计分析由采集交通事故原始资料开始,经过原始资料的整理、分组,计算各种统计指标,最后编写出交通事故统计分析报告。

交通事故的原始资料就是每一起交通事故的详细记录,既包括事故本身的具体情况,又包括与该起事故有关的各种要素(事故当事人、事故车辆、出事地段的道路与环境条件,以及发生事故的时间和天气情况等)的状况及相互关系。交通事故原始资料的采集有规定格式,由公安交通管理部门的事故处理人员负责填写。交通事故原始资料是进行事故统计分析的唯一根据。如果原始资料不准确、不全面,即使后面的工作做得再好,也不可能得出正确的结论。因此,在进行交通事故统计分析时,一定要确保原始资料的准确、及时和全面。

采集到的大量交通事故原始资料只是一些零乱的事故数据,不能反映事故总体的规律性。必须经过归纳整理才能满足进一步分析研究的需要。交通事故统计资料的归纳整理,包括对原始资料的审核、分组和计算必要的统计指标。

审核原始资料是为确保资料的准确性和完整性。资料的完整性主要是指各采集单位应将必要的资料报齐,而且所报的项目不应有遗漏。资料的准确性就是所报原始资料中的数据必须真实可靠。统计分组是根据统计分析的需要,按照一定的特征将事故原始资料进行分组归类。通过统计分组,一方面可将错综复杂的事故原始数据按照要求,把性质相同的数据归纳到一起,以便发现事故总体在某一方面的规律性。另一方面,通过把大量的原始数据分为若干个具有不同特征的组,也深化了对交通事故总体构成的认识。

二、交通事故统计分析指标

交通事故总体的数量特征用各种统计分析指标来反映。由于交通事故的复杂性,需要用一系列的指标才能反映出事故总体各方面的数量特征,揭示出事故总体内在的规律性。常用的交通事故统计分析指标如下。

1. 总量指标

总量指标是指反映交通事故现象在一定时间、地点、条件下的总体规模和水平,其表现形式为绝对数,也称绝对指标。根据指标反映的状况不同,可分为时期指标和时点指标。时期指标是反映总体在一段时期内过程的总量,是一定时间间隔内的数字。如某年、某月的交通事故次数。时点指标是反映总体在某一时点上规模或水平的总量,是在某一时刻的数字。如某年底某地的人口数、机动车辆数、驾驶人数等。

2. 相对指标

相对指标是两个有联系的指标的比值,也称相对数。交通事故相对指标是用两个交通

事故绝对数的比值来表示的,便于分析和说明两个相比较指标之间的数量关系。相对指标的计算公式为:

$$相对指标(\%) = 比数/基数 \times 100\%$$

3. 平均指标

平均指标反映某一统计指标的一般水平或平均水平,也称统计平均数。利用平均指标可以对比同类现象在不同地区、不同单位的一般水平,也可以分析在不同时期的一般水平,分析其发展变化。

4. 动态分析指标

交通事故动态分析指标是通过事故动态数列计算的分析指标。交通事故动态数列虽然可以反映事故发展变化的过程和趋势,但要分析事故的变化特点和规律性,还需计算动态分析指标,如计算增长量、发展速度、增长速度、平均发展速度、平均增长速度等。

三、交通事故统计分析方法

1. 统计表

把统计调查所得到的数据资料汇总整理,按一定的顺序填在特定的统计表格中,便得到统计表。任何一种统计表都是统计表格与统计数据的结合体,利用统计表的绝对指标、相对指标和平均指标,可以研究各类交通事故的规模、趋势和比例关系。表 7-1 为某地历年交通事故 4 项指数的统计表例。

某地历年道路交通事故 4 项指数统计 表 7-1

年 份	事故起数	死亡人数	受伤人数	直接财产损失(万元)
1991	16850	3797	10006	2846.0
1992	13375	4085	8364	3919.5
1993	12008	4179	7616	4298.4
1994	11898	4326	7565	4901.0
1995	14219	5455	8915	6609.0
1996	14834	5832	9832	7240.5
1997	15289	6005	10836	7689.0
1998	21317	6426	14475	9361.0
1999	41164	8674	27878	14300.0
2000	60488	9814	46610	19400.0
2001	64786	9439	52006	18961.1
2002	56818	9167	47510	17581.8
2003	49414	8905	41030	17702.0
2004	39815	7804	36077	13283.3
2005	35251	7050	32456	11816.0
2006	30056	6309	28945	9511.0
2007	25867	5760	25807	8302.4
2008	19594	5026	20055	6872.0
2009	16166	4518	16948	5616.2
2010	14560	4268	14611	5261.2
2011	13375	3974	12901	5049.7

2. 坐标图

坐标图是利用曲线的连续变化反映事物动态变化的图形。简单的坐标图是由一个横坐标和一个纵坐标构成的。横坐标一般是连续数列,如时间、年龄等。纵坐标可以是某一绝对指标或相对指标。坐标图借助于连续曲线的升降变化有很强的直观性。一般常用来表示交通事故中某一特征指标的发展变化过程和趋势。图 7-3 为某省历年道路交通事故起数及与全国对比示意图。

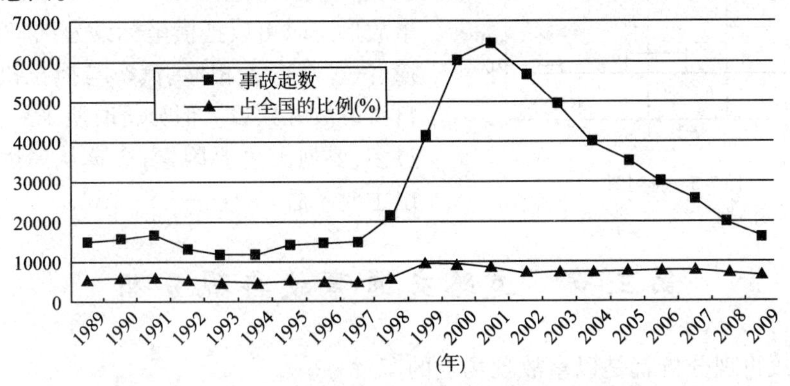

图 7-3　某省历年道路交通事故起数及与全国对比示意图

3. 直方图

直方图是交通安全分析中较为常用的统计图表。包括平面直方图和立体直方图。立体直方图是由建立在直角坐标系上的一系列高度不等的柱状图形组成,因而也被称为柱状图。直方图的横坐标表示所分析的各种因素,图形的高度则代表了对应于横坐标的某一指标的数值。图 7-4 为某地 2011 年各类事故形态事故数构成比例示意图。

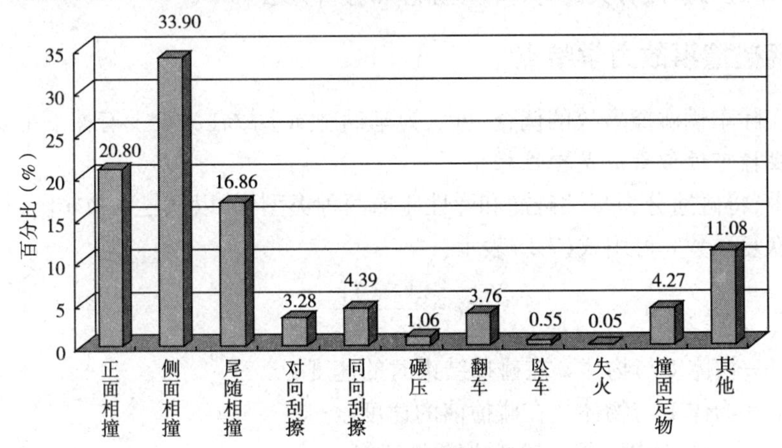

图 7-4　某地 2011 年各类事故形态事故数构成比例示意图

4. 排列图

排列图全称为主次因素排列图,也称为巴雷特图,可用于确定发生交通事故的主要原因,以便有针对性的进行交通治理工作。

排列图由两个纵坐标、一个横坐标、几个直方图和一条曲线组成,如图 7-5 所示。左边纵坐标表示频数,右边纵坐标表示累积频率(0～100%),横坐标表示事故原因分类。直方图的高低表示某类原因频数的大小,一般按频数大小自左向右排列。将各类原因的累计频率值以曲线连结形成一曲线,称为巴雷特曲线。按累积频率的大小可将交通事故原因分为三类:累积频率在 0～80% 的原因称 *A* 类,显然是主要原因;累积频率在 80%～90% 的原因

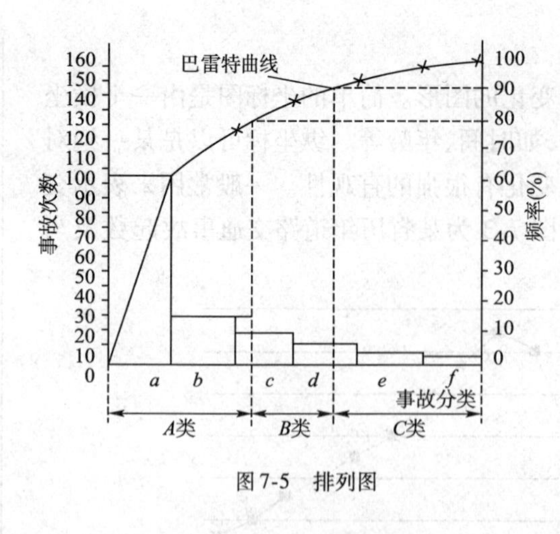

图 7-5 排列图

称 B 类,是次主要原因;累积频率在 90% ~ 100% 的因素称 C 类,是次要原因。

根据分析目的的不同,可以改变横坐标中的因素。例如,分析机动车驾驶人事故原因时可以把横坐标设为酒后开车、超速行驶、无证驾驶、违章超车、违章会车等项目;分析道路交通事故形态时可以把横坐标设为汽车与自行车相撞、汽车与行人相撞、汽车与拖拉机相撞、汽车自身事故等项目。但分析时所采用的因素不宜过多,要列出主要因素,去掉从属因素,以便突出主要矛盾。

第三节 道路交通事故再现分析

交通事故再现分析就是以事故现场上的车辆损坏情况、停止状态、人员伤害情况和各种形式的痕迹、散落物等为依据,参考当事人和目击者的陈述,对事故发生的经过作出分析判断的过程。正确的事故再现分析是合理划分事故责任和妥善处理交通事故的基础,同时,对交通安全科学研究也有重要意义。

事故再现分析的关键在于发现和把握各种物证材料,并作出合乎情理的解释。事故当事人或目击者的陈述可作为参考,一般不宜作为主要的分析依据。为了正确地进行事故再现分析,必须掌握与事故有关的各种科学原理和分析方法。

一、车辆碰撞事故力学特点

根据对实际车辆碰撞事故的调查,可认为车辆碰撞事故在力学上有如下主要特点。

1. 车辆碰撞可近似看成是塑性碰撞

在力学中,将碰撞分为塑性碰撞和弹性碰撞两种类型,并以恢复系数 e 作为区分两类碰撞的参数。恢复系数 e 可用式(7-1)表示:

$$e=\frac{V_2-V_1}{V_{10}-V_{20}} \tag{7-1}$$

式中:V_1、V_2——物体 1 与物体 2 在碰撞结束时的速度;

V_{10}、V_{20}——物体 1 与物体 2 在碰撞前的速度。

当 $e=1$ 时为弹性碰撞,当 $e=0$ 时为塑性碰撞。

图 7-6 为由实车碰撞实验得出的恢复系数 e 与有效碰撞速度(碰撞中速度的改变量)V_e 的关系曲线。由图可以看出,在有效碰撞速度小时,恢复系数 e 较大,接近弹性碰撞。随着有效碰撞速度的加大,恢复系数 e 逐渐减少,趋向于塑性碰撞。在足以造成车辆损坏和人员伤害的碰撞事故中,有效碰撞速度都比较大,所以一般可以把交通事故中的车辆碰撞近似看成是塑性碰撞。

2. 车辆碰撞事故可看成是三个过程的连续

车辆碰撞事故一般可看成是由下述三个连续过程构成的。第一个过程是从驾驶人发现危险情况并采取制动措施开始至发生碰撞接触之前;第二个过程是碰撞本身,即从车辆与车辆相互接触、在接触中进行动量交换并相互挤压直至相互分离的过程;第三个过程是从两车相互分离瞬间至车辆最终停止。不一定每一起车辆碰撞事故都具有这三个过程。某些车辆事故也可能只有其中的一两个过程。

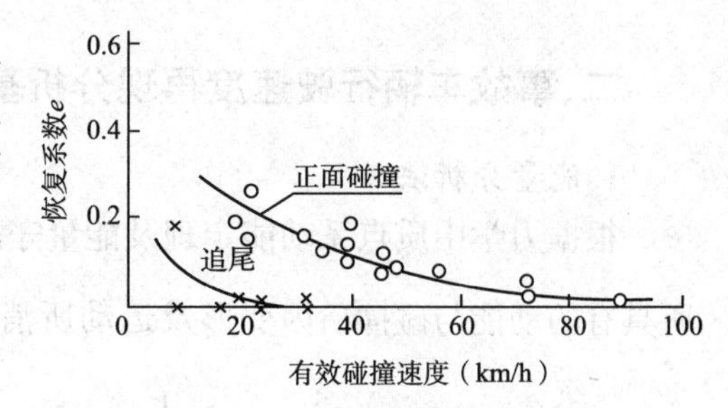

图 7-6　恢复系数 e 与有效碰撞速度 V_e 的关系

车辆碰撞事故的第二个过程持续时间很短,只有 0.1 ~0.2s,在此过程中车辆速度急剧变化,因此产生巨大的碰撞力,造成车辆损坏变形和人员伤害。发生碰撞的两车从相互接触瞬间起至两车速度变化到相等达到共同速度瞬间为止的速度变化量,也就是车辆在压缩变形阶段的速度变化量称为有效碰撞速度。

根据车辆压缩变形前后动量守恒可以得到:

$$m_1 V_{10} + m_2 V_{20} = (m_1 + m_2) V_c \tag{7-2}$$

$$V_c = \frac{m_1 V_{10} + m_2 V_{20}}{m_1 + m_2} \tag{7-3}$$

式中:m_1、m_2——两车质量;

V_{10}、V_{20}——两车碰撞时的速度;

V_c——两车速度达到相等时的共同速度。

由于交通事故中车辆碰撞不是绝对的塑性碰撞,所以碰撞过程中车辆在压缩变形后会有少许反弹,速度也会稍有变化,之后两车分离碰撞过程结束。碰撞过程中两车速度的变化及有效碰撞速度的示意图如图 7-7 所示。

在第三个过程中,车辆以碰撞结束瞬间具有的移动速度和旋转速度为初始条件开始各自运动,直至把运动能量消耗完毕停止。与碰撞过程不同,车辆碰撞后的运动过程一般可延续数秒钟,因此驾驶人可能来得及进行制动或转动转向盘等操作。这些操作可对车辆在第三个过程中的运动情况和乘员的伤害产生影响,在进行事故再现分析时应予以注意。

3. 可将碰撞过程中的车辆当作刚体处理

车辆在碰撞过中,因受到碰撞力的作用而发生损坏变形。一般来说,这种损坏变形局限于车辆碰撞接触部位及其附近区域,其余大部分仍然保持完好。从实车碰撞实验的减速度变化来看,在碰撞接触处的碰撞减速度峰值最大,持续时间最短。离开碰撞接触点越远,减速度峰值越小,持续时间越长。超过一定距离以后,减速度不再随时间而变,如图 7-8 所示。因此可近似地将碰撞中的车辆当作刚体来处理。

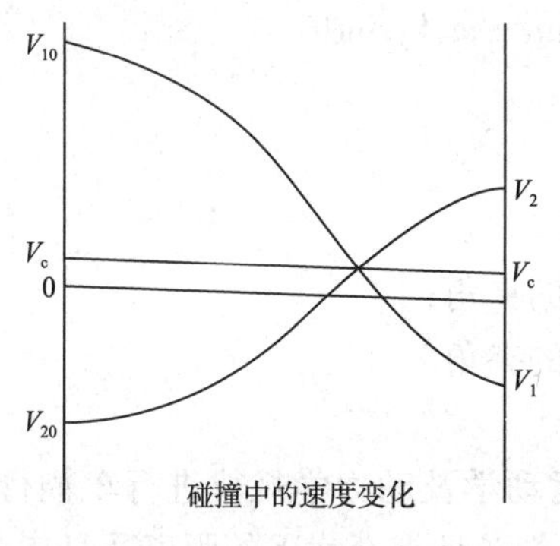

图 7-7　碰撞过程中两车速度的变化

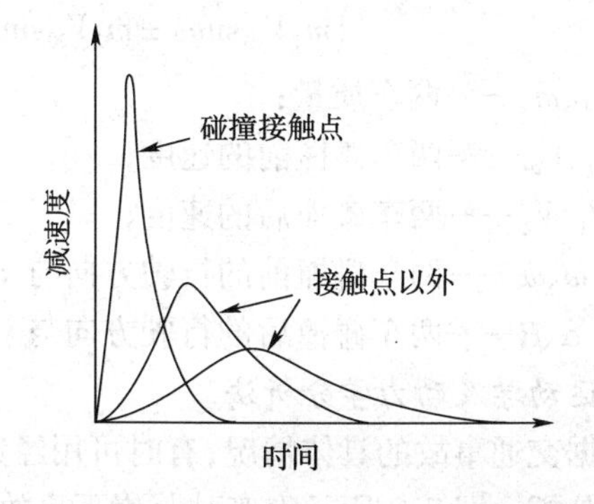

图 7-8　汽车对固定壁障碰撞时各部分的减速度

二、事故车辆行驶速度再现分析基本方法

1. 能量分析法

根据力学中质点系动能定理及能量守恒定律,可以认为在车辆碰撞事故中,车辆碰撞前所具有的动能与碰撞后因变形及运动所消耗的能量之和相等。如设$\frac{1}{2}m_1V_{10}^2$、$\frac{1}{2}m_2V_{20}^2$为两车碰撞前具有的动能,$\frac{1}{2}m_1V_1{}^2$、$\frac{1}{2}m_2V_2{}^2$ 为两车碰撞结束瞬间具有的动能,ΔE_1、ΔE_2 为两车碰撞变形损失的能量,则根据以上原理可有:

$$\frac{1}{2}m_1V_{10}{}^2+\frac{1}{2}m_2V_{20}{}^2=\frac{1}{2}m_1V_1{}^2+\frac{1}{2}m_2V_2{}^2+\Delta E_1+\Delta E_2 \tag{7-4}$$

式中:m_1、m_2——两车质量;

V_{10}、V_{20}——两车碰撞前的速度;

V_1、V_2——两车碰撞后的速度;

ΔE_1、ΔE_2——两车变形损失的能量。

上式中两车碰撞结束瞬间具有的动能可根据碰撞后两车的运动轨迹和运动状态求得,碰撞变形损失的能量可根据两车变形量大小求得。

2. 动量分析法

力学中的动量守恒原理是分析交通事故中车辆行驶速度的重要理论工具。由动量守恒原理可知,两物体碰撞过程中,如果除两物体间相互作用的碰撞力之外,不存在其他外力的作用,则碰撞前后两物体动量总和保持不变。这一原理没有对两个物体相互间的撞击力提出任何要求或作出什么假定,因此,用来分析车辆碰撞事故时,不管撞击力如何复杂,碰撞使车辆的毁坏如何严重,碰撞前后两车的总动量保持不变这个规律总是成立的,这就为分析车辆速度提供了很大便利。在实际的车辆碰撞事故中,虽然除车辆间的碰撞力外还有空气阻力、路面摩擦力等外力作用,但与碰撞力相比这些外力都很小可忽略不计,因此动量守恒原理在分析事故车辆行驶速度时是可用的。动量守恒原理可用下式表示:

$$\overline{m_1V_{10}}+\overline{m_2V_{20}}=\overline{m_1V_1}+\overline{m_2V_2} \tag{7-5}$$

其中$\overline{m_1V_{10}}$、$\overline{m_2V_{20}}$及$\overline{m_1V_1}$、$\overline{m_2V_2}$分别为碰撞前后两事故车辆的动量矢量。动量守恒原理在$o—xy$ 坐标系中的投影式为:

$$\begin{cases}m_1V_{10}\cos\omega\pm m_2V_{20}\cos\psi=m_1V_1\cos\alpha\pm m_2V_2\cos\beta\\ m_1V_{10}\sin\omega\pm m_2V_{20}\sin\psi=m_1V_1\sin\alpha\pm m_2V_2\sin\beta\end{cases} \tag{7-6}$$

式中:m_1、m_2——两车质量;

V_{10}、V_{20}——两车碰撞前的速度;

V_1、V_2——两车碰撞后的速度;

ω、ψ——两车碰撞前的行驶方向与 x 轴正方向的夹角;

α、β——两车碰撞后的行驶方向与 y 轴正方向的夹角。

3. 运动学及动力学分析法

根据交通事故的具体情况,有时可用经典的刚体运动学及动力学规律进行车辆行驶速度再现分析。图 7-9 所示汽车驶落崖下事故中,如果已知落地点至崖下的距离及悬崖高度,则可按平抛物体运动学原理,用下式计算汽车驶离悬崖时的速度:

$$v = s\sqrt{\frac{g}{2h}} \tag{7-7}$$

式中：s——落地点至崖下的水平距离；

h——悬崖高度；

g——重力加速度。

4. 经验公式分析法

在交通事故中，车辆之间的碰撞过程极为复杂，常常难以用解析的方法计算事故车辆的行驶速度。因而用一定数量的实车在一定条件下进行碰撞实验，并通过数理统计的方法对实验结果整理归纳，总结出各种经验公式的方法在交通事故分析中获得广泛应用。在对实际交通事故作再现分析时，可结合事故的具体约束条件选择合适的经验公式分析计算事故车辆的行驶速度。图 7-10 所示为用实际轿车正面碰撞固定壁障及其他汽车的实验结果。根据这一实验结果，归纳出轿车前部车体塑性变形量 x 与有效碰撞速度 V_e 的关系式为：

$$x = 0.0095V_e$$

$$V_e = 105.3x \tag{7-8}$$

式中：x——塑性变形量，m；

V_e——有效碰撞速度，km/h。

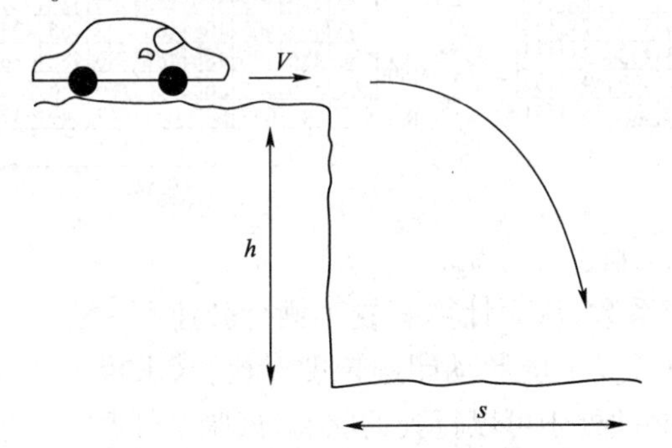

图 7-9　汽车驶落崖下事故示意图

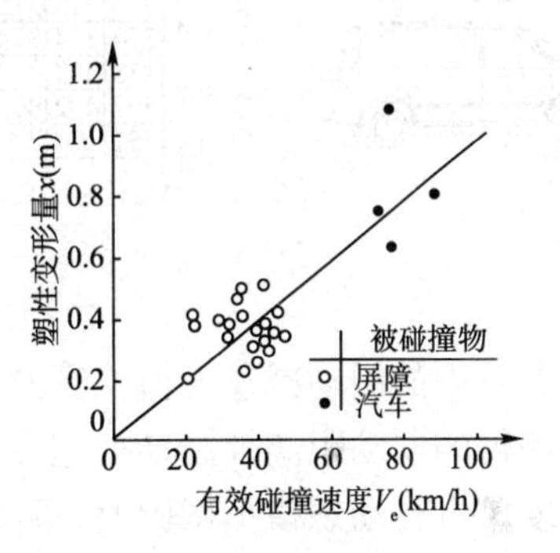

图 7-10　轿车正面碰撞固定壁障实验结果

5. 能量吸收分布图法

用不同类型的实际车辆以不同速度进行实车碰撞实验，可以得到一系列车体变形与能量吸收的对应关系数据，根据这些数据编制能量吸收分布图，用以表示车体不同部位（前部、后部及侧面）不同变形程度所吸收的能量数值。在事故再现分析中，根据对实际事故车辆损坏部位变形程度的测量，以及对应的能量吸收分布图，即可计算事故车辆损坏变形吸收的能量数值，从而求得对应的有效碰撞速度。图 7-11 为能量吸收分布图的一例，为不同类型汽车前部的能量吸收分布图。

由图可知，该能量吸收分布图将汽车前部左右方向沿车宽分隔成 8 等份，又从最前端开始向后每隔 0.1m 划分一格。图中每一单元格中的数字代表了相当于车宽（当讨论侧面的时候，就是指车长）为 1m 的该单元格能量吸收数值。

6. 模拟试验分析法

用事故车辆在事故现场或者类似路段上模拟事故发生时的车辆状态进行静态或动态模拟试验，根据试验结果分析事故发生过程、碰撞接触部位、车辆行驶速度等事项。具体试验方法应视事故的具体情况及分析目的而定。如在大型货车右转弯碰撞同向行驶的自行车事故中，为确定事故发生时，货车驾驶人是否能看见被撞自行车，可在静态条件下对大型货车的驾驶视野盲区进行检验,并用自行车与大货车进行模拟比对分析事故发生过程。又如根据路面上轮胎制动印迹长度分析事故车辆行驶速度,当制动附着系数难以确定时,可在事故车辆上安装加速度测试仪或五轮仪等仪器,在事故现场或相似路面上进行实际制动试验。

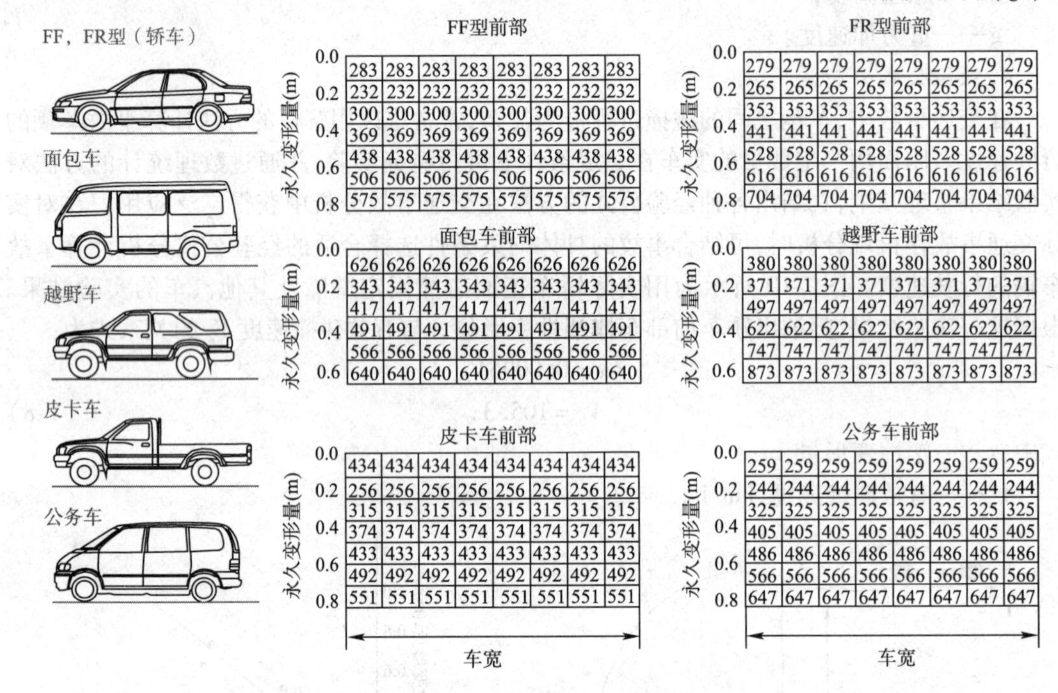

图 7-11 车辆变形能量吸收分布图

根据测得的制动减速度值换算制动附着系数,从而计算事故车辆行驶速度。也可根据五轮仪测得的制动距离及制动初速度与事故现场上的制动印迹长度对比,来求得事故车辆行驶速度。进行动态模拟试验时,事故车辆必须处于可以行驶的状态,试验条件必须与事故发生时相近。

7. 计算机仿真分析法

随着计算机硬件和软件技术的飞速发展以及对交通事故理论研究的不断深化,一些国家相继开发出了用于交通事故再现分析的计算机仿真软件。其中代表性的计算机仿真软件如奥地利 DSD 公司开发的 PC-CRASH 软件,荷兰国家科学研究院研究开发的 MADYMO 软件,美国国家道路交通安全局开发的 SMAC、CRASH 软件等。这些仿真软件大都已经引进我国。

PC-CRASH 软件当前在国内交通事故分析中常常使用。该软件根据刚体平面碰撞理论将汽车简化为单质量碰撞模型,假设碰撞前后汽车在水平平坦路面上运动,利用碰撞过程中汽车线动量和角动量守恒原理,并通过恢复系数来考虑变形等因素的影响。PC-CRASH 软件以事故现场上事故车辆碰撞后留在路面上的轮胎印迹,以及事故车辆的最终停止位置为基本信息,并以此为优化目标,以汽车速度及初始接触位置等作为优化变量进行计算。当计算得到的轮胎印迹及最终停止位置与真实事故现场信息吻合时,则认为该状态下所对应的各项参数与真实情况接近。PC-CRASH 可以对事故过程进行三维动画演示,并且可以通过调用数据库中不同型号汽车及外界环境模型,使事故过程的仿真再现与实际事故更加接近。由于事故车辆碰撞后留在路面上的轮胎印迹以及事故车辆的最终停止位置很明显,在交通事故现场勘查中可以比较准确地记录下来,因而该软件的仿真结果有比较高的精度。

SMAC 及 CRASH 软件是根据平面碰撞理论,将车辆简化为周围被均质、各向同性的弹塑性材料层包围的刚性质量块,假设汽车受到的挤压力与汽车的动态变形存在线性关系,并假设碰撞前后汽车在水平平坦的路面上运动,忽略碰撞过程中产生的噪声、热量等能量损失,然后基于能量/变形原理利用能量守恒定律进行计算。这类软件以车辆变形量为优化目标,以汽车速度、初始接触方位、运动轨迹、摩擦系数等参数作为优化变量进行反复迭代计算,当计算得到的车辆变形量与真实事故情况吻合时,则认为该状态下所对应的各项参数与实际情况最为接近。

MADYMO 是基于多刚体系统动力学理论编制的软件,是应用较广泛的碰撞伤害模拟软件之一。应用多刚体系统动力学理论分析交通事故的优点是模型简单、编程方便以及运算快捷,但是不能很好地体现出车身结构的变形特性。因此该款软件通常用来对人体模型的碰撞响应进行仿真分析,用于模拟机动车—行人碰撞事故。目前,基于数值模拟技术的人体生物力学研究在交通事故分析中受到越来越多的重视,通过应用数值模拟技术可以对碰撞事故中的人体损伤部位、受伤程度、致伤原因等进行合理的力学解释,而人体损伤分析可以直接反映出人—车、人—地面的接触位置和作用力大小,可以间接反映事故发生时刻的车辆速度、行驶方向等。通过人体损伤分析还可以对疑难事故中驾驶人或乘客身份进行有效识别。

值得注意的是在交通事故再现分析中,无论使用何种仿真软件,分析人员必须首先把握各种与事故有关的物证材料,充分了解和认识事故发生的基本过程,然后再利用仿真软件进行深入分析,这样才能确保分析结论的正确性。

8. 事故视频图像分析法

随着我国道路交通现代化水平的不断提高,许多道路上和交叉口处都设有监控探头日夜监视道路上的交通状况,因而有些交通事故的全过程可能被这些监控探头捕捉。研究监控探头捕捉到的事故视频图像,通过视频图像中路面参照物之间的距离参数,结合时间序列分析就可以计算事故车辆的行驶速度。

利用事故视频图像计算直线行驶的事故车辆速度时,首先要逐帧检测视频图像,确定视频图像的帧率 f,即每秒钟图像的帧数。由此计算相邻两帧图像之间的间隔时间 $t = 1/f$,并记录事故车辆上某一特征点自通过第一个路面参照物起至通过第二个路面参照物的图像帧数 n。在事故现场测量第一个路面参照物至第二个路面参照物之间的实际距离 s,则事故车辆行驶速度 v 可用下式求出:

$$v = s/tn \tag{7-9}$$

路面参照物应尽量选取车行道分界线、人行横道线边缘、路口导向线等路面标线的端点、边缘线及其延长线或具有明显特征的路面标识物。车辆上的特征点应尽量选取前后端点、前后轮轮心、前后灯具端点、车窗玻璃前后端点。对于制动中的事故车辆,应注意考虑制动减速度的影响。

9. 车载仪器数据解码分析法

有的车辆安装有行驶记录仪(俗称黑匣子),能够准确记录事故车辆碰撞时的行驶速度以及制动、转向状况。有些车辆安全气囊电子控制模块具有记录发生碰撞时行驶速度的功能。利用专用的数据解码器对这些车辆上的车载仪器进行解码,即可获得发生碰撞时车辆的行驶速度和相关数据。

第四节 典型道路交通事故再现分析

一、汽车对固定壁障正面碰撞

汽车对固定壁障正面碰撞的事故过程非常简单。由于固定障壁固定不动，也不会因碰撞产生变形，所以汽车碰撞前的行驶速度 V_0 与汽车的有效碰撞速度 V_e 相等，即 $V_0 = V_e$。正因为如此，在实车碰撞实验中，经常采用这种碰撞形态来研究汽车变形量与碰撞力和有效碰撞速度的关系。

根据研究，汽车前部的变形量与碰撞力大体成直线关系。现把汽车对固定壁障的正面碰撞简化成图 7-12 所示的力学模型。模型中 m 代表汽车质量，以无质量弹簧代表汽车前部的变形特性。

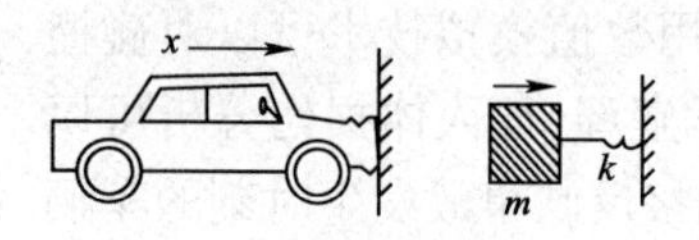

图 7-12 汽车对固定壁障正面碰撞模型

根据前述车辆碰撞事故力学特点，车辆碰撞可近似看成是塑性碰撞，即车辆碰撞变形后几乎不回弹，恢复系数 $e = 0$。因此，这里代表汽车前部变形特性的无质量弹簧是一种假想的塑性弹簧或称单向弹簧，即只有压缩变形抗力而无恢复力的弹簧。设其弹性系数为 k，k 可通过对固定壁障的实车碰撞实验求得。根据已发表的实车碰撞资料来看，汽车在碰撞过程中的减速度与变形量基本上成正比关系，且比值大小与车辆型号无关，也几乎不随碰撞速度而变化。这一比值约等于 41.0g/m，在数值上相当于单位汽车质量对应的汽车前部变形系数 k/m（m 为汽车质量）。

根据图 7-13 所示的力学模型，可列出如下二阶微分方程：

$$\begin{cases} m\dfrac{\mathrm{d}^2x}{\mathrm{d}t^2} = -kx & \left(\dfrac{\mathrm{d}x}{\mathrm{d}t} > 0\right) \\ m\dfrac{\mathrm{d}^2x}{\mathrm{d}t^2} = 0 & \left(\dfrac{\mathrm{d}x}{\mathrm{d}t} \leqslant 0\right) \end{cases} \tag{7-10}$$

式中：m——汽车质量；

x——质量 m 的重心位移量；

t——时间。

解此微分方程，并取初始条件为 $t = 0$ 时，$x = 0$，$\dfrac{\mathrm{d}x}{\mathrm{d}t} = v_0$（$v_0$ 为汽车碰撞前的速度），可得：

$$x = \frac{v_0}{\omega}\sin\omega t \qquad 0 \leqslant \omega t < \frac{\pi}{2}$$

$$x = \frac{v_0}{\omega} \qquad \frac{\pi}{2} \leqslant \omega t$$

其中 $\omega = \sqrt{\dfrac{k}{m}}$

所以，汽车的最大变形量 $x_{\max}$ 可近似用下式求得：

$$\begin{aligned} x_{\max} &= \frac{v_0}{\omega} \approx 0.014V_0(\mathrm{m}) \\ V_0 &\approx 71x_{\max} \end{aligned} \tag{7-11}$$

式中：V_0——汽车碰撞前速度，km/h。

根据式(7-11)，如果已知汽车变形量 x_{max}，即可求出事故前汽车的行驶速度 V_0。

前面在介绍经验公式分析法时，提到通过用实际轿车对固定壁障作一系列正面碰撞实验，得到轿车变形量与有效碰撞速度的经验公式(7-8)。比较式(7-8)与式(7-11)，可以看出对应于同样的变形量，用式(7-8)求得的有效碰撞速度值比式(7-11)大30%左右。这是因为理论推导式(7-11)是以恢复系数 $e=0$，即碰撞变形后几乎不反弹为前提条件的。而经验公式是根据实车碰撞实验结果归纳整理出来的，其中包含有变形反弹的影响。

二、汽车与汽车正面碰撞事故

典型的汽车与汽车正面碰撞是指两车沿同一纵轴线相对行驶时发生的碰撞，并且车辆的变形和碰撞后的运动也都沿着这一纵轴线方向，属于一维碰撞。实际上有些正面碰撞事故不一定严格沿着同一纵轴线发生，但是，只要事故车辆不做明显的二维运动，实际应用中按一维正面碰撞处理也不会产生很大误差。

两车正面碰撞可简化成如图7-13所示的力学模型。其中 m_1、m_2 分别代表 A 车和 B 车的质量，k_1、k_2 分别代表 A 车和 B 车前部的变形系数。

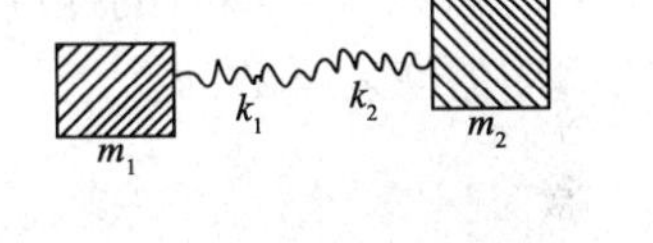

图7-13 两车正面碰撞模型

由于汽车的碰撞可看成是塑性碰撞，因而碰撞中两车动能的损失可认为全部被汽车前部的变形所吸收，这样便可根据图7-13的力学模型分析汽车变形量与碰撞前车速的关系。

由碰撞力学原理可知，两物体(在此即为相撞的两车)正面碰撞时，如恢复系数为零，则碰撞过程中的动能损失可由下式求得：

$$\Delta E=\frac{m_1 m_2}{2(m_1+m_2)}(V_{10}-V_{20})^2 \tag{7-12}$$

式中：m_1、m_2——A 车与 B 车的质量；

V_{10}、V_{20}——A 车与 B 车在碰撞前的速度。

汽车前部变形吸收的能量取决于变形系数 k 和变形量 S。结合图7-13中的模型，代表两车前部变形特性的塑性弹簧 k_1 和 k_2 可看成是串联的，串联弹簧的总变形系数 k 与各弹簧的变形系数 k_1 及 k_2 有如下关系：

$$k=\frac{k_1 k_2}{k_1+k_2}$$

前述关于汽车对固定壁障碰撞的分析中，曾提到单位汽车质量对应的变形系数 $\frac{k}{m}$ 为常数。设 $C=\frac{k}{m}$，则图7-13中串联塑性弹簧的总变形系数 k 可以写成：

$$k=\frac{k_1 k_2}{k_1+k_2}=C\frac{m_1 m_2}{m_1+m_2}$$

串联塑性弹簧的总变形量即为两车在碰撞中变形量之和，设为 S。两车前部变形所吸收的能量 $\Delta E'$ 与总变形系数 k 及总变形量 S 的关系为：

$$\Delta E'=\frac{1}{2}kS^2=\frac{1}{2}C\frac{m_1 m_2}{m_1+m_2}\cdot S^2 \tag{7-13}$$

由于动能损失 ΔE 与汽车前部吸收的能量 $\Delta E'$ 相等，所以下式成立：

$$\frac{1}{2}C\frac{m_1 m_2}{m_1+m_2}S^2=\frac{m_1 m_2}{2(m_1+m_2)}(V_{10}-V_{20})^2$$

即
$$S^2=\frac{(V_{10}-V_{20})^2}{C}$$

$$S=\frac{V_{10}-V_{20}}{\sqrt{C}} \tag{7-14}$$

由式(7-14)可知，两车正面碰撞时，两车变形量之和与碰撞前两车相对速度成比例，与每车的绝对速度无直接关系。

根据动量守恒原理，两车碰撞前后的动量之和不变，即：

$$m_1 V_{10}+m_2 V_{20}=m_1 V_1+m_2 V_2 \tag{7-15}$$

式中：m_1、m_2——两车质量，kg；

V_{10}、V_{20}——两车碰撞前的速度，km/h；

V_1、V_2——两车碰撞后的速度，km/h。

又因碰撞的恢复系数为：

$$e=\frac{V_2-V_1}{V_{10}-V_{20}} \tag{7-16}$$

由式(7-15)、式(7-16)可得两车碰撞后的速度分别为：

$$V_1=V_{10}-\frac{1}{1+m_1/m_2}(1+e)(V_{10}-V_{20}) \tag{7-17}$$

$$V_2=V_{20}+\frac{1}{1+m_2/m_1}(1+e)(V_{10}-V_{20}) \tag{7-18}$$

也就是说，两车碰撞后的速度取决于两车碰撞前的相对速度($V_{10}-V_{20}$)，两车的质量比 m_2/m_1 和恢复系数 e。恢复系数越大，对方汽车的质量越大，本车的车速变化就越大。

在可致乘员受伤的事故中，碰撞都比较严重，车身接近塑形变形，因而可以认为 $e\approx 0$。

由式(7-16)可知，如果 $e=0$，则 $V_1=V_2$。即碰撞后两车不分离，以共同速度 $V_c=V_1=V_2$ 成为一体运动。

一般来说，较轻的汽车将被较重的汽车推回，即共同速度 V_c 的方向与较重的汽车原行驶方向相同。图7-14表示 $e=0$ 时 A 车(质量为 m_1)的速度变化量 $\Delta V=V_{10}-V_1$ 与两车相对速度及质量比的关系。

如摩托车与大型货车碰撞，由于大型货车的质量远比摩托车大，$m_1/m_2\approx 0$，摩托车速度变化为 $V_{10}-V_{20}$，即大型货车以原来的速度将摩托车推回去。如果 $m_1=m_2$，A 车速度变化为 $V_{10}-V_{20}$ 的1/2。如以50km/h的速度正面碰撞的两辆同类型车辆碰撞前相对运动速度为 $V_{10}-V_{20}=50-(-50)=100$km/h，速度变化为50km/h，因此两车碰撞后停止运动。如果本方车辆比对方车辆重两倍，即 $m_1/m_2=2$，则速度变化为 $V_{10}-V_{20}$ 的2/3。

当 $e=0$ 时，两车的有效碰撞速度 V_{1e} 和 V_{2e} 可通过下式求得：

$$V_{1e}=V_{10}-V_e=\frac{m_2(V_{10}-V_{20})}{m_1+m_2} \tag{7-19}$$

$$V_{2e}=V_e-V_{20}=\frac{m_1(V_{10}-V_{20})}{m_1+m_2} \tag{7-20}$$

式中，V_e 为两车碰撞后的共同速度。

在实际两车正面碰撞事故中，车辆的塑性变形损坏不一定像汽车对固定壁障那样沿全部车宽被齐头压扁，汽车的侧面也往往被压坏。在这种情况下，以塑性变形体积相等为原则的等价变形量 X 可用图 7-15 所示方法确定。

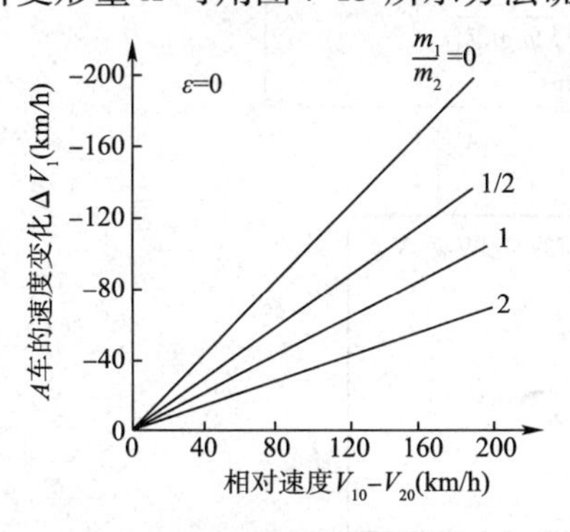

图 7-14　完全塑性碰撞的碰撞后速度变化(m_1 车)

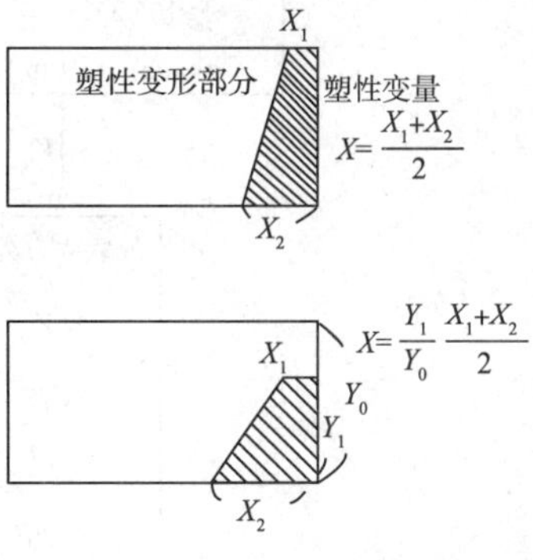

塑性变形部分

塑性变量

$X=\frac{X_1+X_2}{2}$

$X=\frac{Y_1}{Y_0}\cdot\frac{X_1+X_2}{2}$

图 7-15　等价塑性变形量 X 的确定方法

其次，因碰撞后汽车的动能与汽车在路面上滑行所消耗的摩擦功相等，即

$$\frac{1}{2}m_1V_1^{\ 2}=\mu_1 m_1 g l_1 k_1$$

所以

$$V_1=\sqrt{2\mu_1 g L_1 k_1} \tag{7-21}$$

同理

$$V_2=\sqrt{2\mu_2 g L_2 k_2} \tag{7-22}$$

式中：m_1、m_2——A 车、B 车的质量，kg；

μ_1、μ_2——A 车、B 车在路面上滑行时的摩擦系数；

k_1、k_2——摩擦系数的修正系数。全轮制动时为 1，只有前轮或后轮制动时为 0.5，应注意的是有时虽然路面上没留下制动印迹，但不等于制动完全失效；

L_1、L_2——A 车、B 车的滑行距离，m；

g——重力加速度，9.8m/s^2。

由式(7-21)、式(7-22)求得 V_1 和 V_2，再由式(7-8)求得有效碰撞速度 V_e。然后把 V_1、V_2 和 V_e 带入式(7-15)、式(7-19)、式(7-20)，解由这三个公式组成的联立方程式，就可求得碰撞前的速度 V_{10}和 V_{20}。用框图表示的计算顺序如图 7-16 所示。

三、汽车与汽车追尾碰撞

汽车与汽车追尾碰撞是两车同向行驶时，后车前部对前车后部发生的碰撞，是很常见的事故形态。尤其在高速公路上，由于中央分隔带的分隔使车辆不致发生正面碰撞，追尾碰撞便成为最主要的事故形态。

与正面碰撞一样，追尾碰撞也属于一维碰撞，基本力学特点与正面碰撞完全相同。但由于发生追尾碰撞的两车是同向行驶的，因此也有与正面碰撞不同的特点，主要表现在：

①汽车前部安装有刚度很大的发动机总成，提高了前部的整体强度，而汽车尾部则是行李舱(指轿车而言)，强度较弱。因此发生追尾碰撞事故时，可近似认为后车(追尾车)的前部几乎不变形，变形只集中发生在前车(被撞车)的后部，而且恢复系数比正面碰撞时小得多。由图 7-7 可以看出，当有效碰撞速度在 20km/h 以上时，被撞车后部的恢复系数几乎为零。因此，碰撞后两车会相互贴合而成为一体以共同速度运动。

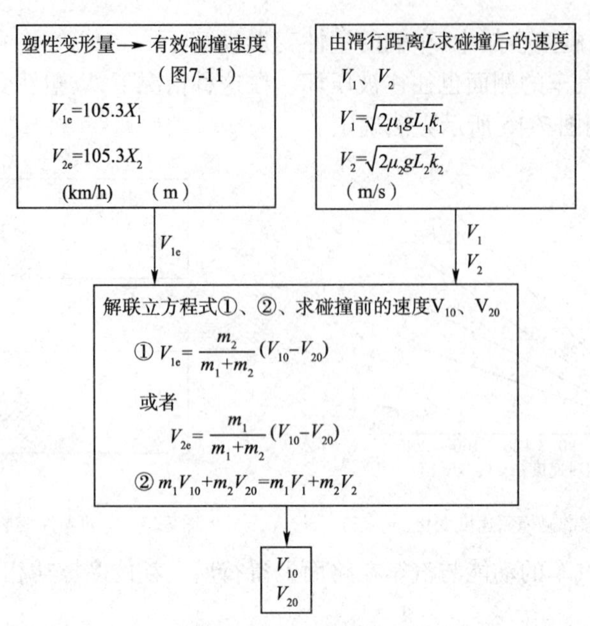

图 7-16　推算正面碰撞速度的计算顺序

②轿车行李舱是空心箱形结构，变形特性与汽车前部不同。图 7-17 所示为其变形特性图。由图可知，行李舱的变形阻力只与变形速度有关，与变形量无关。

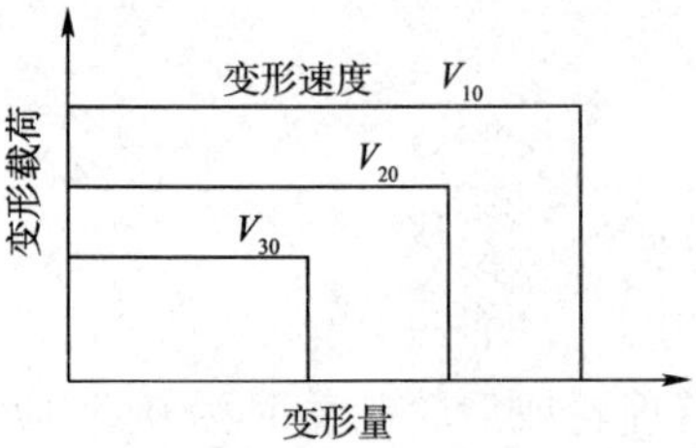

图 7-17　轿车行李舱变形特性图

当追尾碰撞后，相互贴合的两车成为一体运动时，碰撞后两车具有的动能由两车轮胎与路面的摩擦所消耗。值得注意的是在一般情况下，后车（追尾车）在碰撞时往往已采取了制动措施，而前车（被撞车）却没有采取制动措施。由于轮胎的制动摩擦阻力远大于滚动阻力，因此，可近似认为碰撞后两车具有的动能只由后车（追尾车）的制动所消耗，即：

$$\frac{1}{2}(m_1+m_2)V_c^{\ 2}=\mu_1 m_1 g L_1 k_1 \tag{7-23}$$

所以

$$V_c=\sqrt{\frac{2\mu_1 m_1 g L_1 k_1}{m_1+m_2}} \tag{7-24}$$

式中：m_1——后车（追尾车）的质量，kg；

m_2——前车（被撞车）的质量，kg；

V_c——碰撞结束瞬间两车的速度，m/s，由于 $e=0$，所以两车速度相等；

$$V_c=\frac{m_1V_{10}+m_2V_{20}}{m_1+m_2} \tag{7-25}$$

V_{10}、V_{20}——后车（追尾车）和前车（被撞车）在碰撞接触瞬间的速度；

μ_1——后车（追尾车）的轮胎与路面间的摩擦系数；

L_1——后车（追尾车）碰撞后的滑行距离，m；

k_1——摩擦系数的修正系数。车辆全轮制动时，$k_1=1$，仅前轮或后轮制动时，$k_1=0.5$。与正面碰撞时一样，注意有时路面上虽然没留下制动印迹，但不等于制动完全失效。

当后车停止运动后，前车脱离后车继续向前滑行运动一段距离，如果把这部分滑行运动

消耗的少量动能也考虑在内,则有:

$$\frac{1}{2}(m_1+m_2)V_c^{\ 2}=\mu_1 m_1 g L_1 k_1+f_2 m_2 g L_2 \tag{7-26}$$

式中:f_2——前车(被撞车)的滚动阻力系数;

L_2——与后车(追尾车)分离后前车(被撞车)的滑行距离,m。

由式(7-26)导出

$$V_c=\sqrt{\frac{2g(\mu_1 m_1 L_1 k_1+f_2 m_2 L_2)}{m_1+m_2}} \tag{7-27}$$

用上式即可求出碰撞后的速度(两车通用)。

关于被撞车的有效碰撞速度与被撞车变形量的关系,图7-18所示为实车碰撞实验结果。该实验的条件是用两辆同型号轿车,其中一辆处于停止状态,另外一辆以已知速度对其进行追尾碰撞。由图示结果可知,当有效碰撞速度 $V_e<32$km/h 时,被撞车的有效碰撞速度与被撞车变形量成直线关系,其直线方程为:

$$V_{2e}=17.9X_2+4.6 \tag{7-28}$$

当 $V_e>32$km/h 时直线斜率减小。这是因为有效碰撞速度过大后,被撞车后部的变形不仅限于行李舱,而且还波及刚性较大的后排座椅和后轴部分的缘故。

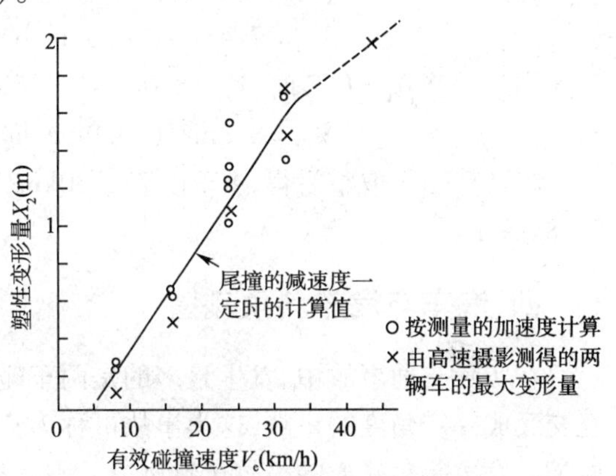

图7-18 同类型汽车尾撞时被撞车的塑性变形量

在实际的交通事故中,发生追尾碰撞的两车很少是同型号的。为了仍可利用式(7-28)求解被撞车的有效碰撞速度,必须用下述方法把被撞车的变形量 X_2 置换成等价变形量 X_2':

$$X_2'=\frac{2m_1}{m_1+m_2}X_2 \tag{7-29}$$

用求得的等价变形量 X_2'代替式(7-28)中的 X_2,便可在碰撞冲击力等价的条件下利用式(7-28)来求解被撞车的有效碰撞速度。

用以上方法求出追尾碰撞后两车的共同运动速度 V_c 及被撞车的有效碰撞速度 V_{2e}后,便可仿照正面碰撞的分析方法,通过式(7-24)与式(7-20)联立求解两车碰撞前的行驶速度 V_{10},V_{20}。

【例7-1】 A、B 两车发生追尾碰撞。后车(追尾车)A 车质量为1300kg,前车(被撞车)B 车质量为800kg。两车碰撞时 A 车已采取制动措施,路面上留有 A 车制动印迹长4.2m,A 车各轮制动状况良好。B 车最终停止在 A 车前方,距 A 车4m。车辆损坏变形主要发生在 B 车后部,变形深度0.4m。现场路面为比较潮湿的新铺装沥青路面。

求 A、B 两车碰撞前的行驶速度。

解:已知 $m_1=1300$kg,$m_2=800$kg

$L_2=4$m,$k_1=1$

$X_2=0.4$m,$\mu_1=0.5\sim0.7$

$L_1=4.2$m,$f_2=0.01$

当 $\mu_1=0.5$ 时,则有:

两车碰撞后共同速度　$V_c=\sqrt{\dfrac{2g(\mu_1 m_1 L_1 k_1+f_2 m_2 L_2)}{m_1+m_2}}=5.1\text{m/s}(18.4\text{km/h})$

B 车等价变形量　$X_2'=\dfrac{2m_1}{m_1+m_2}X_2=0.5\text{m}$

B 车有效碰撞速度　$V_{2e}=17.9X_2'+4.6=13.5\text{km/h}(3.7\text{m/s})$

因为　$V_{10}-V_{20}=\dfrac{m_1+m_2}{m_1}V_{2e}$

$$m_1V_{10}+m_2V_{20}=(m_1+m_2)V_{2e}$$

将 $V_{2e}=3.7\text{m/s}(13.5\text{km/h})$，$V_c=5.1\text{m/s}(18.4\text{km/h})$，代入以上方程，可求得：

$$V_{10}=7.4\text{m/s}(26.6\text{km/h}),V_{20}=1.4\text{m/s}(4.9\text{km/h})$$

同理　当 $\mu_1=0.7$ 时，$V_c=6.0\text{m/s}(21.6\text{km/h})$ 可求得：

$$V_{10}=8.3\text{m/s}(29.9\text{km/h}),V_{20}=2.3\text{m/s}(8.3\text{km/h})$$

将计算结果取整后得，A 车以 27～30km/h 追尾碰撞 B 车尾部，碰撞前 B 车行驶速度为 5～8km/h。

四、汽车与汽车斜角碰撞

在实际交通事故中，发生最多的是两车碰撞前的行驶方向以及碰撞后的运动方向都相互交叉成一定角度的事故，这类事故可称为汽车与汽车斜角碰撞事故。斜角碰撞属于二维碰撞。发生斜角碰撞的事故车辆碰撞后不仅有平移运动，而且还常常伴随有旋转运动，其受力关系也比一维碰撞复杂得多。

1. 斜角碰撞中的受力关系

设 A 车和 B 车发生斜角碰撞，如图 7-19 所示。A 车作用于 B 车的冲击力 P_1 方向与 A 车的行驶方向相同。根据牛顿定律，B 车同时给 A 车一个反作用力 P_1'，两者大小相等方向相反。同理，B 车作用于 A 车的冲击力 P_2 方向与 B 车的行驶方向相同，A 车给 B 车的反作用力 P_2'，两者大小相等方向相反。因此，A 车受到 P_2 和 P_1' 矢量和 P_3 力的作用；B 车受到 P_1 和 P_2' 矢量和 P_4 力的作用。两者也是大小相等方向相反。

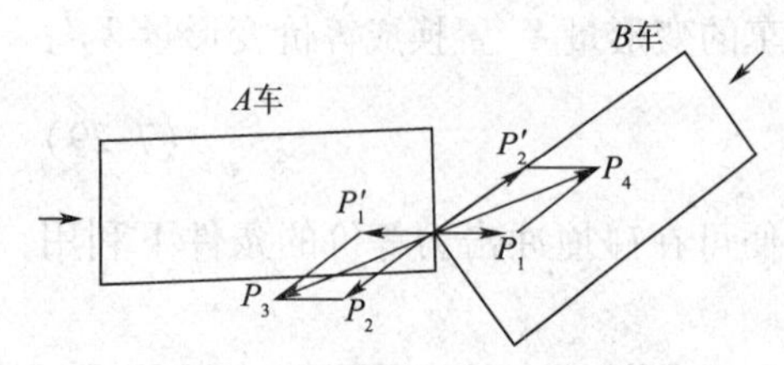

图 7-19　斜碰撞的受力关系(一)

此外，在碰撞车和被撞车的接触表面上，还有摩擦力的作用。作用在 A 车上的摩擦力 F_1 等于摩擦系数 μ 和 P_3 的法向分力 P_3' 的乘积；作用在 B 车上的摩擦力 F_2 等于摩擦系数 μ 和 P_4 的法向分力 P_4' 的乘积，即：

$$F_1=\mu P_3' \tag{7-30}$$

$$F_2=\mu P_4' \tag{7-31}$$

各作用力的方向，如图 7-20 所示。P_3' 和 P_4'、F_1 和 F_2 都是大小相等方向相反的力。

最终结果作用在 A 车上的力是 P_3 和 F_1 的矢量和 P_5，作用在 B 车上的力是 P_4 和 F_2 的矢量和 P_6。

P_5 可分解为指向 A 车质心的分力 P_5 和与之垂直的分力 P_5''，P_5'' 与 L_1 构成使 A 车回转的力矩 $P_5''L_1$，L_1 是 A 车质心到接触点的距离。

同理 P_6 可分解为指向 B 车质心的分力 P_6 和使 B 车回转的力矩 $P_6''L_2$，L_2 是 B 车质心

到接触点的距离，如图7-21所示。由图可知，碰撞后，A车和B车都围绕各自的质心顺时针旋转，A车车尾向左上方、B车车尾向右下方移动，故不会引起二次碰撞。

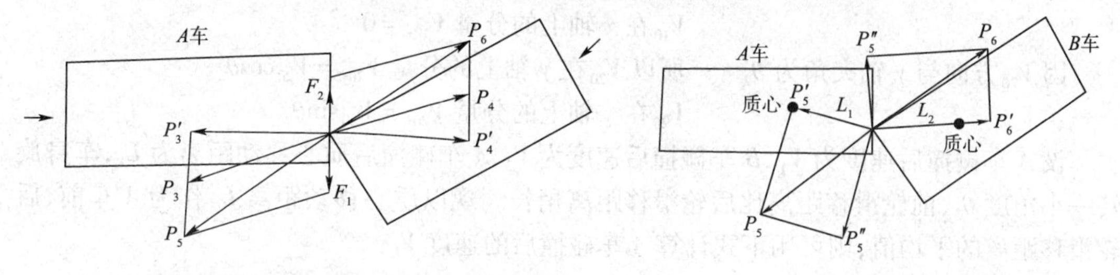

图7-20　斜角碰撞的受力关系(二)　　　　图7-21　斜角碰撞的受力关系(三)

2. 斜角碰撞的速度推算

前已述及，斜角碰撞属于二维碰撞，因此要用动量守恒原理来分析。由前述动量守恒原理的投影式可知，为求得两车碰撞前的行驶速度，首先要建立一个$o-xy$直角坐标系。一般取两车的碰撞接触点为坐标原点，x轴及y轴的方向应视交通事故的具体情况决定。两车碰撞点的位置及两车碰撞前行驶方向与坐标轴的夹角、碰撞后运动方向与坐标轴的夹角、碰撞后两车各自的运动距离等项数据，可由事故现场勘查资料中获得，视为已知，而碰撞后两车各自的动量数据，则需根据两车碰撞后的运动情况进行计算。

如前所述，斜角碰撞后事故车辆不仅有平移运动，而且还常常伴随有旋转运动，也就是说既有平移动量又有角动量，车辆的轮胎在这种复杂的运动中与路面发生摩擦消耗动能，直到最后停止为止。由于平移运动和旋转运动同时发生，动能的消耗也是重叠发生的，因此一般来说很难分开处理。下面引用一个事故案例具体说明斜角碰撞速度的分析方法。

设B车与A车发生斜角碰撞。取两车碰撞接触点为坐标原点o，A车碰撞前行驶方向为y轴，建立直角坐标系$o-xy$。在此坐标系中，B车以θ_2角与A车发生斜角碰撞，其结果是A车质心向右上方以θ_1角滑移L_1的距离，并向左旋转θ_3角后停止。B车质心向上滑移L_2距离并向右旋转180°才停止。

根据上述碰撞形态和两车最终停止位置，推测出的A车碰撞后运动轨迹及B车碰撞后运动轨迹如图7-22及图7-23所示。

由图7-24可知，B车对A车碰撞的冲击力大致指向A车的质心附近，故A车的旋转角度θ_3很小。

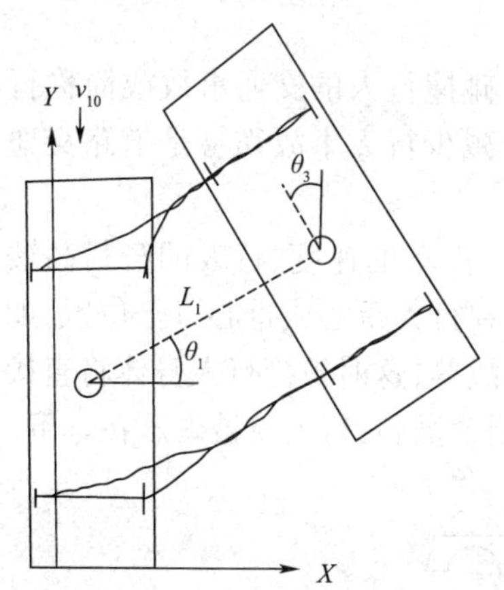

图7-22　A车碰撞后的运动

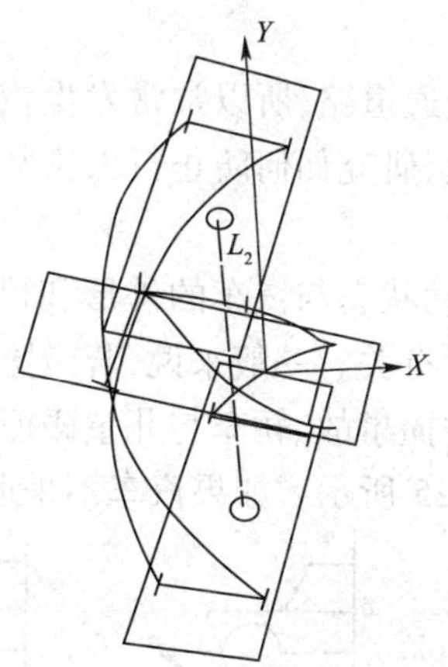

图7-23　B车碰撞后的运动

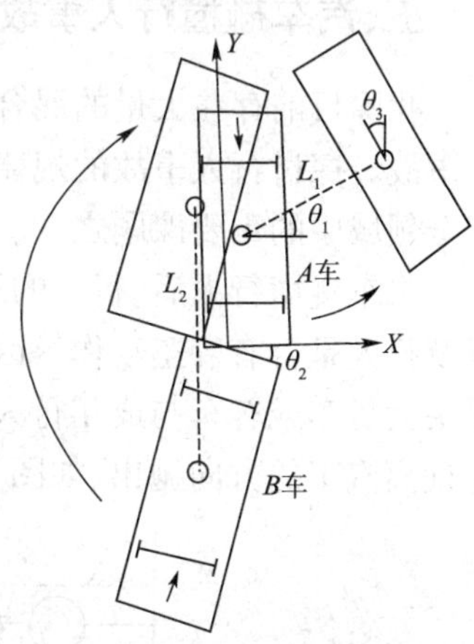

图7-24　斜角碰撞实例

设 A 车碰撞前的行驶速度为 V_{10}，B 车碰撞前的行驶速度为 V_{20}。

因 V_{10} 方向与 y 轴平行　　所以 V_{10} 在 y 轴上的分量 $V_{10y}=V_{10}$

V_{10} 在 x 轴上的分量 $V_{10x}=0$

因 V_{20} 方向与 y 轴夹角为 θ_2　　所以 V_{20} 在 y 轴上的分量 $V_{20y}=V_{20}\cos\theta_2$

V_{20} 在 x 轴上的分量 $V_{20x}=V_{20}\sin\theta_2$

设 A 车碰撞后速度为 V_1，B 车碰撞后速度为 V_2，A 车碰撞后质心移动距离为 L_1，车身旋转一小角度 θ_3，前轮滑移距离比后轮滑移距离稍长。现以质心移动距离 L_1 作为 A 车前、后轮滑移距离的平均值，则可用下式计算 A 车碰撞后的速度 V_1：

$$V_1=\sqrt{2\mu gL_1}$$

V_1 在 y 轴上的分量为：　$V_{1y}=V_1\sin\theta_1$

V_1 在 x 轴上的分量为：　$V_{1x}=V_1\cos\theta_1$

B 车碰撞后作复杂的平面运动，质心运动距离为 L_2，同时车身旋转 180°。B 车碰撞后具有的动能在这种复杂的平面运动中，为轮胎与路面间的摩擦所消耗。经实测，B 车碰撞后轮胎在路面上的实际滑移距离约为质心移动距离 L_2 的 1.3 倍。则可用下式计算 B 车碰撞后的速度 V_2：

$$V_2=\sqrt{2\mu g\times1.3L_2}$$

因为 V_2 方向与 y 轴平行，

所以 V_2 在 y 轴上的分量为：　$V_{2y}=V_2$

V_2 在 x 轴上的分量为：　$V_{2x}=0$

根据动量守恒原理有：

$$\begin{cases}m_1V_{10y}+m_2V_{20y}=m_1V_{1y}+m_2V_{2y}\\m_1V_{10x}+m_2V_{20x}=m_1V_{1x}+m_2V_{2x}\end{cases}$$

代入上述各已知参数有：

$$\begin{cases}m_1V_{10}+m_2V_{20}\cos\theta_2=m_1\sqrt{2\mu gL_1}\sin\theta_1+m_2\sqrt{2\mu g\times1.3L_2}\\m_2V_{20}\sin\theta_2=m_1\sqrt{2\mu gL_1}\cos\theta_1\end{cases}$$

解此联立方程，即可求得 A 车和 B 车碰撞前的行驶速度 V_{10}、V_{20}。

五、汽车碰撞行人事故

我国目前存在大量的混合交通道路，所以常常发生汽车碰撞行人的交通事故或简称行人事故。探讨行人事故的规律性、研究如何防止行人事故和减少行人事故伤害是道路交通安全领域中的重要课题之一。

汽车碰撞行人后，行人的运动状态与汽车的外形和尺寸、汽车的速度、行人的身材高矮以及行人是否有躲避动作等因素有关。一般来说，若碰撞点在行人重心或重心以上位置，如平头大货车或客车与成年行人碰撞事故、轿车与儿童碰撞事故等，这时被撞行人身体将直接向远离汽车的方向抛出，如图 7-25 所示。如果汽车不采取制动措施，行人将被碾压在车下。

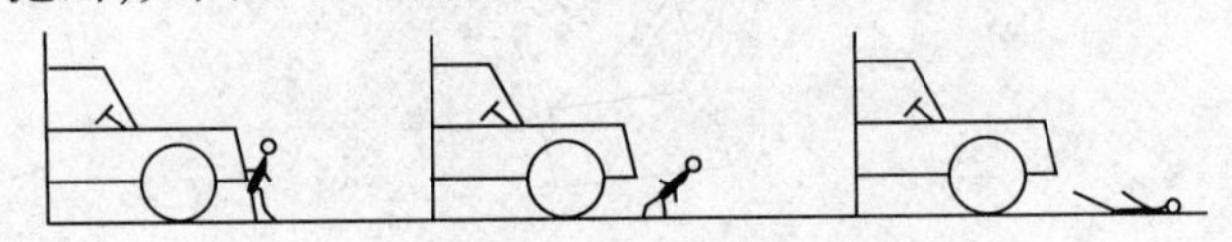

图 7-25　轿车碰撞儿童示意图

轿车碰撞成年行人时,碰撞点往往位于行人重心下面,这时汽车保险杠首先碰撞行人的小腿,随后大腿及臀部倒向汽车前部,上半身和头部倒向发动机罩,甚至与前挡风玻璃发生二次碰撞和身体发生旋转。在此过程中行人被加速至与汽车相等的速度。随后行人以这一速度向前抛出,并在空中飞行一段距离后落地。行人落地后将在路面上继续向前滑动,身体与路面发生摩擦消耗动能直至最终停止。如果汽车速度很高,并且在碰撞时没有采取制动措施,被撞行人可能会从车顶飞出,跌落在汽车后面的路上。图 7-26 所示为轿车碰撞成年行人(模拟假人)实验时,行人运动状态的示意图。

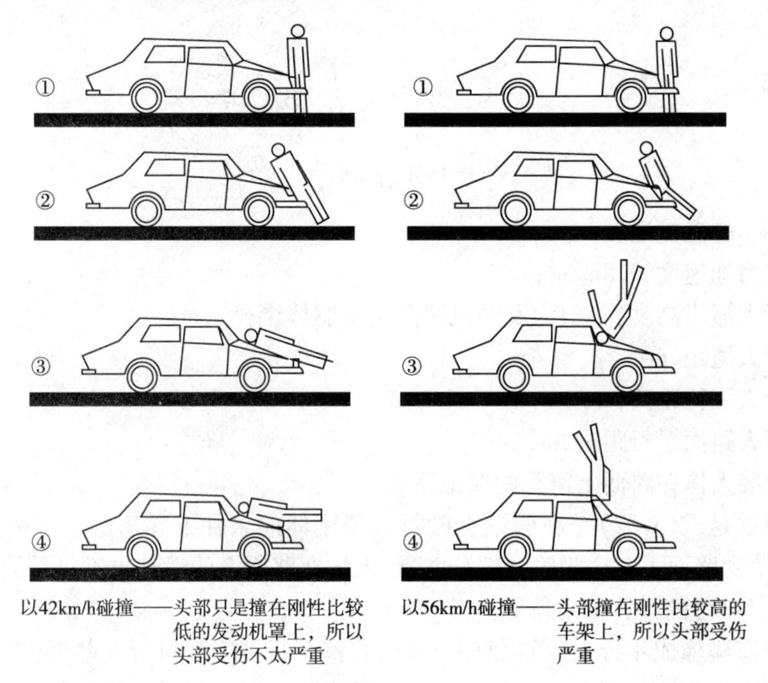

图 7-26　轿车碰撞成年行人假人实验示意图

汽车碰撞行人事故的速度可用运动学原理或经验公式等方法来进行分析。一般情况下,运动学分析法只适用于碰撞点位于被撞行人重心或重心以上位置的事故,即平头车碰撞成年行人或轿车碰撞儿童的事故。轿车碰撞成年行人时,被撞行人往往是以一定仰角被抛出的,仰角的大小无法确定,因而难以用解析的方法进行分析。

图 7-27 为成年行人被平头汽车碰撞向前抛出,落地后又继续滑动至最终停止的示意图。用运动学原理分析汽车碰撞行人的行驶速度时,首先,根据行人的撞飞高度(一般为发动机罩高度 + 躯体半径)求得行驶速度 v 与飞行距离 x_1 的关系式:

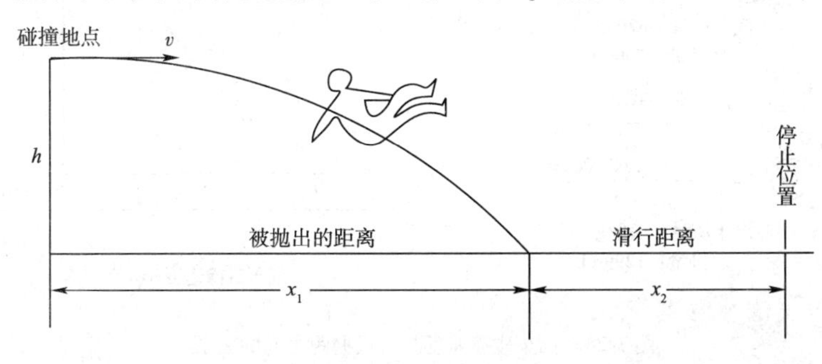

图 7-27　成年行人被平头汽车碰撞后的运动轨迹

$$x_1 = v\sqrt{\frac{2h}{G}}$$

再根据行人落地后的滑行距离及行人与路面间的滑动摩擦系数求出行驶速度 v 与滑行距离 x_2 的关系式：

$$x_2 = \frac{v^2}{2G\mu}$$

由以上二式可得出被撞行人总的抛距 $x = x_1 + x_2$ 与汽车碰撞行人时的行驶速度 v 的关系为：

$$x = x_1 + x_2 = v\sqrt{\frac{2h}{G}} + \frac{v^2}{2G\mu}$$

$$v = \sqrt{2G}\cdot\mu\left(\sqrt{h+\frac{x}{\mu}} - \sqrt{h}\right) \tag{7-32}$$

式中：v——汽车的碰撞速度，m/s；

G——重力加速度，9.8m/s^2；

h——行人撞飞高度（一般为发动机罩高度＋躯体半径），m；

x——行人抛距，m；

x_1——行人飞行距离，m；

x_2——行人路面滑行距离，m；

μ——着装人体在路面上滑行的摩擦系数。

值得注意的是式(7-32)是在假设被撞行人是刚体的条件下导出的。实际上人体并非刚体，人体跌落到路面上时会吸收一部分能量，人体在路面上的滑动也不只是简单的平移运动。因此，式(7-32)的计算结果偏低。

用实际轿车碰撞成年行人（模拟假人）来研究汽车行驶速度与行人抛距（空中飞行距离与落地滑行距离之和）关系的几个实验结果，如图7-28～图7-30所示。

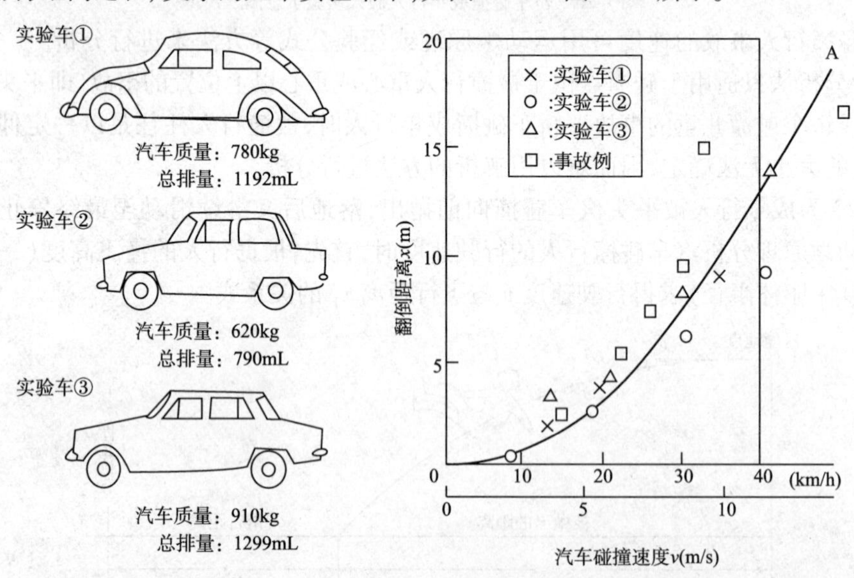

图7-28 汽车碰撞速度与行人抛距之间的关系

通过这些实验结果的数据描绘出的几条集约曲线如图7-31所示。

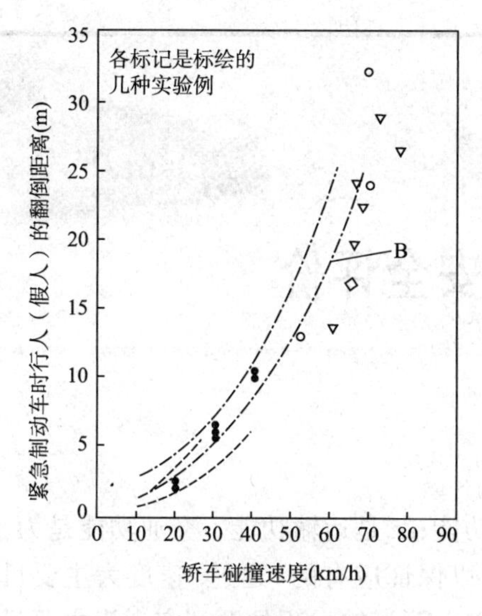

图 7-29　被轿车撞飞的假人的抛距

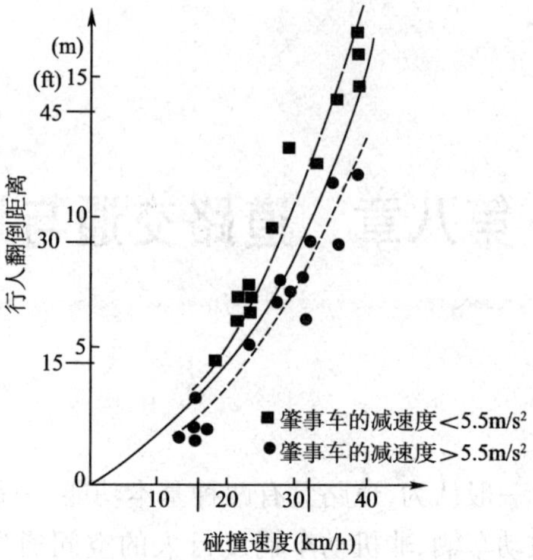

图 7-30　被撞行人抛距与碰撞速度的关系

进一步再把这几条曲线集约成曲线 Z,由曲线 Z 得出的经验公式为:

$$x = 0.079v + 0.0049v^2 \quad (v\text{ 以 km/h 计的场合}) \tag{7-33}$$

$$x = 0.285v + 0.0636v^2 \quad (v\text{ 以 m/s 计的场合}) \tag{7-34}$$

由上述经验公式,即可根据被撞行人抛距 x,计算轿车碰撞成年行人时的行驶速度 v。

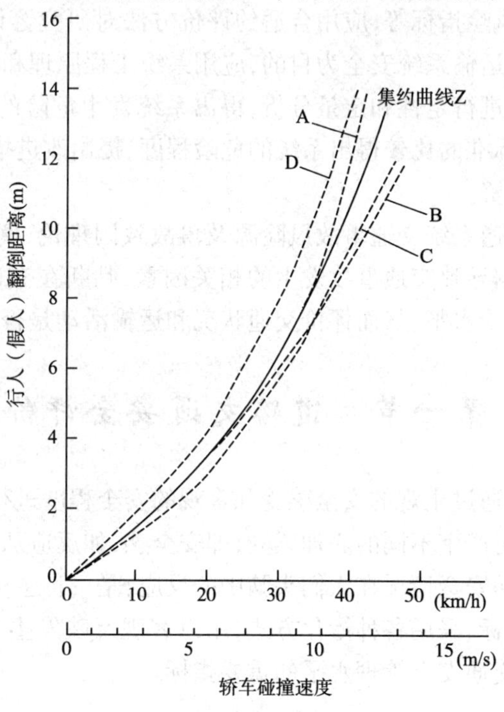

图 7-31　轿车碰撞速度与行人(假人)翻倒距离之间的关系

第八章　道路交通与运输安全评价

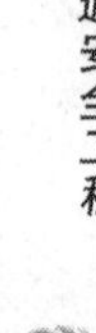

一般认为,道路具有两种基本功能:一是交通功能;二是运输功能。交通功能是为了满足机动车辆、非机动车辆及行人的空间通过要求,以保证应有的"通过"速度为主要目标。运输功能则是为了满足旅客和货物的位移要求,以保证运输过程的顺利实现为主要目标。由于道路交通和道路运输具有不同的功能和目标,因而对其进行安全评价应考虑的主要影响因素也存在一定的差异。因此,广义上讲,交通安全评价包括道路交通安全评价和道路运输安全评价。道路交通安全评价是以一个区域、一条道路、一个路段或一个节点为研究对象,通过收集资料、事故调查、现场测量等手段获得与研究范围内研究对象的相关信息,通过事故指标、隐患指标或风险指标等,应用合适的评价方法对研究客体进行安全程度的评价。道路运输安全评价是以运输系统安全为目的,应用系统工程原理和工程技术方法,对系统中固有或潜在的危险因素进行定性和定量分析,得出系统发生危险的可能性及其后果严重程度的评价,通过与评价标准的比较得出系统的危险程度,提出改进措施,寻求最低事故率、最少损失和最优的安全投资。

本书在介绍道路交通系统交通事故风险源及事故致因理论,阐述交通事故预防及事故处理的基础上,本章依据导致交通事故发生的相关因素,判断在交通活动过程中,人身伤亡或财产损失是否在可接受水平,从而评价交通状况和运输活动是否安全。

第一节　道路交通安全评价

道路交通安全可以通过主观的安全感受和客观的安全程度进行评价。交通行为者在参与交通过程中,可以随时产生不同的心理感受,即安全感,如反应从容或紧张、操作突然或注意范围缩小等,这是交通安全情况在人们头脑中的反应,是一种主观感受。而安全度则可以通过选取合适的评价指标,采用各种量化方式,用以客观反映发生交通事故的情况,它是改进道路交通安全、评价交通安全管理水平的重要指标。

一、道路交通安全评价目的及意义

交通事故一旦发生,将造成巨大的经济损失,给受害者及其家庭造成极大的痛苦和不幸,使医疗、保险、管理和事故处理等部门背负沉重的负担和压力,整个社会机制的正常运转受到严重影响,极大地影响着国家和地方的经济以及社会的稳定和发展。进行道路交通安全评价能够达到预防交通事故发生、降低交通事故的严重度和经济损失的目的。

道路交通安全评价的意义具体体现在以下几个方面：

①从国家层面和区域层面上宏观分析道路交通安全与人口、机动化水平、路网、经济等因素的关系，依此制订宏观的技术和政策方面的道路交通安全改进对策，可以持续地、有针对性地降低国家、区域的交通安全事故。

②道路的规划、设计阶段通过进行交通安全评价，预先找出方案的不安全因素，修改设计，提高安全水平，减少事故、降低事故严重度，减少建成后再耗费较大的工程改造投入去消除事故多发段。

③道路的运营阶段通过安全评价，找出危险路段，进行安全治理，提高安全水平，减少事故率，降低事故严重度。

④通过各阶段的道路交通安全评价的实施，以较少的投入获得整个道路全寿命周期的安全效益最大化。

⑤通过实施道路交通安全评价，各方更关注规划、设计阶段的安全性，促进了道路交通安全方面的技术、标准规范的进步。

⑥减少了因为道路交通事故引发的减速、拥堵等，提高了道路的通行效率。

⑦引导道路向着"宽容、人性化"的方向发展。

加强道路交通安全的研究，建立更为科学有效的管理方法，力争减少交通事故的发生，对提高我国城市道路安全水平，保障人民生命财产安全，增加社会效益具有重要的现实意义。

二、道路交通安全评价指标

道路交通安全可用交通安全度来表征。所谓交通安全度，即为交通安全的程度，是使用各种统计指标，通过一定的运算方式来评价客观的交通安全状况，常用的评价指标如下：

1. 绝对指标

基于交通事故数据的绝对指标有4项，即事故次数、死亡人数、受伤人数和直接经济损失。这4项指标是安全评价的基础资料，可用于同一地区或同一城市交通安全状况的考核与分析，也可用于同一地区或同一城市不同时期交通安全状况的比较，但无法对不同地区或不同城市的交通安全状况进行横向比较，即缺乏可比性。另外，基于非事故数据的绝对数指标有单位时间内的冲突数、单位时间内每千辆通过平交路口车辆产生的冲突数、单位交通量通过平交口所产生的冲突数等。

2. 相对指标

除绝对指标外，还可采用适当的相对指标来评价道路交通安全状况。

1）单位里程事故率/死亡率

单位里程事故率/死亡率即单位里程发生的事故次数/死亡人数。常用的有百万/亿 km 事故率/死亡率。由于将公路长度作为考虑因素，使结论更具有可比性，是仅次于事故次数的基础指标。以百万 km 事故率/死亡率为例：

$$R_L = \frac{A}{L} \times 10^6 \tag{8-1}$$

式中：R_L——百万 km 事故率/死亡率，起(人)/百万 km；

A——事故数量或死亡人数，起或人；

L——里程，km。

2）万车交通事故率/死亡率

万车交通事故率/死亡率是一定时期内交通事故数/死亡人数与机动车保有量的比值，是反映交通事故数/死亡人数的相对指标，侧重于评价机动车数量对交通事故数/死亡人数的影响。

3）万人交通事故率/死亡率

万人交通事故率/死亡率是一定时期内交通事故数/死亡人数与人口数量的比值，也是反映交通事故数/死亡人数的相对指标，侧重于评价人口数量对交通事故数/死亡人数的影响。但若用于不同的地区或国家，因交通环境相差较大，其可比性较差，不适用于像我国人口多、机动车少、路网密度低的国家。

4）亿车 km 事故指标

亿车 km 事故指标包括亿车 km 事故率、亿车 km 死亡率、亿车 km 受伤率，侧重于评价交通量对交通事故的影响，这是一组评价指标，可综合反映交通工具的先进性、道路状况及交通管理的现代化，也是国外评价交通安全的常用指标之一。

5）交通事故致死率

交通事故致死率是一定时期内交通事故死亡人数与交通事故伤亡总人数的比值，即

$$d = \frac{D}{(W + D)} \times 100\% \tag{8-2}$$

式中：d——致死率，%；

D——死亡人数，人；

W——受伤人数，人。

它可以综合反映车辆性能、安全防护设施、道路状况、救护水平等因素的影响，是衡量道路事故恶性程度的重要指标。

6）综合事故率

综合事故率是万车事故率和万人事故率的几何平均值（或万车死亡率和亿车 km 死亡率的几何平均值），它同时考虑了两个参数对交通安全的影响。

$$R_{PV} = \frac{A}{\sqrt{V \times P}} \times 10^4 \tag{8-3}$$

式中：R_{PV}——综合事故率。当 A 采用死亡人数时 R_{PV} 也称死亡系数；

A——事故数或死亡人数，起或人；

V——机动车保有量，辆；

P——区域内人口总数，人。

另外，还有交通冲突率指标、速度比等非事故相对指标。

道路交通安全评价指标可以反映道路安全的综合状况，也可以反映道路交通安全状况的某一个或几个侧面，这取决于选用的指标；另外，指标的使用又受到可获得数据的约束。这也从一个侧面反映了数据在交通安全评价中的重要性。

三、道路交通安全评价类型

交通安全评价分类的目的是为了根据安全评价对象已有的相关信息和评价目的来选择适用的评价方法。道路交通安全评价可从不同角度分类：按照评价对象不同，可分为宏观战略层面和微观技术层面评价；按照评价的量化特征，可分为定性和定量评价；按照风险源数

据来源,可分为基于事故数据和非事故数据的安全评价。

1. 按不同评价对象分类

1)宏观战略层面交通安全评价

宏观交通安全评价主要针对区域路网进行交通安全评价,从国家、区域层面上分析与识别对区域道路交通系统产生危害的因素或潜在隐患,根据区域交通安全评价体系,得出路网现状全面的交通安全指标,以评价指标为基础,还可预测路网交通事故发生的可能性以及危害程度,提出相应的改善建议和措施,从而为制定宏观的路网安全防护技术、安全管理政策以及整个区域的交通安全战略提供有效的技术支持和科学依据。常见的方法有绝对数法、四项指标相对数法、区域事故率法、绝对数—事故率法、事故强度法、概率数理统计法等。

2)微观技术层面交通安全评价

微观交通安全评价主要针对具体路线、路段、交叉口等进行交通安全评价,对具体道路交通系统进行相关数据测量,从微观层面上对路段危害因素、潜在威胁进行识别和分析,根据路线交通安全评价体系,排查出事故多发段,得出具体道路的安全水平,预测出道路交通事故的发生次数及严重程度,提出相关的改善措施,为道路安全防范措施和道路管理决策提供科学的依据。常见的方法有规范符合性检验、道路安全审核、设计一致性检验、事故率系数法、速度比辅助法、交通冲突法等。

从宏观与微观的角度进行道路交通安全评价常用的方法如图 8-1 所示。

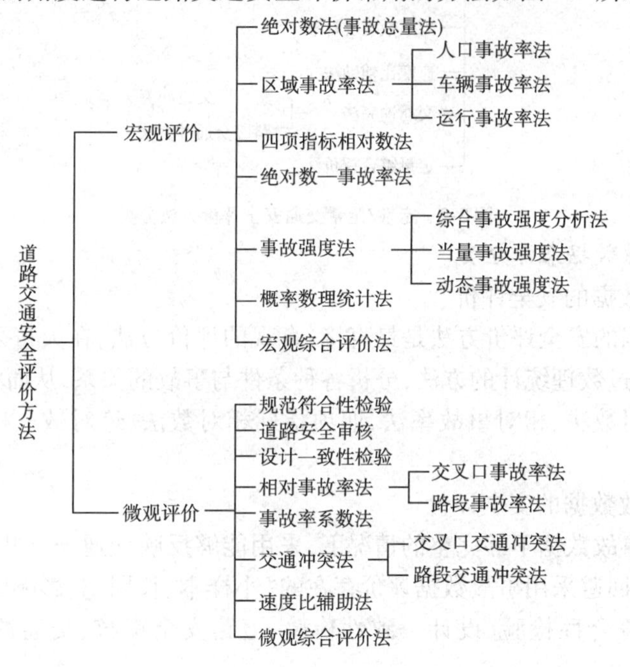

图 8-1 宏观/微观交通安全评价方法分类

2. 按评价的量化特征分类

1)定量安全评价

定量安全评价根据交通量调查数据、事故资料、现场试验记录以及道路线形等统计数据,建立安全评价指标、公式或模型,对道路交通系统的各方面安全性进行定量的计算,得到数值化的评价结果。常见的方法有绝对数法、相对事故率法、四项指标相对数法、绝对数—事故率法、事故强度法、概率数理统计法、交通冲突法等。

2)定性安全评价

定性安全评价主要是对道路交通系统人、车、路、环境、管理措施等方面的运行状况进行全面的定性分析,依据直观判断和专家经验,得出关于道路交通系统的定性安全评价指标,使得道路管理者了解道路交通系统符合哪些安全指标,哪些不符合。常见的方法有规范符合性检验、设计一致性检验、道路安全审核等。

从定性与定量的角度进行道路交通安全评价常用方法如图 8-2 所示。

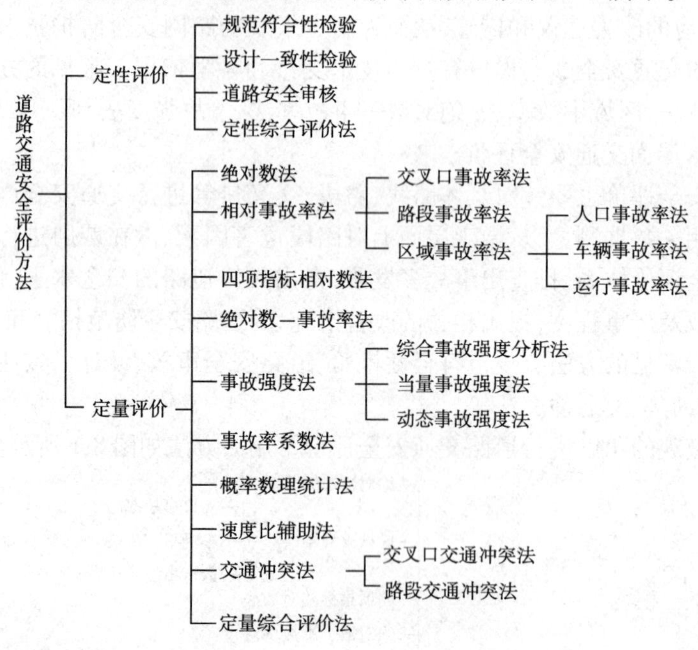

图 8-2　定性/定量交通安全评价方法分类

3. 按照风险源数据来源分类

1)基于事故数据的安全评价

基于事故数据的安全评价方法是最直接、直观的评价方法,在大量采集道路、交通特征与事故数据后,通过数理统计的方法,分析各种条件与事故的关系,从而将安全评价定量化。常见的方法有绝对数法、相对事故率法、四项指标相对数法、绝对数—相对数法、事故强度法等。

2)基于非事故数据的安全评价

在道路交通事故数据不够完整的情况下,采用能够反映交通安全状况的其他数据来评价交通安全,这就回避采用事故数据评价存在的"小样本、长周期、影响因素多"等缺点。常见的方法有规范符合性检验、设计一致性检验、道路安全审核、交通冲突法、速度比辅助法等。

根据风险源数据来源不同进行道路交通安全评价常用方法如图 8-3 所示。

以上评价的不同分类之间存在互相交叉的关系。基于事故的评价是以交通事故数据作为评价基础,是一种定量评价,可应用于战略和战术层面的交通安全评价。定量评价以事故数据或非事故数据作为评价基础,可应用于战略和战术层面的交通安全评价。微观评价可以是定性评价也可以是定量评价,其中定量评价可采用事故数据或非事故数据。

一种评价方法,从不同的角度,可能分别属于不同的评价类型。如区域事故率法是一种基于事故的安全评价,同时它又属于宏观评价以及定量评价。

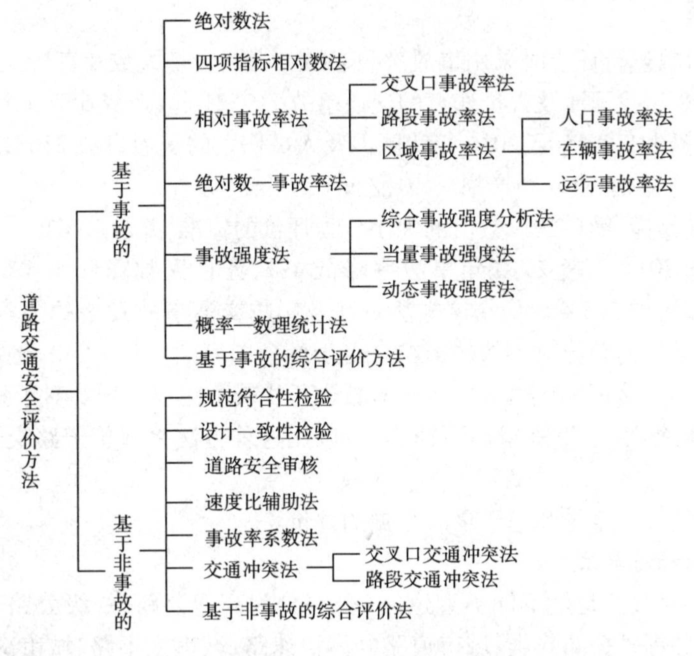

图 8-3　基于事故和非事故的交通安全评价方法分类

四、道路交通安全评价方法

由于评价方法众多,本节仅介绍几种常见的评价方法。

1. 规范符合性检验

该方法是检查被评价项目是否满足和安全有关的指标、标准规范的要求规定等。理想的情况是道路项目建设、养护、运营等全寿命周期的技术、管理都有健全的标准规范可依。但是,由于建设时期不同,建设时的经济情况、交通量情况、建设水平、车辆性能、所遵循的设计规范等建设背景不尽相同,因而满足建设期规范但不满足现行规范的路段,是否不安全仍需进一步的分析。

该方法属于微观、定性和基于非事故数据的评价。

2. 道路安全审核

道路安全审核是由一个有经验的安全专家小组为了所有道路使用者的安全,采用一定的方法,通过一定程序,考察道路的安全性能,发现并修正项目方案中的安全隐患,并制定出具备更强安全性的道路设计方案。道路安全审核可应用于道路项目规划、设计、运营阶段的全过程。当用于运营阶段时,道路安全审核能够鉴别潜在的安全隐患,并采取相应的交通工程措施对其进行改善,以避免事故或降低事故的严重程度。

该方法属于微观、定性和基于非事故数据的评价。

3. 设计一致性检验

狭义来说,设计一致性是指公路线形的设计与驾驶人的期望驾驶速度的一致性。广义来说,设计一致性是指公路各设计要素的改变应该与驾驶行为相匹配。可以采用设计速度、运行速度或两种方法结合来检验线形设计的优劣。我国一般采用原交通部推荐性标准《公路项目安全性评价指南》中相邻路段运行速度的差值来评价运行速度协调性,从而得出设计是否符合一致性要求。

该方法属于微观、定性和基于非事故数据的评价。

4. 绝对数法

用事故绝对数进行评价时采用事故次数、死亡人数、受伤人数及直接经济损失4项指标来表示。如2010年我国涉及人员伤亡的交通事故219521起，造成65225人死亡，254075人受伤，直接财产损失9.3亿元；2011年我国涉及人员伤亡的交通事故210812起，造成62387人死亡，237421人受伤，直接财产损失10亿元。

该方法直观易懂，简单的以数值的大小作为评价的标准，并没有考虑其他影响因素。用该方法可以得出2011年较2010年事故率降低4%，死亡人数降低4.4%，受伤人数降低6.6%，财产损失增加7.5%。但是该方法不涉及影响交通事故发生的因素，因而无法反映实际道路、交通条件的差异对事故的影响。由于各个国家的面积、人口、经济发展等相差巨大，各国之间采用直接事故死亡人数的绝对数进行比较不是很合理。对于我国来说，因为交通安全统计还不全面，上报资料还不详实，所以用这种方法来评价道路交通安全并不十分可靠。

该方法属于宏观、定量和基于事故数据的评价。

5. 四项指标相对数法

四项指标相对数法是把不同类型道路（公路分为高速公路、一级公路、二级公路、三级公路、四级公路和等外公路6类；城市道路分为快速路、城市主干路、城市次干路、支路和其他城市道路5类）交通事故的四项绝对指标的绝对数占总数的百分比作为一个相对指标，计算公式为：

$$\eta = \frac{A_i}{\sum A_i} \times 100\% \tag{8-4}$$

式中：η——指标的相对数；

A_i——不同道路类型的交通事故各项指标的绝对数；

$\sum A_i$——各种道路类型的交通事故各项指标总数。

四项指标相对数法可以从总体上对各种类型道路的交通事故情况进行分析，得到各种道路类型事故发生的比例，判断不同道路类型的安全状况，以便对事故多发的道路类型采取事故预防措施，该方法对于降低事故率及事故严重程度具有十分重要的意义。2010年道路交通事故统计年报相关数据见表8-1。

全国各类型道路事故数及死亡人数（2010年）　　表8-1

公 路 等 级	事 故 数（起）	死 亡 人 数（人）
高速公路	9700	6300
一级公路	17525	6012
二级公路	41702	16454
三级公路	28883	9965
四级公路	15140	4581
等外公路	12003	3222
总和	124953	46534

应用四项指标相对数法对全国2010年不同等级公路的事故情况进行了统计分析，全国各种道路类型的四项指标相对数如图8-4所示，从图中可以看出，二级公路上发生的事故数和事故死亡人数在公路中的比例最大。因而应在资金有限的情况下优先考虑对二级公路采取预防措施。

该方法属于宏观、定量和基于事故数据的评价。

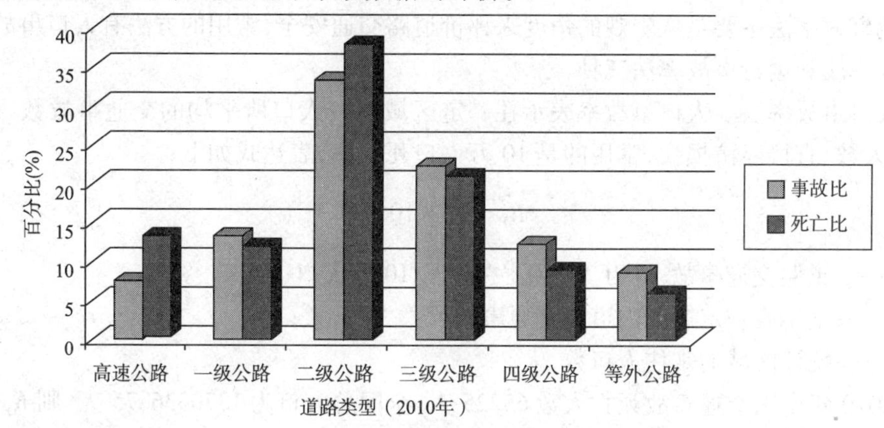

图 8-4　全国各种道路类型四项指标相对数

6. 相对事故率法

在绝对数法的基础上，引入一些事故关联因素作为比较的基础，这些关联因素与事故有着间接或内在的联系，从而使相对于这些关联因素的事故指标有较好的可比性。这样的关联因素很多，常用的有车辆保有量、交通量、人口等。根据评价的对象不同，分为交叉口事故率法、路段事故率法和区域事故率法。

1)交叉口事故率法

交叉口事故率法是用来评价交叉口安全性的方法。交叉口事故率用每百万台车发生交通事故的次数表示，即

$$A_{\mathrm{I}} = \frac{N}{M} \times 10^6 \tag{8-5}$$

式中：A_{I}——交叉口事故率，次/100 万台车；

N——交叉口范围内发生的事故次数；

M——通过交叉口的车辆数。

运用交叉口事故率法对交叉口进行评价，考虑了交通量对交通事故的影响，指标比较合理，缺点是由于交通事故的偶发性易导致误评价，因为对于交通流量较小的交叉口，只要发生交通事故就可能被认为是危险交叉口。

该方法属于微观、定量和基于事故数据的评价。

2)路段事故率法

路段事故率以每亿车 km 交通事故次数表示。即

$$\mathrm{AH} = \frac{N}{OL} \times 10^8 \tag{8-6}$$

式中：AH——事故率，次/亿车 km；

N——路段内发生的交通事故次数；

Q——路段年交通量；

L——路段长度，km。

路段交通事故率法表征了某一路段发生交通事故的危险程度。它与交通参与者遵章行驶的状态有关，与交通流量紧密相连，是较为科学的路段安全评价方法。

该方法属于微观、定量和基于事故数据的评价。

3)区域事故率法

区域事故率法主要是从宏观的角度来评价道路交通安全，常用的方法有人口事故率法、车辆事故率法和运行事故率法三种。

①人口事故率法。人口事故率表示在一定区域内按人口所平均的交通事故数、死亡人数、受伤人数、直接经济损失，常用的是10万人口死亡率，表达式如下：

$$R_{\mathrm{P}}=\frac{F}{P}\times 10^{5} \tag{8-7}$$

式中：R_{P}——道路交通事故10万人口死亡率，人/10万人口；

F——全年或一定期间内道路交通事故死亡人数，人；

P——统计区域的常住人口数，人。

如2010年全国交通事故死亡人数65225人，全国总人口为1370536875人，则R_{P}为4.7人/10万人口。

②车辆事故率法。车辆事故率表示在一定区域内按单位机动车保有量所平均的交通事故数、死亡人数、受伤人数、直接经济损失，最常用的是万车死亡率，表达式如下：

$$R_{\mathrm{V}}=\frac{F}{V}\times 10^{4} \tag{8-8}$$

式中：R_{V}——道路交通事故万车死亡率，人/万车；

F——全年或一定期间内道路交通事故死亡人数，人；

V——统计区域机动车保有量，辆。

如2009年全国交通事故死亡人数67759人，全国机动车保有量为186580658辆，则R_{V}为3.6人/万车。

当研究的区域范围变大，机动车保有数量较大时，为方便起见，事故率也可用百万车或亿车来计量。

一般10万人口死亡率侧重于评价人口数量对交通事故死亡人数的影响，万车死亡率侧重于评价机动车数量对交通事故死亡人数的影响，仅反映道路交通安全的不同侧面。如果采用同一指标对同一地区各个年份的交通安全进行评价时，具有一定的可比性。但相对事故率法的缺点是，采用不同的评价指标，得出的结果不同，甚至相互矛盾，对于相互矛盾之处，需要进行深入分析。以中国和美国为例，见表8-2，若以10万人口死亡率指标衡量，中国的交通安全明显好于美国，但若以万车死亡率比较，中国的情况要劣于美国。造成这样矛盾结论的主要原因是美国的机动化水平远高于中国。这一结论也可以这样理解，中国人面临的交通安全风险要低于美国，但中国道路交通参与者面临的风险要远高于美国。

我国与美国道路交通事故率对比 表8-2

事故率 / 国家 / 年份	10万人口死亡率(人/10万人口)		万车死亡率(人/万车)	
	中国	美国	中国	美国
2008年	5.5	12.31	4.3	1.45
2009年	5.1	11.06	3.6	1.36
2010年	4.7	10.62	3.2	1.32

③运行事故率法。运行事故率法是指在一定区域内，按所有机动车行驶一年的公里数总和所平均的事故数（或伤亡人数）。通常以百万车公里事故率或亿车公里事故率来表示：

$$R_t = \frac{F}{T} \times 10^8 \tag{8-9}$$

式中：R_t——1年间道路交通事故亿车公里死亡率，人/亿车 km；

F——全年道路交通事故死亡人数，人；

T——统计区域内总运行车公里数。

T 可以采用以下几种计算方法：

a. 以每辆车的年平均运行公里数乘以运行车辆数。

b. 用道路长度乘以道路上的年交通量（或由年平均日交通量推算出年交通量）。

c. 以所辖区全年总的燃料消耗量（升）除以单车每公里平均燃料消耗量（升/车·km）。

如某高速公路一年间共发生交通事故86次，伤115人，死亡23人，其长度为60km，全程年平均日交通量为15000辆/日，计算运行事故死亡率如下：

$$R_t = \frac{23}{60 \times 15000 \times 365} \times 10^8 = 7.0 \quad \text{人/亿车·km}$$

运行事故率法侧重于评价交通量对交通事故的影响，较为科学，但目前交通运营量难以及时掌握，一般只能采用估算值。

该方法属于宏观、定量和基于事故数据的评价。

7. 绝对数—事故率法

绝对数—事故率是将绝对数和事故率法结合起来评价交通安全的方法。以事故绝对数为横坐标，以每公里事故率为纵坐标，按事故绝对数和事故率的一定值，将绝对数—事故率分析图划出不同的危险级别区。Ⅰ区、Ⅱ区、Ⅲ区分别代表不同的危险级别，Ⅰ区为最危险区，亦即是道路交通事故数和事故率均最高，据此可以直观地判断不同路段的安全度，如图8-5所示。

该方法能够较直观地体现出不同道路类型或不同区域的交通安全程度处于哪个危险级别，从而及时加强安全度等级较低对象的事故预防措施。但是如何区分处于同一危险级别对象的安全性具有一定的困难。

该方法属于宏观、定量和基于事故数据的评价。

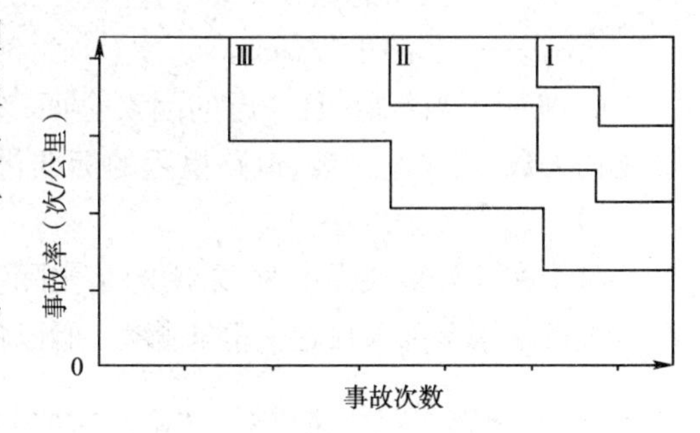

图8-5 绝对数—事故率分析图

8. 事故强度法

相对事故率法虽然考虑了相关因素，但大多数是结合某一因素单独考虑、计算，每一种事故率都反映了事故的一个侧面，而对综合因素的反映是不够的。而事故强度法考虑的因素较全面。

1）综合事故强度分析法

$$K = \frac{M}{\sqrt{RCL}} \times 10^4 \tag{8-10}$$

式中：K——死亡强度指标，K 越小，安全度越高；

M——当量死亡人数，M = 死亡人数 + 0.33 重伤人数 + 0.10 轻伤人数 + 2 直接经济损

失(万元);

C——当量汽车数,C = 汽车 +0.4 摩托车和三轮车 +0.3 自行车 +0.2 畜力车;

R——人口数,$R = 0.7P$(P 为人口总数);

L——不同道路条件下的修正系数,见表 8-3。

不同道路条件下的修正系数 L 表 8-3

公路等级	里程(km)				
	<50	50~500	500~2000	2000~10000	>10000
一级	0.8	0.9	1.0	1.1	1.2
二级	0.9	1.0	1.1	1.2	1.3
三级	1.0	1.1	1.2	1.3	1.4
四级	0.9	1.0	1.1	1.2	1.3
等外级	0.8	0.9	1.0	1.1	1.2

2)当量事故强度法

当量综合死亡率指标结构为:

$$K_{\mathrm{d}} = \frac{D_{\mathrm{d}}}{\sqrt[3]{PN_{\mathrm{d}}L}} \times 10^3 \tag{8-11}$$

式中: K_{d}——当量综合死亡率;

D_{d}——当量死亡人数,D_{d} = 死亡人数 + a_1 重伤人数 + a_2 轻伤人数 + a_3 直接经济损失(万元);

a_1、a_2、a_3——轻伤、重伤、经济损失与死亡的当量换算系数;

N_{d}——当量车辆数,N_{d} = 汽车 + b_1 摩托车和三轮车 + b_2 自行车 + b_3 畜力车;

b_1、b_2、b_3——摩托车和三轮车、自行车、畜力车与标准汽车的换算系数;

P——人口总数;

L——公路里程,km。

K_{d} 采用了当量值,且考虑的因素全面,基本概括了人、车、路对交通事故的影响。但当量死亡人数、当量车辆数、道路里程的标准化问题尚需研究。

3)动态事故强度法

由于在计算事故强度时,采用的是实际参与到交通系统中的人员、车辆和道路里程,而不是直接采用全部人口这一静态指标,所以称为动态事故强度法。

$$P_{\mathrm{ow}} = \frac{\beta \cdot F}{\sqrt[3]{\mathrm{EP} \cdot \mathrm{EV} \cdot M/k}} \times 10^4 \tag{8-12}$$

式中:P_{ow}——事故强度,P_{ow} 值越小,表明道路交通安全状况越好;

β——各国死亡人数换算系数,如德国、英国取 1.00,意大利、中国取 1.08,法国取 1.09 等;

F——道路交通事故死亡人数,人;

M——等级公路里程,km;

k——公路事故系数,即公路当量总事故次数占全部路网当量总事故次数的比例,通过统计分析,中国取 0.72,黑龙江省取 0.41,广州市取 0.60,哈尔滨市取 0.26,大庆市取 0.48,其他国家或城市可根据各地事故特点参照取值;

EP——当量交通参与者，$EP=\mu_1 P_1+\mu_2 P_2$；

EV——当量机动车数，$EV=V_1+0.15V_2$；

μ_1，μ_2——城市、乡村人口中的交通参与者比例。据抽样调查显示，中国城市人口中的交通参与者比例约占69%，乡村人口中的交通参与者比例占31%；对发达国家无调查数据，μ_1、μ_2 暂取1.0；

P_1、P_2——城市、乡村人口数量；

V_1、V_2——机动车（包括汽车、摩托车、拖拉机）数、自行车数，辆。

这里特别提出当量交通参与者的概念，指的是实际参与（包括驾车、乘车、骑车及步行等）到道路交通中的人员，它可以反映出人对交通系统的实际影响，较之采用全部人口的做法具有明显的合理性。

应用事故强度法和人口事故率、车辆事故率和运行事故率对部分国家的道路交通安全进行评价比较，结果如表8-4、图8-6和图8-7所示。

部分国家道路交通安全度对比（1998年）　　表8-4

国　家	人口事故率（人/10万人口）	车辆事故率（人/万车）	运行事故率（人/亿车km）	事故强度
美国	15.68	2.10	0.53	5.39
英国	6.34	1.42	0.23	4.03
法国	14.30	2.59	0.53	6.88
德国	10.43	1.92	0.54	12.34
意大利	11.00	1.86	1.34	5.64
中国	6.25	17.32	5.33	24.59

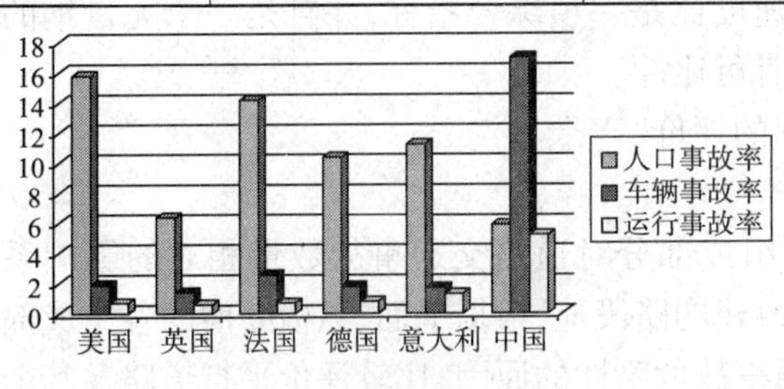

图8-6　部分国家事故率对比图

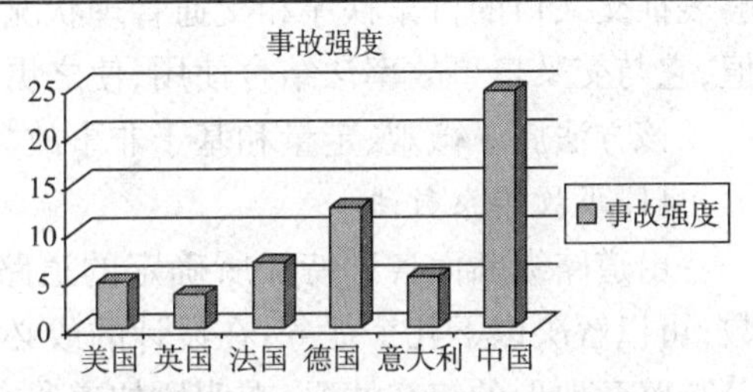

图8-7　部分国家事故强度对比图

由上图可以看出，前三种常规事故率的评价方法只能从某个侧面分析道路交通安全水平，选取指标不同，评价结果不同，因而不能做出全面的评价。为了全面、综合地比较各国的交通安全状况，按照重新定义的动态事故强度法进行了重新评价，由于缺乏各个国家的公路事故数据，故公路事故系数值均取用0.72。从图中可以看出，我国的事故强度远远高于其他国家，由此可见，采用动态事故强度法能均衡各项指标，客观地评价各区域的交通安全状况。

该方法属于宏观、定量和基于事故数据的评价。

9. 概率—数理统计法

这种方法的基本思路一般为确定正常条件下事故发生的概率分布，以这种分布作为进行判断的依据。判断事故发生次数是否在正常的概率范围之内，超出这一范围则定义为比较危险，而低于这一范围则定义为比较安全。通常认为一定地区内发生的事故数近似地服从正态分布，定义随机变量：

$$Z = (Y - \tilde{Y}) / \sqrt{\bar{Y}} \tag{8-13}$$

式中：Y——事故的数目；

$\tilde{Y}$——事故理论允许值；

$\bar{Y}$——事故发生次数的估计值。

随机变量 Z 服从正态分布，取某一置信度值，如取95%。则当 $Z > 1.96$ 时，是不安全的事故数，属于危险地区；当 $Z < -1.96$ 时，是安全地区；当 $-1.96 < Z < 1.96$ 时，属于正常范围。

这种方法简单易行，在我国比较常用。但是该方法对事故的分析过于简单，没有考虑到不同道路交通条件的差别，使得结果有时往往缺乏科学性和说服力。

该方法属于宏观、定量和基于事故数据的评价。

10. 速度比辅助法

该方法主要用于交叉口的交通安全评价，速度比是用通过交叉路口的机动车行驶速度与相应路段上的区间车速的比值表示，即

$$R_{\mathrm{I}} = \frac{V_{\mathrm{I}}}{V_{\mathrm{H}}} \tag{8-14}$$

式中：R_{I}——速度比；

V_{I}——路口速度，km/h；

V_{H}——区间速度，km/h。

一般在交叉口冲突点多，行车干扰大，车速低，甚至往往造成行车阻滞。因此，速度比能够表征交叉口的行车秩序和交通管理状况。速度比是一项综合指标，并且是一个无量纲的值，它与交叉口事故率法结合使用，使之更具有可比性。

该方法属于微观、定量和基于非事故数据的评价。

11. 事故率系数法

由道路纵断面各种特征所确定的道路各组成部分对道路交通事故数量相对的影响系数，可以解决以下几个任务：在设计的或必须改建的路段上，根据平面、纵横断面的各组成部分与路旁地形的综合情况，查明增加道路交通事故危险性的原因；比较评价平行道路及其个别路段的行车安全性；比较评价个别路段消除行车危险性措施的有效性；确定不会引起道路交通事故危险性升高的最大允许交通量。

每一个路段的道路交通事故相对概率可用总计事故率系数 K 来评价，它是由在各种不同路段上的各部分相对事故率系数（影响系数或各部分的事故率系数）的乘积计算而得的。这些系数表征着交通条件的恶化程度，这个程度是由道路平纵线形、横断面及路旁地带的各组成部分对交通条件的影响情况，同路面宽度7.5m，加固路肩、粗糙路面的双车道道路对交通条件的影响相对比而确定的：

$$K = K_1 K_2 K_3 \cdots K_n \tag{8-15}$$

这个计算总事故率系数公式中所包含的各部分的事故率系数 K_1 到 K_n，其值可按国内外统计资料来确定，它们考虑了交通量与道路平、纵、横断面各组成部分的影响。《公路交通组织与保证交通安全须知》（BCH25—76）中所采用的这些系数的数值见表8-5。

根据总事故率系数可以比较出不同路段的交通安全性，但随着统计资料地进一步积累，影响因素及各系数的数值将会精确化。

表 8-5

不同道路交通条件下事故率系数 K_i 值

交通量(辆/天)	500	1000	2000	3000	5000	6000	7000	9000	11000	13000	15000	20000
K_1	0.50	0.50	0.60	0.75	1.00	1.15	1.30	1.70	1.80	1.50	1.00	0.60
	对于有分隔带的道路,确定 K_1 时采用相应于一个方向的交通量											
行车道宽度(m)	4.50		5.50		6.00		7.50		9.00		10.50	
加固路肩时 K_1	2.20		1.50		1.35		1.00		0.80		0.70	
未加固路肩时 K_2	4.00		2.75		2.50		1.50		1.00		0.90	
路肩宽度(m)	0.50		1		1.50		2		2.50		3	
K_3	2.20		1.70		1.40		1.20		1.10		1.00	
纵坡(%)	2		3		5		7		8			
K_4	1.00		1.25		2.50		2.80		3.00			
平曲线半径(m)	50	100	150	200~300	400~600		600~1000		1000~2000		>2000	
K_5	10	5.40	4.00	2.25	1.60		1.40		1.25		1.00	
视距(m)	50	100	150	200	250		350		400		500	
平面上的 K_6	3.60	3.00	2.70	3.25	2.00		1.45		1.20		1.00	
纵断面上的 K_6	5.00	4.00	3.40	2.50	2.40		2.00		1.40		1.00	
桥面与道路行车道宽度的差别	窄 1m		相等		宽 1m				宽 2m			
K_7	6.0		3.0		2.0				1.5			
直线段长度(km)	3		5		10		15		20		52	
K_8	1.00		1.10		1.40		1.60		1.90		2.00	
交叉口类型	立体交叉		环形交叉		平面交叉							

续上表

交通量(辆/天)	500	1000	2000	3000	5000	6000	7000	9000	11000	13000	15000	20000
K_9	横道的交通量占两条道路总交通量的百分数											
					<10		10~20				>20	
	0.35		0.70		1.50		3.00				4.00	
平面交叉的主要道路的交通量(辆/天)	<1600				1600~3500		3500~5000				>5000	
K_{10}	1.50				2		3				4	
从岔路上看平面交叉口的视距(m)	>60				60~40		40~30		30~20		<20	
K_{11}	1.00				1.10		1.65		2.50		10.00	
行车道的车道数	2		3		3		4		4		4	
	无路面划线		无路面划线		有路面划线		无分隔带		有分隔带		立交	
K_{12}	1.00		1.50		0.90		0.80		0.65		0.35	
路旁建筑物至行车道边缘的距离(m)	15~20				5~10		5以下		5以下			
	有地方行车道				有人行道		没有地方行车道		没有人行道及地方行车道			
K_{13}	2.50				5.00		7.50		10.00			
集镇段长度(km)	0.50		1		2		3		5		6	
K_{14}	1		1.20		1.70		2.20		2.70		3.00	
临近集镇的直线路段长度(km)	<0.20				0.20~0.60				>0.60			
K_{15}	2.00				1.50				1.20			
路面特性	光滑、被泥土覆盖的				光滑的		干净、干燥		粗糙		很粗糙	
附着系数	0.20~0.30				0.40		0.60		0.70		0.75	
K_{16}	2.50				2.00		1.30		1.00		0.75	
分隔带宽(m)	1		2		3		5		10		15	
K_{17}	2.50		2.00		1.50		1		0.50		0.40	

该方法属于微观、定量和基于非事故数据的评价。

12. 交通冲突法

交通冲突与交通事故的成因及发生过程相似，两者的唯一区别在于是否存在损害后果。在研究交通冲突与事故之间的相关性后，交通冲突法逐渐成为一种新的交通安全评价方法。根据评价主体的不同，交通冲突法可以分为交叉口交通冲突法和路段交通冲突法。

1）交叉口交通冲突法

依据交叉口交通量和交通冲突数据为评价的动态数据源，把交叉口交通安全水平确定在某一区域内，对其交通安全状况给予评价，这是基于交通冲突技术的交叉口安全评价的基本思路。

①冲突点。在没有交通控制的平面交叉路口，通过几何作图方法（图 8-8），其交通冲突点的分布可以用以下数学公式表达：

$$C_j = n^2(n-1)(n-2)/6 \tag{8-16}$$

$$c_i = n(n-2) \tag{8-17}$$

$$c_k = n(n-2) \tag{8-18}$$

式中：c_j——交叉冲突点数量；

c_i——合流冲突点数量；

c_k——分流冲突点数量。

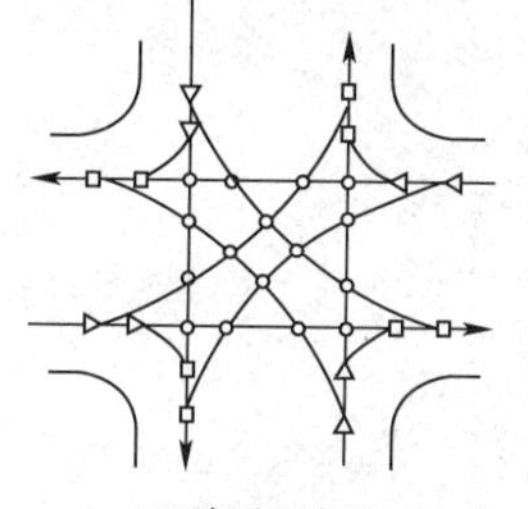

a)四路平面交叉口

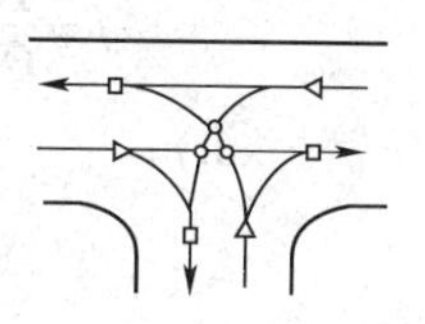

b)三路平面交叉道口

图 8-8　平面交叉口与交叉道口上的交错点

a）四路平面交叉口；b）三路平面交叉道口

按上述公式，四路无控交叉口有 16 个交叉冲突点，8 个合流冲突点，8 个分流冲突点。该法用于分析交叉口车流潜在的冲突点多少，进行微观的安全度估计，通过某个交叉点的汽车越多，则发生事故的概率越高，适用于进口车道为单车道的交叉口。

②冲突率。相似于交通事故率，交通冲突也有各种表示方法，典型的有单位时间内的冲突数（P）或者单位时间内每千辆通过平交路口车辆产生的冲突数（P_n）和单位交通量通过平交口所产生的冲突数（P_c），如下式所示：

$$P = \frac{\text{交叉口冲突数}}{\text{产生冲突总时间}} \tag{8-19}$$

$$P_n = \frac{\text{交叉口冲突数}}{1000\text{ 辆车} \times \text{产生冲突总时间}} \tag{8-20}$$

$$P_c = \frac{\text{交叉口冲突数}}{\text{交叉口交通量}} \tag{8-21}$$

冲突率能够表征冲突与产生冲突的时间以及交叉口内交通量的一种关系，因此，优于冲突数表示方法。

③冲突严重度。在冲突严重性划分的基础上,可以用冲突严重性指标建立评价模型对交叉口安全度进行评价。常用的冲突严重性指标模型如下:

$$RI_j = \sum_{i=1}^{n} RI_{ij} \tag{8-22}$$

$$RI_{ij} = K_i \times IV_{ij} \tag{8-23}$$

$$K_i = \frac{W_i}{\sum_{i=1}^{n} W_i} \tag{8-24}$$

式中:RI_j——平交口 j 的危险度;

RI_{ij}——平交口 j 的第 i 种冲突的危险度;

K_i——第 i 种冲突的相对权重;

W_i——第 i 种冲突的严重性分值;

IV_{ij}——第 i 种冲突在平交口 j 的冲突数或冲突率。

上述模型中的 W_i 是基于主观定量的标准,例如可以把冲突严重程度划分为三等,低危险冲突分值为1.0,中等危险的分值为2.0,高危险的分值为3.0。IV_{ij}是与参与冲突的交通量相联系的,定义其为每千辆车进入交叉口所产生的冲突数或每小时所产生的冲突数。

2)路段交通冲突法

路段交通冲突法也可以采用冲突数和冲突率进行评价,采用冲突率法评价时不仅要考虑交通量,还要考虑路段长度:

$$f = \frac{\mathrm{TC}}{QL} \tag{8-25}$$

式中:f——车公里冲突率,次/(辆·km);

TC——冲突数,次;

Q——交通量,辆/h;

L——路段长度,km。

在交通事故数据获取困难的情况下可以采用交通冲突法进行交通安全评价,但是该方法的缺点是每个人对交通冲突的判别标准不一致,会导致不同的人观测到的交通冲突数有一定的差别。

该方法属于微观、定量和基于非事故数据的评价。

13. 综合评价方法

综合评价方法主要是把多个描述被评价对象的不同方面,且量纲不同的定性及定量指标,转化为无量纲的评价值,并综合这些评价值,以得出对该评价对象的一个整体评价。指标可以是事故指标,也可以是非事故指标。一般情况该方法属于定性主观评价,适用于宏观战略和微观技术的评价。常用的有:层次分析法、模糊数学法、灰色聚类评价法、专家评价法、经济分析法、综合指数法、因子分析法、模糊综合评判法(FC)、多目标效用综合法、熵值法、数据包络分析法(DEA)、理想点法(TOPSIS)等。

1)构成综合评价问题的要素

①被评价对象。道路交通安全评价的对象可以大于1(不同被评价对象进行比较)或等于1(识别某评价对象的安全薄弱环节,其下层指标数大于1)。

②评价指标。系统的安全状况可用一系列的评价指标表示,其中每个评价指标都从某一侧面反映系统的安全现状。

③权重系数。相对于某种安全评价来说,评价指标之间的相对重要性是不同的。评价指标之间这种相对重要性的大小,可用权重系数来表示。若 ω_j 是评价指标 $x_j(j=1,2,\cdots,m)$ 的权重系数。一般应有

$$\omega_j \geqslant 0 \qquad (j=1,2,\cdots,m)$$

$$\sum_{j=1}^{m}\omega_j = 1$$

很显然,当被评价对象及评价指标都给定时,综合评价(或对各被评价对象进行排序)的结果就依赖于权重系数了,即权重系数确定的合理与否,关系到综合评价结果的可信程度。因此,对权重系数的确定应谨慎。

④综合评价模型。多指标综合评价,就是指通过一定的数学模型(或算法)将多个评价指标值"合成"为一个整体性的的综合评价值。可用于"合成"的数学方法较多,问题在于如何根据评价目的及被评价系统的特点来选择较为合适的合成方法。也就是说,在得到 n 个系统的安全评价指标值 $(x_{ij})(i=1,2,\cdots,n;j=1,2,\cdots,m)$ 的基础上,还需选用或构造综合评价函数:

$$y=f(\omega,x) \tag{8-26}$$

式中 $w=(\omega_1,\omega_2,\cdots,\omega_m)^T$ 为指标权重向量,$x=(x_1,x_2,\cdots,x_m)$ 为被评价对象(系统)的状态向量(评价指标值)。由式(8-26)可求出各评价对象(系统)的安全综合评价值

$$y_i=f(\omega,x_i) \tag{8-27}$$

式中 $x_i=(x_{i1},x_{i2},\cdots,x_{im})$ 为第 $i(i=1,2,\cdots,n)$ 个系统的状态向量。

根据 y_i 的大小(或由小到大或由大到小),将这 n 个系统进行排序或分类。同时,也可将 y_i 值与既定的安全目标值进行判断比较,确定被评价对象(系统)的危险程度,以便采取相应的安全措施。

⑤评价者。评价者可以是某个人或某团体。评价目的的确定、评价指标的建立、评价模型的建立、权重系数的确定都与评价者有关。因此,评价者在评价过程中的作用是不可轻视的。

2)综合评价的步骤

安全综合评价的一般步骤包括:

①明确评价目的。

②确定评价对象。

③建立评价指标体系。

④确定各项评价指标对应的权重系数。

⑤选择或构造综合评价数学模型。

⑥计算评价对象的综合评价值并进行排序、分类或比较。

⑦根据评价过程得到的信息,进行系统分析和决策。

其中,最为关键的问题是指标体系的建立、指标评价值和权重系数以及评价模型的确定,只有解决好这些问题,才能得到较为切合实际的安全评价结果。

3)评价指标体系建立遵循的原则

安全评价的核心问题是建立评价指标体系。指标体系必须客观合理、尽可能全面地反映影响系统的所有因素。为此必须按照一定的原则和评价目的建立一套评价指标体系。评价指标体系的建立一般应遵循下列原则:

①目的性原则。评价指标体系要紧紧围绕改进系统安全这一目标来设计，并由代表系统安全的各个典型指标构成，多方位、多角度地反映系统的安全水平。

②科学性原则。指标体系结构的拟定、指标的取舍等都要有科学的依据。只有坚持科学性的原则，获取的信息才具有可靠性和客观性，评价的结果才具有可信性。因此，必须注意评价资料的全面性、可靠性和正确性。

③系统性原则。指标体系要包括系统安全所涉及的众多方面，各指标之间应注意：

a. 相关性。要运用系统论的相关性原理不断分析，组合设计安全评价指标体系。

b. 层次性。指标体系要形成阶层性的功能群，层次之间要相互适应并具有一致性，要具有与其相适应的导向作用，即每项上层指标都要有相应的下层指标与其相适应。

c. 整体性。不仅要注意指标体系整体的内在联系，而且要注意整体的功能和目标。

d. 综合性。指标体系的设计不仅要有反应事故状况的指标，更重要的是具有反映隐性的指标，事前与事后的综合指标，这样不同时期（历史、现状、将来）的综合指标才能更为客观和全面。

④可操作性原则。指标的设计要求概念明确、定义清楚，能方便地采集数据与收集情况，要考虑现行科技水平，并且有利于系统安全的改进。而且，指标的内容不应太繁太细，否则过于庞杂和冗长，会给评价工作带来不必要的麻烦。

⑤时效性原则。指标体系不仅要反映一定时期系统安全的实际情况，而且还要跟踪其变化情况，以便及时发现问题防患于未然。

⑥突出性原则。指标的选择要全面，但应该区别主次、轻重，要突出当前带全局性而又极为关键的安全问题，以保证重点和集中力量控制住那些发生频率高、后果严重的事件。

⑦可比性原则。指标体系中统一层次的指标，应该满足可比性的原则，即具有相同的计量范围、计量口径和计量方法。指标取值宜采用相对值，这样使得指标既能反映实际状况，又便于比较优劣，查明安全薄弱环节。

⑧定性与定量相结合的原则。指标体系的设计应在定性分析的基础上，还要进行量化处理。只有通过量化，才能较为准确地揭示事物的本来面目。对于缺乏统计数据的定性指标，可采用评分法，利用专家意见近似实现其量化。

4）基础指标评价值的确定

基础指标评价即评价指标体系中不能再进一步分解的指标，可分为定性基础指标和定量基础评价指标，简称定性指标和定量指标。因此，基础指标值的确定可分为两部分，即定性指标评价值的确定和定量指标评价值的确定。

在求基础指标评价值时，有不少文献采用等级论域的方法，将定性指标取值范围按评语等级硬性划分几个分值范围，如："很好"（90~100）、"较好"（80~90）、"一般"（70~80）、"较差"（60~70）、"很差"（0~60）。而对于定量指标，也要确定相应于各种评语等级的临界值，这种做法是值得商榷的：第一，事物本身所具有的模糊性，决定了它没有固定的临界值（例如，从很好到很差，中间状态是模糊的，并不存在一个明确好与差的等级界限），因而由此计算出的指标评价值可信度是较低的；第二，定量指标等级临界值的确定非常困难，而它对于定量指标值的确定又是至关重要的，这给定量指标评价指标值的确定工作带来了不必要的麻烦。基于上述理由，建议采用舍弃等级论域的方法确定基础指标评价值，即将指标取值范围规定为0~100，相当于将指标评判等级划分为100个小等级，指标值越大，说明其隶属于安全的程度越高，同时也表明其安全性越好。舍弃等级论域的做法不仅克服了等级论域法的上述不足，而且，它得到的指标值为一点值而非向量，不再局限于模糊综合评判的处理方法。

对于定性指标，指标值具有模糊和非定量化的特点，很难用精确数字来表示，只能采用模糊数学的方法对模糊信息进行量化处理。定性指标评价值的确定常用方法有：等级比重法（又称实验统计法）、专家评分法、集值统计法。

定量指标即可量化指标，它可以通过一定的技术测量手段确定其量值。由于定量指标的计量单位各不相同，不具有可比性。因此，在确定指标实际值之后，还必须解决指标间的可综合性问题，即进行评价指标类型的一致化和评价指标的无量纲化处理。无量纲化常用方法有标准差方法、极值差方法和功效系数方法等。

5）指标体系的赋权处理

指标体系中各评价指标对系统安全的贡献大小和重要程度不同，对评价指标间的这种差异可通过赋以不同权重值的办法表示。

权重系数的确定方法可分为三大类：基于“功能驱动”原理的赋权法、基于“差异驱动”原理的赋权法和综合集成赋权法。

6）综合评价的数学模型

在确定了指标体系基础指标评价值及指标体系权重系数之后，还要根据指标体系特点，确定各级指标的合成方法，亦即将各级下层指标值符合成上层指标值的计算方法。常用的合成方法有：线性加权综合法、非线性加权综合法、加乘混合法、代换法、理想点法等。具体选用何种方法时需要结合指标间的相互关系来确定。

综合评价法中指标值及指标权重的确定所用的方法不是本教材的重点，没有详细展开阐述，具体内容可参考相关文献。

第二节　道路交通运输安全评价

一、道路交通运输安全评价概述

道路运输系统是一个多因素相互作用的系统，处于一个涉及人、车、路、环境等诸多因素的动态系统过程中，具有多变性、复杂性与藕联性。道路运输安全评价同其他工程系统的安全评价一样，也要从减少交通事故这个明确的目标开始，针对涉及交通运输的各方因素的功能特性及效果权重的不同，给出不同的科学评判与测定，最后根据测定的结果用一定的方法来综合、分析、判断，并作为决策的参考。

道路运输安全评价应以交通运输系统安全为目标，以现代科学管理理论为基础；运用定性和定量的指标，从工程技术、政府监管、组织承诺、机制效能、安全素质、边界条件等方面，综合评价一个区域、一个行业、一家运输企业的安全运营水平，为有针对性地制定完善的交通运输安全管理方案提供科学依据，以便科学地评价和引导交通运输企业的安全管理。

1. 道路运输安全评价的目的与意义

（1）道路运输安全评价体现“安全第一，预防为主”的方针。

（2）道路运输安全评价有助于国家各级行业管理及安全监察部门对企业安全生产的宏观控制。

（3）道路运输安全评价有助于保险部门加强对企业灾害进行风险管理。

(4)道路运输安全评价有助于提高企业安全管理水平。

2. 评价方法的选定

不同的安全评价方法具有不同的特点和不同的应用范围，在进行安全评价时，应根据被评价系统的具体情况选择安全评价方法，主要考虑以下几个因素。

(1)评价的目的。在选用评价方法之前，首先必须考虑评价结果是否能达到评价的目的和动机。

(2)要求最终结果的表现形式。如危险性一览表、潜在事故情景一览表、危险控制措施一览表、危险分级、定量危险分析数值等。

(3)可用的评价资料。各种资料的数量和质量，评价对象的复杂程度和规模大小，操作方式，固有危险的性质，可能发生的事故类型等。

(4)可参与评价的技术人员及其素质、投入的评价费用、完成期限、评价专家和管理人员的知识结构及水平等。

进行道路运输安全评价，估量道路运输安全水平，能够为保障我国道路运输安全提供参考，并有针对性地提出保障运输安全的对策。道路运输安全评价方法很多，每种评价方法都有其适用范围和应用条件。常用的运输安全评价方法有：安全检查表法、作业条件危险评价法、概率安全评价法、安全综合评价法（安全综合评价法上一节已经进行了介绍，本节将其直接应用于道路运输安全综合评价）等。

二、安全检查表法

安全检查表评价法是一种简便易行的评价方法，它根据经验或系统分析的结果，把评价项目自身及周围环境的潜在危险集中起来，列成检查项目的清单，评价时依照清单，逐项检查和评定。该方法虽然简单，效果却很好，各国都颇为重视。如美国保险公司的安全检查表，美国杜邦公司的过程危险检查表，美国道化学公司的过程安全指南，日本劳动省的安全检查表以及我国机械工厂安全性评价表等。

安全检查表评价法可分为：逐项赋值法、单项否定计分法、加权平均法、评价等级加权法等。

1. 逐项赋值法

这种方法应用范围较广。它是针对安全检查表的每一项检查内容，按其重要程度不同，由专家讨论赋予一定的分值。评价时，单项检查完全合格者给满分，部分合格者按规定标准给分，完全不合格者记零分。这样逐项逐条检查评分，最后累计所有各项得分，就得到系统评价总分。根据实际评价得分多少，按标准规定评价系统总体安全等级。即：

$$m = \sum_{i=1}^{n} m_i \tag{8-28}$$

式中：m——企业安全评价的结果值；

n——评价项目个数。

2. 加权平均法

这种评价计值方法是按安全评价层次分成若干评价表，所有评价表不论评价条目多少，均按统一计分体系分别评价计分，如10分制或100分制等，并按照各评价表内容对总体安全评价的重要程度，分别赋予权重系数。按各评价表评价所得的分值，分别乘以各自的权重系数并求和，就可以得到总体的安全评价结果值，即：

$$
\begin{cases} m = \sum_{i=1}^{n} k_i m_i \\ \sum_{i=1}^{n} k_i = 1 \end{cases} \tag{8-29}
$$

式中：m——企业安全评价的结果值；

m_i——按某一评价表评价的实际测量值；

k_i——按某一评价表实际测量值的相应权重系数；

n——评价表个数。

按照标准规定的分数界限，就可确定企业在安全评价中取得的安全等级，此外，加权平均法中权重系数可由统计均值法、二项系数法、层次分析法等方法确定。

3. 单项定性加权计分法

这种评价计分方法是把安全检查表的所有检查评价项目都视为同等重要。评价时，对检查表中的几个检查项目分别给以“优”、“良”、“中”、“差”或“可取”、“基本可靠”、“基本不可靠”、“不可靠”等定性等级的评价，同时赋予不同定性等级以相应的权重值，累计求和而获得实际评价值，即：

$$
S = \sum_{i=1}^{n} w_i k_i \tag{8-30}
$$

式中：S——实际评价值；

n——评价等级数；

w_i——评价等级的权重；

k_i——取得某一评价等级的项数和。

4. 单项否定计分法

一般这种方法不单独使用，而仅适用于企业系统中某些具有特殊危险而又非常敏感的具体系统。这类系统往往有若干危险因素，其中只要有一处处于不安全状态，就有可能导致严重事故的发生。因此，把这类系统安全评价表中的某些评价项目确定为对该系统安全状况具有否决权的项目，这些项目中只要有一项被判为不合格，则视为该系统总体安全状况不合格。

【例 8-1】 某运输企业安全状况评价所用的安全检查表共 120 项，按“优”、“良”、“中”、“差”评价各项。4 种等级的权重分别为 $w_1 = 4, w_2 = 3, w_3 = 2, w_4 = 1$；评价结果为：56 项为“优”，30 项为“良”，24 项为“中”，10 项为“差”，即：$k_1 = 56, k_2 = 30, k_3 = 24, k_4 = 10$；该运输企业的安全评价值为：

$$
S = \sum_{i=1}^{n} \omega_i k_i = 372
$$

这种评价计分的最高目标值，即 120 项评价结果均为“优”时的评价值为：

$$
S = \sum_{i=1}^{n} \omega_i k_i = 480
$$

最低目标值，即 120 项评价结果的评价值为“差”时的评价值为：

$$
S = \sum_{i=1}^{n} \omega_i k_i = 120
$$

也就是说，该运输企业的安全评价介于 120 ~ 480，可以将 120 ~ 480 分成四个档次，分别对应交通运输企业经过安全评价所得到的安全等级。

将实际评价值除以评价项数和，可知该单位的安全状况，总体平均是处于“优”、“良”、“中”还是“差”。

$$\frac{372}{120}=3.1$$

将等级标准设定为“差”(1~1.5)、“中”(1.5~2.5)、“良”(2.5~3.5)、“优”(3.5~4),则评价结果为“良”。

三、作业条件危险性评价法

作业条件危险性评价法是一种简便易行的衡量人们在某种具有潜在危险的环境中作业的危险性半定量评价方法。它是由美国的格雷厄姆(K. J. Graham)和金尼(G. F. Kinnly)提出的。该方法以与系统风险率有关的三种因素指标值之积,来评价系统人员伤亡风险的大小,并将所得作业条件危险性数值与规定的作业条件危险性等级相比较,从而确定作业条件的危险程度。由于作业条件的危险性大小取决于三个因素:发生事故或危险事件的可能性(L),暴露于这种危险环境的情况(E),事故一旦发生可能产生的后果(C)。但是,要获得这三个因素的科学准确的数据,却是相当繁琐的过程。为了简化评价过程,采取了半定量计值法,给三个因素的不同等级分别确定不同的分值,然后,以三个分值的乘积 D 来评价作业条件危险性的大小,即:

$$D=L\times E\times C \tag{8-31}$$

式中 D 值大,说明该系统危险性大,需要增加安全措施,减少发生事故的可能性,或者降低人体暴露的频繁程度,或者减轻事故损失,直至允许的范围。

根据实际经验,给出三个因素在不同情况下的分数值,采取对所评价对象进行“打分”的办法,计算出危险性分数值,对照危险程度等级表,将其危险性进行分级,各因素的值分别见表 8-6~表 8-9。

事故发生可能性分值(L)　　表 8-6

分 数 值	事故发生可能性分值
10	完全会被预料到
6	相当可能
3	可能、但不经常
1	完全意外、很少可能
0.5	可以设想,很不可能
0.2	极不可能
0.1	实际不可能

暴露于危险环境中的频繁程度分值(E)　　表 8-7

分 数 值	暴露于危险环境中的频繁程度
10	连续暴露
6	每天工作时间暴露
3	每周一次或偶然暴露
2	每月暴露一次
1	每年几次暴露
0.5	非常罕见的暴露

事故造成的后果分值(C)　　表 8-8

分 数 值	事故造成的后果
100	十人以上死亡
40	数人死亡
15	一人死亡
7	严重伤残
3	有伤残
1	轻伤需救护

危险性等级划分标准(D)　　表 8-9

危险性分值 D	危险程度
≥320	极度危险
≥160~320	高度危险
≥70~120	显著危险
≥20~70	可能危险
<20	稍有危险

对于任何有人作业的具体系统,都可以按照实际情况选取三种因素的分数值,然后计算 D 值,根据 D 值的大小,可以判定系统的危险程度高低。

四、概率安全评价法

概率安全评价(Probability Safety Assessment,简称PSA)也称概率风险评价(Probability Risk Assessment,简称PRA),它是一种定量安全评价方法。该方法先求出系统发生事故的概率(使用故障模式及影响和致命度分析、事故树定量分析、事件树定量分析等方法),然后结合事故后果严重度的估计进一步计算风险,以风险大小确定系统的安全程度,以此衡量系统的危险程度是否超过可接受的安全标准,以便决定需要采取相应的安全措施,使其达到社会所接受的安全水平。

概率安全评价的标准是风险,即单位时间系统可能承受损失的大小,它综合了事故发生的概率和损失严重度两方面因素。事故发生概率是单位时间内事故发生的可能性,损失严重度是指发生一次事故损失的大小。如果事故发生的概率很小,即使后果很严重,风险也不会很大,如果事故发生的概率很大,而每次事故的后果却不严重,那么风险同样也不会很大。因此,风险可以定义为:

$$R = p \times c \tag{8-32}$$

式中:R——风险值;

p——事故发生频率,事故次数/单位时间;

c——损失严重度,事故损失/事故次数。

由于受系统复杂程度及数据源的限制,计算事故发生概率相当困难,往往用事故发生频率来近似衡量,因此,可用一定时间内事故发生的次数来表示p。

损失严重度表示发生一起事故所造成的损失数值,可以是人员伤亡、经济损失或工作日的损失等。

1.以死亡率来进行评价

定量评价系统的安全性是比较困难的,即使笼统地估算因事故造成的经济损失和人员伤亡也往往受到评价者的主观观点所左右。目前,国际上常采用单位时间死亡率来进行系统安全性的评价,其原因是:

①"人命"是最宝贵的,丧失生命无法挽回,因此,"人命"是安全员的根本课题。

②"死亡"的统计数容易获得。

③根据海因里希理论,系统发生事故的比例基本遵循下列规律:

$$(\text{死亡}+\text{重伤}):\text{轻伤}:\text{无伤害}=1:29:300$$

因此,根据死亡率数据可方便推知死亡、重伤、轻伤以及无伤害的事故发生情况。如根据《2001年中国交通年鉴》,我国2000年道路交通事故死亡人数为93853人,受伤人数为418721人;根据人口普查结果,中国内地2000年人口为12.65亿,则每人风险为:

$$\frac{93853\ \text{死亡/年}}{12.65\times10^{8}\ \text{人}}=7.42\times10^{-5}\text{死亡/(人·年)}$$

$$\frac{418721\ \text{受伤/年}}{12.65\times10^{8}\ \text{人}}=3.31\times10^{-4}\text{受伤/(人·年)}$$

该数值表明,每10万人口中,每年有7~8人可能会死于道路交通事故,有33~34人在道路交通事故中受伤(不含轻伤)。

2.以损失工作日数进行评价

事故除了可能造成人员死亡外,多数是受伤。为了对受伤(或死亡)风险进行评价,也可根据统计规律求出各人员受伤风险期望值，即受伤安全指标。一般以每接触小时损失工作日数为单位计算。

受伤有轻重之分，如果经过治疗、修养后能够完全恢复劳动力，则损失工作日按实际休工天数计算。但有的重伤后造成残疾，或身体失去某种功能，不能完全恢复劳动力，甚至发生死亡事故，为便于计算应将受伤、致残、死亡折合成相应损失工作日数。我国《企业职工伤亡事故分类标准》（GB 6441—1998）中给出了各种伤害损失工作日换算值，其常用部分如表 8-10 所示。

损失工作日换算标准 表 8-10

人体伤害部位		折算损失日数（日）
死亡或者终身残废		6000
眼	双目失明	6000
	单目失明	1800
耳	双耳失聪	3000
	单耳失聪	600
手	手臂（肘以上）残废	4500
	手臂（肘以下）残废	3600
	单只腕残废	3000
脚	腿（膝以上）残废	4500
	腿（膝以下）残废	3600
	单只脚残废	2400

《企业职工伤亡事故分类标准》（GB 6441）规定，职工因公受伤按严重程度分为轻伤、重伤、死亡三个等级，按损失工作日数具体分类如下：

$$1\text{d} < \text{轻伤} < 105\text{d}$$

$$105\text{d} \leqslant \text{重伤} < 6000\text{d}$$

$$\text{死亡} = 6000\text{d}$$

3. *以经济损失价值进行评价*

以经济损失价值风险进行安全评价，是一种较为全面地评价系统安全性的方法，它既考虑事故发生可能造成的经济损失，同时又把人员伤亡损失折合成经济价值，统一计算事故造成的总损失，在计算出系统发生事故概率的情况下，就可取得经济损失金额计算风险值，以此来衡量系统的安全性，并考察安全投资的合理性。

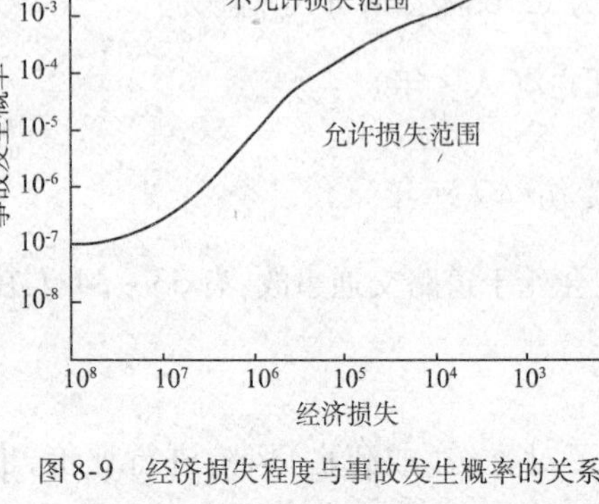

一般情况下，事故的经济损失越大，其允许发生的概率越小；事故的经济损失越小，其允许发生的概率越大。这个允许的范围就是安全范围。两者关系及安全范围如图 8-9 所示。

在图 8-9 中，事故经济损失与其发生概率的关系并非呈直线关系，这主要是人们对损失严重的事故恐慌心理所致。例如，对核电站事故就是如此，所以对核设施要求格外严格，对其允许的事故发生概率往往在 10^{-6}次/年以下。

评价结果如果超出安全范围，则系统必须

图 8-9 经济损失程度与事故发生概率的关系

进行调整。对不符合安全要求的风险值进行调整,需要采取各种措施,使其降至安全目标值以下,以达到系统安全的目的。

五、安全综合评价法

1. 指标体系的建立

安全评价的核心问题是建立评价指标体系。指标体系必须客观合理、尽可能全面地反映影响系统的所有因素。为此必须按照一定的原则来进行分析和判断,从而建立评价指标体系。

在系统分析影响运输安全因素的基础上,初步建立运输安全评价指标体系。由于影响运输安全的因素众多,不可能对全部影响运输安全的因素都进行评价,必须综合考虑以上影响因素,进行必要的筛选,加以合理归纳和整理,以尽可能少的“主要”评价指标用于实际评价。

在筛选评价指标时,主要采用专家调研法。专家的选择合理与否是关系到专家调研法成败的重要环节,应选取交通运输安全等相关学科领域的院校教授及具有丰富实践经验的运输管理者和驾驶人,他们的意见和建议对确定评价指标有极大的参考价值。本例选取了5位高校教授,10位运管部门干部,10位车管干部,15位驾驶人参与调研。通过面谈、信函等方式向他们进行咨询,并请他们填写了评价指标咨询表,如表8-11所示。

运输安全评价指标体系专家咨询表 表8-11

<table>
<tr><td colspan="4">一、情况说明</td></tr>
<tr><td colspan="4">此项评价目的是通过安全评价确定驾驶人执行某次运输任务的安全等级,找出薄弱环节加以改善。在分析了影响运输安全因素的基础上,初步建立了如下的评价指标体系</td></tr>
<tr><td colspan="4">二、初步建立的运输安全评价指标体系</td></tr>
<tr><td>目标层</td><td>一层指标</td><td>二层指标</td><td>三层指标</td></tr>
<tr><td rowspan="19">运输安全水平</td><td rowspan="10">驾驶人素质</td><td rowspan="6">生理心理状况</td><td>身体素质</td></tr>
<tr><td>性格与气质</td></tr>
<tr><td>情绪稳定性</td></tr>
<tr><td>注意广度</td></tr>
<tr><td>反应能力</td></tr>
<tr><td>适应性检测</td></tr>
<tr><td rowspan="3">驾驶技术水平</td><td>安全行驶里程</td></tr>
<tr><td>专业训练效果</td></tr>
<tr><td>年龄和文化程度</td></tr>
<tr><td colspan="2">职业道德与作风养成</td></tr>
<tr><td rowspan="5">车辆状况</td><td rowspan="2">车辆技术状况等级</td><td>车辆使用年限</td></tr>
<tr><td>车辆行驶里程</td></tr>
<tr><td rowspan="2">车辆保养与修理情况</td><td>车辆保养情况</td></tr>
<tr><td>车辆修理次数</td></tr>
<tr><td>车辆管理科技装备配备情况</td><td></td></tr>
<tr><td rowspan="3">道路环境</td><td colspan="2">道路类型</td></tr>
<tr><td colspan="2">天气状况</td></tr>
<tr><td colspan="2">时间影响</td></tr>
</table>

续上表

三、修改意见
1. 需要删除的指标
2. 需要增加的指标
3. 需要调整表述的指标
四、建议

对调查问卷经过处理,修改了初步建立的评价指标体系。如在驾驶人生理心理状况方面,删除"注意广度"和"适应性检测"两个指标。主要原因是生理心理状况指标的子因素太多,"注意广度"相对来说权重较小可以删除;因大部分部队没有配备汽车驾驶人安全适宜性检测设备,无法开展适宜性检测,因此这项指标予以删除。在驾驶人技术水平方面,将"安全行驶里程"改为"安全行车里程",删除"年龄和文化程度"指标,增加"驾龄"这个指标。主要原因是安全行车里程比安全行驶里程用语更恰当;"年龄和文化程度"指标相对来讲,没有"驾龄"指标对技术水平的影响程度大。在车辆维护与修理情况方面,将"车辆修理次数"改为"季度车辆修理次数"。主要原因是加上时间限制可以更准确反映车辆技术状况。

通过系统分析、专家调研,得出的评价指标体系如图 8-10 所示。

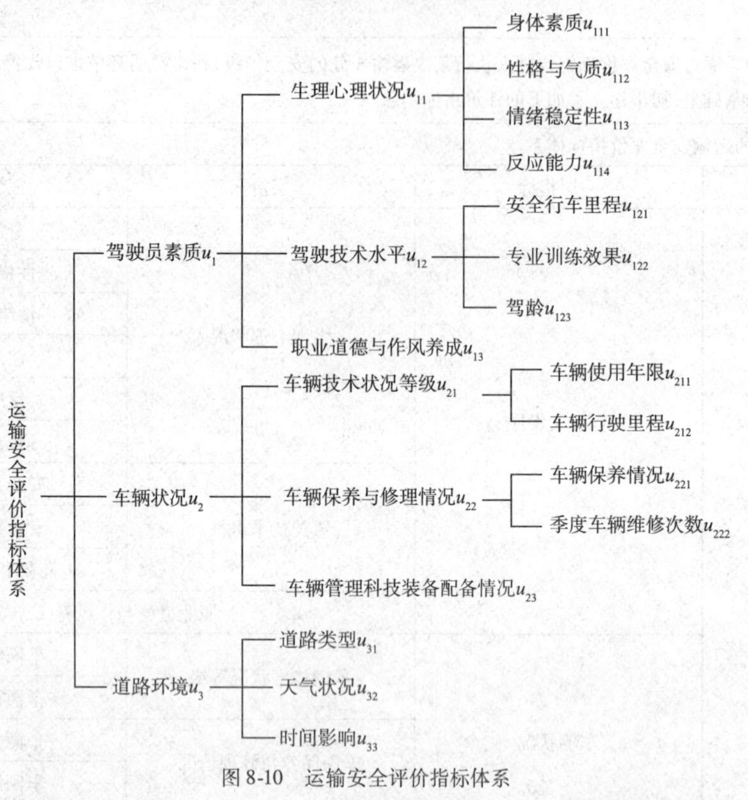

图 8-10　运输安全评价指标体系

2. 建立因素集

以影响运输安全的因素为元素组成集合,建立因素集 U。本书第三章至第五章阐述了影响运输安全的相关因素,通过对影响运输安全的诸多因素作必要的筛选,建立的运输安全评价指标体系如图 8-10 所示。确定的运输安全评价的因素集为:

U = {驾驶人素质 u_1,车辆状况 u_2,道路环境 u_3}

其中

U_1 = {生理心理状况 u_{11},驾驶技术水平 u_{12},职业道德与作风养成 u_{13}}

U_{12} = {安全行车里程 u_{121},专业训练效果 u_{122},驾龄 u_{123}}

U_2 = {车辆技术状况等级 u_{21},车辆保养与修理情况 u_{22},车辆管理科技装备配备情况 u_{23}}

U_{21} = {车辆使用年限 u_{211},车辆行驶里程 u_{212}}

U_{22} = {车辆保养情况 u_{221},季度车辆维修次数 u_{222}}

U_3 = {道路类型 u_{31},天气状况 u_{32},时间影响 u_{33}}。

3. 建立评价集

评价集 V 是由对评价对象可能做出的评价结果组成的集合,$V=\{v_1,v_2,\cdots,v_n\}$。其中 v_j $(j=1,2,\cdots,n)$ 是若干可能做出的评价结果。当根据具体情况对某一单因素作出不同程度的评价时,需要划分评价等级。如果评价等级分的过细,那么评价的过程也相应的繁琐,而且语言难以描述,评价者不易判断等级归属。如果评价等级过小,评价表述过于粗糙,失去评价的准确性,所以要选择适当的评判等级。本例将运输安全等级评价模糊子集分为 5 个等级,定义 $V=\{v_1,v_2,v_3,v_4,v_5\}$ = {安全等级高、安全等级较高、安全等级一般、安全等级较低、安全等级低}。实际应用中引入等级评分制,以运输安全评价分值区间对应于各等级,见表 8-12。

运输安全评价等级　　表 8-12

V	v_1	v_2	v_3	v_4	v_5
运输安全等级	安全等级高	安全等级较高	安全等级一般	安全等级较低	安全等级低
运输安全评价分值	90 ~ 100	80 ~ 90	70 ~ 80	60 ~ 70	0 ~ 60

4. 确定因素重要程度系数

因素重要程度系数,是权衡被评价事物总体中诸因素相对重要程度的量值。它既是指标本身物理属性的客观反映,又是决策者的主观评价,是主、客观综合量度的结果。确定因素重要程度系数的方法即确定权重系数。

可以采用专家调查法,确定因素重要程度系数,以便得到合理的权重。专家的意见是其丰富实践经验的总结,是对客观事实的反映。对足够数量的专家调查能够降低主观性的影响,从而比较客观地反映各因素的重要程度。假设采用 60 位专家,其中包括教授 15 人,车管干部 15 人及驾驶人 30 人,调查表见表 8-13。

采用加权式专家调查法确定权重系数。普通专家调查法没有考虑专家素质不同的细节问题,而教授、车管干部及驾驶人等专家在素质上有区别,因此在调查数据处理上,设置相应的权重来更精确反映调查结果。

设参与调查的教授、干部及驾驶人的人数为 $n_i(i=1,2,3)$,他们对因素 u 重要程度系数 a 确定方面的权重为 $w_i(i=1,2,3)$,确定的因素重要程度系数为 $a_i(i=1,2,3)$。则最后确定的因素重要程度系数

$$a=\sum_{i=1}^{3}\frac{\sum a_i}{n_i}\cdot w_i \quad (i=1,2,3) \tag{8-33}$$

评价指标重要程度系数专家咨询表　　表 8-13

<table>
<tr><td colspan="4">一、运输安全评价指标体系</td></tr>
<tr><td>目标层</td><td>一层指标</td><td>二层指标</td><td>三层指标</td></tr>
<tr><td rowspan="16">运输安全水平</td><td rowspan="8">驾驶人素质(μ_1)</td><td rowspan="4">生理心理状况(μ_{11})</td><td>身体素质(μ_{111})</td></tr>
<tr><td>性格与气质(μ_{112})</td></tr>
<tr><td>情绪稳定性(μ_{113})</td></tr>
<tr><td>反应能力(μ_{114})</td></tr>
<tr><td rowspan="3">驾驶技术水平(μ_{12})</td><td>安全行车里程(μ_{121})</td></tr>
<tr><td>专业训练效果(μ_{122})</td></tr>
<tr><td>驾龄(μ_{123})</td></tr>
<tr><td>职业道德与作风养成(μ_{13})</td><td></td></tr>
<tr><td rowspan="5">车辆状况(μ_2)</td><td rowspan="2">车辆技术状况等级(μ_{21})</td><td>车辆使用年限(μ_{211})</td></tr>
<tr><td>车辆行驶里程(μ_{212})</td></tr>
<tr><td rowspan="2">车辆保养与修理情况(μ_{22})</td><td>车辆保养情况(μ_{221})</td></tr>
<tr><td>季度车辆修理次数(μ_{222})</td></tr>
<tr><td>车辆管理科技装备配备情况(μ_{23})</td><td></td></tr>
<tr><td rowspan="3">道路环境(μ_3)</td><td>道路类型(μ_{31})</td><td></td></tr>
<tr><td>天气状况(μ_{32})</td><td></td></tr>
<tr><td>时间影响(μ_{33})</td><td></td></tr>
</table>

<table>
<tr><td colspan="16">二、因素重要程度系数确定</td></tr>
<tr><td colspan="8">a_1</td><td colspan="5">a_2</td><td colspan="3">a_3</td></tr>
<tr><td colspan="8"></td><td colspan="5"></td><td colspan="3"></td></tr>
<tr><td colspan="4">a_{11}</td><td colspan="3">a_{12}</td><td>a_{13}</td><td colspan="2">a_{21}</td><td colspan="2">a_{22}</td><td>a_{23}</td><td>a_{31}</td><td>a_{32}</td><td>a_{33}</td></tr>
<tr><td colspan="4"></td><td colspan="3"></td><td></td><td colspan="2"></td><td colspan="2"></td><td></td><td></td><td></td><td></td></tr>
<tr><td>a_{111}</td><td>a_{112}</td><td>a_{113}</td><td>a_{114}</td><td>a_{121}</td><td>a_{122}</td><td>a_{123}</td><td></td><td>a_{211}</td><td>a_{212}</td><td>a_{221}</td><td>a_{222}</td><td></td><td></td><td></td><td></td></tr>
<tr><td></td><td></td><td></td><td></td><td></td><td></td><td></td><td></td><td></td><td></td><td></td><td></td><td></td><td></td><td></td><td></td></tr>
</table>

三、填写说明

此项评价目的是通过安全评价确定驾驶人执行某次运输任务的安全等级，找出薄弱环节加以改善。请您给出因素重要程度系数 a，$0 \leqslant a \leqslant 1$，且满足下列要求：

$$a_1+a_2+a_3=1;\quad a_{11}+a_{12}+a_{13}=1;\quad a_{21}+a_{22}+a_{23}=1;\quad a_{31}+a_{32}+a_{33}=1;$$

$$a_{111}+a_{112}+a_{113}+a_{114}=1;\quad a_{121}+a_{122}+a_{123}=1;\quad a_{211}+a_{212}=1;\quad a_{221}+a_{222}=1$$

假设参与调查的教授有 3 人，干部有 4 人，驾驶人有 5 人，他们对因素 u 重要程度系数 a 确定方面的权重分别为 0.60、0.25、0.15，教授确定的因素重要程度系数为 0.85、0.88、0.87；干部确定的因素重要程度系数为 0.90、0.87、0.92、0.90，驾驶人确定的因素重要程度系数为 0.91、0.87、0.87、0.89、0.82。则确定的因素重要程度系数为：

$$a=\frac{0.85+0.88+0.87}{3}\times 0.6+\frac{0.90+0.87+0.92+0.90}{4}\times 0.25+\frac{0.91+0.87+0.87+0.89+0.82}{5}\times 0.15$$

$$=0.875$$

经过对调查结果的处理，得到了各因素重要程度系数如下：

第一层三个方面 $A=(a_1,a_2,a_3)=(0.752,0.148,0.100)$

其中驾驶人素质方面 $A_1=(a_{11},a_{12},a_{13})=(0.468,0.432,0.100)$

$A_{11}=(a_{111},a_{112},a_{113},a_{114})=(0.255,0.218,0.245,0.282)$

$A_{12}=(a_{121},a_{122},a_{123})=(0.680,0.202,0.118)$

车辆状况方面 $A_2=(a_{21},a_{22},a_{23})=(0.374,0.476,0.150)$

$A_{21}=(a_{211},a_{212})=(0.382,0.618)$

$A_{22}=(a_{221},a_{222})=(0.646,0.354)$

道路环境方面 $A_3=(a_{31},a_{32},a_{33})=(0.332,0.420,0.248)$

5. 确定隶属函数

确定各个因素对应于各个评价等级的隶属程度的大小，即确定隶属函数是整个评价模型的关键。常用的方法是模糊统计法、专家调查法、二元对比排序法和指派法。确定隶属函数是有某种限定的，是对模糊概念所具有客观性的一种定量刻画，不能主观任意捏造。在应用过程中，隶属函数可以通过实践逐步修改完善，实践效果是检验和调整隶属函数的重要依据。

专家调查法是通过专家对因素评判选择而确定隶属度，经过调查表的汇总，得到各个因素对应于等级的频数，经过数据处理，即可得到各个因素对应于各等级的隶属度。此法虽然带有一定的主观性，但却反映了专家大量经验的积累，而且可以在主观评分的基础上，通过实践再逐步完善。调查时要聘请足够数量的专家，人数越多评价也就越精确。

指派法就是根据具体问题的性质，参考现成的某些形式的模糊分布，然后根据测量数据确定该分布中所含的参数。常用模糊分布有矩形分布、梯形分布、Γ 形分布、正态分布和柯西分布。它们均有偏小型、中间型和偏大型三种常用的隶属函数类型。本文根据因素的不同特性，选取了不同的隶属函数确定方法，对于某些定性指标，利用专家调查法，采用构造隶属度模糊子集法，确定隶属函数；对于某些易于打分的指标和定量指标，采用指派法，参考现成的模糊分布，确定隶属函数。

(1)专家调查法的实施

此项专家调查与因素重要程度系数的专家调查是同时进行的。60 位专家针对部分定性指标因素依据经验进行选择判断，得到各个因素对应于等级的抉择数，经过归一化处理，即可得到各个因素对应于各等级的隶属度。专家调查法确定的 9 个指标的隶属度模糊子集表见表 8-14 ~ 表 8-20。

生理心理状况方面隶属度模糊子集表 表 8-14

情况分级 \ 隶属度值 \ 安全等级		安全等级高	安全等级较高	安全等级一般	安全等级较低	安全等级低
身体素质	很好	0.967	0.033	0	0	0
	较好	0.017	0.833	0.150	0	0
	一般	0	0.05	0.833	0.117	0
	差	0	0	0.033	0.917	0.050

续上表

安全等级 / 隶属度值 / 情况分级		安全等级高	安全等级较高	安全等级一般	安全等级较低	安全等级低
情绪	很稳定	1	0	0	0	0
	较稳定	0.233	0.767	0	0	0
	较易波动	0	0.167	0.833	0	0
	易波动	0	0	0.167	0.8	0.033
反应能力	很快	1	0	0	0	0
	较快	0.033	0.867	0.100	0	0
	一般	0	0	0.750	0.167	0.083
	差	0	0	0	0.467	0.533

驾驶技术水平方面隶属抉择汇总表 表 8-15

安全等级 / 隶属度值 / 情况分级		安全等级高	安全等级较高	安全等级一般	安全等级较低	安全等级低
专业训练	很好	0.933	0.067	0	0	0
	较好	0.167	0.833	0	0	0
	效果一般	0	0.117	0.800	0.083	0
	差	0	0	0.083	0.750	0.167

车辆保养与护理方面隶属抉择汇总表 表 8-16

安全等级 / 隶属度值 / 情况分级	安全等级高	安全等级较高	安全等级一般	安全等级较低	安全等级低
定期保养完全落实，日常保养经常进行	0.083	0.867	0.050	0	0
定期保养基本落实，日常保养时有时无	0	0.333	0.584	0.083	0
定期保养基本落实，日常保养次数较少	0	0	0.250	0.667	0.083
定期保养基本不做，日常保养基本不做	0	0	0	0	1

车辆管理科技装备方面隶属抉择汇总表 表 8-17

安全等级 / 隶属度值 / 情况分级		安全等级高	安全等级较高	安全等级一般	安全等级较低	安全等级低
车辆管理科技装备	全部配备	0.700	0.300	0	0	0
	部分配备	0	0.500	0.417	0.083	0
	没有配备	0	0	0.700	0.233	0.067

道路类型方面隶属抉择汇总表 表8-18

隶属度值（安全等级 / 情况分级）		安全等级高	安全等级较高	安全等级一般	安全等级较低	安全等级低
公路	高速公路	0.800	0.200	0	0	0
	一级公路	0.250	0.750	0	0	0
	二级公路	0	0.067	0.567	0.366	0
	三级公路	0	0.050	0.467	0.483	0
	四级公路	0	0	0.383	0.567	0.050
城市道路	快速路	0.367	0.633	0	0	0
	主干路	0	0.300	0.583	0.117	0
	次干路	0.083	0.667	0.250	0	0
	支路	0	0.583	0.417	0	0
林区道路		0	0.600	0.400	0	0
乡村道路		0	0.167	0.750	0.083	0

天气状况方面隶属抉择汇总表 表8-19

隶属度值（安全等级 / 情况分级）		安全等级高	安全等级较高	安全等级一般	安全等级较低	安全等级低
晴	气温适宜	0.533	0.467	0	0	0
	高温	0	0.133	0.700	0.167	0
多云或阴天		0.833	0.167	0	0	0
雨	小雨	0	0.200	0.667	0.133	0
	中到大雨	0	0.083	0.717	0.200	0
	雷阵雨	0	0	0.633	0.333	0.034
	暴雨	0	0	0.167	0.733	0.100
雪	小雪	0	0.100	0.750	0.150	0
	中雪	0	0	0.667	0.300	0.033
	大雪	0	0	0.067	0.766	0.167
雾	轻雾	0	0	0.733	0.267	0
	浓雾	0	0	0.017	0.483	0.500

时间方面隶属抉择汇总表 表8-20

隶属度值（安全等级 / 情况分级）	安全等级高	安全等级较高	安全等级一般	安全等级较低	安全等级低
1时至3时	0	0	0	0.267	0.733
11时至13时	0	0	0.467	0.500	0.033
17时至19时	0	0	0.800	0.200	0
其他时段	0.250	0.750	0	0	0

(2)指派法的实施

表8-14为驾驶人性格与气质、职业道德与作风养成、安全行车里程、驾龄、车辆使用年限、车辆行驶里程及季度车辆修理次数7个因素分别设计了评分说明,评价人员可以根据驾驶人和车辆的实际情况进行打分,从而确定上述7个因素的评分值。表8-21为其中5个定量指标的评分说明。

定量指标评分说明 表8-21

评价分值	90~100	80~90	70~80	60~70	0~60
安全行车里程(万km)	>10	6~10	3~6	1~3	<1
驾龄(年)	>8	6~8	4~6	2~4	<2
车辆使用年限(年)	<4	4~8	8~12	12~15	>15
车辆行驶里程(万km)	<1	1~5	5~10	10~20	>20
季度车辆修理次数(次)	0~1	2~5	6~9	10~12	>12

性格与气质评分说明:胆汁质的驾驶人胆大、易急躁,爱开快车,心理耐挫折能力差,容易产生焦虑、急躁等情绪,评分值控制在70分以下。多血质的驾驶人自信心强,感知觉灵敏,临危反应及应变能力强,驾驶动作敏捷协调;但自我控制能力较差,喜欢刺激和冒险,胆大而心不细,评分值控制在70分至90分。黏液质的驾驶人勤思考,善于自我控制情绪,办事条理性及计划性强,力求稳妥;但反应缓慢,应变能力差,评分值控制在80分至95分。抑郁质的驾驶人驾车动作较正规,车速比较稳定,但注意力过于集中,转移较慢,对交通情况的观察不全面,在处理情况时常会出现顾此失彼的现象,评分值控制在75分至95分。评分时要根据驾驶人的性格与气质实际情况灵活控制分数(应注意的是人的气质大多数为复合型气质,单一气质的人特别少)。

职业道德与作风养成评分说明:驾驶人具有良好的职业道德,作风养成很好的,评分值控制在90分至100分;具有基本的职业道德,作风养成良好的,评分值控制在80分至90分;具有基本的职业道德,作风养成一般的,评分值控制在60分至80分;而没有良好的职业道德,作风养成很差的,评分值控制在60分以下。评分时要根据驾驶人的实际情况灵活控制分数。

(3)确定隶属函数

设指标具有评分值x($x\in(0,100]$),下面依次构造隶属函数:$\mu_{v_1}(x)$、$\mu_{v_2}(x)$、$\mu_{v_3}(x)$、$\mu_{v_4}(x)$和$\mu_{v_5}(x)$。

①确定隶属函数$\mu_{v_1}(x)$

当x越大,则对v_1的隶属度越大,选取升半柯西分布:

$$\mu_{v_1}(x)=\begin{cases}0 & x\leqslant c\\ \dfrac{1}{1+\alpha(x-c)^{-2}} & x>c\end{cases} \tag{8-34}$$

评分值x不超过90分,则对v_1的隶属度$\mu(90)=0$,$c=90$。考虑到$x=100$时,应有$\mu(100)=1$,将$98<x\leqslant100$的曲线部分修正为直线,则有:

$$\mu_{v_1}(x)=\begin{cases}0 & 0<x\leqslant90\\ \dfrac{1}{1+\alpha(x-90)^{-2}} & 90<x\leqslant98\\ \dfrac{x}{100} & 0<x\leqslant90\end{cases} \tag{8-35}$$

为保证函数 $\lim\limits_{x\to 98}\dfrac{1}{1+\alpha(x-90)^{-2}}=0.98$ 的连续性,应有 $\alpha=1.306$,于是得到了上述 7 个指标评分值 x 对 v_1 的隶属函数:

$$\mu_{v_1}(x)=\begin{cases}0 & 0<x\leqslant 90\\ \dfrac{1}{1+1.306(x-90)^{-2}} & 90<x\leqslant 98\\ \dfrac{x}{100} & 0<x\leqslant 90\end{cases} \tag{8-36}$$

隶属函数图如图 8-11 所示。

②确定隶属函数 $\mu_{v_2}(x)$

选择对称柯西分布:

$$\mu_{v_2}(x)=\frac{1}{1+\alpha(x-85)^2} \tag{8-37}$$

取 $\mu(83)=0.5$,则 $\alpha=0.25$,于是得到上述 7 个指标评分值 x 对 v_2 的隶属函数:

$$\mu_{v_2}(x)=\frac{1}{1+0.25(x-85)^2} \tag{8-38}$$

隶属函数图如图 8-12 所示。

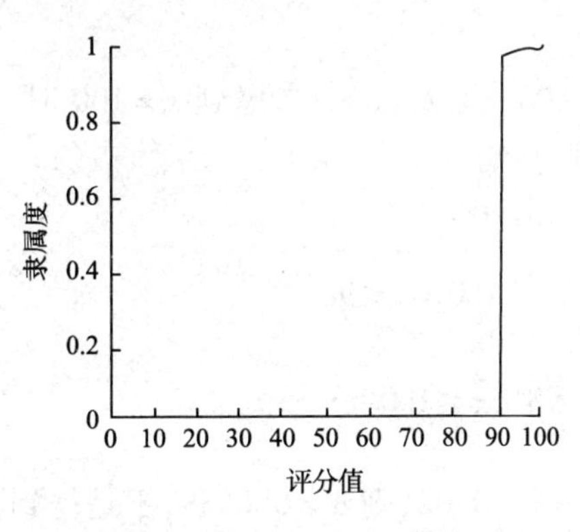

图 8-11　$\mu_{v_1}(x)$ 隶属函数图

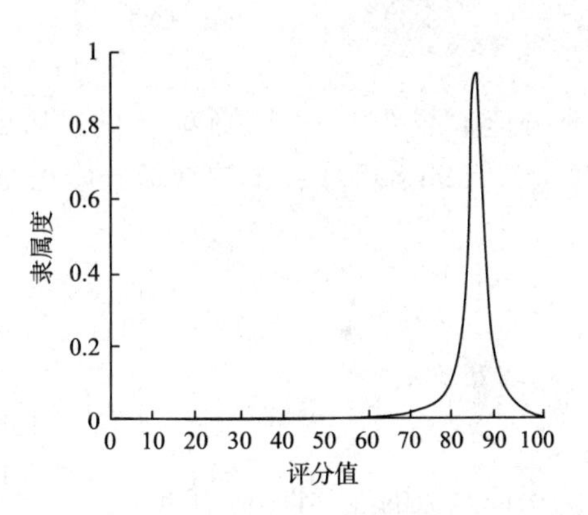

图 8-12　$\mu_{v_2}(x)$ 隶属函数图

③确定隶属函数 $\mu_{v_3}(x)$

选择对称柯西分布:

$$\mu_{v_3}(x)=\frac{1}{1+\alpha(x-75)^2} \tag{8-39}$$

取 $\mu(75)=0.5$,则 $\alpha=0.25$,于是得到了上述 7 个指标评分值 x 对 v_3 的隶属函数:

$$\mu_{v_3}(x)=\frac{1}{1+0.25(x-75)^2} \tag{8-40}$$

隶属函数图如图 8-13 所示。

④确定隶属函数 $\mu_{v_4}(x)$

选择对称柯西分布

$$\mu_{v_4}(x)=\frac{1}{1+\alpha(x-65)^2} \tag{8-41}$$

取 $\mu(63)=0.5$,则 $\alpha=0.25$,于是得到了上述 7 个指标评分值 x 对 v_4 的隶属函数

$$\mu_{v_4}(x)=\frac{1}{1+0.25(x-65)^2} \tag{8-42}$$

隶属函数图如图 8-14 所示。

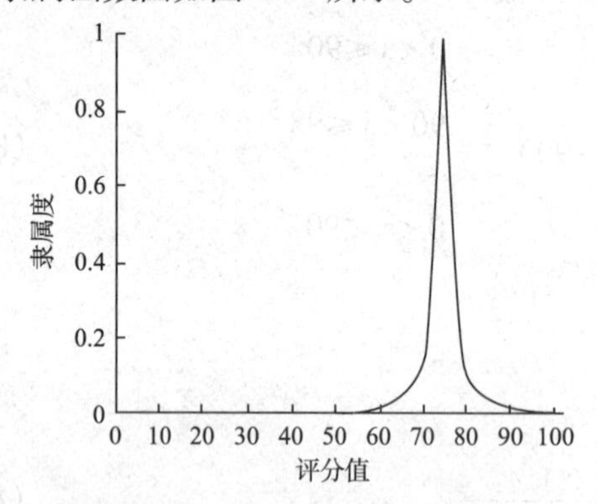

图 8-13 $\mu_{v_3}(x)$隶属函数图

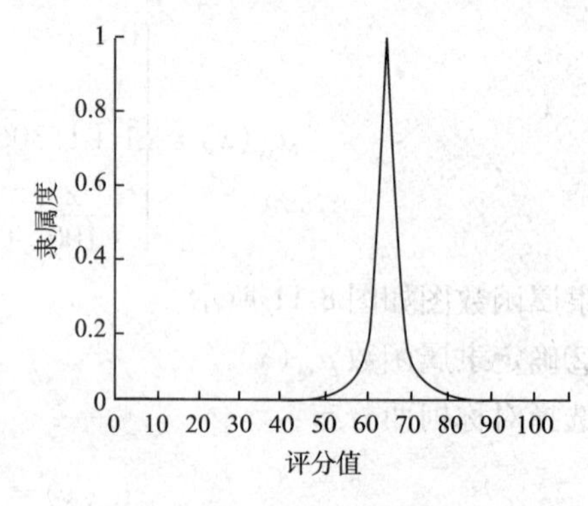

图 8-14 $\mu_{v_4}(x)$隶属函数图

⑤确定隶属函数$\mu_{v_5}(x)$

当 x 越大,则对 v_5 的隶属度越小,选取降半柯西分布:

$$\mu_{v_5}(x)=\begin{cases}1 & x\leqslant c\\ \dfrac{1}{1+\alpha(x-c)^2} & x>c\end{cases} \tag{8-43}$$

评分值 x 不超过 60 分,则对 v_5 的隶属度 $\mu(60)=1, c=60$。考虑到 $x=100$ 时,应有 $\mu(100)=0$,将 $98<x\leqslant100$ 的曲线部分修正为直线,则有:

$$\mu(x)=\begin{cases}1 & 0<x\leqslant60\\ \dfrac{1}{1+\alpha(x-60)^2} & 60<x\leqslant98\\ 1-\dfrac{x}{100} & 98<x\leqslant100\end{cases} \tag{8-44}$$

为保证函数的连续性,应有 $\lim\limits_{x\to98}\dfrac{1}{1+\alpha(x-60)^{-2}}=0.02$,则 $\alpha=0.0339$,于是得到了上述 7 个指标评分值对 v_5 的隶属函数

$$\mu(x)=\begin{cases}1 & 0<x\leqslant60\\ \dfrac{1}{1+0.0339(x-60)^2} & 60<x\leqslant98\\ 1-\dfrac{x}{100} & 98<x\leqslant100\end{cases} \tag{8-45}$$

隶属函数图如图 8-15 所示。

6. 模糊算子的选择

常用的模糊算子有主因素决定型、主因素突出型和加权平均型。模糊算子的不同,评价模型就不相同,评价结果也会有所区别。

①模型 $M(\wedge,\vee)$,主因素决定型,综合评价所得的评价结果只取决于在总评价中起主要作用的那个因素,其余因素均不影响评价结果,比较适用于单项评价最优就能得出综合评价最优的情况。

②模型 $M(\cdot,\vee)$ 和模型 $M(\wedge,\oplus)$,主因素突出型,比模型 $M(\wedge,\vee)$ 精细,综合评价时

不仅突出了主因素，也兼顾了其他因素。

③模型 $M(\cdot,+)$，加权平均型，综合评价时依权重的大小对所有因素均衡兼顾，比较适用于要求总和最大的情况。

对于运输安全评价而言，要使评价结果科学合理，就必须充分考虑各种因素的影响，全面地反映各因素评价的信息，这就需要依权重的大小对所有因素均衡兼顾，因此本例选用了加权平均型模糊算子，即应用模型 $M(\cdot,+)$，用 $\cdot$ 代替 $\overset{\cdot}{*}$，用 $+$ 代替 $\overset{+}{*}$，其中 $\cdot$ 和 $+$ 分别为普通实数的乘法和加法，$b_j=\sum\limits_{i=1}^{m}(a_i\cdot r_{ij})\ (j=1,2,\cdots,n)$。

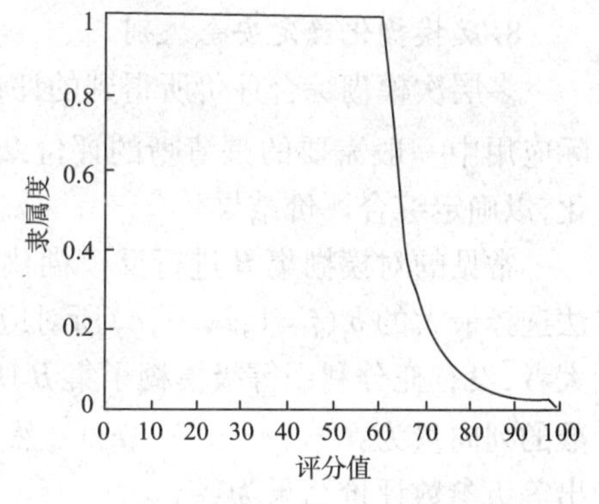

图 8-15 $\mu_{v_5}(x)$ 隶属函数图

7. 多层次模糊评价模型的建立

建立的一层评价数学模型为：

$$\begin{cases}A_{11}=(a_{111},a_{112},a_{113},a_{114})\\B_{11}=A_{11}\cdot R_{11}\\A_{12}=(a_{121},a_{122},a_{123})\\B_{12}=A_{12}\cdot R_{12}\end{cases}\tag{8-46}$$

$$\begin{cases}A_{21}=(a_{211},a_{212})\\B_{21}=A_{21}\cdot R_{21}\\A_{22}=(a_{221},a_{222})\\B_{22}=A_{22}\cdot R_{22}\end{cases}\tag{8-47}$$

二层评价的数学模型为：

$$\begin{cases}A_1=(a_{11},a_{12},a_{13})\\R_1=(B_{11},B_{12},R_{13})^T\\B_1=A_1\cdot R_1\end{cases}\tag{8-48}$$

$$\begin{cases}A_2=(a_{21},a_{22},a_{23})\\R_2=(B_{21},B_{22},R_{23})^T\\B_2=A_2\cdot R_2\end{cases}\tag{8-49}$$

$$\begin{cases}A_3=(a_{31},a_{32},a_{33})\\B_3=A_3\cdot R_3\end{cases}\tag{8-50}$$

三层评价的数学模型为：

$$\begin{cases}A=(a_1,a_2,a_3)\\R=(B_1,B_2,B_3)^T\\B=A\cdot R\end{cases}\tag{8-51}$$

根据运输任务情况和执行运输任务的驾驶人及车辆的具体数据资料，就能够得到各指标的单因素评价向量，前面通过专家调查法已确定权重，根据式(8-46)～式(8-51)，便可以得到综合评价结果 $B=(b_1,b_2,b_3,b_4,b_5)$。

8. 反模糊化确定安全级别

多层次模糊综合评价所得到的评价结果是一个等级模糊子集 $B=(b_1,b_2,\cdots,b_n)$，而实际应用中一般需要的是清晰的评价结果，因此要对该模糊向量进行精确化，或称为反模糊化，以确定综合评价结果。

常见的对模糊集 B 进行反模糊化的方法有最大隶属度法和等级参数法。最大隶属度法选择最大的 $b_j(j=1,2,\cdots,n)$ 所对应的评语 v_j 作为评价结果。此方法只利用了 b_j 中的最大者，没有充分利用等级模糊子集 B 所带来的信息。等级参数法设定相对于各等级 v_j 的参数的列向量为：$C=(c_1,c_2,\cdots,c_n)^T$，然后与评价结果 B 进行综合考虑，利用向量内积运算得出等级参数评价结果为：

$$B \cdot C=(b_1,b_2,\cdots,b_n) \cdot \begin{bmatrix} c_1 \\ c_2 \\ \cdots \\ c_n \end{bmatrix} \tag{8-52}$$

当 $0 \leqslant b_j \leqslant 1$ 且 $\sum_{j=1}^{n} b_j$，可视 k 为以等级模糊子集 B 为权向量关于等级参数的加权平均值。数值 k 反映了由等级模糊子集 B 和等级参数向量 C 所带来的综合信息。

本例采用了等级参数法，各等级 v_j 的等级参数 $C=(c_1,c_2,c_3,c_4,c_5)^T=(95,85,75,65,30)^T$。

参考文献

[1] 赵恩棠,刘晞柏. 道路交通安全[M]. 北京:人民交通出版社,1990.
[2] 裴玉龙. 道路交通安全[M]. 北京:人民交通出版社,2007.
[3] 刘运通. 道路交通安全指南[M]. 北京:人民交通出版社,2004.
[4] 余志生. 汽车理论[M]. 北京:机械工业出版社,2006.
[5] 刘浩学,刘晞柏. 交通心理学[M]. 西安:陕西科技出版社,1992.
[6] 任福田,刘小明. 论道路交通安全[M]. 北京:人民交通出版社,2001.
[7] 高延龄. 汽车运用工程. [M]. 3 版. 北京:人民交通出版社,2004.
[8] 刘浩学. 汽车使用安全技术[M]. 北京:人民交通出版社,2002.
[9] 王望予. 汽车设计[M]. 北京:机械工业出版社,2004.
[10] 陆键,张国强,项乔君. 公路平面交叉口交通安全设计指南[M]. 北京:科学出版社,2009.
[11] 郭忠印. 道路安全工程[M]. 北京:人民交通出版社,2012.
[12] 严宝杰,张生瑞. 道路交通安全管理[M]. 北京:中国铁道出版社,2008.
[13] 林洋. 实用汽车事故鉴定学[M]. 黄永和,译. 北京:人民交通出版社,2001.
[14] 江守一郎. 汽车事故工程[M]. 刘晞柏,译. 北京:人民交通出版社,1987.
[15] 许洪国. 交通事故分析与处理[M]. 北京:人民交通出版社,2003.
[16] 徐毅刚,谭志福. 道路交通事故处理新论[M]. 济南:山东人民出版社,2011.
[17] 山崎俊一. 交通事故分析基础与应用[M]. 王宏雁,等,译. 北京:北京大学出版社,2012.
[18] 金先龙,张晓云. 交通事故数字化重构理论与实践. 北京:人民交通出版社,2007.
[19] 陈宝智. 危险源辨识、控制及评价[M]. 成都:四川科学技术出版社,1996.
[20] 过秀成. 道路交通安全学[M]. 南京:东南大学出版社,2011.
[21] 陆建,等. 公路交通安全设计理论与方法[M]. 北京:科学出版社,2011.
[22] 李江. 交通工程学[M]. 北京:人民交通出版社,2002.
[23] 刘光远. 世界预防道路交通伤害报告[M]. 北京:人民卫生出版社,2004.
[24] 张维全. 道路勘测设计[M]. 北京:人民交通出版社,2007.
[25] 叶志明. 土木工程概论[M]. 北京:高等教育出版社,2009.
[26] 张志清. 道路工程概论[M]. 北京:北京工业大学出版社,2007.
[27] 王毅才. 隧道工程[M]. 北京:人民交通出版社,2001.
[28] 唐铮铮,张铁军,何勇. 道路交通安全评价[M]. 北京:人民交通出版社,2008.
[29] 刘志强,葛如海,龚标. 道路交通安全工程[M]. 北京:化学工业出版社,2005.
[30] 裴玉龙,王炜. 道路交通事故成因及预防对策[M]. 北京:科学出版社,2004.
[31] 陈喜山. 系统安全工程学[M]. 北京:中国建材工业出版社,2006.
[32] 张殿业. 道路交通安全管理体系[M]. 北京:人民交通出版社,2005.
[33] 霍正保. 交通安全概论[M]. 北京:人民交通出版社,2010.
[34] 沈斐敏. 道路交通安全[M]. 北京:机械工业出版社,2007.
[35] 刘清,徐开金. 交通运输安全[M]. 武汉:武汉理工大学出版社,2009.

[36] Gibson J. The contribution of experimental psychology to the formulation of the problems of safety; a brief for basic research, behavioral approaches to accident research, Association for the aid of crippled Children, NewYork, NY[Z]. 1960.
[37] Haddon W. Energy damage and the 10 countermeasures strategies[Z]. 1973.
[38] McFarland RA. A critique of accident research[Z]. Annals of New York academy of science, 1963.
[39] 马迅,陈明东,等. 鼓式制动器有限元分析方法的研究[J]. 机械设计与制造,2012,06.
[40] 邹政耀,贺曙新. 汽车高速制动时制动距离变长的分析[J]. 机电信息,2004(14).
[41] 王海林,刘仲国. 汽车性能及技术状况对高速公路行车安全的影响[J]. 汽车研究与开发,2003(3).
[42] 刘江鸿. 高速公路水膜滑溜现象及其防范[J]. 汽车与安全,1999(6).
[43] 宁乐然. 高速公路爆胎事故的影响因素及其预防[J]. 道路交通与安全,2007(2).
[44] 中华人民共和国国家标准. GB 7258—2012 机动车运行安全技术条件[S]. 北京:中国标准出版社,2012.
[45] 孔欣欣,朱旭,等. 汽车碰撞时减轻乘员受伤害技术的探讨[J]. 天津汽车,2000,3,20-22.